KB186263

# 토익기출
파트별
## VOCA

| | |
|---|---|
| 발행인 | 허문호 |
| 발행처 |  |

| | |
|---|---|
| 편집 | 윤경림, 이혜진 |
| 디자인 | DOTS, 이미화, 이현숙 |
| 일러스트 | 최연주 |
| 마케팅 | 정연철, 박천산, 고영노, 김동진, 박찬경, 김윤하 |

| | |
|---|---|
| 초판발행 | 2022년 12월 19일 |
| 7쇄발행 | 2024년 9월 5일 |

| | |
|---|---|
| 신고일자 | 1964년 3월 28일 |
| 신고번호 | 제 1964-000003호 |
| 주소 | 서울시 종로구 종로 104 |
| 전화 | (02) 2000-0515 [구입문의] / (02) 2000-0436 [내용문의] |
| 팩스 | (02) 2285-1523 |
| 홈페이지 | www.ybmbooks.com |

| | |
|---|---|
| ISBN | 978-89-17-23748-1 |

ETS TOEIC

# 토익®기출

파|트|별   최신 기출 예문 독점 수록

# VOCA

# PREFACE

Welcome to the best-selling TOEIC Vocabulary book from ETS!

We know that a better understanding of the vocabulary most commonly used in the global workplace will help you to communicate effectively with both native and non-native speakers of English around the world. What's more, because the TOEIC Listening and Reading test is a measure of proficiency in English language used in the real world, improvements in your vocabulary use will be reflected in your TOEIC test scores. The practice provided in this book will help you demonstrate your English language skills on the test and in the real world.

In this fifth edition, you will find more than 3,500 word entries, chosen to cover a wide range of difficulty, along with the word's derivatives and an example of how each word is used. The study and practice of vocabulary in context helps to ensure that you will not confuse the different meanings of commonly used words. You will also find notes on easily confused words to guide you in your vocabulary acquisition. To help you further, we have included synonyms for words you may be meeting for the first time.

Presented in a carefully structured format, the materials are organized to provide TOEIC test takers with a count-down to the test: a 30-day schedule that can be followed in your own time and at your own convenience, or with others who are studying with you.

What could be better? We give you the chance to listen to how words are used by native speakers of English. With the book, you will find mp3 sound files of unfamiliar words and a Smartphone application that is sure to make your study easier.

This ETS publication is designed to expand the language you can understand and use with other English speakers. We are happy to provide you the tools to help you succeed.

# 출제기관이 독점 제공하는
# 토익 파트별 어휘집 출간!

## 기출 예문 및 문제, 기출 음원 독점 수록

예문이 실제 토익 시험에 나왔던 문장들로 구성되었음은 물론,
기출 문제까지 독점 수록함으로써 실전에 완벽하게 대비할 수 있습니다.

## ETS가 독점 제공하는 최신 어휘와 표현

ETS가 제공하는 최신 핵심 어휘와 표현을 수록하였습니다.
특히 필수 어휘부터 고난이도 어휘까지 모든 난이도의 어휘를 망라해
모든 토익 수험자가 학습할 수 있습니다.

## 실전 적응력을 높이는 파트별 구성

파트별로 필수 어휘를 집대성하고 각 파트에 맞는 예문과 실전 적용을 위한
출제Tip을 실었습니다. 단순 어휘 암기를 넘어 실전에 완벽하게
대비할 수 있도록 구성하였습니다.

## 파트별 파워 컨텐츠

핵심 다이어, 필수 동의어, 실전 대비 패러프레이징, MP3 등 파트별로
다양한 실전용 컨텐츠를 수록해, 토익 시험 전반에 대비할 수 있도록
구성하였습니다.

## 단어 암기 어플리케이션 및 단어 시험 출제 마법사

모바일 어플리케이션으로 어휘를 게임 형식으로 암기하고,
다시 보고 싶은 단어는 [나만의 단어장]에 따로 저장해 둘 수 있습니다.
또한 단어 시험 출제 마법사를 통해 파트별, 난이도별, 유형별 등 다양한
방식으로 어휘를 테스트할 수 있습니다.

# CONTENTS

## LC

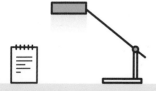

# RC

# 이 책의 구성과 특징

## LC

파트별 빈출 핵심 어휘

어휘의 쓰임을 정확히 익히는 기출문제 발췌 예문

LC 전 예문 정기시험 성우 음성

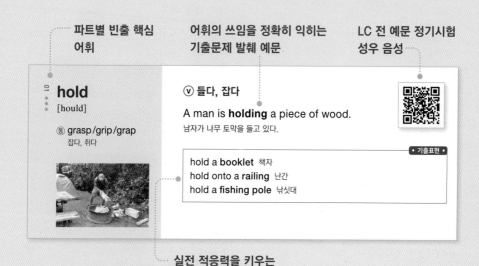

**hold**
★★★
[hould]

⑧ grasp/grip/grap
잡다, 쥐다

ⓥ 들다, 잡다

A man is **holding** a piece of wood.
남자가 나무 토막을 들고 있다.

┤ 기출표현 ├

hold a **booklet** 책자
hold onto a **railing** 난간
hold a **fishing pole** 낚싯대

실전 적응력을 키우는 기출 표현

## 토익 만점 완성

**PART 1**    장소별 만점 완성 어휘
             실내 장소/실외 장소

**PART 2**    질의응답 만점 완성 어휘
             업무 관련/일상 관련

**PART 3**    대화 주제별 만점 완성 어휘
             서비스/고객 응대/행사 등

**PART 4**    담화 유형별 만점 완성 어휘
             전화메시지/공지/광고 등

# RC

품사별로 학습하는
핵심 어휘와 고난이도 어휘

어휘의 쓰임을 정확히 익히는
기출문제 발췌 예문

실전 대비용 필수 표현과 출제Tip

## RC LEVEL-UP 어휘

**동사** 실전에 강해지는 핵심 다의어
**명사** 실전 대비 덩어리 표현
**형용사** 혼동하기 쉬운 핵심 어휘
**부사** 다양한 기능 부사
**전치사** 토익 기본 전치사

어려워진 독해를 정복하는
집중 공략 어휘
암기하기 쉬운 주제별 구성

## PART 6 & 7 어휘

편지/이메일 빈출 어휘
공지/기사 빈출 어휘
광고 빈출 어휘
기타 양식 빈출 어휘

# ETS TOEIC 기출 VOCA APP 활용법

STEP
01

## 어플리케이션 설치 및 인증 문구 입력

01  애플 앱스토어 또는 구글 플레이스토어에서
'ETS TOEIC VOCA'를 검색하여
어플리케이션을 설치한다.

02  어플리케이션을 실행하기 위해서는 설치
후에 구매 인증이 필요하다. 안내된 문구의
빈칸에 들어갈 단어를 교재에서 찾아서
입력해야 한다.

STEP
02

## MAIN 화면

[어휘 학습], [나만의 단어장], [MP3 듣기]의
메뉴를 터치하여 원하는 학습 화면으로
이동한다. 사용하기 전 〈설정〉 메뉴에서
'효과음 유무'와 '어휘 뜻 디스플레이 시간'을
설정할 수 있다.

## 파트별 어휘 학습

스피커 버튼을 터치하면, 발음을 들을 수 있다. 우상단
별표 버튼을 터치하면, [나만의 단어장]에 해당 단어가
추가된다. 우하단 [추가학습]을 터치하면, 자세한
내용이 담긴 카드 뒷면으로 전환되고 카드 뒷면의
[단어 보기] 버튼을 터치하면 다시 앞면으로 전환된다.

## 어휘 퀴즈

각 Day의 기본 어휘와 뜻을 짝짓는 형식으로
풀어보는 학습 점검 테스트이다. 왼쪽의 영어
단어 박스에 어울리는 오른쪽의 우리말 뜻
박스를 연이어 터치하여 문제를 푼다.

## 토익 만점 완성

[어휘 학습] 토익 만점 완성 Study 화면이다. 단어와
뜻, 그리고 발음이 리스트 형식으로 제공되며, 연속
듣기 모드를 활성화하거나 해제할 수 있다.

## 나만의 단어장

[어휘 학습] 화면에서 별표 버튼을 터치하여 저장한
[나만의 단어장] 화면이다. [나만의 단어장] 화면에
제시된 단어를 선택한 뒤 Study 또는 Quiz 버튼을
터치하면, 동일한 방식으로 다시 학습할 수 있다.

# MP3 및 단어 시험 출제 마법사 활용법

## 4가지 버전의 무료 MP3

**VERSION 01**

**추천** 어휘와 의미를 빠르게 외우고 싶은 학습자

### 미국·영국·호주 발음 + 뜻 듣기

🎧 미국식 ▶ 영국식 ▶ 호주식 ▶ 우리말 뜻

**VERSION 02**

**추천** 영국식 발음을 익히면서 단어를 외우고 싶은 학습자

### 영국 발음 + 우리말 뜻 듣기

🎧 영국식 ▶ 우리말 뜻

**VERSION 03**

**추천** 호주식 발음을 익히면서 단어를 외우고 싶은 학습자

### 호주 발음 + 우리말 뜻 듣기

🎧 호주식 ▶ 우리말 뜻

**VERSION 04**

**추천** 어휘의 문장 속 쓰임을 익히고 싶은 학습자

### 어휘 + 예문 듣기

🎧 어휘 ▶ 예문

본 교재에 수록된 토익 어휘가 문장 속에 어떻게 적용되는지 예문을 들으며 쓰임새를 완전히 익힌다.
교재의 예문을 보고 들으면서 학습하거나, 책을 보지 않고 듣기만 하며 교재 내용을 복습한다.

# 암기 마스터용 단어 시험 출제 마법사

● www.ybmbooks.com에서 ETS 토익 기출 VOCA 교재를 검색하세요.

활용 **01** PC에서 인쇄하여 테스트하고 싶을 때 사용하세요.

활용 **02** 휴대폰에서 바로 테스트하고 싶을 때 사용하세요.

**난이도별 TEST**
초급/중급/고급 난이도 중에서 선택하기

**유형별 TEST**
표제어/파생어·동의어·반의어/토익 만점
완성 단어 중에서 선택하기

# 학습 스케줄

## 차근차근 45일 프로젝트

기초부터 필요한 학습자라면 꾸준한 반복과 꼼꼼한 학습으로 차근차근 어휘력을 늘려 나가도록 한다.
특히 표제어뿐 아니라 파생어와 핵심 표현까지 완벽하게 마스터할 수 있도록 한다.

| 01일 | 02일 | 03일 복습 | 04일 | 05일 | 06일 복습 | 07일 |
|---|---|---|---|---|---|---|
| DAY 01 | DAY 02 | DAY 01-02 | DAY 03 | DAY 04 | DAY 03-04 | DAY 05 |
| 08일 | 09일 | 10일 복습 | 11일 | 12일 | 13일 | 14일 복습 |
| DAY 06 | DAY 07 | DAY 05-07 | DAY 08 | DAY 09 | DAY 10 | DAY 08-10 |
| 15일 복습 | 16일 | 17일 | 18일 | 19일 복습 | 20일 | 21일 |
| LC 전체 | DAY 11 | DAY 12 | DAY 13 | DAY 11-13 | DAY 14 | DAY 15 |
| 22일 복습 | 23일 | 24일 | 25일 복습 | 26일 | 27일 | 28일 복습 |
| DAY 14-15 | DAY 16 | DAY 17 | DAY 16-17 | DAY 18 | DAY 19 | DAY 18-19 |
| 29일 | 30일 | 31일 복습 | 32일 | 33일 | 34일 복습 | 35일 |
| DAY 20 | DAY 21 | DAY 20-21 | DAY 22 | DAY 23 | DAY 22-23 | DAY 24 |
| 36일 | 37일 | 38일 복습 | 39일 | 40일 | 41일 복습 | 42일 |
| DAY 25 | DAY 26 | DAY 24-26 | DAY 27 | DAY 28 | DAY 27-28 | DAY 29 |
| 43일 | 44일 복습 | 45일 복습 | | | | |
| DAY 30 | DAY 29-30 | RC 전체 | | | | |

## 빠르게 습득하는 30일 프로젝트

한 달 스케줄로 어휘에 대한 자신감을 높이는 것을 목표로 한다. 익숙한 어휘라도 쉽게 넘기지 말고
핵심 표현과 쓰임 등에 초점을 맞추어 하루에 Day 하나씩 부지런히 학습한다.

| 01일 | 02일 | 03일 | 04일 | 05일 | 06일 | 07일 |
|---|---|---|---|---|---|---|
| DAY 01 | DAY 02 | DAY 03 | DAY 04 | DAY 05 | DAY 06 | DAY 07 |

| 08일 | 09일 | 10일 | 11일 | 12일 | 13일 | 14일 |
|---|---|---|---|---|---|---|
| DAY 08 | DAY 09 | DAY 10 | DAY 11 | DAY 12 | DAY 13 | DAY 14 |

| 15일 | 16일 | 17일 | 18일 | 19일 | 20일 | 21일 |
|---|---|---|---|---|---|---|
| DAY 15 | DAY 16 | DAY 17 | DAY 18 | DAY 19 | DAY 20 | DAY 21 |

| 22일 | 23일 | 24일 | 25일 | 26일 | 27일 | 28일 |
|---|---|---|---|---|---|---|
| DAY 22 | DAY 23 | DAY 24 | DAY 25 | DAY 26 | DAY 27 | DAY 28 |

| 29일 | 30일 |
|---|---|
| DAY 29 | DAY 30 |

## 고수들의 15일 최단기 프로젝트

단기간에 고도의 집중력을 발휘해야 하는 스케줄로 고수들을 위한 초스피드 학습법이다.
단기간에 부족한 부분을 보완해야 하므로 생소하거나 난이도가 높은 어휘는 따로 정리하면서 학습한다.

| 01일 | 02일 | 03일 | 04일 | 05일 | 06일 | 07일 |
|---|---|---|---|---|---|---|
| DAY 01-02 | DAY 03-04 | DAY 05-06 | DAY 07-08 | DAY 09-10 | DAY 11-12 | DAY 13-14 |

| 08일 | 09일 | 10일 | 11일 | 12일 | 13일 | 14일 |
|---|---|---|---|---|---|---|
| DAY 15-16 | DAY 17-18 | DAY 19-20 | DAY 21-22 | DAY 23-24 | DAY 25-26 | DAY 27-28 |

| 15일 |
|---|
| DAY 29-30 |

# ETS
# TOEIC

—

# LC

## PART 01
# 사진묘사 필수 어휘 (1)

---

**01** ★★★
## hold
[hould]

⑤ grasp, grip, grab
잡다, 쥐다

---

ⓥ 들다, 잡다

A man is **holding** a piece of wood.
남자가 나무 토막을 들고 있다.

● 기출표현 ●
> hold a **booklet** 책자
> hold onto a **railing** 난간
> hold a **fishing pole** 낚싯대

---

**02** ★★★
## arrange
[əréindʒ]

arrangement n. 배열; 마련
rearrange v. 재배열하다

---

ⓥ 정리하다, 배열하다

Pillows are **arranged** on chairs.
쿠션들이 의자 위에 배열되어 있다.

● 기출표현 ●
> arranged **on shelves** 선반 위에
> arranged **on a rack** 선반 위에
> arranged **in a cupboard** 찬장에
> arranged **in a circle** 원형으로

---

**03** ★
## pass
⑩ [pæs]
⑲ [pɑːs]

---

ⓥ 지나가다

A motorboat is **passing** under a bridge.
모터보트가 다리 아래를 지나고 있다.

ⓥ 건네다

A woman is **passing** a briefcase to a man.
여자가 남자에게 서류 가방을 건네고 있다.

● 기출표현 ●
> pass through a **doorway** 출입구
> pass under an **archway** 아치형 길

## reach

04 ★★

[riːtʃ]

### ⓥ 뻗다, 내밀다

The woman is **reaching** for the top shelf.
여자가 맨 위 선반에 손을 뻗고 있다.

---
**● 기출표현 ●**

reach for a **bowl** 그릇
reach into a **display case** 진열장
reach into a **purse** 지갑, 핸드백

---

## adjust

05 ★★★

[ədʒʌ́st]

adjustment n. 조정, 수정
adjustable a. 조정할 수 있는

### ⓥ 조정하다

She's **adjusting** a window shade.
여자가 창문 블라인드를 조정하고 있다.

---
**● 기출표현 ●**

adjust **eyeglasses** 안경
adjust a **shade** 블라인드(=blind)
adjust a **rearview mirror** 백미러
adjust a **sail** 돛

---

## point

06 ★

[pɔint]

### ⓥ 가리키다

Workers are **pointing** at a computer monitor.
작업자들이 컴퓨터 화면을 가리키고 있다.

---
**● 기출표현 ●**

point to a **chart** 도표, 차트
point to a **sign** 표지판, 간판

---

## load

07 ★★★

[loud]

⑪ unload 짐을 내리다

### ⓥ 싣다, 넣다

A man is **loading** a cart with laundry.
남자가 카트에 세탁물을 싣고 있다.

---
**● 기출표현 ●**

load **bricks** 벽돌
load **groceries** 식료품
load **cargo** 화물
load into a **wheelbarrow** 손수레

---

**PART 01 | DAY 01**

## 08 occupy
[ákjupài]

### ⓥ 차지하다

All of the seats are [un]**occupied**.
모든 좌석이 차[비어] 있다.

● 기출표현 ●

> **Workstations** are occupied. 작업장
> **Armchairs** are occupied. 팔걸이의자

## 09 bend
[bend]

### ⓥ 구부리다

One of the men is **bending** over the luggage.
한 남자가 수하물 위로 몸을 숙이고 있다.

● 기출표현 ●

> bend down **to read a label** 라벨을 읽으려고
> bend down **to tie her shoe** 신발을 묶으려고

## 10 lean
[li:n]

### ⓥ 기대다

A man is **leaning** against a wall.
남자가 벽에 기대어 서 있다.

● 기출표현 ●

> lean **against a column** 기둥에
> lean **against a ledge** 선반에
> lean **on a counter** 카운터에

## 11 prop
[prɑːp]

### ⓥ 받치다[떠받치다]

A whiteboard is **propped** against the wall.
화이트보드가 벽에 받쳐져 있다.

● 기출표현 ●

> propped **against a curb** (도로) 연석에
> propped **against a stack of bricks** 벽돌 더미에
> propped **against a windowsill** 창턱에

## 12 ★ scatter
[skǽtə(r)]

(동) strew 흩뿌리다

ⓥ 흩뿌리다

Reading materials are **scattered** on a table.
읽을 거리들이 테이블에 흩어져 있다.

> ● 기출표현 ●
>
> scattered **on a rug** 바닥 깔개에
> scattered **across the sand** 모래밭 곳곳에

## 13 ★ pack (up)
[pæk]

package n. 소포, 짐, 포장
packaging n. 포장(재)
(반) unpack (짐을) 풀다,
　　 (포장을) 뜯다

ⓥ 싸다, 포장하다

Some people are **packing** their suitcases.
사람들이 여행 가방을 싸고 있다.

> ● 기출표현 ●
>
> pack **luggage** 짐
> pack up **equipment** 장비
> pack up **belongings** 소지품

## 14 ★ overlook
[òuvərlúk]

ⓥ 내려다보다

A pedestrian bridge **overlooks** the water.
보도교가 강을 내려다보고 있다.

> ● 기출표현 ●
>
> overlook a **canal** 운하
> **Skyscrapers** overlook a **highway.**
> 고층 건물이 고속 도로를 내려다보고 있다.
> A **monument** overlooks a **walkway.**
> 기념비가 보도를 내려다보고 있다.

## 15 ★★★ carry
[kǽri]

ⓥ 들다, 나르다, 운반하다

He's **carrying** a backpack.
남자가 배낭을 들고 있다.

> ● 기출표현 ●
>
> carry some **packages** 소포
> carry a **toolbox** 공구 상자
> carry **cargo** 화물

PART 01 ｜ DAY 01

## 16 ★★ fill
[fil]

### (v) 채우다

A car is being **filled** up at a fuel station.
차가 주유소에서 주유되고 있다.

● 기출표현 ●

fill a **bucket** 양동이
fill a **refrigerator** 냉장고
fill a **container** 용기

## 17 ★★ inspect
[inspékt]

(통) examine, study
살펴보다

### (v) 자세히 살펴보다

She's **inspecting** the tires on a vending cart.
여자가 가판 수레의 타이어를 점검하고 있다.

● 기출표현 ●

inspect a **hole in the window pane** 유리창 구멍
inspect the **contents of a box** 상자 내용물

## 18 ★ trim
[trim]

### (v) 다듬다, 손질하다

Some workers are **trimming** bushes.
작업자들이 관목을 다듬고 있다.

● 기출표현 ●

trim some **shrubs** 관목
trim **branches** 나뭇가지

## 19 ★ (re)pave
[(ri)peiv]

(통) surface (도로를) 포장하다

### (v) 도로를 (재)포장하다

Construction workers are **repaving** a street.
건설 작업자들이 도로를 재포장하고 있다.

● 기출표현 ●

pave a **driveway** 진입로
pave a **walkway** 보도
pave **with bricks** 벽돌로

## assemble
20 ★★

[əsémbl]

assembly n. 조립
(동) gather 모이다, 모으다

ⓥ 조립하다

Some shelves are being **assembled**.
선반이 조립되고 있다.

ⓥ 모이다, 모으다

A crowd has **assembled** on the hillside.
무리가 비탈길에 모여 있다.

## float
21 ★

[flout]

ⓥ (물에) 뜨다

Some boats are **floating** in the water.
배들이 물에 떠 있다.

| • 기출표현 • |
| --- |
| float **in the ocean** 바다에 |
| float **in a harbor** 항구에 |
| float **by a dock** 부둣가에 |

## mow
22 ★

[mou]

ⓥ (잔디를) 깎다

A field of grass is being **mowed**.
잔디가 깎이고 있다.

| • 기출표현 • |
| --- |
| mow the **lawn** 잔디 |
| cut with a **lawnmower** 잔디 깎는 기계 |

## perform
23 ★

[pərfɔ́:rm]

performance n. 공연
performer n. 공연가

ⓥ 공연하다, 연주하다

Musicians are **performing** on a stage.
뮤지션들이 무대에서 공연을 하고 있다.

| • 기출표현 • |
| --- |
| perform **outdoors** 야외에서 |
| perform **under a canopy** 천막 아래에서 |

## transport
[trænspɔ́ːrt]

ⓥ 운반하다, 수송하다

A ferry is **transporting** people across a river.
페리가 강을 가로질러 사람들을 실어 나르고 있다.

> ● 기출표현 ●
>
> transport on a **forklift** 지게차
> transport some **logs** 통나무

---

## pour
[pɔːr]

ⓥ (액체 등을) 붓다, 따르다

The man is **pouring** a mixture into a pot.
남자가 냄비에 반죽을 붓고 있다.

> ● 기출표현 ●
>
> pour a **beverage** 음료
> pour **liquid** 액체
> pour **cement** 시멘트

---

## shade
[ʃeid]

ⓥ 그늘지게 하다

A path is **shaded** by some trees.
길이 나무로 그늘져 있다.

ⓝ 그늘, 블라인드

A woman is pulling down a **shade**.
여자가 블라인드를 내리고 있다.

---

## surround
[səráund]

ⓢ encircle, enclose
둘러싸다

ⓥ 둘러싸다

A round table is **surrounded** by chairs.
원탁이 의자에 둘러싸여 있다.

> ● 기출표현 ●
>
> surround a **fountain** 분수대
> surround a **pond** 연못
> surrounded by **bushes** 관목

## tow
[tou]

ⓥ 견인하다

A car is being **towed** by a truck.
차가 트럭에 견인되고 있다.

●기출표현●

**secure** a car for towing 고정시키다

---

## greet
[griːt]

ⓥ 인사하다, 맞이하다

The women are **greeting** each other.
여자들이 서로 인사하고 있다.

●기출표현●

greet **one another** 서로

---

## rake
[reik]

ⓥ (낙엽 등을) 갈퀴로 긁어모으다

Leaves are being **raked** into piles.
낙엽이 긁어모여 쌓이고 있다.

ⓝ 갈퀴

There's a **rake** leaning against a wall
갈퀴가 벽에 기대어져 있다.

---

## place
[pleis]

ⓢ put, set, position 놓다

ⓥ 놓다

Items have been **placed** in a shopping cart.
물품들이 쇼핑 카트에 놓여 있다.

●기출표현●

placed in **compartments** (수납)칸
placed in a **freezer** 냉동실
placed on a **platter** 접시

## 32 ★★ face
[feis]

ⓥ 직면하다[향하다]

The women are **facing** each other.
여자들이 서로 마주 보고 있다.

ⓝ 얼굴, 면

The clock **faces** are round.
시계면이 둥글다.

## 33 ★★★ line
[lain]

ⓥ ~을 따라 늘어서다, 정렬시키다

A row of lampposts **lines** the street.
일렬의 가로등이 거리를 따라 늘어서 있다.

ⓝ 줄, 선

People are waiting in **line** for tickets.
사람들이 표를 사려고 줄을 서서 기다리고 있다.

## 34 ★ plug in

ⓞ unplug 플러그를 빼다

ⓟⓗⓡ 플러그를 꽂다, 전원을 연결하다

He's **plugging in** a power cord.
남자가 전원 코드를 꽂고 있다.

---
● 기출표현 ●

plug in a **microwave oven**  전자레인지
plug into an **outlet**  콘센트

---

## 35 ★ cross
[krɔːs]

ⓥ 건너다, 가로지르다

A bicyclist is **crossing** the street.
자전거를 탄 사람이 도로를 건너고 있다.

---
● 기출표현 ●

cross at an **intersection**  교차로
cross over a **stream**  개울

---

## 36 ★ hang

[hæŋ]

(동) suspend 매달다

ⓥ 걸다, 걸리다

Some pictures are **hanging** on a wall.
사진들이 벽에 걸려 있다.

● 기출표현 ●

hang **from a hook** 고리에
hang **from the ceiling** 천장에

## 37 ★ distribute

[distríbju:t]

distribution n. 배포, 분배
(동) hand out
　　나누어 주다, 배포하다

ⓥ 나누어 주다, 배포하다

A server is **distributing** menus.
웨이터가 메뉴판을 나누어 주고 있다.

● 기출표현 ●

distribute some **handouts** 유인물
distribute **pamphlets** 팸플릿

## 38 ★★ fold

[fould]

(반) unfold 펼치다

ⓥ 접다, 개다

They're **folding** their umbrellas.
사람들이 우산을 접고 있다.

● 기출표현 ●

fold up a **stepladder** 발판사다리
fold up a **tablecloth** 테이블보
fold **bedding** 침구

## 39 ★ reflect

[riflékt]

reflection n. 반영, 반사
reflective a. 반영하는

ⓥ (거울·물 등에) 비추다

The house is **reflected** in the water.
집이 물에 비치고 있다.

● 기출표현 ●

**look at one's reflection** 거울에 비친 모습을 보다

PART 01 ｜ DAY 01

**27**

### 40 ★★ address
[ədrés]

Ⓥ 연설하다

A man is **addressing** a small group of people.
남자가 소수의 사람들에게 연설하고 있다.

> ● 기출표현 ●
> address an **audience** 청중
> address a **crowd** 무리
> address meeting **participants** 참석자

### 41 ★★★ plant
뗑 [plænt]
옝 [plɑːnt]

Ⓥ 심다 Ⓝ 식물

Trees are **planted** on both sides of a street.
나무들이 거리 양쪽에 심어져 있다.

> ● 기출표현 ●
> planted in a **courtyard** 뜰
> **potted plants** 화분

### 42 ★★ file
[fail]

Ⓥ (문서 등을 정리하여) 철하다 Ⓝ 파일

A woman is **filing** some folders.
여자가 폴더를 철하고 있다.

> ● 기출표현 ●
> file[filing] **cabinet** 서류 캐비닛
> file documents in a **drawer** 서랍

### 43 ★★★ operate
[ápərèit]

Ⓥ 작동하다

A woman is **operating** some office equipment.
여자가 사무기기를 작동하고 있다.

> ● 기출표현 ●
> operate a **forklift** 지게차
> operate a **photocopier** 복사기
> operate **factory machinery** 공장 기계

## 44 stack
[stæk]

⑧ pile 쌓다

ⓥ 쌓다 ⓝ 쌓아올린 더미

Some boxes have been **stacked** in a corner.
상자들이 구석에 쌓여 있다.

● 기출표현 ●

stacked in a **warehouse** 창고
stacked **on top of each other** 차곡차곡

## 45 clap
[klæp]

⑧ applaud 박수 치다

ⓥ 박수 치다

An audience is **clapping** for some musicians.
청중이 뮤지션들에게 박수를 치고 있다.

● 기출표현 ●

applaud the **performance** 공연
applaud the **presentation** 발표

## 46 kneel
[ni:l]

ⓥ 무릎을 꿇다

She's **kneeling** in front of a chalkboard.
여자가 칠판 앞에 무릎을 꿇고 있다.

● 기출표현 ●

kneel on the **ground** 바닥
**kneel down** 꿇어 앉다

## 47 stroll
[stroul]

⑧ take a walk 산책하다

ⓥ 거닐다, 산책하다

They're **strolling** along a tree-lined path.
사람들이 나무가 늘어선 길을 산책하고 있다.

● 기출표현 ●

stroll **beside a riverbank** 강둑 옆을
stroll **past a bench** 벤치를 지나서
stroll **through an outdoor market** 야외 시장 사이로

# CHECK-UP QUIZ

우리말 뜻에 맞게 빈칸을 채우세요.

01    난간을 **잡다**                _____ onto a railing

02    카트에 짐을 **싣다**           _____ a cart

03    맨 위 선반에 **손을 뻗다**      _____ for the top shelf

04    소포를 **나르다**              _____ some packages

05    좌석이 **비어 있다.**          Some seats are _____.

06    벽에 **기대다**                _____ against the wall

07    서로 **인사하다**              _____ one another

08    지게차를 **작동하다**          _____ a forklift

09    길을 **포장하다**              _____ a street

10    사람들이 **모여 있다.**         People have _____.

11    서로 **마주 보다**             _____ each other

12    잔디를 **깎다**                _____ the lawn

13    파라솔에 의해 **그늘진**        _____ by an umbrella

14    관목을 **다듬다**              _____ some bushes

15    커피를 **따르다**              _____ some coffee

---

| 01 hold | 02 load | 03 reach | 04 carry | 05 unoccupied | 06 lean |
|---------|---------|----------|----------|---------------|---------|
| 07 greet | 08 operate | 09 pave | 10 assembled | 11 face | 12 mow |
| 13 shaded | 14 trim | 15 pour | | | |

| 16 | 자재를 운반하다 | _____ some materials |
| 17 | 차곡차곡 쌓여 있는 | _____ on top of each other |
| 18 | 울타리로 둘러싸인 | _____ by the fence |
| 19 | 공원을 거닐다 | _____ through the park |
| 20 | 강을 내려다보다 | _____ the river |
| 21 | 나뭇잎을 갈퀴로 긁어모으다 | _____ leaves |
| 22 | 장비를 전원에 연결하다 | _____ _____ some equipment |
| 23 | 길을 건너다 | _____ the street |
| 24 | 그림을 걸다 | _____ a picture |
| 25 | 전단을 나누어 주다 | _____ flyers |
| 26 | 옷을 개다 | _____ some clothes |
| 27 | 물에 비치다 | be _____ in the water |
| 28 | 청중에게 연설하다 | _____ an audience |
| 29 | 문서를 철하다 | _____ some documents |
| 30 | 바닥 깔개에 흩어져 있는 | _____ on a rug |

PART 01

DAY 01

---

16 transport    17 stacked    18 surrounded    19 stroll    20 overlook    21 rake
22 plug in    23 cross    24 hang    25 distribute    26 fold    27 reflected
28 address    29 file    30 scattered

31

## 토익 만점 완성

**토익 기본 어휘**

| | | |
|---|---|---|
| ☐ aisle | n. 통로 |
| ☐ lid | n. 뚜껑 |
| ☐ pillow | n. 베개, 쿠션 |
| ☐ wear | v. 입다(착용한 상태) |
| ☐ put on | phr. 입다(착용 중인 동작) |
| ☐ turn on | phr. (전기·TV 등의 전원을) 켜다 |
| ☐ vacuum | v. 진공청소기로 청소하다 |
| ☐ briefcase | n. 서류가방 |
| ☐ microphone | n. 마이크 |

| | |
|---|---|
| ☐ be seated | phr. 앉다 |
| ☐ bow | v. (머리를 숙여) 인사하다 |
| ☐ laundry | n. 세탁물 |
| ☐ jewelry | n. 보석, 장신구 |
| ☐ shake hands | phr. 악수하다 |
| ☐ chop | v. 썰다, 다지다 |
| ☐ plate | n. 접시 |
| ☐ weigh | v. 무게를 재다 |
| ☐ shelving unit | phr. 선반 |

| | |
|---|---|
| ☐ artwork | n. 예술 작품 |
| ☐ mop | v. 대걸레로 닦다  n. 대걸레 |
| ☐ sculpture | n. 조각상 |
| ☐ necklace | n. 목걸이 |
| ☐ baked goods | phr. 제빵류 |
| ☐ button | v. 단추를 채우다  n. 버튼 |
| ☐ grill | n. 그릴  v. 그릴[석쇠]에 굽다 |
| ☐ scrub | v. 문지르다, 문질러 씻다 |
| ☐ square | a. 정사각형의 |

**토익 만점 어휘**

| | | |
|---|---|---|
| ☐ illuminate | v. 비추다, 밝히다 |
| ☐ wait on | phr. 시중들다 |
| ☐ conveyor belt | phr. 컨베이어 벨트 |
| ☐ light bulb | phr. 전구 |
| ☐ garment | n. 의복, 옷 |
| ☐ apron | n. 앞치마 |
| ☐ carton | n. 상자 |
| ☐ tap water | phr. 수돗물 |
| ☐ stool | n. 등받이가 없는 의자 |

| | |
|---|---|
| ☐ couch | n. 소파 |
| ☐ auditorium | n. 강당 |
| ☐ overhead | a. 머리 위의  ad. 머리 위에 |
| ☐ easel | n. 이젤, 칠판대 |
| ☐ utensil | n. 조리 기구 |
| ☐ kettle | n. 주전자 |
| ☐ corridor | n. 복도 |
| ☐ fireplace | n. 벽난로 |
| ☐ cash register | phr. (계산대의) 금전 등록기 |

| | |
|---|---|
| ☐ jot down | phr. 적다 |
| ☐ squeeze | v. 쥐어짜다 |
| ☐ scale | n. 저울 |
| ☐ identical | a. 동일한, 똑같은 |
| ☐ fluorescent light | phr. 형광등 |
| ☐ workbench | n. 작업대 |
| ☐ unzip | v. 지퍼를 열다 |
| ☐ screw | n. 나사  v. 나사를 조이다 |
| ☐ rinse | v. 씻어 내다, 헹구다 |

PART 01

DAY 01

**PART 01**

# 사진묘사 필수 어휘 (2)

---

01 ★★
## pile
[pail]

(v) **쌓다**

Some papers have been **piled** on a desk.
서류들이 책상 위에 쌓여 있다.

(n) **더미, 무더기**

A **pile** of wood has been left on the grass.
장작 더미가 잔디 위에 놓여 있다.

---

02 ★★
## store
[stɔːr]

storage n. 보관, 저장

(v) **보관하다**

Some boxes have been **stored** inside a vehicle.
상자들이 차량 안에 보관되어 있다.

> • 기출표현 •
>
> stored **under a sink** 싱크대 아래에
> stored **in a closet** 벽장 안에
> stored **above seats** 좌석 위에

---

03 ★★★
## pick up

(phr) **집어 들다, 따다, 꺾다**

The workers are **picking up** tools.
작업자들이 도구를 집어 들고 있다.

> • 기출표현 •
>
> pick up some **silverware** 은식기류(나이프, 포크 등)
> pick up a **test tube** 시험관
> pick up an **instrument** 악기, 도구

## 04 ★★★ serve
[səːrv]

ⓥ 제공하다, 서빙하다, (손님을) 응대하다

The woman is **serving** a meal.
여자가 식사를 제공하고 있다.

┌─────────────────────────────── ● 기출표현 ● ─┐
│ serve **beverages** 음료 │
│ serve **refreshments** 다과 │
└──────────────────────────────────────────┘

## 05 ★★★ board
[bɔːrd]

ⓥ 탑승하다

Some people are **boarding** an airplane.
사람들이 비행기에 탑승하고 있다.

ⓝ 판자, 칠판

A man is unloading some wooden **boards**.
남자가 나무 판자를 내리고 있다.

## 06 ★★ frame
[freim]

ⓥ 틀에 넣다 ⓝ 틀

She's **framing** a piece of art.
여자가 미술 작품을 액자에 넣고 있다.

┌─────────────────────────────── ● 기출표현 ● ─┐
│ a **framed picture** 액자에 낀 사진 │
└──────────────────────────────────────────┘

## 07 ★★ rest
[rest]

ⓥ 놓다, 놓여 있다

Some forks are **resting** on dishes.
포크가 접시에 놓여 있다.

ⓥ 휴식을 취하다

People are **resting** beneath a row of palm trees.
사람들이 일렬로 늘어선 야자 나무 아래 쉬고 있다.

PART 01 | DAY 02

## roll ★ 08
[roul]

ⓥ 둘둘 말다

A rug is being **rolled** up.
바닥 깔개가 둘둘 말리고 있다.

ⓥ 굴리다, 굴러가다

A shopper is **rolling** a cart down a walkway.
쇼핑객이 통로를 따라 카트를 굴리고 있다.

## empty ★★ 09
[émpti]

ⓥ 비우다

She's **emptying** a recycling bin.
여자가 재활용 쓰레기통을 비우고 있다.

ⓐ 비어 있는

The platform is **empty**.
승강장이 비어 있다.

## clear ★★ 10
[kliər]

ⓥ 치우다

The counter has been **cleared** of objects.
카운터에 물건이 치워져 있다.

> ● 기출표현 ●
> clear **workbenches** 작업대
> clear off a **countertop** 조리대, 작업대

## display ★★★★ 11
[displéi]

ⓥ 전시하다

Fruit is being **displayed** in a market.
과일이 시장에 진열되어 있다.

ⓝ 진열, 전시

Some merchandise is on **display** outside a store.
상품이 상점 밖에 전시되어 있다.

## extend
12 ★★
[iksténd]

(동) span 뻗다

ⓥ 뻗다, 펼치다

A bridge **extends** towards a domed building.
다리가 돔형 건물까지 뻗어 있다.

> • 기출표현 •
> extend **along the shore** 해안을 따라
> extend **over a shop entrance** 상점 출입문 위로

## stir
13 ★
[stəː(r)]

ⓥ 젓다, (저어 가며) 섞다

A woman is **stirring** the contents of a container.
여자가 용기의 내용물을 젓고 있다.

> • 기출표현 •
> stir **a pot** 냄비
> stir **on a stove** 가스레인지 위에서

## sip
14 ★
[sip]

ⓥ 홀짝이다, 조금씩 마시다

One of the women is **sipping** from a cup.
여자 한 명이 컵에 든 것을 마시고 있다.

> • 기출표현 •
> sip from a **bottle** 병
> sip from a **mug** 머그잔

## work on
15 ★★★

(phr) ~을 작업하다

A car is being **worked on**.
차가 수리되고 있다.

> • 기출표현 •
> work on a **machine** 기계
> work on a **laptop computer** 노트북

PART 01 | DAY 02

37

## sweep
[swi:p]

ⓥ (빗자루로) 쓸다, 청소하다

She's **sweeping** a floor.
여자가 바닥을 쓸고 있다.

sweep the **pavement** 포장도로
sweep with a **broom** 빗자루

## browse
[brauz]

ⓥ 둘러보다

Some shoppers are **browsing** in a store.
쇼핑객들이 상점 안을 둘러보고 있다.

ⓥ 훑어보다

The woman is **browsing** through some magazines.
여자가 잡지들을 훑어보고 있다.

## lie
[lai]

ⓥ 놓여 있다

Cables are **lying** on the ground.
케이블이 바닥에 놓여 있다.

ⓥ 눕다

Some people are **lying** on the beach.
사람들이 해변에 누워 있다.

## wrap
[ræp]

⑪ unwrap 풀다

ⓥ 포장하다, 싸다

A man's **wrapping** some merchandise.
남자가 상품을 포장하고 있다.

ⓥ 두르다

A woman is **wrapping** a scarf around her neck.
여자가 목에 스카프를 두르고 있다.

## step
[step]

ⓥ 서다, 디디다, 걸음을 떼다

A woman is **stepping** down from a train.
여자가 기차에서 내리고 있다.

A woman is **stepping** onto a ladder.
여자가 사다리에 올라서고 있다.

They're **stepping** over a fallen tree.
사람들이 쓰러진 나무를 넘어 지나고 있다.

## wave
[weiv]

ⓥ 손짓하다, 손을 흔들다

Some people are **waving** from a bus.
사람들이 버스에서 손을 흔들고 있다.

ⓥ (손에 들고) 흔들다, 흔들리다

Some flags are **waving** in the wind.
깃발이 바람에 나부끼고 있다.

ⓝ 파도

**Waves** are splashing against a dock.
파도가 부두에 철썩거리고 있다.

## border
[bɔ́ːrdər]

ⓥ 경계를 이루다, 접하다  ⓝ 경계

Some trees **border** a pond.
나무들이 연못과 경계를 이루고 있다.

┌─────────────────── • 기출표현 •
bordered by a **fence** 울타리
bordered by a **handrail** 난간

## set up
ⓢ install v. 설치하다

ⓟʰʳ 설치하다, 놓다

He's **setting up** a tent.
남자가 텐트를 설치하고 있다.

┌─────────────────── • 기출표현 •
set up **partitions** 칸막이
set up a **podium** 연단

## 24 * spread

[spred]

ⓥ 펼치다; 퍼뜨리다, 퍼지다

Various objects are **spread** on top of a desk.

각종 물건들이 책상 위에 펼쳐져 있다.

● 기출표현 ●

spread out **towels** 수건
spread out a **net** 그물

## 25 * wipe

[waip]

ⓥ 닦다

A man is **wiping** a countertop.

남자가 탁상을 닦고 있다.

● 기출표현 ●

wipe the **outside of** ~의 겉면
wipe a **windshield** 차량의 앞 유리

## 26 * dine

[dain]

dining n. 식사, 정찬
diner n. 식사하는 사람

ⓥ 식사하다

One of the men is **dining** alone.

남자 한 명이 혼자 식사하고 있다.

● 기출표현 ●

**dining area** 식사 공간
**dining tray** 쟁반

## 27 ** stock

[stɑk]

ⓥ 채우다

Shelves have been **stocked** with bread.

선반이 빵으로 채워져 있다.

● 기출표현 ●

stocked with **supplies** 물품
stocked with **merchandise** 상품

## fasten
(미) [fǽsn] (영) [fάːsn]

ⓥ 매다, 고정시키다, 잠그다

Decorative lamps have been **fastened** to the ceiling.
장식용 조명이 천장에 고정되어 있다.

• 기출표현 •

fasten a **helmet** 헬멧
fasten a **gate** 문
fastened **to a pier** 부두에

## exchange
[ikstʃéindʒ]

ⓥ 교환하다 ⓝ 교환

The men are **exchanging** money.
남자들이 돈을 환전하고 있다.

• 기출표현 •

exchange a **greeting** 인사
exchange **business cards** 명함

## lift
[lift]

ⓥ 들어 올리다

They're **lifting** a chair off the floor.
사람들이 의자를 바닥에서 들어 올리고 있다.

• 기출표현 •

lift a **crate** 나무 상자
lift a **load** 짐, 화물
lift a **wooden plank** 나무 널빤지

## polish
[pάliʃ]

ⓥ (윤이 나도록) 닦다

She's **polishing** a window.
여자가 창문을 광이 나도록 닦고 있다.

• 기출표현 •

polish a **microscope** 현미경
polish a **vase** 꽃병

## 32 ★ run
[rʌn]

ⓥ (길 등이) 나 있다, 이어지다

A high wall **runs** alongside the train tracks.
높은 담이 기찻길과 나란히 나 있다.

ⓥ 달리다

A man is **running** up a ramp.
남자가 경사로를 달려 올라가고 있다.

## 33 ★ sort
[sɔːrt]

ⓥ 분류하다 ⓝ 종류

Some food has been **sorted** into baskets.
음식이 바구니로 분류되어 있다.

● 기출표현 ●

**sort into** ~로 분류하다
**sort through** 자세히 살펴보다

## 34 ★★★ sew
[sou]

ⓥ 바느질하다

The man is **sewing** a jacket.
남자가 자켓을 바느질하고 있다.

Buttons are being **sewn** on a blouse.
버튼이 블라우스에 바느질되고 있다.

● 기출표현 ●

sew some **fabric** 천
use a **sewing machine** 재봉틀

## 35 ★★ put away

ⓟⓗⓡ 치우다

They're **putting away** some packages.
사람들이 상자를 치우고 있다.

● 기출표현 ●

put away **displays** 진열품
put away **storage containers** 보관 용기

## enter
[éntər]

entrance n. 입구
⑲ exit 나가다

ⓥ 들어가다

They're **entering** a conference room.
사람들이 회의실로 들어가고 있다.

ⓥ 입력하다

A woman is **entering** numbers on a keypad.
여자가 키패드로 숫자를 입력하고 있다.

## stare
[stɛər]

⑧ gaze, view 보다

ⓥ 쳐다보다, 응시하다

A man is **staring** out a window.
남자가 창밖을 응시하고 있다.

• 기출표현 •

stare at the **monitor** 모니터
stare at a **painting** 그림

## pull
[pul]

ⓥ 끌다, 당기다

They're **pulling** some suitcases.
사람들이 여행 가방을 끌고 있다.

ⓥ (차 등이) 나아가다

The train is just **pulling** out of the station.
기차가 역을 막 빠져나가고 있다.

## climb
[klaim]

ⓥ 오르다, 올라가다

They're **climbing** the steps.
사람들이 계단을 오르고 있다.

• 기출표현 •

climb the **stairs[staircase]** 계단
climb stairs **to a porch** 현관으로 향하는

PART 01

DAY 02

## 40 ** row
[rou]

⑧ paddle 노를 젓다
⑧ line 열, 줄

ⓥ 노를 젓다

The man is **rowing** a boat across the harbor.
남자가 배를 저어 항구를 횡단하고 있다.

ⓝ 열, 줄

Lampposts are standing in a **row**.
가로등들이 일렬로 서 있다.

## 41 ** exit
[égzit, éksit]

ⓥ 나가다, 내리다　ⓝ 출구

A passenger is **exiting** a vehicle.
승객이 차에서 내리고 있다.

> ● 기출표현 ●
>
> exit an **airport terminal** 공항 터미널
> exit a **parking garage** 차고

## 42 ** mount
[maunt]

ⓥ 장착하다, 설치하다

A bicycle has been **mounted** on the front of a bus.
자전거가 버스 앞에 장착되어 있다.

> ● 기출표현 ●
>
> **Light fixtures** are mounted. 조명 기구
> A **projector** has been mounted. 프로젝터

## 43 *** dock
[dɑk]

⑧ pier, wharf 부두

ⓥ (배를) 부두에 대다

A row of fishing boats is **docked** at a pier.
일렬의 낚싯배들이 부두에 정박해 있다.

ⓝ 부두

They're tying a boat to the **dock**.
사람들이 배를 부두에 묶고 있다.

## 44 ★★★ put up

(phr) 세우다, 설치하다, 게시하다, 내걸다

Some people are **putting up** a tent.
사람들이 텐트를 설치하고 있다.

● 기출표현 ●

put up a **poster** 포스터
put up a **metal barrier** 금속 장벽

## 45 ★★★ cast
(미)[kæst] (영)[kɑːst]

(v) (그림자를) 드리우다

Shadows are being **cast** on a patio.
그림자가 테라스 위로 드리워져 있다.

## 46 ★★ post
[poust]

(v) 게시하다, 공고하다 (n) 기둥

The man is **posting** some information.
남자가 정보를 게시하고 있다.

● 기출표현 ●

post some **fliers** 전단지
posted on a **bulletin board** 게시판

## 47 ★★ take off

(동) remove 벗다
(반) land 착륙하다

(phr) 꺼내다, 떼어 내다

Merchandise is being **taken off** a shelf.
상품이 선반에서 꺼내어지고 있다.

(phr) (옷 등을) 벗다

A man is **taking off** his vest.
남자가 조끼를 벗고 있다.

(phr) 이륙하다

A plane is **taking off** from a runway.
비행기가 활주로에서 이륙하고 있다.

# CHECK-UP QUIZ

우리말 뜻에 맞게 빈칸을 채우세요.

01  책상 위에 **쌓여 있는**   _____ on the desk

02  무료 음료를 **제공하다**   _____ complimentary beverages

03  비행기에 **탑승하다**   _____ an airplane

04  배낭을 **집어 들다**   _____ _____ a backpack

05  길에서 **치워진**   _____ off a walkway

06  **전시되어** 있다   be on _____

07  해안을 따라 **뻗다**   _____ along the shore

08  서로에게 **손을 흔들다**   _____ to one another

09  그림자를 **드리우다**   _____ a shadow

10  잔디 위에 **눕다**   _____ on the grass

11  선물을 **포장하다**   _____ a gift

12  테이블을 **닦다**   _____ off a table

13  선반을 **채우다**   _____ the shelves

14  헬멧을 **조여 매다**   _____ a helmet

15  명함을 **교환하다**   _____ business cards

---

**01** piled    **02** serve    **03** board    **04** pick up    **05** cleared    **06** display

**07** extend    **08** wave    **09** cast    **10** lie    **11** wrap    **12** wipe

**13** stock    **14** fasten    **15** exchange

46

| | | |
|---|---|---|
| 16 | 공항 터미널을 **나가다** | _____ an airport terminal |
| 17 | **펼쳐져** 있다 | be _____ out |
| 18 | 프로젝터가 **설치되어 있다** | A projector has been _____. |
| 19 | 진열품을 **치우다** | _____ _____ the displays |
| 20 | 나무 상자를 **들어 올리다** | _____ a crate |
| 21 | 게시판에 **게시된** | _____ on a bulletin board |
| 22 | 계단을 **오르다** | _____ some steps |
| 23 | **여러 줄로** 앉다 | sit in _____ |
| 24 | 유리창에 **광을 내다** | _____ a window |
| 25 | 부두에 **정박해 있다** | be _____ at a pier |
| 26 | 안내판을 **내걸다** | _____ _____ a sign |
| 27 | 연못과 **경계를 이루다** | _____ a pond |
| 28 | 코트를 **벗다** | _____ _____ a coat |
| 29 | 카트를 **끌다** | _____ a cart |
| 30 | 잡지를 **훑어보다** | _____ through some magazines |

---

16 exit            17 spread           18 mounted       19 put away      20 lift          21 posted
22 climb           23 rows             24 polish        25 docked        26 put up         27 border
28 take off        29 pull             30 browse

| | | |
|---|---|---|
| ☐ | roof | n. 지붕 |
| ☐ | balcony | n. 발코니 |
| ☐ | railroad | n. 철로 |
| ☐ | water | v. (화초 등에) 물을 주다 |
| ☐ | wheel | n. 바퀴  v. 끌다 |
| ☐ | spray | v. 뿌리다 |
| ☐ | bin | n. 통, 쓰레기통 |
| ☐ | rope | n. 밧줄 |
| ☐ | dig | v. (도구 따위로) 땅을 파다 |

| | | |
|---|---|---|
| ☐ | work out(=exercise) | phr. 운동하다 |
| ☐ | throw away | phr. 버리다 |
| ☐ | sail | v. 항해하다  n. 돛 |
| ☐ | pedestrian | n. 보행자 |
| ☐ | motorcycle(=motorbike) | n. 오토바이 |
| ☐ | hard hat | phr. 안전모 |
| ☐ | traffic light | phr. 신호등 |
| ☐ | cyclist | n. 자전거를 타는 사람 |
| ☐ | hike | v. 하이킹하다 |

| | | |
|---|---|---|
| ☐ | platform | n. 승강장, 단 |
| ☐ | pathway | n. 길 |
| ☐ | hammer | n. 망치 |
| ☐ | twist | v. 휘다, 비틀다 |
| ☐ | entryway | n. 출입구 |
| ☐ | construction site | phr. 공사 현장 |
| ☐ | lamppost(=streetlamp) | n. 가로등 |
| ☐ | runway | n. 활주로 |
| ☐ | side by side | phr. 나란히 |

# 실외 장소 어휘

**토익 만점 어휘**

| | | |
|---|---|---|
| ☐ | scaffolding | n. (건축 공사장의) 비계 |
| ☐ | shovel | v. 삽질하다  n. 삽 |
| ☐ | ramp | n. 경사로 |
| ☐ | deck | n. 갑판, 테라스 |
| ☐ | patio | n. 테라스 |
| ☐ | pond | n. 연못 |
| ☐ | traffic cone | phr. 삼각대 |
| ☐ | erect | v. 세우다, 건립하다 |
| ☐ | oar | n. 노 |

| | | |
|---|---|---|
| ☐ | awning | n. 차양 |
| ☐ | stall | n. 가판대 |
| ☐ | vendor | n. 상인 |
| ☐ | open-air market | phr. 야외 시장 |
| ☐ | spectator | n. 관중 |
| ☐ | march | v. 행진하다 |
| ☐ | resurface | v. (도로를) 재포장하다 |
| ☐ | stadium | n. 경기장 |
| ☐ | prune | v. 가지치기하다 |

| | | |
|---|---|---|
| ☐ | debris | n. 쓰레기, 잔해 |
| ☐ | barn | n. 헛간 |
| ☐ | hedge | n. 울타리, 담 |
| ☐ | tear down | phr. 허물다, 파괴하다 |
| ☐ | hay | n. 건초 |
| ☐ | litter | n. 쓰레기  v. 어지럽히다, 버리다 |
| ☐ | beam | n. 기둥 |
| ☐ | vine | n. 덩굴 식물 |
| ☐ | flattened box | phr. 납작하게 접은 상자 |

### responsible
[rispánsəbl]

responsibility n. 책임

ⓐ 담당하는, 책임이 있는

Q Who is **responsible** for filing the invoices?
A The executive secretary.

주문서를 철하는 것은 누가 담당하나요?
비서실장이요.

### available
[əvéiləbl]

availability n. 이용도, 유용성
⑲ unavailable
　이용 가능하지 않은

ⓐ 이용 가능한, 시간이 되는

Q Is technical support **available** twenty-four hours a day?
A Yes, through our Web site.

기술 지원은 24시간 이용 가능한가요?
네, 웹사이트를 통해서요.

> • 기출표현 •
> no longer available  더 이상 이용 가능하지 않은
> What time are you available?  언제 시간이 되세요?

### utility
[juːtíləti]

ⓝ 공공시설, 공공요금

Q Our **utility** bill is a lot higher this month, isn't it?
A The company raised its rates.

우리 공과금이 이번 달에 훨씬 더 많이 나왔어요, 그렇죠?
회사가 가격을 인상했어요.

> • 기출표현 •
> utility company  (전기·가스를 공급하는) 공익 기업
> utilities included  공과금 포함
> no utilities included  공과금 별도

## 04
### repair
[ripέər]

(동) fix 수리하다

ⓥ 수리하다, 고치다  ⓝ 수리

Q The tailor **repaired** the hole in my coat sleeve.
A Oh, how much did it cost?

재단사가 제 코트 소매의 구멍을 수선했어요.
오, 얼마 들었어요?

● 기출표현 ●

closed for repairs 수리로 인해 폐쇄된
repair person 수리공

## 05
### offer
[ɔ́:fər]

ⓥ 제공하다, 제안하다  ⓝ 제안, 제공, 할인

Q We're **offering** a special discount on this model.
A When does the **offer** expire?

이 모델에 대해 특별 할인을 제공하고 있습니다.
그 할인은 언제 만료되나요?

● 기출표현 ●

job offer 일자리 제의, 채용 제안
promotional offer 판촉 행사

## 06
### status
[stéitəs, stǽtəs]

ⓝ 상태, 상황; 지위

Q What's the **status** of the recording contract?
A I'm still waiting to hear.

녹음 계약 건은 어떤 상태인가요?
아직 소식을 기다리고 있어요.

● 기출표현 ●

delivery status 배송 상태
status of the order 주문 상태

## 07
### record
[rékərd] n.
[rikɔ́:rd] v.

recording n. 녹화, 녹음

ⓝ 기록  ⓥ 녹화하다; 기록하다

Q Have you signed up to access your medical **records** online?
A It's not a requirement, is it?

의료 기록 온라인 이용을 신청하셨어요?
필수는 아니죠, 그렇죠?

## 08 ★★★★ leave
[li:v]

SiCK leave

ⓥ 출발하다, 나가다; 맡기다 ⓝ 휴가

Q Why does the shuttle bus **leave** so early?
A To avoid the heavy traffic.

셔틀 버스가 왜 그렇게 일찍 출발하나요?
교통 혼잡을 피하려고요.

• 기출표현 •

leave a message  메시지를 남기다
about to leave  막 떠날 참인   sick leave  병가

---

## 09 ★★★★ session
[séʃən]

ⓝ 세션, 회기, 기간

Q You're going to the morning training **session** today, aren't you?
A It's mandatory, isn't it?

오늘 아침 교육 세션에 가시죠, 그렇죠?
의무적인 거잖아요, 안 그래요?

• 기출표현 •

orientation session  오리엔테이션 세션
conference session  회의 세션

---

## 10 ★★★★ organize
[ɔ́:rgənàiz]

organized
a. 정리된, 조직화된

organization
n. 단체, 조직

ⓥ 준비[조직]하다, 정리하다

Q Several of us are trying to **organize** a book club.
A Can anyone join it?

우리 몇몇이 독서 동호회를 구성하려고 해요.
누구나 참여할 수 있나요?

---

## 11 ★★★★ revise
[riváiz]

revised a. 수정된
revision n. 수정, 개정

ⓥ 수정하다, 개정하다

Q Can you shorten this letter so it fits on one page?
A OK, I'll **revise** it within the hour.

한 페이지에 들어가도록 이 서신을 줄여 주시겠어요?
그러죠, 한 시간 내로 수정할게요.

• 기출표현 •

revised contract  수정된 계약서
make a revision  수정하다

## join
**12 ★★★**
[dʒɔin]

ⓥ 합류하다; 가입[등록]하다

Q You really should **join** that new fitness club.
A Yes, I'd like to get more exercise.

새로운 헬스클럽에 꼭 등록하세요.
네, 운동을 좀 더 하고 싶어요.

## borrow
**13 ★★★**
[bá:rou]

ⓥ 빌리다

Q Can I **borrow** a sweater?
A I can turn up the heat.

스웨터 좀 빌릴 수 있을까요?
온도를 올려 드릴게요.

## charge
**14 ★★★**
[tʃɑːrdʒ]

ⓝ 책임, 담당; 요금  ⓥ 청구[부과]하다; 충전하다

Q Who's in **charge** of stocking the supply closet?
A Oh, we take turns.

비품함 채우는 걸 누가 담당하죠?
차례를 정해서 해요.

> ● 기출표현 ●
> no extra charge  추가 요금 없음
> charge cancellation fees  취소 수수료를 부과하다
> charge the battery  배터리를 충전하다

## interview
**15 ★★★**
[íntərvjùː]

ⓝ 인터뷰, 면접  ⓥ 인터뷰하다

Q When will you hear back about your **interview**?
A In a week or so.

면접 결과는 언제 나와요?
한 주일 정도 후에요.

## bottom
**16 ★★**
[bátəm]

⑲ top 맨 위

ⓝ 맨 아래

Q Where should I sign this form?
A At the **bottom** of page seven.

이 양식서의 어디에 서명해야 하나요?
7페이지 맨 아래요.

> ● 기출표현 ●
> bottom drawer  맨 아래 서랍
> bottom cabinet  맨 아래 수납장

## 17 ★★★ prefer
[prifə́:r]

preference n. 선호
preferred a. 선호되는

Ⓥ 선호하다, 더 좋아하다

Q Do you **prefer** the window or aisle seat?
A Either is fine with me.

창가 쪽과 통로 좌석, 어떤 것이 좋으세요?
어느 쪽이든 괜찮아요.

● 기출표현 ●

prefer not to부정사 ~하지 않고 싶다
Whichever you prefer. 당신이 원하는 어떤 것이든지요.

## 18 ★★★ approve
[əprú:v]

approval n. 승인
(반) disapprove 반대하다

Ⓥ 승인하다, 찬성하다

Q Has your boss **approved** your transfer yet?
A I just put in the request.

사장님이 전근을 이미 승인하셨나요?
이제 막 신청했어요.

● 기출표현 ●

approve the budget estimate 예산을 승인하다
manager approval 관리자 승인

## 19 ★★★ document
[dάkjumənt]

Ⓝ 문서, 서류  Ⓥ 기록하다

Q Why am I getting two copies of this **document**?
A Because you need one for your files.

왜 이 서류를 저에게 두 장씩 주시나요?
하나는 보관용으로 필요해서요.

## 20 ★★★ order
[ɔ́:rdər]

Ⓥ 주문하다  Ⓝ 주문; 순서

Q Shouldn't we **order** some more photocopier paper?
A Yes, we're running out.

복사 용지를 더 주문해야 하지 않아요?
네, 다 써가요.

● 기출표현 ●

take an order 주문을 받다   place an order 주문하다
in alphabetical order 알파벳순으로

## 21 * projection
[prədʒékʃən]

project v. 예상하다
projected a. 예상된

ⓝ 예상, 추정; 영상

Q Have you reviewed Ms. Chen's sales **projections** or should I go over them?
A No, I'll look at them later.

첸 씨의 판매 예측을 검토하셨나요, 제가 검토할까요?
아니요, 제가 나중에 볼게요.

● 기출표현 ●
projection screen 영상 스크린

## 22 *** contact
[kántækt]

ⓥ 연락하다 ⓝ 연락(책); 연줄

Q Did you **contact** a mechanic?
A Yes, someone's coming tomorrow.

정비공한테 연락했어요?
네, 누군가가 내일 올 거예요.

● 기출표현 ●
contact information 연락 정보
make some contacts 연줄을 맺다

## 23 ** bill
[bill]

billing n. 청구서 발부

ⓝ 고지서, 청구서 ⓥ 청구하다

Q You gave the customers the **bill**, didn't you?
A Hasn't the payment arrived yet?

고객에게 요금 고지서를 드렸죠, 그렇죠?
아직 지불금이 안 들어왔나요?

● 기출표현 ●
billing information 청구서 정보
billing records 경리 장부
billing form 청구 양식   billing department 경리부

## 24 ** colleague
[káli:g]

⑧ associate, coworker 동료

ⓝ 동료

Q Who will be going to the exposition this year?
A Several of our **colleagues**.

올해는 누가 박람회에 갈 건가요?
몇몇 저의 동료들이요.

## 25 ★★★ review
[rivjúː]

통 go over, look over
검토하다

ⓝ 비평, 검토, 평론  ⓥ 검토하다

Q Did you submit the expense reports?
A There's a lot of data to **review**.

비용 보고서를 제출하셨나요?
검토할 데이터가 많네요.

● 기출표현 ●

product reviews  제품 리뷰
customer reviews  고객 후기
performance reviews  인사고과
under review  검토 중인

## 26 ★★★ cost
[kɔːst]

costly a. 비용이 많이 드는

ⓥ 비용이 들다  ⓝ 비용

Q How much does it **cost** to rent this retail space?
A The fee is 200 dollars.

이 소매 공간을 임대하는 데 비용이 얼마나 드나요?
비용은 200달러입니다.

● 기출표현 ●

labor costs  인건비   maintenance cost  유지비

## 27 ★★ make it

ⓟʰʳ 가다, 참석하다

Q Do you want to go to the reception together?
A Sorry, I can't **make it**.

환영회에 같이 가실 건가요?
미안하지만 저는 못 가요.

● 기출표현 ●

make it on time  제시간에 도착하다

## 28 ★★ proofread
[prúːfriːd]

ⓥ 교정보다

Q You already **proofread** those rental agreements, didn't you?
A Yes, and they looked fine.

저 임대 계약서들을 이미 교정보셨죠, 그렇죠?
네, 괜찮아 보이던데요.

# committee
[kəmíti]

ⓝ 위원회

Q Who's chairing the **committee**?
A The marketing director.

누가 위원회 의장직을 맡나요?
마케팅 부장이요.

---

• 기출표현 •

hiring committee  고용 위원회
fund-raising committee  기금 마련 위원회
committee chairperson  위원회 의장

---

# retire
[ritáiər]

retirement n. 은퇴

ⓥ 퇴직하다, 그만두다

Q Why is the company planning to hire a new receptionist?
A Because Carlos is **retiring** soon.

회사가 왜 새 접수 담당자를 고용하려고 하나요?
카를로스가 곧 그만두거든요.

---

• 기출표현 •

retirement party[celebration]  은퇴 파티[식]

---

# flyer
[fláiər]

ⓝ (광고용) 전단

Q How long will the outdoor festival last?
A Let's check the **flyer**.

야외 축제가 얼마 동안 지속되나요?
전단지를 확인해 봅시다.

# deadline
[dédlàin]

ⓝ 마감일, 최종 기한

Q How can we meet the project **deadline**?
A We'll have to work extra hours.

프로젝트 마감일을 어떻게 맞출 수 있을까요?
초과 시간을 근무해야 할 거예요.

---

• 기출표현 •

tight deadline  빠듯한 기한
extend the deadline  마감일을 연장하다
miss the deadline  마감일을 놓치다

---

## ship
[ʃip]

shipment n. 수송(물)
shipping n. 운송, 배송

ⓥ 보내다, 발송하다

Q Wasn't the office furniture **shipped** last month?
A The delivery's been delayed.

사무실 가구가 지난달에 발송되지 않았나요?
배송이 지연됐어요.

● 기출표현 ●

shipping charge 배송료
expedited[express] shipping 빠른 배송

---

## take over

takeover n. 인수

phr 인계받다, 이어받다

Q Who edits the company newsletter now?
A Bill Sharma **took over** that job.

회사 소식지를 지금 누가 편집하나요?
빌 샤르마가 그 일을 인계받았어요.

---

## get to

ⓢ arrive, reach
~에 도착하다

phr ~에 도착하다

Q I don't know how to **get to** the convention center from the airport.
A Satoshi's printing out the directions.

공항에서 컨벤션 센터에 도착하는 방법을 모르겠어요.
사토시가 길안내를 인쇄하고 있어요.

● 기출표현 ●

get to work 출근하다
How do I get to ~? ~에 어떻게 가나요?

---

## return
[ritə́:rn]

ⓥ 반납[반품]하다, 돌아오다  ⓝ 반납, 복귀; 수익

Q What's your store's **return** policy?
A Merchandise can be **returned** within 90 days.

상점 반품 정책이 어떻게 되나요?
상품을 90일 내 반품하실 수 있습니다.

● 기출표현 ●

return a call 전화에 회신하다
return ticket 왕복 티켓

## draft

37 ★★

⑪ [dræft]
영 [drɑ:ft]

ⓝ (완성본이 아닌) 원고, 초안

Q Should I submit my first **draft**, or only the final version?
A Send what you have now.

첫 초안을 제출할까요, 아니면 최종 버전만 드릴까요?
지금 가지고 있는 것을 보내세요.

## depend on

38 ★★

dependent a. 의존적인
dependable
a. 신뢰할 수 있는
동 rely on ~에 의존하다

phr ~에 달려 있다; ~에 의존하다

Q Should I start working on the Danielson project now?
A It **depends on** your other deadlines.

다니엘슨 프로젝트를 지금 착수해야 할까요?
다른 마감일들이 언제인지에 달려 있어요.

---
• 기출표현 •

depend on the nature of the problem  문제의 특성에 달려 있다
depend on the budget  예산에 달려 있다
depend on the weather  날씨에 달려 있다

---

## delay

39 ★★★

[diléi]

| | | |
|---|---|---|
| ▥▥ — 10 | Delayed | |
| ▦▦ — 18 | Delayed | |
| ▦ — 33 | Delayed | |
| ▥▥ — 19 | Cancelled | |
| ▤ — 27 | Boarding | |

ⓥ 미루다, 지연시키다  ⓝ 지연

Q Why has there been a **delay** in shipping these orders?
A Because we ran out of packing materials.

이 주문품 배송이 왜 지연됐어요?
포장재가 다 떨어졌거든요.

---
• 기출표현 •

flight delay  비행기 연착   shipping delay  배송 지연
cause a delay  지연을 야기하다

---

## supply

40 ★★★

[səplái]

supplier n. 공급자

ⓝ 용품, 비품, 공급  ⓥ 공급하다

Q Where can I put these extra cleaning **supplies**?
A In the storage room is fine.

이 추가 청소 용품들을 어디에 둘까요?
보관실에 두시면 됩니다.

---
• 기출표현 •

office supply store  사무용품점
supply closet[cabinet]  비품함

---

## 41 ★★★ submit

[səbmít]

submission n. 제출(물)
⑧ hand in 제출하다

Ⓥ 제출하다

Q Do you mind if I leave early today?
A Has your report been **submitted**?

오늘 일찍 퇴근해도 될까요?
보고서는 제출되었나요?

● 기출표현 ●

submission deadline 제출 기한

---

## 42 ★ negotiation

[nigòuʃiéiʃən]

negotiate v. 협상하다
negotiator n. 협상자

Ⓝ 협상

Q Who's going to lead the merger **negotiations**?
A John Sanchez is.

합병 협상을 누가 이끌 건가요?
존 산체스가요.

● 기출표현 ●

contract negotiations 계약 협상

---

## 43 ★★★ mind

[maind]

Do you mind...?

Ⓥ 꺼리다  Ⓝ 마음, 정신

Q Would you **mind** setting up the product displays?
A Actually, I'm on my break.

상품 진열을 준비해 주실 수 있을까요?
사실, 저는 오늘 휴무예요.

● 기출표현 ●

Do[Would] you mind ~? ~해 주시겠어요?
Please keep that in mind. 명심하세요.
Do you have anything particular in mind?
특별히 마음에 두고 있는 것이 있으세요?

---

## 44 ★★★ find out

㏗ 알아내다, 파악하다

Q Why hasn't Eric signed the invoice yet?
A I'll **find out**.

에릭이 왜 청구서에 아직 서명을 하지 않았나요?
제가 알아볼게요.

60

## 45 ★★★ agreement
[əgríːmənt]

agree v. 동의하다
(동) consensus 합의

ⓝ 계약(서), 합의

Q Where should I sign this purchase **agreement**?
A On the dotted line, please.

이 구매 계약서 어디에 서명해야 하나요?
점선 위에요.

> • 기출표현 •
> sign the agreement  계약서에 서명하다
> reach an agreement  합의에 이르다

## 46 ★★☆ formal
[fɔ́ːrməl]

formally ad. 공식적으로
(반) informal 비공식적인

ⓐ 공식적인, 격식을 갖춘

Q Is the employee appreciation dinner going to be **formal** or informal?
A I was told that we could dress casually.

직원 감사 저녁 식사가 격식인가요, 비격식인가요?
가볍게 입어도 된다고 들었어요.

## 47 ★★★ banquet
[bǽŋkwit]

ⓝ 연회, 만찬

Q When can we get together to start planning the awards **banquet**?
A Let's meet tomorrow morning.

시상식 연회 준비를 시작하기 위해 언제 모일까요?
내일 오전에 만납시다.

## 48 ★★★ presentation
[prèzəntéiʃən]

present v. 보여 주다, 제시하다
presenter n. 발표자, 진행자

ⓝ 발표, 프레젠테이션

Q When will the **presentation** materials be ready?
A I have two slides left to make.

발표 자료가 언제 준비되나요?
슬라이드 2개 작성할 게 남았어요.

> • 기출표현 •
> give[deliver] a presentation  발표하다

## 49 ★★☆ subscription
[səbskrípʃən]

subscribe v. 구독하다
subscriber n. 구독자

ⓝ 구독(료)

Q I'd like to cancel my **subscription** to *Lakeline Times*.
A Do you have your account number?

〈레이크라인 타임즈〉 구독을 취소하고 싶어요.
계정 번호를 갖고 계신가요?

PART 02 ─ DAY 03

# CHECK-UP QUIZ

우리말 뜻에 맞게 빈칸을 채우세요.

01 디자인을 **담당하다**          be _____ for the design

02 저는 내일 **시간이 됩니다.**     I'm _____ tomorrow.

03 보고서를 **수정하다**          _____ a report

04 **공과금 포함**               _____ included

05 배송 **지연**                shipping _____

06 **격식을 갖춘 옷을 입다**       wear _____ clothing

07 **병가**                    sick _____

08 **위원회** 의장직을 맡다        chair the _____

09 **~해 주시겠어요?**           Would you _____ ~ ?

10 추가 **요금 없음**            no extra _____

11 사무**용품점**               office _____ store

12 업데이트된 판매 **예측**       updated sales _____

13 통로석을 **선호하다**          _____ an aisle seat

14 제안을 **승인하다**           _____ the proposal

15 무슨 일이 있었는지 **알아보다**   _____ _____ what happened

---

01 responsible    02 available    03 revise      04 utilities    05 delay      06 formal
07 leave          08 committee    09 mind        10 charge       11 supply     12 projection
13 prefer         14 approve      15 find out

| 16 | 제시간에 **가다** | _____ _____ in time |
|----|-----------------|--------------------------------|
| 17 | 번역을 **교정보다** | _____ the translation |
| 18 | **주문** 받다 | take an _____ |
| 19 | 계약 **협상** | contract _____ |
| 20 | 시상식 **연회** | the awards _____ |
| 21 | **은퇴** 파티 | _____ party |
| 22 | 맨 **아래** 서랍에 | in the _____ drawer |
| 23 | **마감일**을 맞추다 | meet the_____ |
| 24 | 일자리 **제의**를 받아들이다 | accept the job _____ |
| 25 | **계약서**에 서명하다 | sign the _____ |
| 26 | 디자인 **초안** | the first _____ of the design |
| 27 | 직책을 **인수받다** | _____ _____ the position |
| 28 | 배송 **상황**을 확인하다 | check on the delivery _____ |
| 29 | **발표**하다 | give a _____ |
| 30 | **구독**을 취소하다 | cancel a _____ |

PART 02 — DAY 03

---

| 16 make it | 17 proofread | 18 order | 19 negotiation | 20 banquet | 21 retirement |
|------------|--------------|----------|----------------|------------|---------------|
| 22 bottom | 23 deadline | 24 offer | 25 agreement | 26 draft | 27 take over |
| 28 status | 29 presentation | 30 subscription | | | |

| | | |
|---|---|---|
| ☐ productive | a. 생산적인 |
| ☐ secretary | n. 비서 |
| ☐ receptionist | n. 접수 담당자 |
| ☐ storeroom | n. 저장실 |
| ☐ automatic | a. 자동의 |
| ☐ import | v. 수입하다 |
| ☐ export | v. 수출하다 |
| ☐ cafeteria | n. 구내식당 |
| ☐ instructor | n. 강사 |

| | | |
|---|---|---|
| ☐ trainee | n. 훈련생 |
| ☐ name tag | phr. 명찰 |
| ☐ blueprint | n. 도면, 설계도 |
| ☐ internship | n. 인턴 근무, 인턴직 |
| ☐ electrician | n. 전기 기사 |
| ☐ laboratory(=lab) | n. 실험실 |
| ☐ crew | n. 팀, 작업반 |
| ☐ banner | n. 현수막 |
| ☐ attorney | n. 변호사 |

| | | |
|---|---|---|
| ☐ look into | phr. 조사하다 |
| ☐ staff[employee] lounge | phr. 직원 휴게실 |
| ☐ in alphabetical order | phr. 알파벳순으로 |
| ☐ business hours | phr. 영업시간 |
| ☐ give a hand | phr. 돕다 |
| ☐ day off | phr. 휴무, 휴가 |
| ☐ well attended | phr. 참석률이 좋은 |
| ☐ sales associate | phr. 영업 사원 |
| ☐ face-to-face | phr. 대면하는 |

| | | |
|---|---|---|
| ☐ | loading dock | phr. 하역장 |
| ☐ | outsource | v. 외부에 위탁하다 |
| ☐ | webinar | n. 인터넷상의 세미나 |
| ☐ | itemize | v. 항목별로 적다 |
| ☐ | company retreat | phr. 회사 야유회 |
| ☐ | credential | n. 자격증 |
| ☐ | field of expertise | phr. 전문 분야 |
| ☐ | business attire | phr. 비즈니스 정장 |
| ☐ | safety drill | phr. 안전 훈련 |

| | | |
|---|---|---|
| ☐ | segment | n. 부분, 부문 |
| ☐ | troubleshoot | v. 문제를 해결하다 |
| ☐ | diagram | n. 도표, 도해 |
| ☐ | symposium | n. 토론회, 심포지엄 |
| ☐ | color scheme | phr. 배색, 색채 조합 |
| ☐ | quarterly sales | phr. 분기별 판매(량) |
| ☐ | mechanic | n. 정비공 |
| ☐ | short-staffed | a. 직원이 부족한 |
| ☐ | boardroom | n. 중역 회의실, 이사회실 |

| | | |
|---|---|---|
| ☐ | videoconferencing | n. 화상 회의 |
| ☐ | convention | n. 총회, 집회 |
| ☐ | authorization | n. (공식적인) 허가[인가] |
| ☐ | restricted area | phr. 제한 구역 |
| ☐ | quality control | phr. 품질 관리 |
| ☐ | cubicle | n. 칸막이 사무실 |
| ☐ | treasurer | n. 회계 담당자 |
| ☐ | packing slip | phr. 운송 전표 |
| ☐ | company letterhead | phr. 회사 이름 따위가 인쇄된 편지지 |

# PART 02
# 질의응답 필수 어휘 (2)

## 01 ★★★ schedule
(미) [skédʒuːl]
(영) [ʃédʒuːl]

scheduled a. 예정된

ⓥ 일정을 잡다, 예정하다  ⓝ 일정, 스케줄

Q When are the employee health screenings **scheduled**?

A Everyone should make an appointment online.

직원 건강 검진이 언제로 예정되어 있나요?
온라인으로 다들 예약을 해야 해요.

• 기출표현 •

be scheduled to부정사  ~가 예정되어 있다
schedule[scheduling] conflict  일정 겹침, 스케줄 충돌
on schedule  예정대로   behind schedule  예정보다 늦게

## 02 ★★ process
[prəsés] v.
[práses] n.

processing n. 처리

ⓥ 처리하다  ⓝ 과정

Q We already **processed** Ms. Jackson's order, correct?

A Yes, it shipped this morning.

잭슨 씨의 주문을 이미 처리했죠, 그렇죠?
네, 오늘 아침에 발송됐어요.

• 기출표현 •

workflow process  작업 공정
manufacturing process  제조 과정
process a refund  환불 처리하다
process an order  주문을 처리하다

## 03 ★★ reception
[risépʃən]

receptionist
n. 접수 담당자

ⓝ 환영회; 접수처

Q When does the **reception** start?

A I didn't receive an invitation.

환영회가 언제 시작하나요?
저는 초대를 받지 않았어요.

• 기출표현 •

welcome reception  환영회
reception desk  접수처   reception area  접객실

# consult
[kənsʌlt]

consultation n. 상담
consultant n. 고문

ⓥ 상의하다, 자문하다; 참고하다

Q How can we identify the best solution?
A We may want to **consult** some experts.

최선의 해결책을 어떻게 찾을 수 있을까요?
전문가와 상의하는 게 좋겠어요.

# reimburse
[rìːimbə́ːrs]

reimbursement
n. 상환, 환급

ⓥ 환급하다, 상환하다

Q When will I be **reimbursed** for my travel expenses?
A Have they been approved?

여행 경비를 제가 언제 환급 받나요?
승인됐나요?

● 기출표현 ●

reimbursement request form 환급 신청서
reimbursement procedures 환급 절차

# challenging
[tʃǽlindʒiŋ]

challenge n. 과제, 난제

ⓐ 도전적인, 힘든

Q This is the most **challenging** job I've ever had.
A Where did you work before this?

이건 제가 여태 했던 가장 힘든 일입니다.
이 일 전에는 어디서 일하셨나요?

● 기출표현 ●

challenging legal case 힘든 법률 소송
challenging but rewarding 힘들지만 보람 있는

# run out

phr 다 쓰다, 떨어지다

Q Why did you order more office supplies?
A We'd **run out**.

왜 사무 용품을 더 주문하셨어요?
다 떨어졌어요.

# transfer
[trænsfɔ́ːr] n.
[trǽnsfəːr] v.

⊜ relocate
이전[이동]하다[시키다]

ⓥ 이동하다, 전근시키다 ⓝ 전근, 이동

Q When will you start looking for a new apartment?
A My job **transfer** has been canceled.

새 아파트를 언제 찾기 시작할 건가요?
제 전근이 취소됐어요.

## 09 ★★★ invoice
[ínvɔis]

ⓝ 청구서, 송장

Q When did you send me the **invoice**?
A Sometime last week.

언제 저에게 청구서를 보내셨나요?
지난주 언젠가요.


## 10 ★★ celebrate
[sélǝbrèit]

celebration n. 축하
celebrity n. 유명인

ⓥ 축하하다, 기념하다

Q Where would you like to go to **celebrate** your promotion?
A Let's try the new Japanese restaurant.

승진 기념으로 어디 가고 싶어요?
새로운 일본 식당에 가 봅시다.

grand opening celebration 개업식


## 11 ★★ abroad
[ǝbrɔ́ːd]

⑧ overseas 해외로

ⓐⓓ 해외에(서), 해외로

Q Does this insurance cover medical costs **abroad**?
A Only for emergencies.

이 보험이 해외에서 의료 비용을 보상해 주나요?
응급 상황만요.


## 12 ★ label
[léibl]

ⓥ 라벨을 붙이다 ⓝ 라벨

Q Where did you file the invoices?
A In the folder **labeled** "Expenses."

송장을 어디에 철해 두었나요?
'경비' 라벨이 붙여진 폴더에요.

price labels 가격표   mailing labels 우편 주소 라벨
shipping label 배송 라벨

## supervisor
[súːpərvàizər]

supervisory a. 감독의
supervision n. 감독
supervise v. 감독하다

ⓝ 상사, 감독관

Q When were these forms authorized?
A Our **supervisor** will know.

이 양식서들은 언제 승인됐죠?
관리자가 알 거예요.

● 기출표현 ●

immediate supervisor 직속 상관
supervisory position 감독직, 관리직

---

## manual
[mǽnjuəl]

manually
ad. 손으로, 수동으로
ⓢ instruction 설명서

ⓝ 매뉴얼, 설명서 ⓐ 수동의

Q How comprehensive is the new **manual**?
A It's quite thorough.

신규 매뉴얼은 얼마나 포괄적인가요?
아주 빈틈없어요.

● 기출표현 ●

user('s) manual 사용자 매뉴얼
control manually 수동으로 조작하다

---

## lead
[liːd]

leading a. 선도하는, 일류의
leader n. 지도자

ⓥ 이끌다; ~에 이르다 (to) ⓝ 선두

Q Who's **leading** today's tour group?
A I just saw Alexi with them.

오늘 단체 견학을 누가 이끄나요?
알렉시가 그들과 함께 있는 것을 방금 봤어요.

● 기출표현 ●

lead to + 장소 (도로가) ~로 이어지다

---

## monitor
[mάnitər]

ⓝ 화면, 모니터 ⓥ 감시하다, 감독하다

Q Where's the camera on this computer?
A On the top edge of the **monitor**.

이 컴퓨터에 카메라가 어디 있나요?
모니터 상단 테두리에요.

● 기출표현 ●

flat-screen monitors 평면 모니터
monitor the factory's safety standards
공장 안전 기준을 감독하다

## 17 ** inventory
[ínvəntɔ̀:ri]

(동) stock 재고(품)

ⓝ 재고 조사, 재고 정리; 재고(품)

Q You haven't taken **inventory** yet, have you?
A Was I supposed to?

재고 조사를 하지 않았죠, 그렇죠?
제가 하기로 되어 있었나요?

● 기출표현 ●
take inventory 재고 조사하다   inventory list 재고 목록

## 18 ** identification
[aidèntəfikéiʃən]

identify
v. 신원을 확인하다, 동일시하다

ⓝ 신분증

Q We'll accept a passport or a driver's license for **identification**.
A I have both of them.

여권 또는 운전 면허증을 신분증으로 인정합니다.
둘 다 있어요.

● 기출표현 ●
photo identification 사진이 부착된 신분증
identification badge 신원 확인 명찰

## 19 ** survey
[sə́:rvei] n.
[sə:rvéi] v.

ⓝ 설문조사  ⓥ 조사하다

Q How many market **surveys** were conducted last year?
A More than we expected.

작년에 시장 조사가 몇 번 실시됐나요?
우리 예상보다 더 많이요.

● 기출표현 ●
customer-satisfaction survey 고객 만족도 설문조사
fill out[complete] a survey 설문조사를 기입[작성]하다

## 20 *** suggest
[səgdʒést]

suggestion n. 제안

ⓥ 제안하다, 권하다

Q Where should I send the short story I wrote?
A I can **suggest** a few literary magazines.

제가 쓴 단편 소설을 어디에 보내야 할까요?
문학 잡지 몇 개를 제안해 드릴게요.

## 21 ★ go ahead

(phr) 계속하다, 어서 ~하세요

Q Are you using the copier?
A You **go ahead**.

복사기를 사용 중이신가요?
먼저 쓰세요.

## 22 ★ belong to

(phr) ~에 속하다, ~의 소유이다

Q Don't you and Kirsten **belong to** the same gym?
A Yes, I always see her there.

당신과 커스틴이 같은 헬스클럽에 속해 있지 않나요?
맞아요, 거기서 항상 그녀를 보거든요.

> **● 기출표현 ●**
> personal belongings  개인 소지품

## 23 ★★ make sure

(phr) 확인하다, 반드시 ~하다

Q Please **make sure** to enter your hours on this form.
A Thanks for reminding me.

이 양식서에 일한 시간을 반드시 입력하세요.
상기시켜 주셔서 감사합니다.

> **● 기출표현 ●**
> Make sure you keep your receipt.
> 영수증을 반드시 보관하세요

## 24 ★ donate

[dóuneit]

donation n. 기부, 기증
donor n. 기증자

(v) 기부하다

Q Where can I **donate** some old office equipment?
A What kind of equipment is it?

오래된 사무실 장비를 어디에 기부하면 될까요?
어떤 종류의 장비인가요?

> **● 기출표현 ●**
> make a donation  기부하다
> generous donation  후한 기부

## lower
[lóuər]

low a. 낮은
(반) raise 올리다

Ⓥ 낮추다, 내리다 ⓐ 아래쪽의

Q How do I **lower** the projector screen?
A The control panel's by the door.

프로젝터 스크린을 어떻게 내리나요?
제어판이 문 옆에 있어요.

---
• 기출표현 •

lower shelf 선반 하단
on the lower right corner 오른쪽 모서리 하단에

---

## branch
(미) [bræntʃ]
(영) [brɑːntʃ]

(동) location 지점

Ⓝ 지점

Q Where did the company president decide to open a new **branch**?
A In New Delhi.

사장님이 어디에 신규 지점을 열기로 결정하셨나요?
뉴델리에요.

---

## manage
[mǽnidʒ]

management n. 경영(진)
manager n. 관리자
managerial a. 경영의
manageable
a. 관리할 수 있는

Ⓥ 경영[관리]하다; 가까스로 하다

Q You **manage** this apartment complex, don't you?
A Yes, I have for twelve years.

이 아파트 단지를 관리하시죠, 그렇죠?
네, 12년간 해왔어요.

---
• 기출표현 •

Did you manage to부정사 ~ ? ~을 해내셨나요?

---

## ask for

(phr) ~을 요청하다

Q I don't think we'll be able to complete this report by the deadline.
A We'll have to **ask for** more time.

보고서를 마감일까지 끝낼 수 있을 것 같지 않네요.
추가 시간을 요청해야겠어요.

---
• 기출표현 •

ask for volunteers 지원자를 요청하다
ask for assistance 도움을 요청하다

---

## 29 ★★★ deliver
[dilívər]

delivery n. 배달, 배송품
(통) make a delivery
배달하다

ⓥ 배달하다, 전달하다

Q The supplier said the cabinets will be **delivered** late.
A That's going to put us behind schedule.

공급업체가 캐비닛이 늦게 배송될 거라고 했어요.
그러면 일정이 늦어지겠네요.

• 기출표현 •

deliver a speech 연설하다
overnight delivery 익일 배송  air-delivery 항공 운송

## 30 ★★★ recommend
[rèkəménd]

recommendation
n. 추천, 추천서

ⓥ 추천하다, 권하다

Q Which one of these mobile phones do you **recommend**?
A It depends on your budget.

이 휴대폰들 중에서 어떤 것을 추천하시나요?
당신의 예산에 달렸어요.

• 기출표현 •

strongly recommend 강력 추천하다
highly recommended 매우 추천되는

## 31 ★★★ purchase
[pə́ːrtʃəs]

ⓝ 구입, 구매(품)  ⓥ 구입하다

Q Who authorized that **purchase**?
A Someone in the accounting department.

그 구매 건을 누가 승인했나요?
회계 부서의 누군가요.

## 32 ★ head
[hed]

ⓝ 우두머리, 책임자  ⓥ 책임지다; 향하다

Q Who approved the budget estimate?
A The section **head** did.

누가 예산액을 승인했나요?
구역 책임자가요.

• 기출표현 •

be headed the wrong way 잘못된 길로 향하다
be headed (straight) to work 근무지로 (곧장) 향하다

## know if

(phr) ~인지 알다

Q Do you **know if** this milk is fresh?
A The date is marked on the container.

이 우유가 신선한지 아닌지 아세요?
날짜가 용기에 표시돼 있어요.

## lend
[lend]

(v) 빌려주다

Q What was covered at the workshop this morning?
A I'll **lend** you my notes.

오늘 아침 워크숍에서 무슨 내용이 다뤄졌나요?
제가 메모한 것을 빌려 드릴게요.

## personnel
[pə̀:rsənél]

(n) 직원들, 인사과

Q Who asked you to attend the meeting?
A The **personnel** director.

누가 회의에 참석하라고 요청하던가요?
인사과 이사님이요.

● 기출표현 ●

personnel directory  직원 명부
personnel division  인사부

## accept
[æksépt, əksépt]

acceptance n. 수락
acceptable
a. 받아들일 수 있는

(v) 받다, 수락하다

Q Have any bids come in for the construction contract yet?
A Yes, and we're ready to **accept** one.

건설 계약 입찰이 좀 들어왔나요?
네, 하나를 수락할 참이에요.

● 기출표현 ●

accept the position  그 직책을 수락하다
accept credit cards  신용카드를 받다

## 37 ★★ improve
[imprúːv]

improvement n. 개선
improved a. 개선된

ⓥ 개선되다, 향상시키다

Q This filing system isn't very efficient.
A Do you have any ideas to **improve** it?

이 문서 정리 시스템이 아주 효과적인 건 아니네요.
시스템을 개선할 아이디어가 있으세요?

there's room to improve  개선할 여지가 있다
improve overall efficiency  전반적인 효율성을 향상시키다

## 38 ★ downtown
[dàuntáun]

ⓐⓓ 시내에, 도심에  ⓝ 시내, 도심

Q Would you prefer to open a new store **downtown** or in the countryside?
A The rent **downtown** is very expensive.

신규 매장을 시내에 열고 싶어요, 외곽에 열고 싶어요?
시내 임대료는 너무 비싸요.

## 39 ★★ require
[rikwáiər]

requirement n. 요구, 요건
required a. 필수의

ⓥ 필요로 하다, 요구하다

Q Have you gone to the leadership training yet?
A I didn't know it was **required**.

리더십 교육에 아직 안 가셨어요?
필수인지 몰랐어요.

no assembly required  조립 필요 없음(완제품)
job requirements  직무 자격 요건

## 40 ★★ renew
[rinjúː]

renewal n. 갱신
renewable
a. 갱신할 수 있는

ⓥ 갱신하다

Q Have you **renewed** the office lease for another year?
A Yes, I signed it today.

사무실 임대 계약을 1년 더 갱신하셨나요?
네, 오늘 계약에 서명했어요.

renew a subscription[license]  구독[면허증]을 갱신하다

## 41 ** directory
[diréktəri, dairéktəri]

ⓝ (이름·주소 등을 나열한) 안내 책자, 명부

Q Do you have a copy of the company personnel **directory**?
A Yes, but it's out of date.

회사 직원 명부 있어요?
네, 근데 최신이 아니에요.

---

● 기출표현 ●

building directory 건물 안내도
employee directory 직원 명부

---

## 42 ** no later than

⑧ at the latest 늦어도

ⓟⓗⓡ 늦어도 ~까지

Q When will I find out if I got the assignment?
A **No later than** Friday.

제가 임무를 맡게 될지 언제 알게 되나요?
늦어도 금요일까지요.

---

## 43 ** either
[aiðə(r), i:ðə(r)]

ⓝ 어느 하나[것] ⓐⓓ (부정문에서) 또한, 역시

Q Should we go straight to the office, or stop by the hotel first?
A **Either** is fine with me.

사무실로 바로 갈까요, 먼저 호텔부터 들를까요?
어느 쪽이든 괜찮습니다.

---

● 기출표현 ●

I haven't heard, either. 저도 못 들었어요.

---

## 44 * certified
[sə́:rtəfàid]

ⓐ 공인의, 인증[인가]된

Q Aren't you **certified** to drive a forklift?
A No, but I'm taking the course soon.

지게차 운전 면허가 있지 않으세요?
아니요, 근데 곧 코스를 밟으려고요.

---

● 기출표현 ●

certified inspector 공인 검사관
certified carpenter 자격증을 갖춘 목수

---

## local

45 ★★★

[lóukəl]

**locally** ad. 지역에서
**localized**
a. 국지적인, 국부적인
**locality** n. 장소, 소재지

ⓐ 지역의, 현지의

Q How did you find a **local** distributor?
A I searched online.

현지 유통업자를 어떻게 찾으셨어요?
온라인으로 검색했어요.

> • 기출표현 •
>
> produce locally  현지 생산하다
> local paper  지역 신문   local officials  지방 공무원

## deserve

46 ★

[dizə́:rv]

ⓥ 받을 만하다

Q Ms. Jones was promoted three times in just two years.
A She **deserves** the recognition.

존스 씨가 단 2년 만에 세 번 승진했어요.
인정을 받을 만해요.

## council

47 ★★

[káunsəl]

ⓝ 의회

Q Will our proposal get to the city **council** on time?
A I sent it by overnight mail.

우리 제안서가 시 의회에 제때 도착할까요?
제가 익일 배송으로 보냈어요.

> • 기출표현 •
>
> council election  의회 선거   council member  의원, 위원

## wonder

48 ★★★

[wʌ́ndər]

ⓥ 궁금해하다

Q The food here isn't usually this salty.
A I **wonder** if there's a new chef.

여기 음식이 보통은 이렇게 짜지 않아요.
새 요리사가 온 건지 궁금하네요.

## be supposed to

49 ★★★

**suppose**
v. 생각하다, 추정하다

(phr) ~하기로 되어 있다

Q **Isn't** the press conference **supposed to** be May sixth?
A No, it's been postponed.

기자 회견을 5월 6일에 하기로 되어 있지 않나요?
아니요, 연기되었어요.

# CHECK-UP QUIZ

우리말 뜻에 맞게 빈칸을 채우세요.

01  예정보다 늦게　　　　　　　behind _____

02  환불을 **처리하다**　　　　　_____ the refund

03  런던으로 **전근 가다**　　　　_____ to London

04  직속 **상관**　　　　　　　　immediate _____

05  웹사이트를 **참고하다**　　　_____ a Web site

06  출장 경비를 **환급하다**　　　_____ the travel expense

07  건물 **안내도**를 찾다　　　　find a building _____

08  용지를 **다 쓰다**　　　　　　_____ _____ of paper

09  **접수처**　　　　　　　　　　_____ desk

10  안전 교육을 **이끌다**　　　　_____ the safety training

11  영수증을 **반드시 보관하세요.**　_____ _____ you keep your receipt.

12  사진이 부착된 **신분증**　　　photo _____

13  홍보부 **부서장**　　　　　　　the _____ of the publicity department

14  **가격을 내리다**　　　　　　　_____ the price

15  사무 장비를 **기증하다**　　　_____ office equipment

---

| | | | | | |
|---|---|---|---|---|---|
| 01 schedule | 02 process | 03 transfer | 04 supervisor | 05 consult | 06 reimburse |
| 07 directory | 08 run out | 09 reception | 10 lead | 11 Make sure | 12 identification |
| 13 head | 14 lower | 15 donate | | | |

| | | |
|---|---|---|
| 16 | 새로운 **지점**을 열다 | open a new _____ |
| 17 | 안전 기준을 **감독하다** | _____ the safety standards |
| 18 | 컴퓨터 업그레이드를 **요청하다** | _____ _____ a computer upgrade |
| 19 | 이 책은 당신 **것인가요?** | Does this book _____ _____ you? |
| 20 | 그 직책을 **수락하다** | _____ the position |
| 21 | **재고 조사하다** | take _____ |
| 22 | **자격증을 갖춘** 배관공 | _____ plumber |
| 23 | 누가 뽑힐지 **궁금하다** | _____ who will be chosen |
| 24 | 그 건물을 **관리하다** | _____ the building |
| 25 | 인정 **받을 만하다** | _____ the recognition |
| 26 | 고객 **설문조사를 실시하다** | conduct a customer _____ |
| 27 | **인사부** 사람 | someone from _____ |
| 28 | **해외에서 신용카드를 사용하다** | use a credit card _____ |
| 29 | 면허증을 **갱신하다** | _____ a license |
| 30 | 효율성을 **향상시키다** | _____ efficiency |

---

| | | | | | |
|---|---|---|---|---|---|
| 16 branch | 17 monitor | 18 ask for | 19 belong to | 20 accept | 21 inventory |
| 22 certified | 23 wonder | 24 manage | 25 deserve | 26 survey | 27 personnel |
| 28 abroad | 29 renew | 30 improve | | | |

**토익 기본 어휘**

| | | |
|---|---|---|
| ☐ lost and found | phr. 유실물 보관소 |
| ☐ medication | n. 약 |
| ☐ messy | a. 지저분한, 엉망인 |
| ☐ advanced | a. 고급의 |
| ☐ fiction | n. 소설 |
| ☐ salon | n. 상점, 살롱 |
| ☐ highway | n. 고속도로 |
| ☐ cashier | n. 출납원, 계산원 |
| ☐ as long as | phr. ~하는 한 |

| | |
|---|---|
| ☐ upstairs | ad. 위층에서  a. 위층의  n. 위층 |
| ☐ librarian | n. 도서관 사서 |
| ☐ one-way ticket | phr. 편도 승차권 |
| ☐ round-trip ticket | phr. 왕복 승차권 |
| ☐ initial | a. 처음의  n. 이름의 첫 글자 |
| ☐ gift certificate | phr. 상품권 |
| ☐ envelope | n. 봉투 |
| ☐ city[town] hall | phr. 시청 |
| ☐ casual | a. 격식을 차리지 않는, 가벼운 |

| | |
|---|---|
| ☐ national holiday | phr. 국경일 |
| ☐ stuck in traffic | phr. 교통 체증에 갇힌 |
| ☐ stationery | n. 문구류 |
| ☐ waterproof | a. 방수의  n. 방수복 |
| ☐ recyclable | a. 재활용이 가능한 |
| ☐ garage | n. 차고, 주차장 |
| ☐ dozens of | phr. 수십 개의 |
| ☐ complex | n. 복합 단지  a. 복잡한 |
| ☐ instant | a. 즉각적인 |

# ● 일상 관련 어휘

**토익 만점 어휘**

| | |
|---|---|
| ☐ screening | n. 상영, 검사[심사] |
| ☐ editorial | a. 편집의  n. 사설 |
| ☐ drain | v. 배수하다, 배수(관) |
| ☐ dairy product | phr. 유제품 |
| ☐ halfway through | phr. ~의 중간[가운데쯤]에 |
| ☐ heat-resistant | a. 내열성의 |
| ☐ currency exchange | phr. 환전 |
| ☐ prior engagement | phr. 선약 |
| ☐ scheduling conflict | phr. 일정 충돌 |
| ☐ boulevard | n. 도로, 대로 |
| ☐ paperback | n. 종이 표지로 된 책 |
| ☐ high-definition | a. 고화질의 |
| ☐ leftover | n. 남은 음식 |
| ☐ postage | n. 우편 요금 |
| ☐ fade | v. 희미해지다, 바래다 |
| ☐ carrier | n. 항공사 |
| ☐ hardware store | phr. 철물점 |
| ☐ choir | n. 합창단 |
| ☐ take turns | phr. 교대로 하다 |
| ☐ caterer | n. 음식 조달 업체 |
| ☐ faucet | n. 수도꼭지 |
| ☐ square meter | phr. 제곱미터 |
| ☐ billboard | n. 옥외 광고판 |
| ☐ botanical garden | phr. 식물원 |
| ☐ basement | n. 지하실 |
| ☐ interest-free loan | phr. 무이자 대출 |
| ☐ cabin | n. 객실, 오두막집 |

## PART 03
# 대화문 필수 어휘 (1)

---

**01**
### candidate
[kǽndidèit, kǽndidət]

(동) applicant 지원자

ⓝ 지원자, 후보자

Two **candidates** seem especially well-qualified for assistant editor.
두 후보자가 특히 편집 보조직에 자격을 잘 갖춘 것 같아요.

• 기출표현 •

job candidate 구직자, 일자리 지원자
promising candidate 유력한 후보자
successful candidate 합격자

---

**02**
### option
[ápʃən]

optional a. 선택 가능한
optionally ad. 마음대로

ⓝ 선택 (사항)

Oh, I'm sorry, I must have clicked that **option** by mistake.
아, 죄송합니다. 제가 실수로 그 옵션을 클릭했나 봐요.

• 기출표현 •

menu options 메뉴 선택 사항

---

**03**
### replace
[ripléis]

replacement
n. 교체, 후임자

ⓥ 교체하다

That part can't be fixed, so I have to **replace** it.
그 부품은 수리가 안 돼서 교체해야 합니다.

---

**04**
### not until ~

ⓟⓗⓡ ~가 되어야 가능하다

Our meeting's **not until** next week.
다음 주가 되어야 회의가 있을 거예요.

## 05 issue
[íʃuː]

ⓥ 발급하다, 발행하다

There's no fee for a new badge, and I can actually **issue** one for you now.
신규 배지에 드는 비용은 없어요, 제가 실은 지금 하나 발급해 드릴 수 있어요.

ⓝ (잡지 등의) 호

The pictures are for the next **issue** of the community newsletter.
그 사진들은 커뮤니티 소식지의 다음 호를 위한 거예요.

ⓝ 문제, 쟁점

We had a technical **issue** earlier today, but it's fixed now.
아까 기술적인 문제가 있었는데 지금은 해결됐어요.

> • 기출표현 •
> issue a refund 환불해 주다
> issue a credit card 신용카드를 발급하다
> address the issue 문제를 해결하다

## 06 promotion
[prəmóuʃən]

promotional a. 홍보의
promote v. 홍보하다,
촉진시키다; 승진시키다
ⓢ advancement 승진

ⓝ 승진

Congratulations on your **promotion**, Dan!
승진 축하해요, 댄!

ⓝ 판촉 행사, 홍보

Do you have any **promotions** or discount offers available right now?
지금 당장 이용할 수 있는 판촉이나 할인이 있나요?

## 07 shift
[ʃift]

ⓝ 교대 근무, 변화

Would you be interested in working a couple of extra **shifts** each week?
매주 두어 번 추가 근무를 하시고 싶으세요?

ⓥ 옮기다, 이동하다

If you can, **shift** your travel to off-peak times.
가능하다면 여행을 비수기로 변경하세요.

> • 기출표현 •
> morning[evening/late/extra] shift 오전[저녁/야간/추가] 근무

83

## 08 ★★★ opening
[óupniŋ]

(동) vacancy 공석

### (n) (일자리) 공석

What about announcing the job **opening** at the staff meeting next week?
다음 주 직원 회의에서 일자리 공석을 발표하는 게 어때요?

### (n) 개장, 개시

We'll be offering special discounts on our **opening** day.
개업일에는 특별 할인을 제공할 거예요.

● 기출표현 ●

job opening[vacancy] 일자리 공석   grand opening 개점, 개장

## 09 ★★★ impressed
[imprést]

impressive a. 인상적인
impression n. 인상

### (a) 깊은 인상을 받은, 감동받은

We're **impressed** with your qualifications.
저희는 당신의 자질에 깊은 인상을 받았어요.

## 10 ★ brainstorm
[bréinstɔ̀:rm]

brainstorming
n. 브레인스토밍, 아이디어 짜기
(동) come up with
(아이디어)를 떠올리다

### (v) 아이디어를 생각해 내다, 브레인스토밍하다

I'd like to start **brainstorming** about our next perfume.
우리의 다음 향수에 대한 아이디어를 생각해 봤으면 합니다.

## 11 ★★★ feedback
[fí:dbæk]

(동) opinion, input, idea
의견

### (n) 의견, 반응, 피드백

I'll be sure to give him that **feedback** when I see him tomorrow.
내일 그를 만나면 그 의견을 꼭 전달할게요.

## 12 ★★★ confirm
[kənfɔ́:rm]

confirmation n. 확인

### (v) 확인하다, 확정하다

We still have to call and **confirm** the hotel booking for our clients.
전화해서 고객을 위해 호텔 예약을 확인해야 하는 일이 남았어요.

● 기출표현 ●

confirm an appointment 약속을 확정하다
order confirmation 주문 확인

## 13 ** domestic
[dəméstik]

domestically
ad. 국내에서, 가정적으로

ⓐ 국내의, 국산의, 가정의

I see frequent international and **domestic** travel in the job requirements.
직무 요건에 잦은 국내외 출장이 있는 걸 봤어요.

---

● 기출표현 ●

domestic flight 국내 항공편

---

## 14 ** warranty
[wɔ́:rənti]

ⓝ 보증(서)

If you bought it more than a year ago, it's not going to be covered by the **warranty**.
만약 구매한 지 1년이 지났으면, 보증서에 의해 보상이 되지 않습니다.

---

● 기출표현 ●

under warranty 보증 기간 중인
pay extra for the extended warranty
보증서 연장을 위해 추가금을 지불하다

---

## 15 *** cover
[kʌ́vər]

coverage n. 보장, 보도

ⓥ 충당하다

We'll **cover** your travel and accommodation expenses, of course.
물론 저희가 출장 및 숙박 비용을 부담할 겁니다.

ⓥ 다루다

I've **covered** everything from local politics to athletic events.
지역 정치부터 스포츠 행사까지 모든 것을 다루었습니다.

ⓥ 보장[보상]하다

Unfortunately, our warranty only **covers** defective parts.
안타깝게도, 우리 보험은 결함 있는 부품들에 한해서만 보장해 드립니다.

ⓥ 대신하다

Would you be able to come in and **cover** for me, by any chance?
혹시 저 대신 출근해 주실 수 있으세요?

---

● 기출표현 ●

insurance coverage 보험 보장, 보험 담보 범위
media coverage 언론의 보도

---

85

## 16 ** upcoming
[ʌ́pkʌ̀miŋ]

동 forthcoming 다가오는

ⓐ 다가오는, 곧 있을

I need to place a catering order for an **upcoming** party at work.
곧 있을 직장 내 파티를 위해 출장 요리를 주문하고 싶어요.

## 17 ** select
[silékt]

selection n. 선택(된 것)

ⓥ 고르다, 선정하다 ⓐ 선택된

Could you help me **select** some paint?
페인트 고르는 것 좀 도와주시겠어요?

● 기출표현 ●
a large[wide] selection of (선택 범위가) 다양한

## 18 *** install
[instɔ́:l]

installation n. 설치
installer n. 설치하는 사람

ⓥ 설치하다

Our office **installed** new software last month.
우리 사무실은 지난달에 신규 소프트웨어를 설치했어요.

## 19 ** community
[kəmjúːnəti]

ⓝ 지역 사회, 공동체

I know your bookstore is already well-known in the **community**.
귀하의 서점이 지역 사회에서 이미 유명하다는 걸 알아요.

● 기출표현 ●
community center[festival / meeting] 주민 센터[축제 / 회의]

## 20 * timeline
[táimlàin]

동 schedule 일정

ⓝ 스케줄, 일정

I'd like to discuss the **timeline** for the move.
이사 일정에 관해 논의하고 싶어요.

## 21 *** publish
[pʌ́bliʃ]

ⓥ 출판하다, 발행[발표]하다

I especially enjoyed sharing passages from the book I recently **published**.
저는 특히 제가 최근 출간한 책의 구절들을 공유하는 것이 즐거웠습니다.

● 기출표현 ●
publishing company[house] 출판사
publish a correction 정정 보도하다

## 22 *** locate
ⓜ [lóukeit]
ⓔ [ləukéit]

location n. 위치
ⓢ situate 위치시키다

ⓥ 찾다

I'm trying to **locate** the folder where we usually keep job applicants' résumés.
구직자 이력서를 보관하는 폴더를 찾고 있어요.

ⓥ 위치시키다

This brochure shows what's **located** on each floor.
이 안내 책자는 각 층에 무엇이 위치되어 있는지 보여 줍니다.

◆ 기출표현 ◆
be conveniently located 편리하게 위치해 있다

## 23 ** contractor
[kɑntrǽktər]

ⓝ 계약자, 하청[도급] 업자

I suppose we could hire a **contractor** to help with the work.
제 생각엔 일을 도와줄 하청 업체를 고용하면 될 것 같아요.

## 24 * reject
[ridʒékt]

rejection n. 거부, 거절
ⓢ turn down, pass up, refuse 거절하다

ⓥ 거부하다, 거절하다

When I tried to log on to my computer, my password was **rejected**.
컴퓨터에 로그인 하려고 했을 때, 제 비밀번호가 거부됐어요.

## 25 *** check out

phr (책을) 대출하다

I'd like to sign up for a library card so that I can **check out** books.
책을 대출하기 위해 도서관 카드를 신청하고 싶어요.

phr 퇴실하다

I'm supposed to **check out** from the hotel tomorrow morning.
내일 아침 호텔에서 퇴실하기로 되어 있어요.

phr 확인하다

I recommend that you **check out** our Web site.
저희 웹사이트를 확인하실 것을 추천드려요.

phr 계산하다

If you're ready to **check out**, I can help you at register two.
계산하시려면 2번 계산대에서 도와드리겠습니다.

## extra
[ékstrə]

(동) additional 추가의

@ 추가의 ⓝ 추가되는 것

We always need **extra** help during the summer months.
여름 몇 달 동안은 항상 추가적인 도움이 필요해요.

ⓐⓓ 추가로

I paid **extra** for the extended warranty.
저는 장기 보증서의 대가로 추가로 지불했습니다.

● 기출표현 ●

extra[additional] charge 추가 비용
extra help[worker] 추가 인력, 추가 도움
extra shift 추가 근무

## payroll
[peiroul]

ⓝ 급여 총액, 급여 지불 명부

I'll take you upstairs to the **payroll** department.
제가 당신을 위층 급여 부서로 데려갈게요.

● 기출표현 ●

on the payroll 고용되어
payroll process 급여 지급 절차

## apologize
[əpálədʒàiz]

apology n. 사과

ⓥ 사과하다

I **apologize**—I must have read my schedule incorrectly.
죄송합니다, 제가 일정을 잘못 봤나 봐요.

## assembly
[əsémbli]

assemble v. 조립하다

ⓝ 조립

I've planned for you to give them a tour of the **assembly** line on Tuesday.
화요일에 당신이 그들에게 조립 라인을 견학시켜 주는 일정을 잡았어요.

● 기출표현 ●

assembly line[plant / instructions] 조립 라인[공장 / 설명서]

## plumber
[plʌmə(r)] *발음유의

plumbing n. 배관, 배관 작업

ⓝ 배관공

A **plumber** can probably come later today.
배관공이 오늘 중으로 아마 오실 거예요.

## 31 ★★★ reservation
[rèzərvéiʃən]

reserve v. 예약하다
reserved a. 예약된; 내성적인
⑤ booking 예약

ⓝ 예약

I have a **reservation** for a rental truck and I'm here to pick it up.
트럭 대여를 예약해서 가지러 왔어요.

━━━━━━━━━━━━ ● 기출표현 ●

make a reservation  예약하다
confirm a reservation  예약을 확인하다
cancel a reservation  예약을 취소하다

## 32 ★ footage
[fútidʒ]

ⓝ 자료 화면, 특정 장면

Have you edited the film **footage** for that frozen food commercial yet?
냉동식품 광고 영상 자료 화면을 편집했어요?

## 33 ★★★ experience
[ikspíəriəns]

experienced
a. 경험이 있는, 노련한

ⓝ 경력, 경험 ⓥ 경험하다

He doesn't have **experience** preparing all of the dinner entrées yet.
그는 모든 저녁 주요리를 준비해 본 경험이 아직 없어요.

━━━━━━━━━━━━ ● 기출표현 ●

relevant experience  관련 경력
overseas[international] experience  해외 경력
practical experience  실무 경력
experienced employee  경력 사원

## 34 ★★★ facility
[fəsíləti]

ⓝ 시설, 기관

We're moving into a new **facility** next week.
다음 주에 새로운 시설로 이동해요.

━━━━━━━━━━━━ ● 기출표현 ●

storage[parking/processing] facility  저장[주차/처리] 시설

## 35 ★★ loan
⑩ [loun]
⑱ [ləun]

ⓝ 대출(금) ⓥ 빌려주다

All our copies are out on **loan** right now.
모든 도서가 현재 대여 중이에요.

━━━━━━━━━━━━ ● 기출표현 ●

apply for a loan  대출을 신청하다
get[take out] a loan  대출하다

## 36 ★★ spot
[spɑt]

(반) spotless 티끌 하나 없는

---

Ⓝ 장소, 자리; 얼룩 Ⓥ 찾다, 발견하다

I should have chosen a less popular **spot**.
좀 덜 인기 있는 장소를 선택해야 했어요.

● 기출표현 ●
parking spot 주차 공간  rust spot 녹

---

## 37 ★★ recipe
[résəpì]

Ⓝ 조리[요리]법

My **recipes** are exceptionally easy to make.
제 조리법은 만들기 굉장히 쉬워요.

---

## 38 ★★★ stop by

(동) drop by, come by
들르다

phr 들르다

Do you think we have time to **stop by** the bank?
우리가 은행에 들를 시간이 있을까요?

---

## 39 ★ prescription
[priskrípʃən]

prescribe
v. 처방하다

Ⓝ 처방(전), 처방약

This **prescription** expired a few days ago.
이 처방전은 며칠 전에 만료되었습니다.

● 기출표현 ●
fill a prescription 처방약을 조제하다

---

## 40 ★★ put together

phr 준비하다, 만들다; 조립하다

I'll **put together** a cost estimate this afternoon.
오늘 오후 비용 견적서를 준비하겠습니다.

● 기출표현 ●
put together a proposal 제안서를 작성하다
put together bookcases 책상을 조립하다

---

## 41 ★★ spacious
[spéiʃəs]

space n. 공간
spaciously ad. 넓게

ⓐ 넓은

The rooms here are **spacious** and airy.
이곳 객실은 넓고 바람이 잘 통해요.

---

## 42 ★★ potential
[pəténʃəl]

potentially ad. 잠재적으로

ⓐ 잠재의 Ⓝ 가능성

We don't want to lose any **potential** future customers!
저희는 어떤 잠재 고객도 잃고 싶지 않아요.

### 43 ★★★ improvement
[imprú:vmənt]

improve
v. 개선하다, 향상시키다

ⓝ 개선, 향상

Our bank offers different types of financing for home **improvement** work.
저희 은행은 주택 개조 작업을 위한 다양한 융자를 제공합니다.

> ● 기출표현 ●
>
> home improvement store  주택 개조 용품점
> home improvement project  주택 개조 프로젝트

### 44 ★★★ lease
[li:s]

ⓝ 임대차 (계약) ⓥ 임대하다

I just stopped by to let you know I won't be renewing my **lease**.
제가 임대 계약을 갱신하지 않겠다고 말씀드리려고 들렀어요.

> ● 기출표현 ●
>
> lease agreement  임대 계약(서)
> short-term[long-term] lease  단기[장기] 임대

### 45 ★★ raise
[reiz]

ⓥ 올리다, 모으다; 제기하다 ⓝ 인상

Did they **raise** their prices again?
그들이 또 가격을 인상했나요?

> ● 기출표현 ●
>
> get a pay[salary] raise  급여가 인상되다
> raise funds  기금을 모으다
> raise awareness  의식을 높이다

### 46 ★★ overseas
[òuvərsí:z]

ⓐ 해외의 ⓐⓓ 해외에

I'm traveling **overseas** on holiday next month.
다음 달에 제가 해외로 출장을 가요.

### 47 ★★★ account
[əkáunt]

ⓝ 계정, 계좌; 설명 ⓥ 설명하다

I just checked the **account** balance an hour ago.
저는 1시간 전에 계좌 잔고를 확인했어요.

> ● 기출표현 ●
>
> open[set up] an account  계좌를 개설하다
> account number  계좌 번호
> take into account  ~을 고려하다

# CHECK-UP QUIZ

우리말 뜻에 맞게 빈칸을 채우세요.

01  유력한 **후보자**　　　　　promising _____

02  **승진하다**　　　　　　　receive a _____

03  **휴양 장소**　　　　　　　vacation _____

04  **추가 근무**　　　　　　　extra _____

05  제안서를 **작성하다**　　　_____ _____ a proposal

06  10월**호**　　　　　　　　the October _____

07  일자리 **공석**　　　　　　job _____

08  약속을 **확정하다**　　　　_____ an appointment

09  카펫을 **교체하다**　　　　_____ the carpet

10  여행 경비를 **충당하다**　 _____ the travel expenses

11  **다가오는** 행사　　　　　_____ event

12  프로젝터를 **설치하다**　　_____ a projector

13  **보증서에** 의해 보장되다　be covered by _____

14  **하청업체를** 고용하다　　hire a _____

15  다음 주가 **되어서야** 도착하다　_____ arrive _____ next week

---

01 candidate　　02 promotion　　03 spot　　04 shift　　05 put together　　06 issue
07 opening　　08 confirm　　09 replace　　10 cover　　11 upcoming　　12 install
13 warranty　　14 contractor　　15 not ~ until

| | | |
|---|---|---|
| 16 | 책을 대출하다 | _____ _____ a book |
| 17 | 조립 라인 | _____ line |
| 18 | 예약하다 | make a _____ |
| 19 | 급여를 처리하다 | process the _____ |
| 20 | 폴더 위치를 찾다 | _____ the folder |
| 21 | 대출을 신청하다 | apply for a _____ |
| 22 | 잠재 고객 | _____ customer |
| 23 | 처방약을 조제하다 | fill a _____ |
| 24 | 생산 시설 | production _____ |
| 25 | 해외로 여행 가다 | travel _____ |
| 26 | 기금을 모으다 | _____ funds |
| 27 | 계정을 개설하다 | set up an _____ |
| 28 | 넓고 좋은 | _____ and nice |
| 29 | 프로젝트 일정을 변경하다 | change the project _____ |
| 30 | 사무실을 임대하다 | _____ office space |

---

16 check out · 17 assembly · 18 reservation · 19 payroll · 20 locate · 21 loan
22 potential · 23 prescription · 24 facility · 25 overseas · 26 raise · 27 account
28 spacious · 29 timeline · 30 lease

토익 기본 어휘

| | | |
|---|---|---|
| ☐ | revolutionary | a. 혁신적인 |
| ☐ | out of order | phr. 고장 난 |
| ☐ | glassware | n. 유리 제품 |
| ☐ | combination | n. 조합, 결합(물) |
| ☐ | waitstaff | n. 종업원 |
| ☐ | replacement part | phr. 교체 부품 |
| ☐ | stand out | phr. 눈에 띄다, 두드러지다 |
| ☐ | take the measurement | phr. 치수를 재다 |
| ☐ | frustrating | a. 불만스러운 |

| | | |
|---|---|---|
| ☐ | vertical | a. 수직의, 세로의 |
| ☐ | pale | a. 옅은, 연한 |
| ☐ | texture | n. 질감 |
| ☐ | crack | n. 금, 틈  v. 갈라지다 |
| ☐ | solid color | phr. 단색 |
| ☐ | striped pattern | phr. 줄무늬 |
| ☐ | elegant | a. 우아한 |
| ☐ | strap | n. 끈 |
| ☐ | lightweight | a. 가벼운, 경량의 |

| | | |
|---|---|---|
| ☐ | remodeling | n. 주택 개조, 리모델링 |
| ☐ | inn | n. (작은) 호텔 |
| ☐ | wing | n. 부속 건물, 별관 |
| ☐ | soundproof | a. 방음 장치가 된 |
| ☐ | out-of-date | a. 구식의, 낡은 |
| ☐ | surface | n. 표면 |
| ☐ | flooring | n. 바닥재 |
| ☐ | statue | n. 조각상 |
| ☐ | ballroom | n. 연회장 |

**토익 만점 어휘**

| | | |
|---|---|---|
| ☐ | assorted | a. 갖은, 갖가지의 |
| ☐ | desperate | a. 간절히 필요로 하는[원하는] |
| ☐ | by any chance | phr. 혹시라도 |
| ☐ | in installments | phr. 할부로 |
| ☐ | determine the cause | phr. 원인을 알아내다 |
| ☐ | template | n. 견본 |
| ☐ | counselor | n. 상담사 |
| ☐ | errand | n. 심부름 |
| ☐ | just so you know | phr. 참고로 말하자면 |

| | | |
|---|---|---|
| ☐ | navigate | v. (인터넷·웹사이트를) 돌아다니다 |
| ☐ | centerpiece | n. (테이블 등의) 중앙부 장식 |
| ☐ | glitch | n. 작은 문제[결함] |
| ☐ | wardrobe | n. 의상, 옷장 |
| ☐ | lumber | n. 목재 |
| ☐ | upholstery | n. (소파 등의) 덮개[커버] |
| ☐ | ergonomic | a. 인체 공학적인 |
| ☐ | furnace | n. 보일러 |
| ☐ | hinge | n. 경첩 |

| | | |
|---|---|---|
| ☐ | eatery | n. 식당 |
| ☐ | diagnose | v. 진단하다 |
| ☐ | geometric | a. 기하학적인 |
| ☐ | redo | v. 다시 하다, 개조하다 |
| ☐ | housekeeping | n. 시설 관리과 |
| ☐ | janitor | n. 수위, 관리인 |
| ☐ | park ranger | phr. 공원 경비원 |
| ☐ | perimeter | n. 주위[주변], 둘레 |
| ☐ | pavilion | n. 가설 건물, 부속 건물 |

## PART 03
# 대화문 필수 어휘 (2)

---

**01** ★★★
## expand
[ikspǽnd]

expansion n. 확대, 확장

ⓥ 확장되다, 확대하다

Now that my business is **expanding**, the office is starting to seem too small.
사업이 확장되어서 사무실이 작은 것 같네요.

> • 기출표현 •
>
> expand the business[market] 사업[시장]을 확대하다
> expand a customer base 고객층을 확대하다
> expand the budget 예산을 확대하다

---

**02** ★★★
## annual
[ǽnjuəl]

annually ad. 해마다
cf. biannual 한 해 두 번의

ⓐ 연례의

We're planning our **annual** awards banquet for June—for about a hundred guests.
6월에 약 100명의 게스트를 위한 연례 시상 연회를 계획하고 있어요.

---

**03** ★★★
## promote
[prəmóut]

promotion n. 홍보, 승진
promotional a. 홍보의

ⓥ 홍보하다

I want to find a way to **promote** our travel company's bus tours.
저희 여행사의 버스 투어를 홍보할 방법을 찾고 싶어요.

ⓥ 승진시키다

My co-worker was just **promoted** to Senior Vice President of our company.
제 동료가 최근 상무로 승진됐어요.

> • 기출표현 •
>
> promotional material 홍보물

---

**04** ★★
## postpone
[poustpóun]

ⓢ put off 미루다, 연기하다

ⓥ 미루다, 연기하다

We may be able to **postpone** the release date for another month.
출시 날짜를 한 달 연기할 수 있을지도요.

## 05 deal
[diːl]

ⓢ address, handle
다루다, 처리하다

### ⓥ 상대하다, 다루다 (with)

Our staff is already busy **dealing with** an increase in maintenance requests.
저희 직원들은 증가된 보수 요청을 처리하느라 이미 바빠요.

### ⓝ 거래, 대우

We can hopefully finalize the **deal** during lunch.
점심 시간 동안 거래를 마무리할 수 있으면 좋겠네요.

> ● 기출표현 ●
> deal with issues  문제를 다루다[처리하다]
> special deal[offer]  특가품, 특별 할인 행사

## 06 hands-on

### ⓐ 직접 해 보는[실천하는]

I'm interested in getting some **hands-on** experience.
저는 직접 체험해 볼 의향이 있어요.

> ● 기출표현 ●
> hands-on demonstration  실제 시연
> hands-on practice  실습

## 07 in advance

ⓢ beforehand 미리

### ⓟⓗⓡ 미리, 사전에

How far **in advance** should I place the order?
얼마나 미리 주문을 넣어야 하나요?

> ● 기출표현 ●
> well in advance  훨씬 앞서서, 한참 전에
> at least 24 hours in advance  최소 하루 전에

## 08 budget
[bʌ́dʒit]

budgetary a. 예산(상)의

### ⓝ 예산  ⓥ 예산을 세우다  ⓐ 저가의, 저렴한

I suggest revisiting your projected **budget**.
추정 예산 재논의를 제안합니다.

> ● 기출표현 ●
> limited budget  제한된 예산
> over budget  예산이 초과된

## 09 ★★ cut back

cutback n. 삭감, 감축
(동) reduce, curtail 줄이다

**(phr) 줄이다, 삭감하다**

You may have to **cut back** on your exercise.
운동을 좀 줄이셔야 할 수도 있어요.

## 10 ★★ qualified

[kwálǝfàid]

qualification n. 자격 (요건)
qualify v. 자격을 얻다,
자격을 주다

**(a) 자격이 있는**

I'm worried that I'm not really **qualified**.
제가 자격이 안 될까 봐 걱정이에요.

● 기출표현 ●

well qualified  자격이 충분한

## 11 ★ neighborhood

[néibǝrhùd]

neighbor n. 이웃 사람

**(n) 근처, 구역; 이웃**

I just moved to this **neighborhood**, so I'm not very familiar with the area.
저는 이 동네로 최근에 이사 와서 이 지역을 잘 몰라요.

## 12 ★★ away

[ǝwéi]

**(a) 자리에 없는, 부재중인**

Her partner, Dr. Garcia is **away** on a business trip.
그녀의 파트너인 가르시아 선생님은 출장으로 부재중입니다.

**(ad) 떨어져**

We do have a partner hotel about twenty minutes **away**.
20분가량 떨어진 곳에 파트너 호텔이 있긴 해요.

● 기출표현 ●

be away on business  출장 중이다
far away from  ~에서 멀리 떨어진

## 13 ★★ correct

[kǝrékt]

correction n. 정정, 수정
correctly ad. 바르게, 정확하게
(반) incorrect 부정확한

**(v) 고치다 (a) 맞는, 정확한**

I'll **correct** the information in our database.
저희 데이터베이스에서 정보를 수정할게요.

● 기출표현 ●

I'll have that corrected.  제가 수정해 놓겠습니다.
if I remember correctly  제 기억이 맞다면

## 14 ★★★ specialize
[spéʃəlàiz]

special a. 특별한
specialization n. 전문화

ⓥ 전문으로 하다, 전공하다 (in)

We have a sales representative who **specializes** in commercial vehicles.
저희에게 영업용 차량을 전문으로 하는 판매 사원들이 있어요.

## 15 ★★★ inconvenience
[ìnkənví:njəns]

⑫ convenience 편리

ⓝ 불편 ⓥ 불편하게 하다

To apologize for the **inconvenience**, we'll take 25 percent off your bill.
불편함에 대한 사과의 뜻으로 청구 금액에서 25퍼센트 할인해 드리겠습니다.

## 16 ★★★ reasonable
[rí:zənəbl]

reasonably ad. 합리적으로

ⓐ 합리적인, (가격이) 적당한, 비싸지 않은

They serve delicious Indian food and the prices are very **reasonable**.
그들은 맛있는 인도 음식을 제공하며, 가격이 매우 합리적이에요.

• 기출표현 •
**at a reasonable price** 적당한 가격에(= at an affordable rate)

## 17 ★★ turn out

ⓟʰʳ ~으로 판명되다, 밝혀지다

This **turned out** to be a great location for the new grocery store.
이곳이 신규 식료품점으로 좋은 장소임이 판명됐네요.

## 18 ★★★ advantage
⑩[ədvǽntidʒ]
⑲[ədváːntidʒ]

advantageous a. 유리한
⑫ disadvantage 불이익

ⓝ 이점, 혜택

The biggest **advantage** of this new model is its engine—it delivers exceptional fuel efficiency.
이 신규 모델의 최대 이점은 엔진이에요, 뛰어난 연비를 갖고 있죠.

• 기출표현 •
**take advantage of** ~을 이용하다
**have an advantage over** ~보다 유리하다

## own
19 **
[oun]

ⓥ 소유하다 ⓐ (소유격 뒤에서 강조) 자신의

I **own** a small store that sells musical instruments.
저는 악기를 판매하는 소규모 매장을 갖고 있어요.

* 기출표현 *

family-owned 가족이 운영하는  on one's own 혼자서

---

## workload
20 **
[wɔ́:rkloud]

ⓝ 업무량, 작업량

Please choose your team members by Friday, so I can adjust their **workloads.**
업무량을 조절할 수 있도록 금요일까지 팀원을 정해 주세요.

* 기출표현 *

heavy workload 과중한 업무량

---

## overtime
21 **
[óuvərtaim]

ⓝ 초과 근무 ⓐⓓ 규정 시간 외에 ⓐ 초과 근무의

I'm going to go ahead and schedule some people to work **overtime.**
몇몇에게 초과 근무를 하도록 어서 일정을 잡아야겠네요.

---

## misplace
22 *
[mispléis]

ⓥ (물건 등을) 둔 곳을 잊어버리다

I'm a member here, but I've **misplaced** my card.
제가 여기 회원인데, 카드를 둔 곳을 잊어버렸어요.

---

## application
23 ***
[æ̀plikéiʃən]

apply v. 지원[신청]하다
applicant n. 지원자

ⓝ 지원[신청](서), 앱

All you need to do is fill out this **application** form.
신청서만 작성하시면 돼요.

* 기출표현 *

job application 입사 지원서
loan application 대출 신청

## 24 ★★ connect
[kənékt]

connection
n. 연결, 인맥, 연결 항공편

ⓥ 연결하다, 연락하다

In that case, I'll **connect** you to Dr. Kim's office.
그런 경우라면, 제가 김 선생님 사무실로 연결해 드리겠습니다.

●기출표현●

miss the connection 연결 항공편을 놓치다
Internet connection 인터넷 연결

---

## 25 ★★★ policy
[páləsi]

ⓝ 정책, 방침

There's been a **policy** change and the receipts from trips can be submitted electronically.
정책이 변경돼서 출장 영수증은 전자로 제출할 수 있어요.

●기출표현●

return[vacation/pricing] policy 반품[휴가/가격] 정책

---

## 26 ★ spreadsheet
[sprédʃìːt]

ⓝ 스프레드시트, 데이터 문서

I can check a **spreadsheet** to see the status of all the items that are in use.
데이터 문서를 확인해서 사용 중인 전체 물량 상태를 알아볼게요.

●기출표현●

enter figures in the spreadsheet 데이터 문서에 수치를 입력하다

---

## 27 ★★ handout
[hǽndàut]

hand out v. 나누어 주다

ⓝ 유인물, 배포 자료

I just noticed a mistake in the training **handout**.
교육용 유인물에 오류를 방금 발견했어요.

●기출표현●

distribute handouts 유인물을 배포하다

---

## 28 ★★ accommodate
⑪[əkámədèit]
⑬[əkɔ́mədèit]

accommodation
n. 숙박 시설

ⓥ 수용하다, 숙박시키다

We recently remodeled our ballroom to **accommodate** a crowd that size.
그 규모의 인원을 수용하기 위해 최근에 연회장을 개조했어요.

101

## 29 ** rent
[rent]

rental n. 임대
rented a. 빌린, 임대한

ⓥ 임대하다  ⓝ 임대(료)

If you're still interested in it, I'd be willing to reduce the **rent** for you.

아직 관심 있으시면, 기꺼이 임대료를 낮춰 드릴게요.

● 기출표현 ●

rental agreement  임대 계약
rental agency  임대 업체, 부동산 중개소

---

## 30 ** crowded
[kráudid]

crowd
n. 군중, 무리 v. 가득 메우다

ⓐ 혼잡한, 붐비는

The side entrance is pretty small and it gets **crowded** there at peak hours.

옆문이 너무 좁아서 피크 시간대에는 혼잡해져요.

---

## 31 ** see if

phr ~인지 알아보다

I'm calling to **see if** I can get an appointment for a haircut tomorrow.

내일 커트 예약이 가능한지 알아보려고 전화드려요.

---

## 32 ** release
[rilíːs]

ⓢ launch 출시하다

ⓥ 출시하다, 공개하다  ⓝ 출시, 발매

Do you know why the new computer games won't be **released** to the market until January?

신규 컴퓨터 게임이 왜 1월에야 출시되는지 아세요?

● 기출표현 ●

release date  출시일, 발표일   press release  보도 자료

---

## 33 *** expense
[ikspéns]

expend v. 지출하다
ⓢ expenditure 비용

ⓝ 비용, 경비

Could you send me some information about your total **expenses**?

전체 비용에 대한 정보를 보내 주시겠어요?

● 기출표현 ●

travel expense  출장 경비
relocation expense  이전 비용
approve the expense report  경비 보고서를 승인하다

## 34 ★ set aside

**(phr) 따로 챙겨 두다**

I'll make sure a book is signed by chef David and **set aside** for you.
책에 꼭 요리사 데이비드의 사인을 받아서 따로 챙겨 둘게요.

● 기출표현 ●
set aside a half hour 30분을 남겨 놓다
set aside time to부정사 ~할 시간을 남겨 두다

## 35 ★★ background
[bǽkgràund]

**(n) 배경, 경력**

Please tell us a little bit about your work **background**.
근무 경력에 대해 좀 말씀해 주세요.

● 기출표현 ●
extensive background 폭넓은[다양한] 경력
have a background in 분야 ~에 경력이 있다

## 36 ★★ bring up

**(phr) 화제를 꺼내다; (화면에) 띄우다**

We can **bring up** scheduling at the staff meeting on Friday.
금요일 직원 회의 때 일정 얘기를 꺼내면 되겠네요.

● 기출표현 ●
bring up an issue 문제를 제기하다
bring up a ticket in the app 앱에 표를 띄우다

## 37 ★★ evaluation
[ivæ̀ljuéiʃən]

evaluate v. 평가하다
(동) appraisal, review 평가

**(n) 평가**

It was three months before I had my first **evaluation**.
제가 첫 평가를 받기 세 달 전이었어요.

## 38 ★★ floor plan

(동) layout 배치도

**(phr) (건물의) 평면도**

Could I get a copy of the **floor plan** to look at before we meet?
만나기 전에 평면도 사본을 받아 볼 수 있을까요?

## 39 ** regional
[ríːdʒənl]

region n. 지역

**ⓐ 지역의**

This year we plan to open twelve **regional** offices in Canada, South America, and Europe.
올해 캐나다, 남미, 유럽에 12개의 지점을 열 계획이에요.

> ● 기출표현 ●
>
> regional headquarters 지역 본부
> regional manager 지역 담당자

## 40 ** block
[blɑk]

**ⓥ 막다, 차단하다**

Why is this street **blocked**?
이 도로가 왜 차단되었나요?

**ⓝ 블록, 구역**

I'm just so glad to have a library right down the **block**.
도서관이 바로 한 블록 아래 있어서 다행이에요.

## 41 ** suspend
[səspénd]

**ⓥ 중단하다, 유보하다**

The train service may be **suspended** tomorrow.
열차 서비스가 내일 중단될 수도 있어요.

> ● 기출표현 ●
>
> suspend a membership[account]
> 멤버십[계정]을 일시 중지하다

## 42 ** defect
[díːfekt, difékt]

defective a. 결함이 있는

**ⓝ 결함**

Because of the software's **defects**, we can't use it for hours at a time.
소프트웨어 결함 때문에 한 번에 몇 시간씩 사용하지 못해요.

> ● 기출표현 ●
>
> manufacturing defect 제조상의 결함

## 43 * injure
[índʒər]

injury n. 부상

**ⓥ 부상을 입히다, 손상시키다**

I love aerobic exercise, but I don't want to get **injured**.
에어로빅 운동을 좋아하지만 부상을 입고 싶지 않아요.

## public
### 44
[pʌ́blik]

**publicize**
v. 알리다, 광고하다

**publicity**
n. 매스컴의 관심, 홍보(업)

ⓝ 대중 ⓐ 공공의

And when do you think the fabric will be available to the **public**?
그 직물을 언제 대중들이 접할 수 있을 것 같나요?

● 기출표현 ●

public library[park / parking area]  공공 도서관[공원 / 주차장]
public relations  홍보(부)
public transportation  대중교통

---

## landscaping
### 45
[lǽndskèipiŋ]

**landscape**
v. 조경하다 n. 풍경

ⓝ 조경

My **landscaping** business is getting pretty busy.
제 조경 회사가 꽤 바빠지고 있어요.

● 기출표현 ●

landscaping company  조경 회사

---

## fill out[in]
### 46

ⓢ complete 작성하다

phr 작성하다, 기입하다

I was told to come fifteen minutes early to **fill out** medical forms.
15분 일찍 와서 진료 양식을 기입하라고 들었어요.

● 기출표현 ●

fill out a survey[application / form]  설문지[신청서 / 양식서]를 작성하다

---

## damaged
### 47
[dǽmidʒd]

**damage**
n. 피해, 손해 v. 손상시키다

ⓐ 손상된, 피해를 입은

I'm here to fix some **damaged** floor tiles.
저는 파손된 바닥 타일을 수리하러 왔습니다.

---

## in time
### 48

phr (늦지 않게) 시간 맞춰

We'll be just **in time** to get to the employee training session.
직원 연수회에 시간 딱 맞춰 도착하겠어요.

● 기출표현 ●

in time for 명사[to부정사]  ~에 시간 맞춰[~하는 시간에 맞춰]

# CHECK-UP QUIZ

우리말 뜻에 맞게 빈칸을 채우세요.

01 고객층을 확대하다       _____ customer base

02 연례 정기 검진       _____ check-up

03 관리자로 승진하다       be _____ to a manager

04 출장 중이다       be _____ on business

05 실수를 바로잡다       _____ an error

06 합리적인 가격에       at a _____ price

07 문제를 다루다       _____ with the problem

08 설명서를 둔 곳을 잊어버리다       _____ the manual

09 회의를 미루다       _____ the meeting

10 제한된 예산       limited _____

11 자격이 있는 지원자들       _____ candidates

12 ~을 전문으로 하다       _____ in

13 환불 정책       refund _____

14 ~을 이용하다       take _____ of

15 신상품을 출시하다       _____ a new product

---

01 expand    02 annual    03 promoted    04 away    05 correct    06 reasonable

07 deal    08 misplace    09 postpone    10 budget    11 qualified    12 specialize

13 policy    14 advantage    15 release

| | | |
|---|---|---|
| 16 | 100명까지 **수용하다** | _____ up to one hundred people |
| 17 | 제조상의 **결함** 때문에 | due to a manufacturing _____ |
| 18 | 30분을 **따로 남겨 놓다** | _____ _____ a half hour |
| 19 | **임대료**에 포함된 | included in the _____ |
| 20 | **조경** 회사 | _____ company |
| 21 | **시간에 맞춰 끝내다** | finish _____ _____ |
| 22 | 양식을 **작성하다** | _____ _____ a form |
| 23 | 문제를 **제기하다** | _____ _____ an issue |
| 24 | **대중** 교통 | _____ transportation |
| 25 | 과중한 **업무량** | heavy _____ |
| 26 | **데이터 문서**에 수치를 입력하다 | enter figures in the _____ |
| 27 | 열차 서비스를 **중단하다** | _____ train service |
| 28 | **유인물**을 인쇄하다 | print out _____ |
| 29 | 식당을 **소유하다** | _____ a restaurant |
| 30 | 최소 하루 **전에** | at least 24 hours _____ _____ |

---

| | | | | | |
|---|---|---|---|---|---|
| 16 accommodate | 17 defect | 18 set aside | 19 rent | 20 landscaping | 21 in time |
| 22 fill out[in] | 23 bring up | 24 public | 25 workload | 26 spreadsheet | 27 suspend |
| 28 handouts | 29 own | 30 in advance | | | |

| | | |
|---|---|---|
| ☐ | upset | a. 언짢은  v. 속상하게 하다 |
| ☐ | customer service | phr. 고객 서비스(부) |
| ☐ | half-off | a. 반값의, 50% 할인의 |
| ☐ | appreciate | v. 감사하다 |
| ☐ | get the money back | phr. 환불 받다 |
| ☐ | relationship | n. 관계 |
| ☐ | shame | n. 애석한[안타까운] 일 |
| ☐ | value | n. 가치 v. 소중하게 여기다 |
| ☐ | pay the difference | phr. 차액을 지불하다 |

| | | |
|---|---|---|
| ☐ | carry | v. (가게에서 품목을) 취급하다 |
| ☐ | space | n. 공간, 자리 |
| ☐ | kiosk | n. 키오스크, 간이 매점 |
| ☐ | cookware | n. 취사도구 |
| ☐ | checkout counter | phr. 계산대 |
| ☐ | shape | n. 모양, 형태 |
| ☐ | grocery | n. 식료품 |
| ☐ | cosmetics | n. 화장품 |
| ☐ | go with | phr. 고르다, 선택하다 |

| | | |
|---|---|---|
| ☐ | ground floor | phr. 1층 |
| ☐ | leave for the day | phr. 퇴근하다 |
| ☐ | project | n. 프로젝트, 과제 v. 예상하다 |
| ☐ | broken | a. 고장 난 |
| ☐ | incorrect | a. 부정확한, 맞지 않는 |
| ☐ | printout | n. 출력(물) |
| ☐ | calculate | v. 계산하다 |
| ☐ | assignment | n. 임무, 배정 |
| ☐ | overtime pay | phr. 초과 근무 수당 |

# ● 고객 응대/매장/사무실 어휘

**토익 만점 어휘**

| | | |
|---|---|---|
| ☐ | tracking number | phr. 배송 조회 번호 |
| ☐ | overbooked | a. 초과 예약된 |
| ☐ | tricky | a. 까다로운 |
| ☐ | confusion | n. 혼란, 혼동 |
| ☐ | resolution | n. 해상도 |
| ☐ | loyalty program | phr. 고객 보상 제도 |
| ☐ | top-notch | a. 최고의 |
| ☐ | order fulfillment | phr. 주문 이행[처리] |
| ☐ | interpreter | n. 통역사 |

| | | |
|---|---|---|
| ☐ | hectic | a. 정신없이 바쁜, 빡빡한 |
| ☐ | blurry | a. 흐릿한 |
| ☐ | distributor | n. 유통업자 |
| ☐ | detach | v. 떼다, 분리시키다 |
| ☐ | swipe | v. (신용 카드를) 긁다 |
| ☐ | tailor | n. 재단사 |
| ☐ | a bunch of | phr. 다수의 |
| ☐ | fragrance | n. 향수 |
| ☐ | swamped | a. 눈코 뜰 새 없이 바쁜 |

| | | |
|---|---|---|
| ☐ | log | n. 일지[기록] v. 일지에 기록하다 |
| ☐ | extension | n. 내선 번호 |
| ☐ | profit margin | phr. 수익률 |
| ☐ | performance evaluation | phr. 업무 평가 |
| ☐ | circulate | v. (회람을) 돌리다 |
| ☐ | by the end of the day | phr. 퇴근 전까지 |
| ☐ | lay off | phr. 해고하다 |
| ☐ | recurring | a. 되풀이하여 발생하는 |
| ☐ | computation | n. 계산 |

---

**01 permit**
★★★
[pərmít] v.
[pə́:rmit] n.

permission n. 허가, 허락
permissive a. 허락하는
⑧ allow 허용하다

ⓝ 허가(증) ⓥ 허용[허락]하다

We're going to have to wait until all the **permits** are approved.
모든 허가가 승인될 때까지 기다려야 할 겁니다.

> • 기출표현 •
> parking permit 주차증

---

**02 attend**
★★★
[əténd]

attendance n. 참석, 출석
⑧ participate in
~에 참가하다

ⓥ 참가하다, 참석하다

I'm planning to **attend** the company health fair on Monday.
월요일에 기업 건강 박람회에 참석할 계획이에요.

---

**03 estimate**
★★★
[éstəmət] n.
[éstəmèit] v.

estimated a. 견적의, 예상된

ⓝ 견적(서), 추정치 ⓥ 추정하다

I'll put together a cost **estimate** this afternoon.
오늘 오후에 견적서를 준비할게요.

> • 기출표현 •
> cost estimate[quote/quotation] 가격 견적서

---

**04 flexible**
★★★
[fléksəbl]

flexibility n. 유연성, 융통성

ⓐ 융통성 있는, 유연한, 조율이 가능한

Will I always be working the same days or is the schedule **flexible**?
항상 같은 요일에 근무하나요, 아니면 스케줄 조정이 가능한가요?

---

**05 sold out**
★★★

ⓟʰʳ 매진된, 품절된

I noticed that we've **sold out** of a lot of sizes in this style.
이 스타일은 대부분의 사이즈가 품절로 확인됐어요.

## 06 ★★★ fee
[fi:]

ⓝ 요금, 수수료

In exchange, we could offer them a reduced rental **fee**.
그 대신 우리가 그들에게 할인된 임대료를 제공할 수 있을 거예요.

admission fee 입장료   pay for a fee 수수료를 지불하다
late fee 연체료   waive a fee 수수료를 면제하다

## 07 ★ refundable
[rifʌndəbl]

ⓐ 환불 가능한

I'd suggest you buy a **refundable** ticket.
환불 가능한 티켓을 구매하시길 제안해요.

fully refundable 전액 환불되는   cash refund 현금 환불
issue a refund 환불해 주다
request a refund 환불을 요청하다

## 08 ★★★ official
[əfíʃəl]

ⓐ 공식적인  ⓝ 공무원, 임원

The **official** announcement will be made at next Friday's meeting.
다음 주 금요일 회의에서 공식 발표가 있을 겁니다.

city[local] officials 시[지방] 공무원

## 09 ★★ electronically
[ilektránikəli]

ⓐⓓ 컴퓨터로, 인터넷을 이용하여

We actually don't accept applications **electronically** for this type of loan.
이런 종류의 대출에는 온라인 신청서를 받지 않아요.

## 10 ★★ a couple of

ⓟʰʳ 둘의, 몇몇의

I'd like to return a lamp I bought here **a couple of** weeks ago.
몇 주 전에 여기서 구매했던 램프를 반품하고 싶어요.

## 11 ** payment
[péimənt]

pay v. 지불하다
payable a. 지불해야 하는

ⓝ 납입(금), 지불(금), 결제

You should go to our Web site and register for the automatic **payment** plan.
웹사이트에 가서 자동이체를 신청하세요.

● 기출표현 ●

make a payment 결제[납입]하다
other forms of payment 다른 결제 수단

## 12 ** influence
[ínfluəns]

influential a. 영향력 있는

ⓥ 영향을 주다 ⓝ 영향

Most of my paintings in this gallery were **influenced** by my visit there.
이 갤러리에 있는 대부분의 제 그림들이 그곳 방문으로 영향을 받았어요.

## 13 * charity
[tʃǽrəti]

charitable a. 자선의

ⓝ 자선, 자비

I'm coordinating a **charity** auction for my company.
회사를 위해 자선 경매를 기획하고 있어요.

● 기출표현 ●

charity event 자선 행사
charity fund-raiser 자선 기금 모금 행사

## 14 ** property
[prápərti]

ⓝ 부동산, 소유물, 재산

I'd really like to put this **property** on the market in the beginning of April.
이 부동산을 4월 초에 시장에 내놓고 싶어요.

● 기출표현 ●

personal property 개인 소유물, 사유 재산

## 15 ** leak
[liːk]

leaky a. 새는

ⓝ 누수, 새어 나옴 ⓥ 새다, 누출하다

I should be able to look at the **leak** right before lunchtime.
점심시간 직전에 제가 누수를 살펴볼 수 있을 거예요.

112

## 16 ★★★ management
[mǽnidʒmənt]

manage
v. 경영하다, 관리하다

ⓝ 경영진

I heard that **management** is hiring more people in accounting.
경영진이 회계부를 충원할 거라고 들었어요.

ⓝ 경영, 관리

I've read so many of his articles on risk **management**.
저는 리스크 관리에 관한 그의 아주 많은 기사들을 읽었어요.

## 17 ★★★ apply
[əplái]

application n. 신청(서)
applicant n. 지원자

ⓥ 지원하다, 신청하다

I recently moved here, and I'd like to **apply** for a library card.
최근에 이곳으로 이사해서 도서관 카드를 신청하려고요.

> **● 기출표현 ●**
> apply for a job[loan]  일자리에[대출을] 지원[신청]하다
> apply to a company[university]  회사[대학]에 지원하다

## 18 ★★ last-minute

ⓐ 막바지의, 막판의

There was a **last-minute** change and we had to move the performance to the Cove Theatre.
막바지 변경으로 공연을 코브 공연장으로 옮기게 됐어요.

> **● 기출표현 ●**
> last-minute change  막바지 변경
> at the last minute  막판에

## 19 ★★ collection
[kəlékʃən]

collect v. 수집하다
collector n. 수집가
collective a. 집단의, 공동의

ⓝ 소장품, 수집품

It's famous for its **collection** of twentieth-century paintings.
그곳은 20세기 회화 소장품으로 유명해요.

## maintenance
[méintənəns]

maintain v. 유지하다

ⓝ 정비, 유지 (관리), 보수

I've received a lot of **maintenance** requests from tenants lately about their appliances.
최근에 가전제품 건으로 세입자들에게 보수 신청을 많이 받았어요.

● 기출표현 ●

maintenance team  시설 관리팀
maintenance work  정비 작업, 보수 공사

---

## originally
[ərídʒənəli]

original a. 본래의, 초기의
origin n. 근원, 발단
originate v. 시작되다

ⓐⓓ 원래, 처음에

Their price is a little more than we had **originally** expected.
그들의 가격은 원래 우리가 예상했던 것보다 조금 더 나가요.

● 기출표현 ●

original receipt  원본 영수증

---

## progress
[prágres]

progressive
a. 점진적인, 진행하는

ⓝ 진행, 진전, 진척  ⓥ 나아가다, 진척하다

What **progress** has been made in finding new employees?
신규 직원을 찾는 일은 얼마나 진척이 있었나요?

● 기출표현 ●

make progress  진전이 있다
check on the progress of  진척 상황을 알아보다
progress report  경과 보고서

---

## keep up with

ⓟⓗⓡ 뒤처지지 않고 따라가다

I'm concerned that we won't be able to **keep up with** the demand over the holidays.
연휴 동안에 우리가 수요를 맞추지 못할까 봐 걱정이에요.

---

## cancel
[kǽnsəl]

cancellation n. 취소

ⓥ 취소하다

If someone **cancels** and an appointment opens up, I could contact you.
만약 누가 취소해서 예약 자리가 생기면 연락드리겠습니다.

## 25 ★ discontinue
[dìskəntínjuː]

(반) continue 계속하다

ⓥ (생산·정기 행사 등을) 중단하다

I'm sorry, that particular model was recently **discontinued**.
죄송합니다, 그 특정 모델은 최근에 단종되었습니다.

## 26 ★★ luncheon
[lʌ́ntʃən]

ⓝ 오찬

I'm organizing a **luncheon** for an employee who's retiring from my company.
회사를 퇴사하는 직원을 위해 오찬을 준비하려고 해요.

## 27 ★★ be about to

(phr) 막 ~하려고 하다

I'm **about to** leave for the trade show.
저는 막 무역 박람회에 갈 참이에요.

## 28 ★★ edition
[idíʃən]

edit v. 편집하다
editor n. 편집자
editorial
a. 편집의 n. 사설, 논설

ⓝ (간행물의) 판, 호

Did you notice that pattern's a limited **edition**?
그 문양은 한정판인 거 알고 계셨어요?

━━━━━━━━━━ ● 기출표현 ●
Sunday edition (신문이나 잡지 등의) 일요일 호
paperback edition 문고본

## 29 ★★ missing
[mísiŋ]

ⓐ 없어진, 분실된, 빠진

Some of the charts and graphs are **missing**.
일부 차트와 그래프가 빠져 있어요.

━━━━━━━━━━ ● 기출표현 ●
I'm missing a receipt. 저는 영수증이 없어요.

## 30 ★★ deposit
[dipázit]

ⓥ 예금하다, 예치하다

I'd like to **deposit** my paycheck into my savings account.
제 급여를 예금 계좌에 예치하고 싶어요.

ⓝ 계약금, 보증금

I can give you the money for the security **deposit** today.
오늘 제가 보증금을 드릴 수 있어요.

## 31 * draw up

(phr) (문서 등을) 작성하다, 짜다

I can **draw up** some design options for the flower beds.

제가 꽃밭 디자인 선택안을 몇 개 짜 볼게요.

> • 기출표현 •
>
> draw up a contract  계약서를 작성하다
> draw up plans  계획을 짜다

## 32 *** layout
[léiàut]

(n) 배치(도), 배정

I'm going to start planning our store **layout** for the season.

시즌을 위해 매장 배치 계획을 시작하려고 해요.

## 33 * terrific
[tərífik]

cf. terrible 끔찍한, 형편없는

(a) 훌륭한, 멋진

I've heard our Boston office is a **terrific** place to work.

보스턴 사무실이 일하기 아주 좋다고 들었어요.

## 34 *** brief
[bri:f]

briefly ad. 잠시, 간단히

(a) 간단한, 짧은 (v) ~에게 알려주다[보고하다]

Would you mind writing a **brief** review for the client feedback page of my Web site?

제 웹사이트의 고객 의견 페이지에 간단한 후기를 써 주시겠어요?

> • 기출표현 •
>
> brief and to the point  간단명료한
> brief someone on  ~에게 …에 대해 간략하게 말하다

## 35 *** detail
[dí:teil]

detailed a. 자세한

(n) 세부사항 (v) 상세히 알리다

Are you available for a video conference next week to discuss the **details**?

다음 주에 세부사항을 논의하기 위한 화상 회의가 가능하신가요?

> • 기출표현 •
>
> in (more) detail  (더) 자세하게, 상세하게
> for more details  자세한 사항을 위해

## 36 ★★ internal
[intə́:rnl]

(반) external 외부의

**ⓐ 내부의**

The résumés are all posted on our company's **internal** Web site.

이력서들은 모두 회사 내부 웹사이트에 게시되어 있어요.

● 기출표현 ●

internal candidate  내부 지원자
internal audit  내부 감사

## 37 ★ mix-up

**ⓝ 혼동, 착오 ⓥ 잘못 알다, 혼동하다**

I apologize—I'm sure there was a **mix-up** at layout.

죄송합니다, 레이아웃에 분명 착오가 있었습니다.

## 38 ★ shred
[ʃred]

shredder n. 파쇄기

**ⓥ 파쇄하다**

We collect the documents and **shred** them right on-site.

저희는 문서를 모아 현장에서 바로 파쇄합니다.

## 39 ★★★ catering
[kéitəriŋ]

**ⓝ 출장 요리, 음식 공급(업)**

It must have taken a lot of effort to organize all the **catering** and decorations.

그 모든 음식 공급과 장식들을 준비하느라 많은 노력을 하셨을 것 같네요.

● 기출표현 ●

catering service  출장 요리 서비스
catering order  출장 요리 주문

## 40 ★ malfunctioning
[mælfʌ́ŋkʃəniŋ]

**ⓐ 오작동하는**

A buzzing sound usually means the fan is **malfunctioning**.

윙윙거리는 소리는 보통 팬이 고장 났다는 것을 의미합니다.

## 41 overcharge
[òuvərtʃáːrdʒ]

ⓥ 과다 청구하다

I realized that I'd been **overcharged**, so I'm back today with my receipt to clear things up.
제가 과다 청구된 걸 알고 해결하려고 영수증을 지참해서 오늘 다시 왔어요.

## 42 routine
[ruːtíːn]

ⓐ 일상적인, 정기적인

I had a **routine** test done last week and I'd like a printout for my records.
지난주에 정기 검사를 받았고 제 기록을 출력물로 받고 싶어요.

ⓝ 판에 박힌 일, 일과

Now I just have to get back into a work **routine**.
이제 업무 일과로 다시 돌아가야 해요.

> ● 기출표현 ●
> routine maintenance work  정기 보수 작업

## 43 athletic
[æθlétik]

athlete n. 운동선수

ⓐ 운동 경기의, 체육의

I've covered everything from local politics to **athletic** events.
지방 정치부터 체육 행사까지 모든 것을 기사로 썼어요.

> ● 기출표현 ●
> athletic wear[apparel]  운동복
> athletic shoes[footwear]  운동화

## 44 attract
[ətrǽkt]

attraction n. 매력, 명소
attractive a. 매력적인

ⓥ (마음을) 끌다, 끌어모으다

To **attract** more customers, we're going to host a small talent contest in September.
더 많은 고객을 끌기 위해서 9월에 소규모 장기 대회를 열 거예요.

## 45 out of town

⊕ in town 도심에 있는

ⓟʰʳ 타지역에 있는, 출장 중인

I have to go **out of town** for a business meeting tomorrow morning.
내일 아침 업무 회의로 출장을 가야 해요.

## register
**046**
[rédʒistər]

ⓥ 등록하다

I want to **register**, but your Web site is down again.
등록을 하고 싶은데, 웹사이트가 또 다운이네요.

ⓝ 금전 등록기

Follow me to the **register** and I'll ring up your purchase.
계산대로 저를 따라오시면 제가 구매하신 물건을 계산해 드릴게요.

● 기출표현 ●

**register for** ~에 등록하다(= enroll in, sign up for)

## rush
**047**
[rʌʃ]

ⓢ hurry 서두르다; 서두름

ⓝ 혼잡, 분주함, 서두름  ⓥ 서두르다

We plan to go a little early, to beat the lunch **rush**.
점심 혼잡을 피하려고 조금 일찍 갈 계획이에요.

● 기출표현 ●

**in a rush** 급한, 바쁜  **There's no rush.** 급할 건 없어요.
**rush the order** 주문을 서두르다

## manufacturer
**048**
[mæ̀njufǽktʃərər]

manufacture
n. 제조, 생산 v. 제조하다

ⓝ 제조업체, 제조회사

I can order handles in that color specially for you from the **manufacturer**.
그 색상 핸들을 제조사로 특별히 주문해 드릴 수 있어요.

## negotiate
**049**
[nigóuʃièit]

negotiation n. 협상

ⓥ 협상하다, 타결하다

I hope we can **negotiate** a good package to insure our drivers.
우리 운전자들을 가입하게 할 좋은 보험 패키지를 협상할 수 있기 바랍니다.

● 기출표현 ●

**contract negotiation** 계약 협상
**negotiation skills** 협상 기술

## tenant
**050**
[ténənt]

ⓝ 세입자

There's a laundry room on the first floor just for **tenants**.
1층에 세입자 전용 세탁실이 있어요.

# CHECK-UP QUIZ

우리말 뜻에 맞게 빈칸을 채우세요.

01  간단명료한                 _____ and to the point

02  회의에 **참석하다**       _____ the meeting

03  견적서를 보내다         send an _____

04  연체료                    late _____

05  **품절되다**               be _____ _____

06  다른 **결제** 수단        other forms of _____

07  **환불 가능한** 티켓     _____ ticket

08  교육 수업에 **등록하다**   _____ for a training course

09  **조율이 가능한** 일정    _____ schedule

10  사유 **재산**             personal _____

11  **막바지** 변경           _____ change

12  일자리에 **지원하다**      _____ for a job

13  **자세한 사항**을 위해서   for more _____

14  겨울 **운동복** 라인      winter _____ clothing line

15  **원래** 예상되었던 것보다  than _____ expected

---

**01** brief      **02** attend      **03** estimate      **04** fee      **05** sold out      **06** payment

**07** refundable      **08** register      **09** flexible      **10** property      **11** last-minute      **12** apply

**13** details      **14** athletic      **15** originally

| 16 | 시설 관리팀 | _____ team |
| 17 | 오찬을 준비하다 | organize a _____ |
| 18 | 보증금을 지불하다 | pay the _____ |
| 19 | 문서를 **파쇄하다** | _____ documents |
| 20 | 이전 **세입자** | previous _____ |
| 21 | 몇 주 전에 | _____ _____ _____ weeks ago |
| 22 | 내부 감사 | _____ audit |
| 23 | 자선 기금 모금 행사 | _____ fund-raiser |
| 24 | **출장 요리** 주문 | _____ order |
| 25 | 정기 점검 | _____ inspection |
| 26 | 더 많은 고객을 **끌어 모으다** | _____ more customers |
| 27 | 공식 발표 | _____ announcement |
| 28 | 계약을 **협상하다** | _____ a contract |
| 29 | **서두르다** | be in a _____ |
| 30 | **제조업체**에 연락하다 | contact a _____ |

PART 03 | DAY 07

---

16 maintenance   17 luncheon   18 deposit   19 shred   20 tenant   21 a couple of
22 internal   23 charity   24 catering   25 routine   26 attract   27 official
28 negotiate   29 rush   30 manufacturer

| | | |
|---|---|---|
| ☐ | yearly | a. 해마다[매년] 있는 |
| ☐ | debate | n. 토론 |
| ☐ | huge | a. 엄청난, 거대한 |
| ☐ | company outing | phr. 회사 야유회 |
| ☐ | panelist | n. 토론자 |
| ☐ | forum | n. 포럼, 토론회 |
| ☐ | audiovisual equipment | phr. 시청각 장비 |
| ☐ | coordinator | n. 책임자, 코디네이터 |
| ☐ | fill up quickly | phr. 자리가 빨리 차다 |
| ☐ | carpool | v. 카풀[승용차 함께 타기]을 하다 |
| ☐ | parking pass | phr. 주차권 |
| ☐ | donor | n. 기부자 |
| ☐ | mentor | n. 멘토 |
| ☐ | flexible working hours | phr. 탄력 근무제 |
| ☐ | foresee | v. 예견하다 |
| ☐ | waive a fee | phr. 수수료를 면제하다 |
| ☐ | cancellation fee | phr. 취소 수수료 |
| ☐ | traditional | a. 전통적인 |
| ☐ | hire | n. 신입 사원 v. 고용하다 |
| ☐ | introduce | v. 소개하다 |
| ☐ | personality | n. 성격 |
| ☐ | leadership | n. 리더십, 지도력 |
| ☐ | devoted | a. 헌신[전념]하는; ~을 다루는 |
| ☐ | human resources department | phr. 인사부 |
| ☐ | publicity department | phr. 홍보부 |
| ☐ | accounting department | phr. 회계부 |
| ☐ | payroll department | phr. 경리부 |

**토익 만점 어휘**

| | | |
|---|---|---|
| ☐ | turnout | n. 참석자 수 |
| ☐ | semiannual | a. 반년마다의, 한 해 두 번의 |
| ☐ | be rained out | phr. 비가 와서 중지되다 |
| ☐ | tuition | n. 수업료 |
| ☐ | sponsor | n. 후원자 |
| ☐ | socialize with | phr. (사람들과) 어울리다 |
| ☐ | publicist | n. 홍보 담당자 |
| ☐ | around the clock | phr. 24시간 내내 |
| ☐ | reconvene | v. 다시 모이다[소집되다] |

| | | |
|---|---|---|
| ☐ | wire | v. 송금하다 |
| ☐ | philanthropy | n. 자선 활동 |
| ☐ | secure funds[grants] | phr. 자금[보조금]을 확보하다 |
| ☐ | protocol | n. 규약 |
| ☐ | cause | n. 대의명분 |
| ☐ | convince | v. 납득시키다, 설득하다 |
| ☐ | transferable | a. 양도 가능한 |
| ☐ | allowance | n. 수당 |
| ☐ | bookkeeping | n. (회계) 장부 기장 |

| | | |
|---|---|---|
| ☐ | stellar | a. 뛰어난 |
| ☐ | seasoned | a. 경험 많은, 노련한 |
| ☐ | graciously | ad. 고맙게도 |
| ☐ | capability | n. 능력, 역량 |
| ☐ | tribute | n. 감사[찬사]의 표시 |
| ☐ | recruiter | n. 채용 담당자 |
| ☐ | CV | n. 이력서 |
| ☐ | pool | n. 이용 가능 인력 |
| ☐ | chief executive officer | phr. CEO, 최고 경영자 |

## PART 04
# 담화문 필수 어휘 (1)

---

### 01 ★★★ award
[əwɔ́:rd]

ⓝ 상 ⓥ 수여하다, 주다

The library has recently been **awarded** a large grant.
그 도서관은 최근에 상당한 보조금을 받았습니다.

> • 기출표현 •
>
> win an award 상을 받다   awards ceremony 시상식
> award-winning 수상 경력이 있는
> awards banquet 시상식 연회   award winner 수상자

---

### 02 ★★★★ feature
[fí:tʃər]

featured
a. 특색으로 한, 특종의

ⓥ 특징으로 삼다 ⓝ 기능, 특징; 특집 기사

This exhibit **features** life-size statues made of glass.
이 전시회는 실제 크기의 유리 조각상을 특징으로 합니다.

> • 기출표현 •
>
> feature article 특집 기사   special feature 특별한 기능
> featured exhibit 특별 전시   featured speaker 특별 연사

---

### 03 ★★ souvenir
[sùːvəníər]

ⓝ 기념품

The shirts are a great **souvenir** of today's wonderful performances.
셔츠는 오늘 멋진 공연에 대한 훌륭한 기념품입니다.

---

### 04 ★ broadcast
⑩ [brɔ́:dkæst]
⑧ [brɔ́:dkɑːst]

broadcaster n. 방송진행자

ⓝ 방송 ⓥ 방송하다

We're going to show you a news **broadcast** that will last a half hour.
30분간 뉴스 방송을 시청하시겠습니다.

## representative (=rep)

05

★★★

[réprizèntətiv, rep]

represent v. 대표하다

ⓝ 직원, 대표자 ⓐ 대표하는

Please hold to be connected with a customer service **representative**.

기다리시면 고객 서비스 직원과 연결해 드리겠습니다.

• 기출표현 •

sales representative  영업 사원

---

## demonstration

06

★★★

[dèmənstréiʃən]

demonstrate
v. 시연하다, 설명하다

ⓝ 시연, 설명

You'll be participating in **demonstrations** and workshops promoting our many chemical products.

여러분은 저희의 많은 화학 제품을 홍보하는 시연회 및 설명회에 참여하시게 될 겁니다.

• 기출표현 •

product[cooking] demonstration  제품[요리] 시연

---

## culinary

07

★

[kʌ́lənèri]

ⓐ 요리의

You can sample a variety of healthy snacks made in our brand-new **culinary** arts facility.

저희의 최신 요리 시설에서 만들어진 다양한 건강 스낵을 시식해 보실 수 있습니다.

• 기출표현 •

culinary contest  요리 경연 대회
culinary institute  요리 전문 학교

---

## hesitate

08

★★★

[hézətèit]

hesitation n. 망설임
hesitant a. 주저하는, 망설이는

ⓥ 주저하다, 망설이다

If you have any questions during our tour, please don't **hesitate** to ask.

견학 중에 질문이 있으시면 주저 말고 문의하세요.

---

## reward

09

★★★

[riwɔ́:rd]

rewarding a. 보람 있는

ⓝ 보상 ⓥ ~에 보답하다, 상을 주다

If our shoe sales are higher than other store branches, we'll all receive cash **rewards**.

신발 판매가 타 지점보다 높을 시 우리 모두 보상금을 받게 될 겁니다.

## 10 ** alternative
[ɔːltə́ːrnətiv]

alternatively ad. 그 대신에
alternate
a. 대안의 v. 번갈아 하다

## 11 *** attendee
[ətèndíː]

attend v. 참석하다
attendance n. 출석, 참석(률)
cf. attendant
종업원, 안내원

## 12 ** proceed
[prəsíːd]

## 13 ** patron
[péitrən]

patronage n. 애용
⑧ customer, client 고객

## 14 * loyal
[lɔ́iəl]

loyalty n. 충성(심)

---

ⓝ 대안, 대체  ⓐ 대안의

We can discuss some **alternatives** in next week's meeting.
다음 주 회의에서 몇몇 대안들을 논의해 봅시다.

● 기출표현 ●

an alternative to ~에 대한 대안
take an alternative[alternate] route  다른 길로 가다


ⓝ 참석자

**Attendees** have until noon to check in.
참석자들은 12시까지 등록해야 합니다.

● 기출표현 ●

attendance sheet  참석자 명단, 출석부


ⓥ ~로 향하다 (to)

Please **proceed to** a checkout counter immediately to complete your purchase.
구매를 완료하려면 계산대로 곧장 가세요.

ⓥ 진행하다 (with)

We can **proceed with** the training when we get back.
우리가 복귀하면 교육을 진행할 수 있습니다.


ⓝ 후원자, 고객

**Patrons** can now access the library's catalog and their accounts online.
이용객들은 이제 도서 목록 및 계정을 온라인으로 이용할 수 있습니다.


ⓐ 충성스러운

Thank you for being our **loyal** customers over the past five years.
지난 5년간 저희의 단골이 되어 주셔서 감사합니다.

● 기출표현 ●

loyalty program  단골 보상 제도

## 15 ★ applause
[əplɔ́:z]

applaud v. 박수 치다

### ⓝ 박수

Let's have a round of **applause** to thank Janet for her work and dedication.
자넷의 노고와 헌신에 감사 갈채를 보냅시다.

> • 기출표현 •
> a big[warm] round of applause 큰[뜨거운] 박수 갈채

## 16 ★★★ reputation
[rèpjutéiʃən]

ⓢ fame 명성

### ⓝ 평판, 명성

Our school has maintained a **reputation** of producing top pilots.
저희 학교는 일류 조종사를 배출한다는 평판을 유지해 왔습니다.

## 17 ★ outgoing
[áutgòuiŋ]

ⓐ incoming 들어오는

### ⓐ 퇴임하는, 나가는; 외향적인, 사교적인

There has been a time change for the luncheon for the association's **outgoing** president.
퇴임하시는 회장님을 위해 마련된 오찬 시간이 변경되었습니다.

> • 기출표현 •
> outgoing flights 이륙 항공기
> friendly, outgoing individuals 친절하고 활발한 사람

## 18 ★ comprehensive
[kàmprihénsiv]

comprehend
v. 포함하다; 이해하다
comprehensible
a. 이해할 수 있는

### ⓐ 종합적인, 포괄적인

Each attendee will receive a **comprehensive** resource book.
각 참석자는 종합 자료집을 받으실 겁니다.

## 19 ★★★ direct
[dirékt, dairékt]

direction n. 방향, 지시, 감독
directly ad. 직접
ⓐ indirect 간접적인

### ⓥ 보내다, 안내하다, 감독하다  ⓐ 직접적인

Please **direct** all questions to the manager on duty.
모든 문의는 담당 매니저에게 보내 주세요.

> • 기출표현 •
> direct flight 직항
> Please direct your attention to ~을 주목해 주세요.

PART 04

DAY 08

127

## 20 ★★★ host
[houst]

ⓥ 주최하다, 진행하다  ⓝ 진행자

Are you looking for a location to **host** your next company event?
다음 기업 행사를 개최할 장소를 찾고 계신가요?

## 21 ★★ talented
[tǽləntid]

talent n. 재능

ⓐ 재능 있는, 유능한

We are lucky to have such **talented** and dedicated employees.
저희에게 그토록 유능하고 헌신적인 직원들이 있다는 것은 행운입니다.

## 22 ★★ remarkable
[rimá:rkəbl]

remark n. 의견, 소견 v. 말하다
remarkably ad. 현저하게
ⓢ notable, noticeable
　주목할 만한

ⓐ 주목할 만한, 훌륭한

The change to this property is **remarkable**.
이 건물에 생긴 변화는 주목할 만합니다.

● 기출표현 ●

| remarkable career  훌륭한 경력 |
| --- |

## 23 ★★★ anniversary
[æ̀nəvə́:rsəri]

ⓝ 기념일

Join us this weekend for our tenth **anniversary** celebration.
이번 주말 저희의 10주년 기념식에 함께해 주세요.

● 기출표현 ●

| mark the thirtieth anniversary  30주년을 기념하다 |
| --- |

## 24 ★★★ report
[ripɔ́:rt]

ⓥ 보도[보고]하다  ⓝ 보도; 보고서

You'll **report** on the progress of your team at a weekly directors' meeting.
팀의 진행 상황을 주간 이사회에서 보고하셔야 합니다.

ⓥ 출두하다; (도착을) 알리다

Please **report** to gate five for boarding.
탑승을 위해 5번 출구로 와 주세요.

● 기출표현 ●

| report on the status of  ~의 상황을 보고하다<br>traffic report  교통 정보 |
| --- |

## contain
25 ★★★
[kəntéin]

container n. 용기, 그릇

ⓥ 포함하다

Each packet **contains** a schedule, a map of the building, and a name tag.
각 자료집은 일정, 건물 약도, 명찰을 포함하고 있습니다.

## nominate
26 ★★
[nɑ́mənèit]

nomination n. 추천, 임명
⑧ appoint 임명하다

ⓥ 추천하다, 임명하다

We've been **nominated** for this year's Advertising Excellence Award.
우리는 올해 우수 광고상에 후보로 올랐습니다.

## tune
27 ★
[tju:n]

ⓥ 채널을 맞추다, 수신하다

Stay **tuned** for the seven o'clock update.
7시 새 소식을 위해 채널을 고정하세요.

● 기출표현 ●

tune in to ~에 채널을 맞추다

## retail
28 ★★
[rí:teil]

retailer n. 소매 상인
⑭ wholesale 도매

ⓝ 소매 ⓥ 소매하다

The **retail** price needs to be reasonable without compromising quality.
소매가는 품질을 떨어뜨리지 않으면서 합리적이어야 합니다.

● 기출표현 ●

retail store 소매점   retail price 소매 가격

## smoothly
29 ★
[smú:ðli]

smooth a. 순조로운

ⓐ 순조롭게

Traffic is moving **smoothly** on most major roadways.
대부분의 주요 도로에서 차량들이 원활하게 이동 중입니다.

● 기출표현 ●

go smoothly 순조롭게 진행되다
Traffic is running smoothly. 교통이 원활합니다.

## 30 ** accurate
[ǽkjurət]

(반) inaccurate 부정확한

ⓐ 정확한

We need some more information in order to quote you an **accurate** price.
정확한 견적가를 드리기 위해서는 정보가 더 필요합니다.

## 31 ** last
(미) [læst]
(영) [lɑ:st]

lasting a. 지속적인

ⓥ 지속[계속]되다 ⓐ 지난; 마지막의

Today's workshop will **last** about four hours.
오늘 워크숍은 약 4시간 계속됩니다.

● 기출표현 ●
last longer than expected 예상보다 오래 지속되다
last throughout the day 하루 종일 지속되다

## 32 *** note
[nout]

notable
a. 주목할 만한, 유명한
noted
a. 유명한

ⓥ 주목하다, 주의하다; 언급하다 ⓝ 유의 사항

**Note** that this year the fee for an individual membership has increased.
올해 개인 회원가가 인상되었다는 점을 유의해 주세요.

● 기출표현 ●
One final[last] note. 마지막 유의 사항입니다.

## 33 ** refreshments
[rifréʃmənts]

ⓝ 다과, 가벼운 음식물

During the intermission, please feel free to buy **refreshments** out in the lobby.
중간 휴식 시간에 바깥 로비에서 간단한 음식을 구매하셔도 됩니다.

● 기출표현 ●
light refreshments 가벼운 다과

## 34 *** remind
[rimáind]

ⓥ 상기시키다, 생각나게 하다

I want to **remind** you about our main safety rule.
저희의 주요 안전 규칙을 알려 드리고자 합니다.

● 기출표현 ●
remind A + of 명사[to부정사/that절] A에게 ~을 상기시키다

## 35 ★★ organization
[ɔ̀:rgənəzéiʃən]

organize v. 조직하다
organizational
a. 조직의, 단체의
(동) association 협회

ⓝ 기관, 단체, 조직

Employees can make a donation to an approved **organization**.
직원들은 승인된 기관에 기부하실 수 있습니다.

nonprofit organization 비영리 단체

## 36 ★★★ construction
[kənstrʌ́kʃən]

construct v. 공사하다
constructive a. 건설적인
constructively
ad. 건설적으로

ⓝ 공사

The clients have asked us to speed up **construction**.
고객들이 우리에게 공사의 속도를 높이라고 요청했습니다.

## 37 ★ share
[ʃɛər]

ⓥ 나누다, 공유하다  ⓝ (할당) 몫; 주식

I'd like to **share** with you the results of our guest satisfaction survey.
여러분께 저희의 게스트 만족도 조사 결과를 공유하고자 합니다.

market share 시장 점유율   shared folder 공유 폴더

## 38 ★★ practical
[prǽktikəl]

(반) impractical 비현실적인

ⓐ 실제의, 실용[실질]적인

You will learn a lot about the hiring process and gain some **practical** experience.
여러분은 고용 과정에 대해 많은 것을 배우고 실질적인 경험을 얻게 될 것입니다.

## 39 ★ outdated
[autdéitid]

(동) old-fashioned 구식의

ⓐ 시대에 뒤떨어진, 구식의

Don't waste time with **outdated** equipment!
구식 장비로 시간을 낭비하지 마세요!

## 40 ★ highlight
[háilàit]

(동) emphasize 강조하다

ⓥ 강조하다  ⓝ 압권, 하이라이트

We could **highlight** our innovations, best sellers, or specialty products.
우리의 혁신품들, 베스트 셀러, 또는 특별 상품들을 강조할 수 있을 거예요.

## 41 * prestigious
[prestídʒəs]

ⓐ 명성 있는, 유명한

I am delighted to be here tonight to receive this **prestigious** award.
이 명성 있는 상을 수상하기 위해 오늘밤 이 자리에 있게 되어 기쁩니다.

## 42 ** mark
[mɑːrk]

ⓥ 기념하다, 축하하다

Today **marks** the twenty-fifth anniversary of Dave's joining the company.
오늘은 데이브의 입사 25주년을 기념하는 날입니다.

ⓥ 기록하다, 표시하다

Please **mark** your calendars.
달력에 표시해 두세요.

## 43 * enthusiastic
[inθúːziǽstik]

enthusiastically
ad. 열광적으로

enthusiasm n. 열정
enthusiast n. 열광자, 팬

ⓐ 열성적인

I'm **enthusiastic** about the interest this project has already generated.
저는 이번 프로젝트가 불러일으킨 관심에 의욕이 넘칩니다.

• 기출표현 •
enthusiastic response 뜨거운[열광적인] 반응

## 44 ** recognize
[rékəɡnàiz]

recognition
n. 인정, 인식

recognizable
a. 알아볼 수 있는

ⓥ 인정하다, 표창하다; 알아보다

We are here to **recognize** the contributions of our coworkers.
저희는 오늘 동료 직원들의 기여를 표창하기 위해 여기 있습니다.

• 기출표현 •
widely recognized 널리 인정받는
easy to recognize 알아보기 쉬운

## 45 *** volunteer
[vɑ̀ləntíər]

voluntary a. 자발적인
voluntarily ad. 자발적으로

ⓥ 자원하다, 자원봉사하다  ⓝ 자원봉사자

Thank you for **volunteering** to be part of our focus group.
저희의 포커스 그룹의 일원이 되기 위해 자원해 주셔서 감사합니다.

**task**

**46**

⒨ [tæsk]
⒴ [tɑ:sk]

⒧ job, assignment
업무, 과제

ⓝ 업무, 과제 ⓥ 과업을 맡기다

I looked at the **tasks** specified in the contract.
제가 계약서에 명시된 업무들을 봤습니다.

● 기출표현 ●

task force 대책 위원회
perform[accomplish] tasks 업무를 수행[완수]하다
assign tasks 업무를 할당하다

---

**attention**

**47**

[ətén∫ən]

attentive
a. 주의를 기울이는

attend to
phr. 주의를 기울이다

ⓝ 주의, 집중

We'd especially like to direct your **attention** to our
new book section.
저희는 특별히 여러분이 새로 생긴 저희의 도서 구역에 주목해 주시기를 바랍니다.

● 기출표현 ●

Attention, all passengers. 승객 여러분, 안내 말씀을 드리겠습니다.
May I have your attention, please? 주목해 주시기 바랍니다.

---

**concern**

**48**

[kənsə́:rn]

concerned
a. 염려하는

concerning
prep. ~에 관하여

ⓝ 걱정, 관심사 ⓥ 걱정시키다; 관련이 있다

Our biggest **concern** is making sure that our current
members are satisfied.
저희 최대 관심사는 기존 멤버들의 만족을 보장하는 것입니다.

● 기출표현 ●

concern over[about] ~에 대한 걱정
be concerned about[that절] ~을 걱정하다

---

**furnishings**

**49**

[fə́:rni∫iŋz]

furnish
v. 가구를 비치하다; 공급하다

furnished
a. 가구가 비치된

ⓝ 가구, 세간, 비품

All of our pictures can be custom framed to coordinate
with your **furnishings**.
당신의 가구와 조화되도록 모든 사진은 맞춤형 액자에 넣어 드릴 수 있습니다.

---

**feel free to**

**50**

ⓟⓗⓡ 마음껏 ~하다, 언제든지 ~하다

**Feel free to** get in touch with me.
언제든지 저에게 연락하세요.

PART 04 | DAY 08

# CHECK-UP QUIZ

우리말 뜻에 맞게 빈칸을 채우세요.

01  상을 받다                    win an _____

02  영업 사원                    sales _____

03  제품 시연                    product _____

04  ~에 대해 **염려하다**          be _____ about

05  서비스 데스크로 **가다**        _____ to the service desk

06  **구식** 장비                 _____ equipment

07  **사교적인** 성격             _____ personality

08  **대체** 에너지               _____ energy

09  **열광적인** 반응             _____ response

10  기여를 **표창하다**            _____ the contributions

11  취업 박람회를 **개최하다**       _____ a career fair

12  **단골** 고객                 _____ customer

13  **명성을** 쌓다               build a _____

14  **기념일을** 축하하다          celebrate an _____

15  가벼운 **다과**               light _____

---

01 award            02 representative   03 demonstration   04 concerned    05 proceed    06 outdated
07 outgoing         08 alternative      09 enthusiastic    10 recognize    11 host       12 loyal
13 reputation       14 anniversary      15 refreshments

134

| 16 | 25주년을 **기념하다** | _____ the twenty-fifth anniversary |
|----|------|------|
| 17 | **소매** 가격 | _____ price |
| 18 | **정확한** 수치 | _____ figures |
| 19 | 한 시간 정도 **지속되다** | _____ about one hour |
| 20 | ~을 **주목**해 주시기 바랍니다 | I'd like to direct your _____ to |
| 21 | 상의 후보로 **지명되다** | be _____ for an award |
| 22 | **기념품** 가게 | _____ shop |
| 23 | 시장 **점유율** | market _____ |
| 24 | 비영리 **단체** | nonprofit _____ |
| 25 | **박수** 갈채를 보내다 | give a round of _____ |
| 26 | **유능하고** 헌신적인 직원들 | _____ and dedicated employees |
| 27 | **순조롭게** 진행되다 | go _____ |
| 28 | **실질적인** 경험을 얻다 | gain _____ experience |
| 29 | **명망 있는** 상을 받다 | receive a _____ award |
| 30 | 주요 기능을 **강조하다** | _____ the main features |

---

| | | | | | |
|---|---|---|---|---|---|
| **16** mark | **17** retail | **18** accurate | **19** last | **20** attention | **21** nominated |
| **22** souvenir | **23** share | **24** organization | **25** applause | **26** talented | **27** smoothly |
| **28** practical | **29** prestigious | **30** highlight | | | |

**토익 기본 어휘**

| | |
|---|---|
| ☐ lack | n. 부족  v. 부족하다 |
| ☐ usage | n. 사용(량) |
| ☐ pass on | phr. 전달하다 |
| ☐ power outage | phr. 정전 |
| ☐ shut down | phr. (운행 등을) 정지시키다 |
| ☐ completion | n. 완료, 완성 |
| ☐ remotely | ad. 원격으로 |
| ☐ gathering | n. 모임 |
| ☐ in the meantime | phr. 그동안에 |

| | |
|---|---|
| ☐ entire | a. 전체의 |
| ☐ distract | v. 산만하게 하다 |
| ☐ publicize | v. 알리다, 광고하다 |
| ☐ shoot | n. 촬영 |
| ☐ rotate | v. 회전하다, 교대로 하다 |
| ☐ double-check | v. 재확인하다 |
| ☐ introductory class | phr. 입문반 |
| ☐ at all times | phr. 항상 |
| ☐ guidance | n. 지침[안내] |

| | |
|---|---|
| ☐ teleconference | n. (원격) 화상 회의 |
| ☐ fastest-growing | a. 급부상하는 |
| ☐ input | n. 의견  v. 입력하다 |
| ☐ output | n. 생산량 |
| ☐ rewarding | a. 보람 있는 |
| ☐ aspect | n. 측면, 양상 |
| ☐ foundation | n. 재단, 협회 |
| ☐ fill in for | phr. ~을 대신하다 |
| ☐ wrap up | phr. (회의 등을) 마무리 짓다 |

## ● 공지/안내/회의 어휘

| | | |
|---|---|---|
| ☐ | unveil | v. (새로운 상품 등을) 발표하다 |
| ☐ | deter | v. 단념시키다, 그만두게 하다 |
| ☐ | in effect | phr. 시행 중인 |
| ☐ | hassle | n. 성가신 일[상황] |
| ☐ | heads-up | n. 알림, 경고 |
| ☐ | disposal | n. 처리, 처분 |
| ☐ | patience | n. 인내심 |
| ☐ | reissue | v. 재발급하다 |
| ☐ | apprenticeship | n. 수습 기간, 수습직 |
| ☐ | disruptive | a. 지장을 주는 |
| ☐ | editor in chief | phr. 편집장 |
| ☐ | discard | v. 버리다, 폐기하다 |
| ☐ | delectable | a. 아주 맛있는 |
| ☐ | baggage carousel | phr. (공항의) 수하물 컨베이어 벨트 |
| ☐ | nature preserve | phr. 자연 보호 구역 |
| ☐ | conductor | n. 안내원, 차장 |
| ☐ | as a courtesy | phr. 예의상, 호의로 |
| ☐ | to that end | phr. 그러한 목적을 위해 |
| ☐ | identify | v. 확인하다[알아보다] |
| ☐ | breakdown | n. 명세(서) |
| ☐ | pilot | v. 시험 사용하다  n. 시험 방송 |
| ☐ | crucial | a. 중대한, 결정적인 |
| ☐ | consistent | a. 일관된, 변함없는 |
| ☐ | time slot | phr. 시간대 |
| ☐ | focus group | phr. 표적 집단 |
| ☐ | clientele | n. 고객층 |
| ☐ | take into consideration | phr. ~을 고려하다 |

## prohibit
[prouhíbit]

prohibition n. 금지
ⓧ forbid 금지하다

ⓥ 금지하다

Attendees can bring in their own food and drink, but certain items are **prohibited**.
참석자들은 본인의 음식과 음료를 반입할 수 있으나 특정 물품은 금지됩니다.

| ● 기출표현 ● |
| --- |
| prohibit A from -ing A가 ~하는 것을 막다 |

## thrilled
[θrild]

ⓐ 흥분되는, 신나는

I'm **thrilled** to say that this year attendance is the highest it's ever been.
올해 출석률이 사상 최대임을 말씀드리게 되어 가슴이 벅찹니다.

## complimentary
[kàmpləméntəri]

ⓧ free 무료의

ⓐ 무료의

Our flight attendants will begin offering our **complimentary** beverage service.
저희 승무원들이 무료 음료 서비스 제공을 시작하겠습니다.

## look forward to

ⓟⓗⓡ ~을 고대하다

I'm **looking forward to** speaking with you again.
귀하와 다시 말씀 나누기를 고대하고 있습니다.

05 **fit**
[fit]

ⓥ 맞추다, 적합하다

If your bag won't **fit** under your seat, we'll take it from you and check it.
가방이 좌석 아래 들어가지 않으면 저희가 가져가서 수하물로 부치겠습니다.

• 기출표현 •
fit A into one's schedule A를 ~의 일정에 끼워 넣다

06 **article**
[áːrtikl]

ⓝ 기사, 글; 물품, 물건

This magazine has **articles** written by the leading financial advisers in the country.
이 잡지는 국내 일류 경제 고문들이 쓴 기사를 싣고 있습니다.

• 기출표현 •
articles of clothing 의류 품목

07 **be sure to**

phr 반드시 ~하다

**Be sure to** remind customers to sign up for it.
고객들에게 꼭 가입하라고 알려 주세요.

08 **renowned**
[rináund]

ⓐ 유명한, 명성 있는

Now we have an exclusive interview with the **renowned** Dr. Grace Yan.
지금 유명하신 그레이스 얀 박사님과의 독점 인터뷰가 있습니다.

⊜ famous, noted, well-known 유명한

09 **packet**
[pǽkit]

ⓝ 소포, 꾸러미, 자료집

Don't forget to take a conference **packet** from the registration desk.
등록 창구에서 회의 자료집을 잊지 말고 챙겨 가세요.

• 기출표현 •
information packet 정보 모음집
registration packet 등록 안내 자료집

## commute
[kəmjúːt]

commuter n. 통근자

ⓥ 통근하다 ⓝ 통근 (거리)

It'll be very convenient for those of you who **commute** from the city.
시에서 통근하는 사람들에게 매우 편리할 거예요.

● 기출표현 ●

commute by car 차로 통근하다
long commute to work 긴 출퇴근 시간

---

## market
[máːrkit]

marketing n. 마케팅
marketable a. 시장성이 있는

ⓥ 시장에 내놓다 ⓝ 시장

We've decided to try **marketing** some cold beverages there.
우리가 그곳 시장에 찬 음료를 내놓기로 결정했어요.

● 기출표현 ●

on the market 시장[시중]에 나와 있는, 판매 중인

---

## career
[kəríər]

ⓝ 직업, 경력

I never imagined that my hobby would turn into a **career**!
제 취미가 직업일 될 거라고는 상상도 못했어요.

● 기출표현 ●

career[job] fair 취업 박람회

---

## package
[pǽkidʒ]

packaging n. 포장(재)
ⓢ parcel 소포

ⓝ 소포, 포장, 종합 혜택 ⓥ 포장하다

We need the weight as well as length and width of the **package**.
소포의 길이, 너비뿐만 아니라 중량도 필요해요.

● 기출표현 ●

in its original package 원래 포장대로
benefits packages 복지 혜택

---

## confident
[kánfədənt]

confidence n. 확신, 자신감
confidently ad. 자신 있게

ⓐ 확신하는

We're **confident** that the easy-to-use interface will appeal to our target market.
사용이 용이한 인터페이스가 타깃 시장에 먹힐 거라고 확신합니다.

## 15 ★★ favorable

[féivərəbl]

favor n. 호의, 친절
favorably ad. 호의적으로
(반) unfavorable
불리한, 비판적인

ⓐ 우호적인, 유리한

I'm pleased to say, the terms they are proposing are quite **favorable**.

그들이 제안하는 조건이 매우 유리하다는 것을 말씀드리게 되어 기쁩니다.

• 기출표현 •

favorable weather  좋은 날씨

## 16 ★★ reminder

[rimáindər]

remind v. 상기시키다

ⓝ 알림; 생각나게 하는 것

I have one final **reminder** before we end this meeting.

이 회의를 끝내기 전에 마지막 공지가 한 가지 있습니다.

## 17 ★★ unique

[júːniːk]

ⓐ 독특한, 유일한

What's really **unique** about this phone is its revolutionary screen.

이 전화기의 정말 독특한 점은 혁신적인 스크린입니다.

## 18 ★★ match

[mætʃ]

ⓥ 필적하다, 어울리다  ⓝ 경기, 시합

I'll correct the number to **match** your usual order.

평소 주문에 맞추어 수량을 수정하겠습니다.

## 19 ★ mayor

(미) [meiər]
(영) [meə(r)]

ⓝ 시장

**Mayor** Ohno expressed her full support.

오노 시장은 그녀의 전적인 지지를 표명했습니다.

• 기출표현 •

deputy mayor  부시장

## 20 ★ inspire

[inspáiər]

inspiration n. 영감
inspirational a. 영감을 주는

ⓥ 영감을 주다, 고무하다

Why don't you start off by telling us what **inspired** you to undertake this project?

이 프로젝트를 떠맡는 데 영감을 준 것이 무엇인지 말씀하시면서 운을 떼시는 게 어떠세요?

## 21 ★ nutritious
[njuːtríʃəs]

nutrition n. 영양

ⓐ 영양가 있는

Stop by our prepared-food section for an easy, **nutritious** take-out dinner.
쉽고 영양가 있는 테이크 아웃 저녁 식사를 위해 조리 식품 코너를 방문하세요.

## 22 ★★ point out

ⓟⓗⓡ 언급하다, 지적하다

Let me **point out** one correction to the schedule.
일정에 한 가지 수정 사항을 언급하고자 합니다.

## 23 ★★ comfortable
[kʌ́mfərtəbl]

comfort
n. 안락, 편안함 v. 안심시키다
⑪ uncomfortable 불편한

ⓐ 편안한

Railway cars on the new line will offer travelers more **comfortable** seats.
신규 노선의 열차는 여행객들에게 더 편안한 좌석을 제공할 것입니다.

● 기출표현 ●
Make yourself comfortable. 편하게 이용하세요[쉬세요].

## 24 ★★★ keynote
[kíːnòut]

ⓝ 기조, 요지

We have three **keynote** sessions, so we'll need three speakers.
세 개의 기조 섹션이 있으므로 우리는 세 명의 연설자가 필요할 거예요.

● 기출표현 ●
keynote speaker[address] 기조 연설자[연설]

## 25 ★ disturb
[distə́ːrb]

ⓥ 방해하다

To avoid **disturbing** people seated near you, please make sure your mobile telephone is turned off.
근처에 착석해 있는 사람들을 방해하지 않도록 휴대폰은 꼭 꺼 주십시오.

● 기출표현 ●
Do not disturb any endangered wildlife.
멸종 위기의 야생 동물을 방해하지 마세요.
Do not disturb those around you.
주변 사람들을 방해하지 마세요.

## 26 ★ hazardous
[hǽzərdəs]

ⓐ (특히 건강·안전에) 위험한

Check your assigned area for **hazardous** conditions.
배정된 구역에 위험한 상황이 없는지 확인하세요.

## 27 ★ set apart

(phr) 구별하다, 눈에 띄게 하다

What **sets** us **apart** from other cleaning services is our commitment to the environment.
우리가 다른 클리닝 서비스와 구별되는 점은 환경에 대한 관심입니다.

## 28 ★★★ prepare
[pripɛ́ər]

preparation n. 준비

ⓥ 준비하다

Thank you all for coming in extra early to help **prepare** for our grand opening.
개업식 준비를 돕고자 각별히 일찍 와 주신 여러분 모두에게 감사드립니다.

## 29 ★★ device
[diváis]

⑧ gadget 장치

ⓝ 장치, 기기

We request that you turn off your mobile **devices** for the next 48 hours.
앞으로 48시간 동안 휴대 장치들은 꺼 주시기를 부탁드립니다.

| ● 기출표현 ● |
| --- |
| personal device 개인 장비   wearable device 착용형 기기 |

## 30 ★ minor
[máinər]

⑪ major 주요한, 중대한

ⓐ 사소한, 비교적 중요하지 않은

We're having some **minor** difficulties with the speaker system.
지금 저희는 스피커 시스템에 작은 문제를 겪고 있습니다.

| ● 기출표현 ● |
| --- |
| minor change[revision] 작은 변경[수정] 사항 |

## 31 ** take time

**(phr) 시간[짬]을 내다**

Let's **take** some **time** now to discuss how we can advertise this new service.

이 신규 서비스를 어떻게 광고할지 지금 시간을 내어 논의합시다.

**(phr) 시간이 걸리다**

It'll **take** more **time** to install the new roof.

새 지붕 설치에 시간이 더 걸릴 거예요.

## 32 *** latest
[léitist]

(동) up-to-date 최신의

**(a) 최신의, 최근의**

Each week we present the **latest** products at the lowest prices.

저희는 매주 최신 제품을 최저가에 제시합니다.

> • 기출표현 •
>
> latest news 최신 뉴스   latest product 최신 상품
> latest technology 최신 기술   latest work 최신작

## 33 ** decorate
[dékərèit]

decoration n. 장식
decorative a. 장식의

**(v) 장식하다**

We will even **decorate** your cake for free.

저희는 무료로 케익을 장식해 드리기도 합니다.

## 34 innovative
[ínəvèitiv]

innovation n. 혁신
innovate v. 혁신하다

**(a) 혁신적인**

We strive to create **innovative** and cutting-edge products.

우리는 혁신적인 최첨단 제품을 제작하려고 노력합니다.

## 35 * vote
[vout]

voter n. 투표자
voting n. 투표

**(v) 투표하다  (n) 투표**

The city council will **vote** on a budget for the project.

시의회는 프로젝트 예산안에 투표할 것입니다.

> • 기출표현 •
>
> with the most votes 가장 많은 표를 획득한

## detour
[díːtuər]

ⓝ 우회로 ⓥ 우회하다

You'll have to follow **detours** to avoid that part of town.
도시의 그 지역을 피하려면 우회로를 따라가야 합니다.

---

## fund
[fʌnd]

funding n. 자금 제공

ⓥ 자금을 지원[제공]하다 ⓝ 자금

More than $15,000 was raised to **fund** the creation of a new city park downtown.
도심지 신규 시립 공원 설립에 자금을 대기 위해 만 오천 달러 이상이 모금되었습니다.

• 기출표현 •

fund-raising banquet  모금 연회
short on funds  자금이 부족한
secure funding  자금을 확보하다

---

## private
[práivət]

privately
ad. 개인적으로, 은밀하게
⑲ public 대중의, 공공의

ⓐ 개인의, 민간의

We've recently received a generous donation of materials from a **private** collector.
저희는 최근 개인 수집가로부터 후한 자료 기증을 받았습니다.

---

## forecast
⑲ [fɔ́ːrkæst]
⑬ [fɔ́ːkɑːst]

ⓥ 예측[예보]하다 ⓝ 예보

The company **forecasts** even greater profits.
그 회사는 훨씬 더 큰 수익을 예상합니다.

• 기출표현 •

weather forecast[outlook]  일기 예보

---

## restore
[ristɔ́ːr]

restoration n. 복구

ⓥ 복구하다, 복원하다

We expect to **restore** service to all areas by tomorrow morning.
내일 아침까지 전 지역 서비스를 복구할 예정입니다.

• 기출표현 •

restore a painting  그림을 복원하다

## expert
41 ★★★
[ékspə:rt]

expertise n. 전문성

ⓝ 전문가 ⓐ 전문가의, 전문적인

Our museum guide is an **expert** in Mexican art.
저희 박물관의 가이드는 멕시코 미술의 전문가입니다.

## occasion
42 ★★★
[əkéiʒən]

occasional
a. 가끔 일어나는
occasionally
ad. 가끔, 때때로

ⓝ 행사, 때, 경우

We offer a large variety of environmentally friendly
rental products for any **occasion**.
저희는 모든 행사를 위한 다양한 친환경 렌탈 제품을 제공합니다.

● 기출표현 ●

special occasion 특별 행사   on occasion(s) 가끔, 때때로

## follow up with
43 ★★

phr 후속 조치하다, 덧붙이다

I forgot to **follow up with** the job candidate we
selected.
우리가 뽑은 지원자에게 후속 조치하는 것을 깜빡했어요.

## (just) in case
44 ★★★

phr ~할 경우를 대비해서, 만일에 대비해서

If you're going to the parade, you may want to take an
umbrella **just in case**.
퍼레이드에 가신다면 만일에 대비해서 우산을 가져가는 것이 좋습니다.

## honor
45 ★★★
[ánər]

honorable a. 존경할 만한

ⓝ 명예, 영광 ⓥ 존경하다, 영광을 주다

It's an **honor** to be here at the Technology in Sports
Expo.
이곳 스포츠 기술 박람회에 오게 되어 영광입니다.

● 기출표현 ●

I'm honored+to부정사 ~하게 되어 영광이다
in honor of ~을 기념하여

## 46 underway
[ʌ́ndərwéi]

ⓐ 진행 중인

Construction is already **underway** on a state-of-the-art medical training facility.
최첨단 의료 실습 시설에 대한 공사가 이미 진행 중입니다.

## 47 explain
[ikspléin]

explanation n. 설명, 해명

ⓥ 설명하다

I'll be sending you a policy document that will **explain** everything in detail.
제가 모든 것을 자세히 설명해 줄 정책 서류를 보내 드릴게요.

## 48 slippery
[slípəri]

slip v. 미끄러지다

ⓐ 미끄러운

Roads will likely become **slippery** by early evening.
길이 초저녁 무렵 미끄러워질 수 있습니다.

## 49 fair
[fɛər]

fairly ad. 상당히, 꽤
ⓑ unfair 불공정한

ⓝ 박람회, 축제 ⓐ 공정한, 타당한

Our company's annual health **fair** will be taking place next week.
자사 연례 건강 박람회가 다음 주에 개최됩니다.

● 기출표현 ●

trade fair 무역 박람회   recruitment fair 채용 박람회
in fair condition 비교적 괜찮은 상태

## 50 get back to

phr ~에게 다시 연락하다, ~로 돌아오다

Please **get back to** me at your earliest convenience.
가급적 빨리 저에게 다시 연락 주세요.

● 기출표현 ●

get back to the office  사무실로 돌아오다
get back to the planned agenda  준비된 안건으로 돌아오다

PART 04 | DAY 09

# CHECK-UP QUIZ

우리말 뜻에 맞게 빈칸을 채우세요.

01  플래시 촬영 **금지입니다.**          Flash photography is _____.

02  **무료** 음료                    _____ beverage

03  저에게 **다시 연락 주세요.**         Please _____ _____ _____ me.

04  **시장을** 인터뷰하다              interviewing the _____

05  연례 무역 **박람회**              annual trade _____

06  **유명한** 영화 감독              _____ movie director

07  개조 공사가 **진행 중이다.**        Renovations are _____.

08  **통근하다**                    _____ to work

09  **반드시** 일찍 등록하세요.         _____ _____ _____ sign up soon.

10  **우호적인** 평가                _____ review

11  **우회하다**                    take a _____

12  회의 **자료집을** 가져가세요.       Please take a conference _____.

13  **영양가 있는** 식사              _____ meal

14  **기조** 연설                   _____ address

15  **편안한** 좌석                  _____ seats

---

01 prohibited      02 complimentary    03 get back to     04 mayor        05 fair         06 renowned

07 underway        08 commute          09 Be sure to      10 favorable    11 detour       12 packet

13 nutritious      14 keynote          15 comfortable

148

| 16 | (길이) 젖어서 **미끄러운** | wet and _____ |
| 17 | 그림들에 의해 **영감을 받은** | _____ by the paintings |
| 18 | 특별한 **행사** | special _____ |
| 19 | **사소한** 장애 | _____ difficulty |
| 20 | **최신** 기술 | _____ technology |
| 21 | **혁신적인** 제품 | _____ product |
| 22 | **개인** 기부자들 | _____ donors |
| 23 | 프로젝트에 **자금을 지원하다** | _____ the project |
| 24 | 시스템을 **복구하다** | _____ the system |
| 25 | 가장 많은 **표를** 받다 | get the most _____ |
| 26 | **일기예보** | weather _____ |
| 27 | **위험한** 외부 상황 | _____ outdoor conditions |
| 28 | 휴대 **장치들**을 꺼 주세요. | Turn off your mobile _____. |
| 29 | 다른 사람들을 **방해하지** 마세요. | Don't _____ others. |
| 30 | 발표하게 되어 **흥분되는** | _____ to announce |

| | | | | | |
|---|---|---|---|---|---|
| 16 slippery | 17 inspired | 18 occasion | 19 minor | 20 latest | 21 innovative |
| 22 private | 23 fund | 24 restore | 25 votes | 26 forecast | 27 hazardous |
| 28 devices | 29 disturb | 30 thrilled | | | |

| | | |
|---|---|---|
| ☐ | interested | a. 관심 있는 |
| ☐ | ad(=advertisement) | n. 광고 |
| ☐ | relative | n. 친척, 가족 |
| ☐ | no longer | phr. 더 이상 ~이 아닌 |
| ☐ | reach | v. 연락하다 |
| ☐ | call back | phr. 다시 전화하다 |
| ☐ | seem like | phr. ~인 것 같다 |
| ☐ | anyway | ad. 그건 그렇고 |
| ☐ | specify | v. 명시하다 |

| | | |
|---|---|---|
| ☐ | handy | a. 유용한, 편리한 |
| ☐ | handheld | a. 손에 들고 쓰는 |
| ☐ | organic | a. 유기농의 |
| ☐ | world-renowned | a. 세계적으로 유명한 |
| ☐ | adjustable | a. 조절[조정] 가능한 |
| ☐ | invent | v. 발명하다 |
| ☐ | scratch | v. 긁다  n. 긁힌 자국 |
| ☐ | easy to assemble | phr. 조립하기 쉬운 |
| ☐ | hourly | a. 1시간마다의, 시간당 |

| | | |
|---|---|---|
| ☐ | rainstorm | n. 폭풍우 |
| ☐ | debut | n. 데뷔  v. 데뷔하다 |
| ☐ | tournament | n. 토너먼트, 시합 |
| ☐ | massive | a. 거대한, 엄청나게 큰 |
| ☐ | record high | a. 사상 최고의  n. 최고 기록 |
| ☐ | partner with | phr. ~와 협력하다 |
| ☐ | traffic flow | phr. 교통 흐름 |
| ☐ | election | n. 선거 |
| ☐ | commercial break | phr. 광고 시간 |

# ● 전화메시지/광고/방송 어휘

**토익 만점 어휘**

| | | |
|---|---|---|
| ☐ relief | n. 안도, 안심 |
| ☐ acquaintance | n. 지인 |
| ☐ relay a message | phr. 메시지를 전달하다 |
| ☐ transfer a call | phr. 전화를 연결해 주다 |
| ☐ run into a problem | phr. 문제가 생기다 |
| ☐ stumble on | phr. 우연히 발견하다 |
| ☐ word-of-mouth | a. 구두의, 입소문의 |
| ☐ stay on the line | phr. 수화기를 들고 기다리다 |
| ☐ counteroffer | n. 대안 |
| ☐ biodegradable | a. 자연 분해되는 |
| ☐ patented | a. 특허 받은 |
| ☐ water-resistant | a. 방수의 |
| ☐ top-of-the-line | a. 최고급의, 최신식의 |
| ☐ solar panel | phr. 태양 전지판 |
| ☐ one-of-a-kind | a. 특별한, 둘도 없는 |
| ☐ footwear | n. 신발 |
| ☐ discomfort | n. 불편 |
| ☐ durability | n. 내구성 |
| ☐ simulate | v. 모방하다 |
| ☐ beautify | v. 아름답게 하다, 꾸미다 |
| ☐ backup | n. (차량의) 정체; 지원 |
| ☐ emerging | a. 신흥의, 부상하는 |
| ☐ untimely | a. 때 이른, 시기상조의 |
| ☐ federal | a. 연방의 |
| ☐ controversy | n. 논란 |
| ☐ autobiography | n. 자서전 |
| ☐ proprietor | n. 소유주 |

## PART 04
# 담화문 필수 어휘 (3)

---

### 01 ★★★ limited
[límitid]

(반) unlimited 무제한의

ⓐ 제한된, 한정된

We have a **limited** number of computers available.
이용 가능한 컴퓨터 수가 제안되어 있습니다.

• 기출표현 •

for a limited time 한시적으로   limited (time) offer 한정 판매
limited space 제한된 공간   limited seating 한정된 좌석

---

### 02 ★ quota
[kwoutə]

ⓝ 몫, 할당량

Everyone met their **quota**—so congratulations!
전원 할당량을 충족시켰으니 축하합니다!

• 기출표현 •

sales quota 판매 할당치   projected quota 예상 할당량

---

### 03 ★★ recall
[rikɔ́ːl]

ⓥ 회수[리콜]하다; 기억하다 ⓝ 회수, 리콜

These blenders have been **recalled** because of a manufacturing flaw.
이 믹서기들은 제조상의 결함으로 회수되었습니다.

---

### 04 ★★ priority
[praiɔ́ːrəti]

prior a. 이전의, 우선하는

ⓝ 우선(권), 우선 사항

Keeping costs low is a high **priority** for the project.
비용을 낮게 유지하는 것이 그 프로젝트의 최우선 사항입니다.

• 기출표현 •

top priority 가장 우선할 일
priority seating (주로 노약자 등을 위한) 우대석
priority mail 빠른 우편

## familiar
**05** ★★★
[fəmíljər]

familiarity n. 익숙함
familiarize v. 익숙하게 하다
(반) unfamiliar 익숙하지 않은, 친하지 않은

ⓐ 익숙한, 친숙한

Some of you must be **familiar** with our popular fragrances.
여러분 중 일부는 우리의 인기 향수를 익히 알고 있을 겁니다.

> • 기출표현 •
> familiarize oneself with  ~을 잘 익히다, 숙지하다

## individual
**06** ★★★
[ìndəvídʒuəl]

individually
ad. 각각, 개별적으로
individualize
v. 개인의 요구에 맞추다
individualized
a. 개별화된

ⓝ 개인  ⓐ 개별적인, 개인의

We're looking for outgoing and motivated **individuals** to join our growing team.
저희는 성장하는 저희 팀에 합류할 활발하고 의욕적인 사람들을 찾고 있습니다.

## seating
**07** ★★★
[síːtiŋ]

seat v. 앉히다 n. 좌석

ⓝ 좌석 (배치)

We've decided to expand the **seating** area in the lobby.
우리는 로비 좌석 구역을 확장하기로 결정했습니다.

> • 기출표현 •
> seating capacity  좌석 수용 인원
> seating arrangement  좌석 배치

## support
**08** ★★★★★
[səpɔ́ːrt]

supportive
a. 지지하는, 후원하는

ⓝ 지원, 후원, 원조  ⓥ 후원하다

This program is only made possible by the financial **support** of our members.
이 프로그램은 회원들의 자금 지원에 의해 비로소 성사되었습니다.

## total
**09** ★★
[tóutl]

ⓐ 총계의  ⓝ 총액  ⓥ 합계가 ~이 되다

Please charge the **total** amount to the pharmacy's account.
총액을 약국 계좌로 청구해 주세요.

> • 기출표현 •
> in total  통틀어

PART 04

DAY 10

153

## 10 ★ grateful
[gréitfəl]

gratefully
ad. 감사하여, 기꺼이

ⓐ 감사하는, 고마워하는

We're so **grateful** for everything that you do for our environmental education program.
저희의 환경 교육 프로그램을 위해 해 주신 모든 것에 매우 감사드립니다.

## 11 ★ overwhelming
[òuvərwélmiŋ]

overwhelm v. 압도하다
overwhelmingly
ad. 압도적으로

ⓐ 압도적인, 부담스러운

It can be quite **overwhelming** for us to go through a large number of job applications.
상당한 수의 지원자들을 검토하는 것이 매우 부담될 수 있습니다.

## 12 ★ administrative
[ədmínistrèitiv]

administer v. 관리하다
administration n. 관리(직)

ⓐ 행정의, 관리의

We have to take care of some **administrative** matters.
우리는 일부 행정 문제를 처리해야 합니다.

**● 기출표현 ●**

administrative assistant  행정 보조 직원
administrative leader  관리직 상관

## 13 ★★ continue
[kəntínjuː]

continued a. 계속된
(반) discontinue 중단하다

ⓥ 계속하다, 지속하다

You're welcome to **continue** exploring our exhibits on your own.
혼자 전시회를 계속해서 둘러보셔도 됩니다.

## 14 ★★★ take place

(phr) 열리다, 발생하다

The talks will **take place** in different rooms throughout the building.
강연은 건물 곳곳의 각기 다른 방에서 개최될 것입니다.

## 15 ★★ in a moment

momentary a. 순간적인

(phr) 잠시 후에

**In a moment**, we'll go through the document point by point.
잠시 후에, 서류를 포인트별로 살펴보겠습니다.

**● 기출표현 ●**

take a moment  시간을 내다
at the moment  현재, 지금

## figure

16 ★★★☆

[fígjər]

sales figures

ⓝ 수치, 액수; 인물

Our last tablet had pretty good sales **figures**.
우리의 지난번 태블릿은 판매 수치가 꽤 좋았습니다.

ⓥ 알아내다 (out)

Without a uniform, they couldn't **figure out** who our store employees were.
유니폼이 없다면 저희 매장 직원이 누군지 분간할 수 없을 거예요.

● 기출표현 ●

famous figures 유명 인사   historical figures 역사적 인물

---

## spend

17 ★★★★

[spend]

spending n. 소비, 지출

ⓥ (시간·돈 등을) 쓰다, 소비하다

I'm interested in hearing your ideas for how we should **spend** the extra money.
추가 자금을 어떻게 쓸지에 대한 여러분의 의견을 듣고 싶습니다.

● 기출표현 ●

spend A on B  A를 B에 쓰다
spend A -ing  A를 ~하는 데 쓰다

---

## belongings

18 ★★☆

[bilɔ́ːŋiŋz]

belong v. 속하다
ⓢ possession 소지품

ⓝ 소지품, 소유물

You shouldn't leave any **belongings** on the seat next to you.
옆 자리에 소지품을 두시면 안 됩니다.

---

## research

19 ★★★☆

[risə́ːrtʃ, rísəːrtʃ]

researcher n. 연구원

ⓥ 연구하다, 조사하다  ⓝ 연구, 조사

Could you work on **researching** some options that we could choose from?
우리가 선택할 수 있는 옵션을 알아봐 주실 수 있나요?

---

## explore

20 ★★☆

[iksplɔ́ːr]

exploration n. 답사, 탐구

ⓥ 살피다, 답사하다, 탐구하다

You'll have time to **explore** the market on your own.
여러분이 직접 시장을 둘러볼 시간을 가지실 겁니다.

155

## 21 ** track
[træk]

(동) trace 추적하다

**(v) 추적하다 (n) (기차) 선로; (음반) 트랙**

This software will allow us to **track** every single item in our inventory.

이 소프트웨어는 우리 재고 물품 하나하나를 추적할 수 있게 합니다.

> ● 기출표현 ●
>
> keep track of ~을 기록하다, 계속 파악하다
> tracking number 배송 조회 번호

## 22 ** pleasure
[pléʒər]

please v. 기쁘게 하다
pleased a. 기쁜

**(n) 기쁨, 즐거움**

It is my **pleasure** to present this year's award for Best Product Developer.

올해의 최우수 제품 개발자상을 수여하게 되어 기쁩니다.

> ● 기출표현 ●
>
> for your viewing pleasure 시각적인 즐거움을 드리기 위해

## 23 * distinguish
[dístiŋgwiʃ]

**(v) 구별하다, 두드러지게 하다**

What **distinguishes** these tires from others on the market is that they've received an A+ rating for safety.

이 타이어들이 시중의 다른 타이어들과 구별되는 점은 안전 등급 A+를 받았다는 것입니다.

## 24 ** merger
[mə́:rdʒər]

merge v. 합병하다

**(n) 합병**

The **merger** of our two banks will have a positive impact on you as our employees.

저희 두 은행의 합병은 직원인 여러분들께 긍정적인 영향을 미칠 것입니다.

> ● 기출표현 ●
>
> upcoming merger 곧 있을 합병
> much-anticipated merger 많은 기대를 모은 합병

## 25 * flourish
[flə́:riʃ]

**(v) 번창하다, 번성하다**

Since the highway opened last autumn, business has been **flourishing**.

작년 가을에 고속도로가 개통된 이래로 비즈니스가 번창해 왔습니다.

## 26 ** competition
[kàmpətíʃən]

compete v. 경쟁하다
competitive
a. 경쟁력 있는

ⓝ 대회, 경쟁

We're holding a **competition** to select the best design.
우리는 최우수 디자인을 선정하기 위해 대회를 개최할 것입니다.

• 기출표현 •
industry competition 업계 경쟁

## 27 ** aircraft
[érkræft]

ⓝ 항공기

Eagle will acquire twelve new **aircraft** as a part of its expansion plan.
이글은 확장 계획의 일환으로 신규 항공기 12대를 매입할 것입니다.

## 28 ** incredible
[inkrédəbl]

incredibly
ad. 믿을 수 없을 정도로,
엄청나게

ⓐ 믿을 수 없는, 놀라운

Don't miss out on these **incredible** deals!
이 믿을 수 없는 할인을 놓치지 마세요!

• 기출표현 •
incredible offer 엄청난 혜택
incredible accomplishment 놀라운 업적

## 29 ** district
[dístrikt]

⑧ area 지역

ⓝ 지구, 지역

The area was once residential, but now it's the town's commercial **district**.
그 지역은 한때 주거지였으나 지금은 그 도시의 상업 지구입니다.

• 기출표현 •
business district 상업 지구   district manager 지점장

## 30 ** negative
[négətiv]

⑪ positive 긍정적인

ⓐ 부정적인

This **negative** view of salt is surprising because it's simply not true.
소금에 대한 이러한 부정적인 견해는 사실이 아니기에 놀랍습니다.

## 31 ★★★ upgrade
[ʌ́pgréid]

ⓥ 개선하다 ⓝ 업그레이드, 상향, 개선

For just an extra five dollars a month, you can **upgrade** to a gold membership.
한 달에 단돈 5달러 추가 금액으로 골드 멤버십으로 업그레이드하실 수 있습니다.

## 32 ★★★ agency
[éidʒənsi]

agent n. 대리인, 중개인

ⓝ 대행사, 대리점, 기관

We need to hire an advertising **agency** to promote us internationally.
우리를 세계적으로 홍보하기 위해 광고 대행사를 고용해야 해요.

● 기출표현 ●

advertising agency 광고 대행사  travel agency 여행사
employment agency 직업소개소  real estate agency 부동산

## 33 ★★ sample
ⓜ [sǽmpl]
ⓔ [sáːmpl]

ⓝ 샘플, 견본  ⓥ 시식하다, 시험하다

These items are free for you to **sample**.
이 상품들은 여러분이 무료로 시식할 수 있습니다.

## 34 ★ treat
[triːt]

treatment n. 취급; 치료

ⓝ 대접, 한턱, 간식

Please join us in the library for some drinks and **treats**.
도서관에서 음료와 간식을 함께하세요.

ⓥ 다루다, 대하다; 치료하다

Just remember, many eye problems are easily **treated**.
많은 안구 문제는 쉽게 치료된다는 것을 기억하세요.

## 35 ★★★ renovation
[rènəvéiʃən]

renovate v. 수리[개조]하다

ⓝ 보수, 개조

Starting next week, the library will be undergoing major **renovations**.
다음 주부터 도서관이 대대적인 보수에 들어갈 예정입니다.

## 36 ★ fleet
[fliːt]

**ⓝ (한 회사 소유의) 차량 전체, 무리**

Management has approved our request to replace our aging **fleet** of forklifts.

경영진이 노후된 지게차 전체를 교체해 달라는 우리의 요청에 승인했어요.

## 37 ★★ historic
[histɔ́ːrik]

history n. 역사
historian n. 역사학자
historical
a. 역사와 관련된, 역사상
historically ad. 역사적으로

**ⓐ 역사적인, 역사상 중요한**

There's a **historic** bookstore at the end of the street.

거리 끝에 역사적인 서점이 있어요.

historic site 유적지　historic landmark 역사적 명소

## 38 ★★ warehouse
[wérhàus]

**ⓝ 창고, 저장소**

The renovations to expand our **warehouse** were completed last week.

우리 창고 확장 공사는 지난주에 완료됐습니다.

## 39 ★★ resident
[rézidənt]

residence n. 거주지
reside v. 거주하다
residential a. 거주의

**ⓝ 주민, 거주자**

There are many fun activities for **residents** to enjoy here.

이곳에서 주민들이 즐길 수 있는 재미 있는 활동들이 많습니다.

## 40 ★★★ successful
[səksésfəl]

success n. 성공
succeed v. 성공하다
successfully ad. 성공적으로

**ⓐ 성공적인**

Our gym has been open for almost a month now and we've been relatively **successful**.

저희 헬스장이 오픈한 지 이제 한 달인데 비교적 성공적이었어요.

successful candidate 합격자, 당선자

## 41 ★ intact
[intǽkt]

ⓐ 원래대로의, 고스란히 그대로 있는

On the right side we have left the original historic buildings **intact**.

우측에 우리는 원래의 역사적인 건물을 본연의 모습으로 남겨 두었습니다.

keep[leave] intact 그대로 두다

---

## 42 ★★ extraordinary
[ikstrɔ́ːrdənèri]

extraordinarily
ad. 엄청나게
(반) ordinary 평범한

ⓐ 비범한, 엄청난

Andrew has shown **extraordinary** skill in raising funds and managing the budget.

앤드류는 자금을 모으고 예산을 관리하는 데 비범한 실력을 보여 줬어요.

---

## 43 ★★ generous
[dʒénərəs]

generosity n. 관대함
generously ad. 관대하게

ⓐ 관대한; 많은, 풍부한

I'm calling to thank you for your **generous** donation during our recent fund-raiser.

최근 모금 행사 동안 후한 기부에 감사하고자 전화 드립니다.

generous offer[contribution] 후한 제공[기부]

---

## 44 ★★★ audience
[ɔ́ːdiəns]

ⓝ 청중, 관객

We should go with the type that attracts our target **audience**.

우리의 타깃 고객층을 끌 수 있는 유형으로 골라야 해요.

---

## 45 ★★★ paperwork
[péipərwɔ́ːrk]

ⓝ 서류 (작업), 문서 업무

I can prepare all the necessary **paperwork** for the lease.

임대를 위한 모든 필요한 서류 작업을 준비해 드리겠습니다.

## that way

**(phr)** 그렇게 하면, 그런 방식으로

**That way**, you'll all get credit for attending this seminar.
그렇게 하면 이번 세미나에 참석했다는 인정을 받게 됩니다.

## proof
[pru:f]

**(n)** 증거, 증명(서)

You must provide **proof** of ownership.
소유권에 대한 증명서를 제출하셔야 합니다.

**(a) (합성어로) ~ 방지의**

Helios has developed a glare-**proof** material for the screen.
헬리오스는 스크린용 눈부심 방지 물질을 개발했습니다.

> ● 기출표현 ●
>
> proof of residency  거주 증명서
> proof of employment  재직 증명서
> proof of purchase  영수증

## various
[vέəriəs]

variety n. 다양성
vary v. 다양하다, 다르다

**(a) 다양한**

The goal of our program is to get more people involved in **various** outdoor activities.
저희 프로그램의 목표는 더 많은 사람들이 다양한 야외 활동에 참여하도록 하는 것입니다.

## prompt
[prɑ:mpt]

promptly ad. 신속하게

**(v) 재촉하다, 촉구하다, 지령하다  (a) 즉각적인**

You will be **prompted** to restart your computer to complete the installation.
설치를 완료하려면 컴퓨터를 재부팅하라고 메시지가 뜰 겁니다.

## keep in mind

**(phr)** 명심하다

Just **keep in mind** that you have a sales quota of fifteen units per month.
월별 15개 유닛이라는 판매 할당량이 있다는 점을 명심하세요.

# CHECK-UP QUIZ

우리말 뜻에 맞게 빈칸을 채우세요.

| | | |
|---|---|---|
| 01 | 한시적으로 | for a _____ time |
| 02 | 관대한 기부 | _____ donation |
| 03 | 영수증 | _____ of purchase |
| 04 | 상품을 회수하다 | _____ items |
| 05 | 소프트웨어를 잘 알다 | be _____ with the software |
| 06 | 필요한 서류를 작성하다 | complete the necessary _____ |
| 07 | 최우선사항 | top _____ |
| 08 | 모든 것에 감사하다 | be _____ for everything |
| 09 | 한 주 내내 일어나다 | _____ _____ throughout the week |
| 10 | 판매 수치 | sales _____ |
| 11 | 창고에서 도착하다 | arrive from the _____ |
| 12 | 놀라운 업적 | _____ accomplishment |
| 13 | 부정적인 평가를 받다 | receive _____ reviews |
| 14 | 지역 대회 | local _____ |
| 15 | 물품을 추적하다 | _____ an item |

---

| | | | | | |
|---|---|---|---|---|---|
| 01 limited | 02 generous | 03 proof | 04 recall | 05 familiar | 06 paperwork |
| 07 priority | 08 grateful | 09 take place | 10 figure | 11 warehouse | 12 incredible |
| 13 negative | 14 competition | 15 track | | | |

| 16 | 대대적인 **보수**를 거치다 | undergo major _____ |
| --- | --- | --- |
| 17 | 광고 **대행사** | advertising _____ |
| 18 | **비범한** 능력 | _____ skills |
| 19 | **전체 차량**을 확충하다 | expand the _____ |
| 20 | 음료와 **간식** | drinks and _____ |
| 21 | 지역 **주민** | local _____ |
| 22 | 의욕적인 **사람들** | motivated _____ |
| 23 | 신규 **항공기** | new _____ |
| 24 | 매우 **압도적인** | quite _____ |
| 25 | 예상 **할당량** | projected _____ |
| 26 | 도심 상업 **지구** | downtown commercial _____ |
| 27 | **청중**에게 질문을 받다 | take questions from the _____ |
| 28 | **그대로** 두다 | leave _____ |
| 29 | 곧 있을 **합병** | upcoming _____ |
| 30 | **명심하세요.** | Please _____ _____ _____. |

16 renovations    17 agency    18 extraordinary    19 fleet    20 treats    21 resident
22 individuals    23 aircraft    24 overwhelming    25 quota    26 district    27 audience
28 intact    29 merger    30 keep in mind

| | | |
|---|---|---|
| ☐ | sightseeing | n. 관광 |
| ☐ | off-peak | a. 비수기의 |
| ☐ | harvest | n. 수확  v. 수확하다 |
| ☐ | pottery | n. 도자기 |
| ☐ | neighboring | a. 근처의, 인접한 |
| ☐ | triple | a. 세 배의  v. 세 배가 되다 |
| ☐ | amusement park | phr. 놀이공원 |
| ☐ | journey | n. 여행, 여정  v. 여행하다 |
| ☐ | gardener | n. 원예사 |

| | | |
|---|---|---|
| ☐ | rain forest | phr. (열대) 우림 |
| ☐ | greenhouse | n. 온실 |
| ☐ | theater | n. 극장 |
| ☐ | play | n. 연극 |
| ☐ | rehearsal | n. 리허설 |
| ☐ | art gallery | phr. 미술관 |
| ☐ | postcard | n. 엽서 |
| ☐ | director | n. 감독 |
| ☐ | original | a. 독창적인 |

| | | |
|---|---|---|
| ☐ | remark | n. 발언  v. 말하다 |
| ☐ | trait | n. 특성, 특징 |
| ☐ | persuade | v. 설득하다 |
| ☐ | author | n. 작가, 저자 |
| ☐ | discuss | v. 논의하다 |
| ☐ | wellness | n. 건강 |
| ☐ | creation | n. 창조, 창출, 창작물 |
| ☐ | ordinary | a. 평범한 |
| ☐ | get a better sense of | phr. 잘 이해하다 |

# ● 견학/관람/강연 어휘

토익 만점
어휘

| | | |
|---|---|---|
| ☐ | artifact | n. 공예품 |
| ☐ | mural | n. 벽화 |
| ☐ | stick with | phr. ~의 곁에 머물다 |
| ☐ | migration | n. 이주, 이동 |
| ☐ | fertilizer | n. 비료 |
| ☐ | artisan | n. 장인 |
| ☐ | orchard | n. 과수원 |
| ☐ | courthouse | n. 법원 |
| ☐ | irrigation | n. 관개 |

| | | |
|---|---|---|
| ☐ | waterfall | n. 폭포 |
| ☐ | advance sales | phr. 사전 판매 |
| ☐ | what it takes to | phr. ~하는 데 무엇이 필요한지 |
| ☐ | fascinating | a. 흥미로운, 매력적인 |
| ☐ | interactive | a. 상호 작용을 하는, 대화형의 |
| ☐ | overcrowding | n. 초만원 |
| ☐ | autograph | n. (유명인의) 사인 |
| ☐ | curator | n. 큐레이터(전시 책임자) |
| ☐ | symphony orchestra | phr. 교향악단 |

| | | |
|---|---|---|
| ☐ | ethics | n. 윤리 |
| ☐ | discourage | v. 막다, 의욕을 꺾다 |
| ☐ | accelerate | v. 가속화되다, 가속화하다 |
| ☐ | intake | n. 섭취 |
| ☐ | chemistry | n. 화학 |
| ☐ | deficiency | n. 결핍 |
| ☐ | rehabilitation | n. (부상 등으로부터의) 재활 |
| ☐ | trigger | v. 유발하다, 촉발시키다 |
| ☐ | pitch | n. 홍보, 광고 |

PART 04 | DAY 10

# ETS
# TOEIC

—

# RC
## Part 5

# 동사 기출 어휘 (1)

---

### 01 conduct
★★★
[kəndʌ́kt] v.
[kándʌkt] n.

(통) carry out, perform
수행하다

**실시하다, 수행하다   (n) 행위, 경영**

Interviews will be **conducted** in the week of May 10.
면접은 5월 10로 시작하는 주에 실시된다.

> • 기출표현 •
> conduct a survey[study]  설문조사[연구]를 하다
> conduct a workshop  워크숍을 열다
> conduct an inspection  검사를 실시하다

---

### 02 assure
★★★
[əʃúər]

assurance n. 보장, 확언
assured a. 보증된, 틀림없는
assuredly ad. 틀림없이
(통) convince 확신시키다

**보증하다, 보장하다, 단언하다**

Mr. Danforth has **assured** us that he can complete the project by himself.
댄포스 씨는 그 프로젝트를 혼자 완수할 수 있다고 단언했다.

> • 기출표현 •
> assure A of B  A에게 B를 보장하다
> assure A that절  A에게 ~을 보장하다
> Rest assured that절  ~은 확실하니 안심하세요

---

### 03 indicate
★★★
[índikeit]

indication n. 암시, 조짐
indicator n. 지표
indicative a. 나타내는

**나타내다, 표시하다, 밝히다**

Our records **indicate** that your order was shipped on July 7.
저희 기록을 보니 고객님이 주문하신 물품은 7월 7일에 발송된 것으로 나와 있습니다.

> • 기출표현 •
> indicate desired pay  희망 급여를 표시하다
> as indicated  표시된 대로
> on the date indicated below  아래 표시된 날짜에

---

### 04 fulfill
★
[fulfíl]

fulfillment n. 실현, 성취
(통) satisfy, meet
충족시키다

**(요구 등을) 충족하다, (계획·약속 등을) 이행하다**

Sophie Beauchamp's educational background **fulfills** the job's requirements.
소피 뷰챔프의 학력은 그 일자리의 자격 요건을 충족한다.

> • 기출표현 •
> fulfill a request  요청을 이행하다    fulfill a mission  임무를 수행하다
> fulfill a longtime dream  오랜 꿈을 이루다

## 05 implement

**[ímpləmənt]**
★★★

implementation
n. 이행, 실행

(통) carry out, execute
시행하다

### 시행하다, 이행하다  (n) 도구

Finley Plant Nursery **implements** the very latest agricultural techniques.
핀리 묘목 농원은 가장 최신의 농업 기술을 사용한다.

> • 기출표현 •
> implement business strategies  경영 전략을 이행하다
> implement without delay  지체 없이 시행하다
> implement a new process  새로운 절차를 시행하다

> **출제TIP**  -ment로 끝나 명사로 착각하기 쉽지만, 토익에서는 주로 동사로 등장한다. 정책, 변화, 계획 등과 어울려 자주 쓰이므로 확실히 암기한다.
>
> implement a policy[change / plan]  정책을[변화를 / 계획을] 시행하다

## 06 prevent

**[privént]**
★★★

prevention n. 예방, 방지
preventive a. 예방의
preventable
a. 예방할 수 있는

### 방지하다, 막다

Quality paper will **prevent** extra dust from building up inside the machine.
고급 용지는 기계 내부에 먼지가 더 쌓이는 것을 막아 줄 것이다.

> • 기출표현 •
> prevent A from -ing  A가 ~하는 것을 막다

## 07 launch  [lɔːntʃ]

★★
(통) release 출시하다

### 출시하다, 시작하다  (n) 출시

The long-awaited Allym Database will be **launched** on August 15.
오랫동안 기다리셨던 앨라임 데이터베이스가 8월 15일에 출시됩니다.

> • 기출표현 •
> launch a new product  신상품을 출시하다
> launch a new Web site  새로운 웹사이트를 개설하다

## 08 assign

**[əsáin]**
★★★

assignment n. 임무, 할당된 일
assigned a. 할당된

### 배정하다, 할당하다

Seats will be **assigned** on a first-come, first-served basis.
좌석은 선착순으로 배정될 예정이다.

> • 기출표현 •
> assign a new seat  새 좌석을 배정하다
> assign tasks to team members  팀원들에게 임무를 할당하다
> be assigned to a new division  새로운 부서로 배정 받다

동사(1)  DAY 11

## 09 ★★ relocate
[rilóukeit]

relocation n. 이전, 재배치

### 이전하다, 이동하다
Lipscon Auto is **relocating** to a larger retail space.
립스콘 자동차는 더 넓은 소매점으로 이전합니다.

> ● 기출표현 ●
> relocate the offices 사무실을 이전하다
> relocate to a new home 새 집으로 이사하다

## 10 ★★★ affect
[əfékt]

나비효과

### 영향을 미치다
Heavy rain is expected to **affect** much of the region today.
오늘 폭우가 그 지역의 많은 곳에 영향을 미칠 것으로 예상됩니다.

> ● 기출표현 ●
> affect favorably 긍정적인 영향을 미치다

## 11 ★ soar
[sɔːr]

(반) plummet 급락하다

### 급증하다, 치솟다
International air travel **soars** above expectations.
해외 항공 여행이 전망치를 넘어서 급증하다.

## 12 ★★★ attach
[ətǽtʃ]

attached a. 첨부된
attachment n. 부착, 부속

### 첨부하다, 붙이다
My résumé and a list of references are **attached** for your review.
제 이력서 및 추천인 명단을 첨부하오니 검토 바랍니다.

> ● 기출표현 ●
> attached file[document / schedule] 첨부된 파일[문서 / 일정표]
> attached facilities 부속 시설
> Attached[Included] + be동사 + 명사 ~이 첨부되어 있습니다

## 13 ★★★ recruit
[rikrúːt]

recruitment n. 모집, 채용
(동) hire, employ 채용하다

### 모집하다, 채용하다　ⓝ 신입 사원
West Research is **recruiting** adults 22 to 65 years old to participate in a study.
웨스트 리서치가 연구에 참여할 22~65세의 성인을 모집합니다.

> ● 기출표현 ●
> recruit some employees 직원 몇 명을 채용하다
> recruit volunteers 자원봉사자를 모집하다
> recruit additional staff 직원을 추가로 모집하다

## 14 ★★★ consider
[kənsídər]

consideration n. 고려
considerate a. 신중한

### 고려하다

The development team is **considering** a package redesign to increase sales.
개발팀은 매출 신장을 꾀하기 위해 포장 디자인 수정을 고려하고 있다.

• 기출표현 •

consider several factors 여러 요소를 고려하다
be considered for the position of CEO CEO 직책에 고려되다
consider extending evening hours 저녁시간 연장을 고려하다

출제TIP consider는 동명사(-ing)를 목적어로 취한다.
The company is considering (~~to relocate~~ / relocating) its headquarters to China.
회사는 중국으로 본사 이전을 고려하고 있다.

## 15 ★★ enhance
⑩ [inhǽns] ⑱ [inhɑ́:ns]

enhancement n. 상승, 향상
enhanced a. 향상된
⑧ improve 향상시키다
reinforce, strengthen
강화하다

### 향상시키다, 높이다, 강화하다

A good manager strives to **enhance** communication between departments.
훌륭한 관리자는 부서 간 커뮤니케이션을 향상시키려고 노력한다.

• 기출표현 •

enhance efficiency[productivity] 효율성[생산성]을 향상시키다

## 16 ★ accompany
[əkʌ́mpəni]

### 동행하다, 동반하다; 동시에 일어나다

Guests under 18 must be **accompanied** by a member at all times.
18세 미만의 손님은 항상 회원을 동반해야 합니다.

• 기출표현 •

be accompanied by ~을 동반하다

## 17 ★ guarantee
[gærəntí:]

⑧ assure 보장하다, 보증하다

### 보장하다, 보증하다 ⓝ 보장; 보증(서)

Programs and files in Allympian are **guaranteed** to be virus free.
앨림피안에 있는 프로그램과 파일들은 바이러스가 없음을 보증합니다.

• 기출표현 •

guarantee on-time delivery 적시 배송을 보장하다
There is no guarantee of[that절] ~라는 보장이 없다

## reorganize
[riɔ́ːrgənaiz]

reorganization
n. 재편성, 개편

**재편성하다, 재조직하다**

Desparte Systems plans to build a data center to **reorganize** its global business operations.
데스파트 시스템즈는 글로벌 사업 부문 개편을 위해 데이터 센터를 건설할 계획이다.

● 기출표현 ●

reorganize the management team  경영진을 개편하다
reorganize the work space  업무공간을 개편하다

## retain
[ritéin]

retention n. 보유
⑧ maintain, keep 유지하다

**보유하다, 유지하다**

**Retaining** loyal customers is more important than attracting new ones.
충성 고객을 유지하는 것이 신규 고객을 유치하는 것보다 더 중요하다.

● 기출표현 ●

retain competent employees  유능한 직원들을 보유하다
retain the original receipt  원본 영수증을 보유하다

## afford
[əfɔ́ːrd]

affordable a. (가격 등이)
적당한, 감당할 수 있는

affordability
n. 감당할 수 있는 비용

**(경제적·시간적으로) 여유가 있다, 할 수 있다**

Thanks to this year's budget increase, we can **afford** new computers.
올해 예산 증가 덕분에 새 컴퓨터를 구입할 수 있다.

● 기출표현 ●

afford to hire additional teachers
교사를 추가로 채용할 형편이 되다

## decline
[dikláin]

⑧ refuse, reject 거절하다
decrease, fall 하락하다

**1. 거절하다, 거부하다**

Mr. Woo **declined** to comment on rumors that he is planning to retire.
우 씨는 자신의 은퇴 예정설에 대해 언급하기를 거부했다.

**2. 감소하다, 하락하다   ⓝ 감소, 하락**

Retail sales in apparel **declined** in August after a significant increase in July.
의류의 소매 판매는 7월에 대폭 상승한 후 8월에 감소했다.

● 기출표현 ●

decline the invitation  초청을 거절하다
a decline in  ~의 감소

## 22 ★ collaborate
[kəlǽbərèit]

collaboration n. 협력, 협업
collaborative a. 협력하는,
공동 작업하는
collaboratively ad. 협력하여

### 협력하다, 공동 작업하다
Rebecca and I **collaborated** on the soundtrack for the movie *A Year in Denmark*.
레베카와 저는 〈덴마크에서 보낸 1년〉이라는 영화의 사운드트랙을 공동 작업했습니다.

> ● 기출표현 ●
> collaborative effort  공동의 노력
> work collaboratively  협력하여 일하다

> 출제TIP  collaborate on vs. collaborate with
> collaborate on + 일  ~에 대해 협력하다
> collaborate with + 사람  ~와 협력하다
> All team members should collaborate (on / with) the new
> project.  모든 팀원은 새로운 프로젝트에 협력해야 한다.

## 23 ★ enlarge
[inlάːrdʒ]

enlargement n. 확대, 확장

### 확대하다, 확장하다
By **enlarging** our facility, we could attract new customers.
시설을 확장함으로써 우리는 신규 고객을 유치할 수 있었다.

> ● 기출표현 ●
> an enlarged downtown center  확장된 도심 내 센터

## 24 ★★ clarify
[klǽrəfài]

clarification n. 설명, 해명

### 분명히 하다
I need you to **clarify** a few points in the contract before I meet with the client.
제가 고객을 만나기 전에 계약서의 몇 가지 사항을 명확히 해주시기 바랍니다.

> ● 기출표현 ●
> clarify a company policy  회사 정책을 명확하게 밝히다
> clarify the timeline  일정을 분명히 하다

## 25 ★ modify
[mάdəfài]

modification n. 수정, 변경
⑧ alter 변경하다

### 수정하다, 변경하다
Please be advised that the travel compensation procedure has been **modified**.
출장비 환급 절차가 변경되었음을 알려 드립니다.

> ● 기출표현 ●
> modify the process  절차를 수정하다
> modify a flight reservation  비행기 예약을 변경하다
> modify the itinerary  여행일정을 변경하다

동사(1)

DAY 11

## 26 acknowledge
[æknálidʒ]

acknowledgement
n. 인정, 승인
acknowledged
a. 승인된, 정평 있는

### 1. (사실·존재 따위를) 인정하다·
Participants will be awarded a certificate **acknowledging** their achievement.
참가자들은 그들의 성과를 인증하는 증명서를 받게 될 것이다

### 2. (받았음을) 알리다, 확인하다; 감사를 표시하다
I am writing to **acknowledge** receipt of the books I ordered from you.
제가 귀사에 주문했던 책을 수령했음을 알리기 위해 씁니다.

> ● 기출표현 ●
> acknowledge receipt of ~의 수령을 확인하다
> acknowledge one's contributions[efforts] ~의 공헌[노고]에 감사하다

## 27 undergo
[ʌndərgóu]

### (변화·고난 따위를) 겪다, 받다, 경험하다
All restaurants should **undergo** a health inspection once each year.
모든 식당은 1년에 한 번 위생 검사를 받아야 한다.

> ● 기출표현 ●
> undergo repairs 수리를 받다
> undergo an inspection 점검을 받다

## 28 boost
[buːst]

### 증진시키다, 북돋우다, (경기를) 부양하다　ⓝ 증진, 인상
The company hopes that local production will **boost** its phone sales.
회사는 현지 생산으로 전화기 판매가 늘어나기를 바라고 있다.

> ● 기출표현 ●
> boost sales figures 매출액을 늘리다
> boost the economy 경기를 부양하다

## 29 vary
[vέəri]

variation n. 변화, 변형
various a. 다양한
variable a. 변하기 쉬운 n. 변수

### 각기 다르다, 다양하다
Note that prices **vary** slightly among online stores.
가격은 온라인 매장들마다 조금씩 다르다는 점을 주의하세요.

> ● 기출표현 ●
> vary by season 계절별로 다르다
> vary in length and cost 기간과 비용이 다르다

## engage
[inɡéidʒ]

engagement
n. 약속, 관여, 종사

engaging
a. 매력 있는, 기분 좋은

### 관여하다, 참여하다, 끌어들이다
On Tuesday, the city council **engaged** in a heated debate.
화요일에 시의회는 열띤 토론을 벌였다.

● 기출표현 ●

engage in ~에 관여하다, 종사하다

---

## preserve
[prizə́ːrv]

preservation n. 보존, 보호
preservative n. 방부제
preserved a. 보존된

### 보존하다, 보호하다
The Winston Green Group strives to **preserve** the natural environment.
윈스턴 그린 그룹은 자연 환경을 보호하기 위해 애쓰고 있다.

● 기출표현 ●

preserve the historic properties 유적지를 보존하다
preserve food by drying it 말려서 음식을 보존하다

출제TIP '보호하다'의 의미로 쓰일 경우 conserve, protect로 패러프레이징되어 출제될 수 있다.
conserve[preserve / protect] the environment 환경을 보호하다

---

## react
[riǽkt]

reaction n. 반응

### 반응하다, 대응하다
The patch contains chemicals that **react** to certain types of bacteria.
이 반창고에는 특정 종류의 박테리아에 반응하는 화학 약품이 들어 있다.

● 기출표현 ●

react quickly[calmly / favorably] to
~에 빨리[차분하게 / 호의적으로] 반응[대응]하다
allergic reaction 알레르기 반응

---

## convert
[kənvə́ːrt]

conversion n. 전환, 변환
convertible a. 전환 가능한

### 전환하다, 바꾸다
The building was **converted** to a hotel in 1901.
그 건물은 1901년에 호텔로 바뀌었다.

● 기출표현 ●

convert A into B A를 B로 전환하다

## 34 ★★★ obtain
[əbtéin]

obtainment n. 입수, 획득
obtainable a. 획득할 수 있는

**얻다, 손에 넣다, 획득하다**

The customer must **obtain** an authorization code for the return.
고객은 반품을 위해 승인 코드를 받아야 합니다.

obtain feedback 의견을 받다
obtain a parking permit 주차 허가증을 얻다

---

## 35 ★ obstruct
[əbstrʌ́kt]

obstruction n. 방해
obstructive a. 방해하는
⑧ block 막다

**방해하다, 막다**

The use of umbrellas is prohibited in the stadium because they **obstruct** the view.
시야를 가리기 때문에 경기장 내에서는 우산 사용이 금지됩니다.

---

## 36 ★★★ expect [ikspékt]

expectation n. 예상, 기대
expected a. 예상되는
⑧ anticipate
예상하다, 기대하다

**예상하다, 기대하다**

The new science museum is **expected** to attract many tourists to the city.
새로 문을 연 과학 박물관은 많은 관광객들을 시로 끌어들일 것으로 예상된다.

expect A to부정사 A가 ~할 것으로 예상하다
be expected to부정사 ~할 것으로 예상되다
more expensive than expected 예상보다 더 비싼

---

## 37 ★ dwindle
[dwíndl]

⑧ decrease, diminish
감소하다

**줄다, 축소되다**

Interest in the festival has decreased and attendance has **dwindled**.
축제에 대한 관심이 줄어들고 관객도 줄어들었다.

---

## 38 ★ solicit
[səlísit]

solicitation n. 간청

**(충고·의견·지지 등을) 요청하다, 간청하다**

Tappan Foundation is **soliciting** nominations for this year's best novelist.
태편 재단은 올해의 소설가상 후보자 추천을 요청하고 있다.

solicit donations[nominations] 기부금[추천]을 요청하다

## 39 ★ allocate
[ǽləkeit]

allocation n. 할당, 배당

### 할당하다, 배당하다
Upper management has **allocated** $20 million for the factory expansion.
고위 경영진은 공장 증설에 2천만 달러를 할당했다.

> ● 기출표현 ●
> allocate a new position 새로운 직책을 배정하다

## 40 ★ foster
[fɔ́:stər]

⑧ promote 촉진하다

### 육성하다, 촉진하다
The museums now remain open for an extra hour to **foster** more tourism.
박물관들이 요즘 관광업 육성을 위해 개장 시간을 한 시간 더 연장하고 있다.

> ● 기출표현 ●
> foster fellowship 유대감을 기르다
> foster a sense of community 공동체 의식을 기르다

## 41 ★ alleviate
[əlíːvièit]

alleviation n. 완화, 경감
⑧ ease, relieve 완화시키다

### (고통·슬픔 따위를) 완화시키다
The decline in automobile imports **alleviated** concerns about the country's trade deficit.
자동차 수입의 감소는 그 나라의 무역 적자 우려를 덜어 주었다.

> ● 기출표현 ●
> alleviate concerns 걱정을 누그러뜨리다
> alleviate traffic congestion 교통 체증을 완화하다

## 42 ★ undertake
[ʌndərtéik]

### 착수하다, (일·책임을) 떠맡다
The city council is **undertaking** a study to decide whether to open public beaches.
시의회는 공유지 해변을 개방할지의 여부를 결정하기 위해 연구를 시행하고 있다.

## 43 ★ omit
[oumít]

omission n. 생략, 누락

### 생략하다, 누락하다
When compiling meeting reports, please remember to **omit** unimportant details.
회의 보고서를 편집할 때 중요하지 않은 세부 사항은 생략하세요.

## incur
[inkə́ːr]

incurrence
n. (손해 따위를) 입음

### (손해 등을) 초래하다, 입다
A late payment **incurs** a $50 fee.
체납 시 50달러의 연체료가 발생합니다.

● 기출표현 ●

incur an extra fee 초과 비용이 발생하다
incur a heavy loss 큰 손해를 입다

---

## maneuver
[mənúːvər]

maneuverable
a. 조종하기 쉬운

### 움직이다, 조종하다
This compact car is easy to **maneuver** in heavy city traffic.
이 소형차는 교통이 혼잡한 도시에서 몰기 쉽다.

● 기출표현 ●

highly maneuverable 매우 조종하기 쉬운

---

## expedite
[ékspədàit]

expedited a. 촉진된

### 신속히 처리하다, 진척시키다
We will **expedite** delivery of your order and send it via National Express.
귀하의 주문품을 신속히 배달하겠으며, 내셔널 익스프레스를 통해 발송하도록 하겠습니다.

● 기출표현 ●

expedited service 빠른 서비스  expedited shipping 빠른 배송

---

## entail
[intéil]

### 필요로 하다, 수반하다
The position **entails** frequent travel to our regional office in Kuala Lumpur.
이 직책은 쿠알라룸푸르 지역 사무소로 자주 출장을 가야 합니다.

● 기출표현 ●

entail replacing a device 기기 교체 작업을 수반하다
entail higher costs 더 비싼 비용이 든다

---

## officiate
[əfíʃièit]

### (직무를) 이행하다; (의식 등을) 집전하다, 사회 보다
Edward Raston will **officiate** at the opening ceremony for the new bridge.
에드워드 라스턴 씨가 신축한 교량 개통식에서 사회를 볼 예정이다.

## 49 * remit
[rimít]

remittance n. 송금(액)
(통) wire 송금하다

### 송금하다, 송부하다
Please **remit** payment upon receipt of this notice.
이 통지를 받는 즉시 대금을 송금해 주십시오.

## 50 * fluctuate
[flʌ́ktʃuèit]

fluctuation n. 변동, 오르내림
fluctuating a. 오르내리는

### 오르내리다, 변동하다
The temperature **fluctuates** widely from summer to winter in this region.
이 지역은 여름부터 겨울까지 기온이 크게 변동한다.

## 51 * retrieve
[ritríːv]

retrieval n. 복구, 회수

### 되찾다, 회수하다; (데이터 등을) 불러오다
The new computer program enables users to efficiently **retrieve** data.
새 컴퓨터 프로그램은 사용자들이 데이터를 효율적으로 검색할 수 있게 해준다.

## 52 *** achieve
[ətʃíːv]

achievement n. 업적, 성취

### 성취하다, 달성하다
Management is proud of what you have **achieved** as a team.
경영진은 여러분이 한 팀으로 성취한 바를 자랑스럽게 생각합니다.

• 기출표현 •
achieve a goal 목표를 달성하다
achieve certification 자격증을 취득하다

## 53 *** promote
[prəmóut]

promotion n. 촉진, 증진

### 촉진[고취]하다, 증진하다
In the interest of **promoting** a healthy workforce, we will begin offering wellness classes.
직원의 건강을 증진시키기 위해, 건강 관리 수업을 제공하기 시작할 것입니다.

• 기출표현 •
promote tourism 관광업을 증진시키다
promote awareness of ~ ~에 대한 인식을 고취하다

동사(1)

DAY 11

# CHECK-UP QUIZ

**A**  단어의 의미를 찾아 연결하세요.

01  conduct   •

02  assign   •

03  vary   •

04  enhance   •

05  affect   •

• ⓐ 향상시키다, 높이다, 강화하다

• ⓑ 실시하다, 수행하다

• ⓒ 배정하다, 할당하다

• ⓓ 영향을 미치다

• ⓔ 각기 다르다, 다양하다

**B**  보기에서 적절한 어휘를 골라 우리말 뜻에 맞게 빈칸을 채우세요.

> ⓐ alleviate    ⓑ fulfill    ⓒ react    ⓓ soar    ⓔ boost

06  뉴스에 긍정적으로 **반응하다**      _____ positively to the news

07  교통 문제를 **완화하기** 위한 프로그램      programs to _____ traffic problems

08  일자리의 자격 요건을 **충족하다**      _____ the job's requirements

09  지역 경제를 **부양하다**      _____ the local economy

**C**  문장 속 우리말 힌트를 보며 빈칸에 들어갈 적절한 어휘를 고르세요.

> ⓐ guarantee    ⓑ maneuver    ⓒ accompany    ⓓ implement    ⓔ fluctuate

10  The firm will _____시행하다_____ a new marketing plan.

11  Hotel room rates may _____변동하다_____ according to the season.

12  We _____보장하다_____ the lowest prices on songbooks.

---

Answers    01 ⓑ   02 ⓒ   03 ⓔ   04 ⓐ   05 ⓓ   06 ⓒ   07 ⓐ   08 ⓑ   09 ⓔ   10 ⓓ   11 ⓔ   12 ⓐ

보기 중 빈칸에 들어갈 가장 알맞은 어휘를 고르세요.

**1** Before reversing your vehicle, be sure that nothing _____ your view.

(A) concedes     (B) obstructs     (C) notices     (D) intensifies

**2** Landgrove Real Estate's revenue typically _____ during the winter months and then recovers in the spring.

(A) declines     (B) delays     (C) impacts     (D) impedes

**3** Studies _____ that students learn most effectively when information is presented in an interactive format.

(A) indulge     (B) interpret     (C) induce     (D) indicate

**4** City officials have _____ Harmon Avenue businesses that street repairs will be completed within 48 hours.

(A) assured     (B) arranged     (C) disclosed     (D) committed

**5** Swabian Motors will _____ its current name even after it merges with a rival company.

(A) receive     (B) inquire     (C) grant     (D) retain

**6** Please _____ receipt of this document by signing and returning the enclosed form.

(A) correspond     (B) cooperate     (C) acknowledge     (D) assent

**7** A number of unexpected obstacles are _____ the merger with the Boston Telecom Corporation from taking place.

(A) withholding     (B) preventing     (C) interfering     (D) decreasing

동사(1)

DAY 11

Answers    1 (B)   2 (A)   3 (D)   4 (A)   5 (D)   6 (C)   7 (B)      ▶ 번역 p.532

토익 기본
어휘

| | |
|---|---|
| ☐ respect | 존경하다, 존중하다, 배려하다 |
| ☐ simplify | 간단히 하다, 단순화하다 |
| ☐ resemble | 닮다 |
| ☐ conclude | 단정하다, 결론을 내리다; (계약을) 맺다 |
| ☐ adapt | (새로운 상황 등에) 적응하다, 맞추다 |
| ☐ tap | 가볍게 두드리다[치다] |
| ☐ delete | 삭제하다, 지우다 |
| ☐ judge | 심사하다, 판단하다  n. 심사원 |

| | |
|---|---|
| ☐ press | 누르다, 밀다  n. 언론 |
| ☐ ignore | 무시하다, 묵살하다 |
| ☐ log on to | ~에 접속하다, 로그인하다 |
| ☐ regard A as B | A를 B로 여기다 |
| ☐ oppose | 반대하다 |
| ☐ bring about | 야기하다, 초래하다 |
| ☐ mention | 언급하다  n. 언급 |
| ☐ found | 설립하다 |

| | |
|---|---|
| ☐ drop off | 갖다 놓다, 내려 주다 |
| ☐ minimize | 최소한도로 하다, 줄이다 (↔ maximize 최대로 하다) |
| ☐ occupy | 차지하다, 점유하다 |
| ☐ mediate | (분쟁·논쟁 따위를) 조정[중재]하다, 해결하다 |
| ☐ disrupt | 방해하다, (통신·교통 따위를) 중단시키다 |
| ☐ inhibit | 금하다, 못하게 막다 |
| ☐ owe | 빚지고 있다, 신세 지다 |
| ☐ end up | 결국 ~하게 되다 |
| ☐ evolve | 서서히 발달하다, 진화하다 |

| □ reconcile | 화해시키다 |
|---|---|
| □ render | 주다; 되게 하다 |
| □ dominate | 지배[통치]하다; 좌우하다, 큰 영향을 주다 |
| □ elevate | 들어 올리다; 승진시키다, (지위·등급 따위를) 높이다 |
| □ correspond | 일치하다, 부합하다; 서신 왕래하다 |
| □ attain | (목적·희망 따위를) 달성하다, 성취하다 |
| □ preside over | 사회를 보다, 주재하다 |
| □ substantiate | 실증하다, 증명하다; 실체화[구체화]하다 |

| □ house | 수용하다, 소장하다 |
|---|---|
| □ trespass | (재산, 권리를) 침해하다, 불법 침입하다  n. 침해 |
| □ accuse | 비난[책망]하다; 고발[고소]하다 |
| □ stick to | ~을 고수하다 |
| □ linger | 좀체 없어지지 않다; 지루하게 계속되다 |
| □ extract | 발췌하다  n. 발췌, 초록 |
| □ evacuate | (위험 지역에서) 안전한 곳으로 피난시키다, 옮기다 |
| □ ventilate | 환기시키다 |

| □ mingle | 섞이다, 혼합되다 |
|---|---|
| □ surrender | 양도하다; 항복하다  n. (보험) 해약 |
| □ dissipate | 흩어지게 하다, (슬픔 따위가) 가시다; 낭비하다 |
| □ withstand | 견디다, 이겨내다 |
| □ elicit | 끌어내다, 분명히 하다; (대답 따위를) 이끌어 내다 |
| □ account for | 설명하다; (비율을) 차지하다; ~의 원인이 되다 |
| □ scrutinize | 면밀히 검사하다 |
| □ abstain from | ~을 삼가다, 자제하다 |
| □ retreat | 후퇴하다, 물러가다  n. 휴양(소) |

# 동사 기출 어휘 (2)

## 01 ★★★ benefit
[bénəfit]

beneficial a. 이로운, 유익한
beneficiary n. 수혜자, 수령인

**이익[혜택]을 얻다, 이익을 주다** ⓝ **이익, 혜택**

Travelers **benefit** financially from making their own hotel reservations.
여행자는 직접 호텔을 예약해 금전적으로 이득을 본다.

• 기출표현 •

benefit from ~에서 혜택을 받다
benefit the society 사회에 도움이 되다
membership benefits 회원 혜택

## 02 ★★★ grant
⑩ [grænt]
⑧ [grɑːnt]

**주다, 수여하다**

Time for questions will be **granted** following Mr. Tanaka's speech.
다나카 씨의 연설 후에 질문 시간이 주어질 것이다.

ⓝ **보조금, 장학금**

The committee will distribute funds from the research **grant**.
위원회는 연구 보조금에서 나온 기금들을 분배할 것이다.

• 기출표현 •

grant permission 허가하다
government grant 정부 보조금
take A for granted A를 당연하게 여기다

## 03 ★★★ encourage
[inkɔ́ːridʒ]

encouragement
n. 격려, 장려
encouraging
a. 격려하는, 장려하는
⊞ discourage 낙담시키다

**권장하다, 장려하다**

Spectators are **encouraged** to use the shuttle bus service.
관중들은 셔틀버스 서비스를 이용하도록 권장 받습니다.

• 기출표현 •

encourage A to부정사 A가 ~하도록 장려하다
be encouraged to부정사 ~하도록 장려되다

## 04 express
[iksprés]

expression n. 표현
expressive
a. 표현하는, 표현의

### 표현하다, 나타내다　ⓐ 신속한

Sien Industries' new mission statement **expresses** the company's goals precisely.
시엔 인더스트리즈의 새로운 강령은 그 회사의 목표를 정확하게 나타내고 있다.

> ● 기출표현 ●
> express delivery 빠른 배송, 속달 우편
> express gratitude[concern / interest] 감사를[염려를 / 관심을] 표하다
> express opposition 반대 의견을 표하다

> **출제 TIP**　express는 감정이나 의견 명사와 잘 어울린다.
> The sales team expressed (**confidence** / ~~abilities~~) in opening a store in China.
> 영업팀은 중국에 매장을 여는 것에 대해 자신감을 보였다.

## 05 respond
[rispánd]

response n. 응답, 반응
respondent n. 응답자
responsive a. 즉각 반응하는

### 응답하다, 대답하다; 반응하다

Please **respond** to this e-mail as soon as possible.
가능한 한 빨리 이 이메일에 답장해 주세요.

> ● 기출표현 ●
> respond to an invitation 초대에 응하다

## 06 limit
[límit]

limitation n. 제약
limited a. 제한된

### 제한하다, 한정하다　ⓝ 제한, 경계

We recommend reservations because hotel accommodations are **limited**.
호텔 숙박 시설이 한정되어 있으므로 예약을 권장합니다.

> ● 기출표현 ●
> limit spending 지출을 제한하다
> limit the number of participants 참가자 수를 제한하다
> limit public access 일반인 출입을 제한하다

## 07 involve
[inválv]

involvement n. 관련, 관여
involved a. 관계된, 관련된

### 수반하다, 관련시키다

The work as a journalist **involves** a lot of travel.
기자의 업무는 잦은 출장을 수반한다.

> ● 기출표현 ●
> be involved in ~에 관여하다, 관계되다
> involved task 관련 업무

동사(2) | DAY 12

## 08 participate

[pɑːrtísəpèit]

participation n. 참가, 참석
participant n. 참가자
ⓢ take part in 참가하다

### 참가하다, 참석하다

Your request to **participate** in the outside workshop has been approved. 귀하의 외부 워크숍 참가 요청이 승인되었습니다.

● 기출표현 ●

participate in the competition 대회에 참가하다
participate in a customer survey 소비자 조사에 참여하다

출제TIP **participate vs. attend**

'참석하다'의 의미일 때 attend는 타동사로 쓰여 전치사 없이 목적어가 바로 온다.
attend city festivals (○)

Many residents (attend/**participate**) in city festivals during the summer season. 여름이면 많은 주민들이 시 축제에 참가한다.

## 09 seek

[siːk]

### 구하다, 찾다

Roxy Koenig is actively **seeking** a new venue for her summer concert.
록시 쾨니그 씨는 여름 콘서트를 위한 새 공연장을 적극적으로 찾고 있다.

● 기출표현 ●

seek expert advice 전문가의 조언을 구하다
seek a solution 해결책을 찾다
seek a new job 새 직장을 구하다

## 10 reveal

[rivíːl]

ⓢ disclose, unveil 밝히다
ⓐ conceal 숨기다

### 드러내다, 밝히다, 누설하다

Babel Electronics has just **revealed** their new line of digital cameras. 바벨 전자는 디지털 카메라 신제품군을 이제 막 발표했다.

● 기출표현 ●

reveal the latest video game 최신 비디오 게임을 공개하다
reveal the most popular product 가장 인기 있는 제품을 공개하다

## 11 evaluate

[ivǽljuèit]

evaluation n. 평가

### 평가하다

Before starting a business, you should carefully **evaluate** the financial risks. 창업하기 전에 재정적 위험들을 신중하게 평가해야 한다.

● 기출표현 ●

evaluate a company's service 회사의 서비스를 평가하다
evaluate some conference topics 회의 주제를 평가하다

## 12 double
**\*\***
[dʌ́bl]

### 두 배로 하다, 두 배가 되다  ⓐ 두 배의
Kasper-Levi is **doubling** its marketing budget in Asia.
캐스퍼-레비 사는 아시아 지역의 마케팅 예산을 두 배로 늘리고 있다.

> ● 기출표현 ●
> double the size of ~의 규모를 두 배로 늘리다

## 13 acquire
**\*\***
[əkwáiər]

acquisition n. 인수, 취득, 획득
acquired a. 획득한, 습득한

### 얻다, 획득[습득]하다; (기업·사업체 등을) 인수하다
Mr. Hodgkins **acquired** construction permits during the week of March 12.  호지킨스 씨는 3월 12일 주간에 건축 허가를 받았다.

> ● 기출표현 ●
> acquire expertise 전문 지식을 습득하다

## 14 propose
**\*\*\***
[prəpóuz]

proposal n. 제안(서)
⑧ suggest 제안하다

### 제안하다, 제의하다
Several architects **proposed** design plans for the Hadler Building's addition.
몇몇 건축가가 해들러 빌딩 별관을 위한 설계안을 제안했다.

> ● 기출표현 ●
> propose a new partnership 새로운 협업 관계를 제안하다
> propose workshop topics 워크숍 주제를 제안하다

## 15 merge [məːrdʒ]
**\*\*\***
merger n. 합병

### (기업체·조직 등이) 합병하다, 합치다
Ever since the two companies **merged**, overall profits have increased considerably.
두 회사가 합병한 이후로 총수익이 상당히 증가했다.

> ● 기출표현 ●
> A merge with B A와 B가 합병하다 (= A and B merge)

## 16 intend
**\*\*\***
[inténd]

intended a. 의도된
intentional a. 의도적인
intention n. 의도
intent n. 의향, 목적

### 의도하다
Baxter Consulting **intends** to combine information from various sources.  백스터 컨설팅은 다양한 출처들의 정보를 통합하고자 한다.

> ● 기출표현 ●
> intend to부정사 ~할 작정이다
> be intended for ~을 위해 의도되다[계획되다]
> intended departure 예정된 출발
> intended audience 목표 관객

동사(2) ── DAY 12

187

## 17 *** inform
[infɔ́ːrm]

information n. 정보
informative a. 유익한
informed a. 잘 아는
(동) notify 알리다

### 알리다, 정보를 제공하다
Judith Cooke will **inform** you of the exact shipment date.
주디스 쿡 씨가 정확한 배송 날짜를 고객님께 알려 드릴 것입니다.

● 기출표현 ●

> inform A that절[of + 사물] A에게 ~을 알리다

## 18 ** exceed
[iksíːd]

excess n. 초과, 과잉
excessive a. 과도한
excessively ad. 지나치게
(동) surpass 초과하다

### (범위 · 한도를) 초과하다, 넘다; ~을 능가하다
Audiotimes' financial success **exceeded** the expectations of economy analysts.
오디오타임스사의 재정적인 성공은 경제 분석가들의 예상을 넘어섰다.

● 기출표현 ●

> exceed sales targets[goals]  매출 목표를 초과하다
> exceed the weight limit  무게 제한을 초과하다

## 19 * authorize
[ɔ́ːθəràiz]

authorization n. 승인, 허가
authority n. 권한, 당국
authorized a. 공인된

### 승인하다, 권한을 주다
Only the landowner may **authorize** improvements to the property. 땅 주인만이 부동산에 대한 개량 공사를 승인할 수 있다.

● 기출표현 ●

> without prior authorization  사전 승인 없이

## 20 * comply
[kəmplái]

compliant a. 준수하는, 따르는
compliance n. 준수

### 준수하다, 따르다
Food vendors must **comply** with all applicable policies.
식품 판매업자들은 해당되는 모든 규정을 준수해야 한다.

● 기출표현 ●

> comply with  ~을 준수하다, 따르다
> (= be compliant with, be in compliance with)

---

> **출제TIP** 파생어들 간의 품사를 구분하는 문제가 자주 출제된다.
> Every food product sold here must be in (**compliance**/ comply/compliant) with local sanitation laws.
> 이곳에서 판매되는 모든 음식은 지역 위생법을 준수해야 한다.

## 21 ** interrupt
[ìntərʌ́pt]

interruption n. 방해, 중단

### 방해하다, 중단시키다
Computer service will be **interrupted** temporarily.
컴퓨터 서비스가 일시 중단될 예정이다.

## 22 ★ divide
[diváid]

division n. 분할, 부서
dividend n. 배당금

### 나누다, 분배하다
**Dividing** the work among the four teams is a very efficient approach. 네 개 팀이 일을 분담하는 것은 매우 효율적인 방법이다.

> ● 기출표현 ●
> divide A into B  A를 B로 나누다    be divided into  ~으로 나누어지다

## 23 ★ generate
[dʒénərèit]

generation n. 발생; 세대

### (전기 · 열 따위를) 발생시키다; (수익을) 창출하다
This project would **generate** local jobs over the next five years. 이 프로젝트는 앞으로 5년에 걸쳐 지역 일자리를 창출할 것이다.

> ● 기출표현 ●
> generate electricity  전력을 생산하다
> generate profits[jobs]  수익을[일자리를] 창출하다
> generate interest  관심을 불러일으키다

## 24 ★ withdraw
[wiðdrɔ́ː]

withdrawal
n. 철회; (돈의) 인출

### 철회하다, 취소하다; (돈을) 인출하다
This proposal may be **withdrawn** by Unadilla Supply if not accepted within 30 days. 본 제안서는 30일 이내에 채택되지 않으면 우나딜라 서플라이사에 의해 철회될 수도 있습니다.

## 25 ★ entitle
[intáitl]

entitlement n. 자격

### 자격을 주다
Every security officer is **entitled** to free coffee while on duty. 모든 보안 요원은 근무 중에 커피를 무료로 마실 수 있다.

> ● 기출표현 ●
> entitle A to부정사  A에게 ~할 자격을 부여하다
> be entitled to부정사  ~할 자격이 되다

## 26 ★ relieve
[rilíːv]

⑤ ease, alleviate 완화하다
㉕ aggravate 악화시키다

### (고통 · 부담 따위를) 덜다, 해소하다
After a very busy day, he uses meditation to **relieve** his stress.
아주 바쁜 하루 일과가 끝나면, 그는 스트레스를 해소하기 위해 명상을 활용한다.

## 27 ★ compromise
[kámprəmàiz]

### 타협하다; (평판 등을) 손상시키다   ⑩ 타협; 손상시키기
The safety of employees is something that will never be **compromised**. 직원의 안전은 결코 타협할 수 없는 문제이다.

## 28 decide ★★★
[disáid]

decision n. 결정, 결심

### 결정하다, 결심하다
The laboratory technicians **decided** to perform the statistical analysis themselves.
실험실 기사들은 통계 분석 작업을 직접 하기로 결정했다.

• 기출표현 •
decide to부정사 ~하기로 결정하다, 결심하다
decide whether to부정사 ~할지 말지 결정하다
decide whether A or B A인지 B인지 결정하다

## 29 resume ★
[rizú:m]

### 재개하다, 다시 시작하다
Construction will **resume** as soon as additional funding has been arranged. 공사는 추가 자금이 마련되는 대로 재개될 것이다.

• 기출표현 •
resume working normally 정상 근무를 재개하다
resume weekly meetings 주간 회의를 다시 시작하다

## 30 outline ★★★
[áutlain]

### 개요를 서술하다, 약술하다 ⓝ 개요
Mr. Hong will **outline** the procedures for handling confidential information.
홍 씨가 기밀 정보 처리 절차를 대략적으로 설명할 것이다.

• 기출표현 •
outline the registration process 등록 절차를 대략 설명하다
outline this year's marketing strategy
올해 마케팅 전략을 추려서 설명하다

## 31 focus ★★★
[fóukəs]

### 초점을 맞추다, 집중하다
This report will **focus** on the complaints we have received from customers.
이 보고서는 우리가 고객들에게 받아온 불만 사항들에 집중할 것이다.

## 32 reduce ★★★
[ridjú:s]

reduced a. 할인된

### 줄이다, 할인하다
Motorists are reminded to **reduce** their driving speed around construction areas.
공사장 근처에서는 감속 운행할 것을 운전자들에게 다시 알려 드립니다.

• 기출표현 •
reduce expenses 비용을 줄이다
at reduced prices[rates] 할인된 가격에

### 33 ★ terminate
[tə́ːrmənèit]

termination n. 종료

**끝내다, 끝나다**

Salissea's management plans to **terminate** several unproductive projects.
살리시아사의 경영진은 몇 가지 비생산적인 프로젝트를 끝낼 계획이다.

---

### 34 ★★★ present
[prizént] v.
[préznt] a.

presentation
n. 발표, 프레젠테이션

**제시하다, 주다   ⓐ 출석한; 현재의**

**Present** this coupon and receive 10 percent off your total bill. 이 쿠폰을 제시하고 총금액의 10퍼센트를 할인받으세요.

> ● 기출표현 ●
> present an award 상을 수여하다    present a lecture 강의하다

---

### 35 ★ convey
[kənvéi]

**1. (생각·감정 등을) 전달하다**

The film about protecting nature **conveyed** a message of hope. 자연 보호에 관한 그 영화는 희망의 메시지를 전달했다.

**2. (한 장소에서 다른 장소로) 옮기다**

For short-distance deliveries, we **convey** our products by van. 단거리 배송 시 우리는 제품을 밴으로 옮긴다.

---

### 36 ★ duplicate
[dúːplikeit] v.
[dúːplikət] n. a.

duplication n. 복제(품)
(等) copy 복사하다; 사본

**복사하다, 복제하다   ⓝ 사본   ⓐ 복사의, 이중의**

Mr. Ono **duplicates** all of the documents that were passed out during the presentation.
오노 씨는 프레젠테이션에서 배포된 모든 서류를 복사한다.

> ● 기출표현 ●
> in duplicate 두 통씩, 두 통으로

---

### 37 ★★ interact
[intərǽkt]

interaction n. 상호 작용
interactive a. 상호 작용하는

**상호 작용하다, 소통하다**

Do your best to **interact** with customers in a courteous manner.
고객들을 정중하게 응대하도록 최선을 다해 주세요.

---

### 38 ★ lure
[luər]

**꾀다, 유인하다**

We've decided to give out beverages to **lure** people into the store. 우리는 사람들을 매장 안으로 유인하기 위해 음료를 제공하기로 결정했다.

## 39 ★ diversify

㊀ [divə́:rsəfài]
㊁ [daivə́:rsəfai]

diversified a. 다양한
diversification
n. 다양화, 다각화

**다양화하다, 다각화하다**

**Diversifying** the range of articles has helped attract new readers.
기사 범위를 다각화한 것이 새로운 독자들을 끌어들이는 데 도움이 되었다.

## 40 ★ compile

[kəmpáil]

**(자료를) 편집하다, 엮다**

We will review the video and **compile** our analysis for the client. 우리는 비디오를 검토하고 고객을 위해 분석 자료를 편집할 것이다.

> ● 기출표현 ●
>
> compile information 정보를 수집하다
> compile a master list 중요 리스트를 만들다

## 41 ★ endorse

[indɔ́:rs]

endorsement
n. 지지, 보증, 홍보

**승인하다, 보증하다; (광고에서 상품을) 홍보하다**

Lots of our clients **endorse** the punctuality of our delivery service.
많은 고객들이 당사 배송 서비스의 철저한 시간 엄수를 보증합니다.

## 42 ★ verify

[vérəfài]

verification n. 확인, 입증
verifiable
a. 확인[입증]할 수 있는

**확인하다, 입증하다**

Pharmacy technicians are responsible for **verifying** and processing prescriptions.
보조 약사는 처방전을 확인하고 처리할 책임이 있다.

> ● 기출표현 ●
>
> verifying document 입증하는 서류
> verifiable evidence 입증 가능한 증거

## 43 ★ impose

[impóuz]

imposition n. 부과

**(세금·벌금 등을) 부과하다**

A fine of $200 will be **imposed** upon any drivers who park illegally. 불법 주차하는 운전자들에게는 200달러의 벌금이 부과될 것이다.

## 44 ★ pursue

[pərsú:]

**추구하다, 쫓다**

Our sales department has started to **pursue** overseas markets. 우리 영업부는 해외 시장 공략을 시작했다.

## 45 ★ disclose

[disklóuz]

disclosure n. 공개, 폭로

**밝히다, 공개하다, 드러내다**

Hewton Electronics will **disclose** more information on its Web site. 휴튼 전자는 웹사이트에 더 많은 정보를 공개할 것이다.

## 46 transmit
[trænsmít]

transmission n. 전달, 전송

### 전송하다, 보내다
Ensure that all the digits of the code are **transmitted**.
암호의 모든 숫자가 확실하게 전송되도록 하세요.

| ● 기출표현 ● |
| --- |
| transmit A to B   A를 B에게 보내다 |

## 47 commemorate
[kəmémərèit]

commemorative
a. 기념하는
commemoration
n. 기념 (행사)

### 기념하다, 축하하다
To **commemorate** our 20th anniversary, we have published a cookbook.
당사의 창립 20주년을 기념하기 위해 요리책을 출간했습니다.

| ● 기출표현 ● |
| --- |
| commemorate an anniversary   기념일을 축하하다 |
| commemorative plaque   기념 명판 |

## 48 acquaint
[əkwéint]

acquaintance n. 지인

### 숙지시키다, 알리다
Interns received a one-day orientation to **acquaint** them with the facility.
수습사원들은 시설을 숙지하기 위해 하루 동안 오리엔테이션을 받았다.

| ● 기출표현 ● |
| --- |
| acquaint A with B   A에게 B를 숙지시키다 |
| be acquainted with   ~을 잘 알다, ~와 아는 사이가 되다 |
| mutual acquaintance   양쪽 다 아는 지인 |

## 49 deliberate
[dilíbəreit]

deliberately
ad. 일부러, 고의로

### 심사숙고하다, 심의하다
The finance committee will **deliberate** on the budget proposal for a few days.
재무위원회는 며칠 동안 예산안에 대해 심의할 것이다.

### ⓐ 신중한; 고의적인
The product launch happened after months of **deliberate** planning.   제품 출시는 몇 달 동안의 신중한 계획 끝에 이루어졌다.

## 50 convene
[kənví:n]

convention n. 회의, 대회

### 모이다, (회의를) 소집하다
Executives will **convene** in three weeks to discuss the budget proposal.   임원들은 3주 후에 모여서 예산안에 대해 논의할 예정이다.

| ● 기출표현 ● |
| --- |
| convene a committee   위원회를 소집하다 |
| convention center   컨벤션 센터(회의장, 숙박 시설이 완비된 대형 건물) |

애사(2)  DAY 12

# CHECK-UP QUIZ

**A**  단어의 의미를 찾아 연결하세요.

01  grant           •          •  ⓐ 나누다, 분배하다

02  divide          •          •  ⓑ 주다, 수여하다

03  outline         •          •  ⓒ 구하다, 찾다

04  seek            •          •  ⓓ 개요를 서술하다, 약술하다

05  participate     •          •  ⓔ 참가하다, 참석하다


**B**  보기에서 적절한 어휘를 골라 우리말 뜻에 맞게 빈칸을 채우세요.

> ⓐ disclose   ⓑ comply   ⓒ verify   ⓓ entitle   ⓔ diversify

06  개인 자료를 **공개하다**              _____ personal data

07  과거 경력을 **입증하다**              _____ previous employment

08  정부 규정에 **따르다**               _____ with government regulations

09  클럽 회원들에게 할인받을 수 있는      _____ club members to receive
    **자격을 주다**                      discounts


**C**  문장 속 우리말 힌트를 보며 빈칸에 들어갈 적절한 어휘를 고르세요.

> ⓐ compile   ⓑ resume   ⓒ withdraw   ⓓ commemorate

10  The ferry will _____재개하다_____ its summer service starting on June 1.

11  The designer may _____철회하다_____ his entry from the contest.

12  The sale event will _____기념하다_____ the store's 10th anniversary.

---

보기 중 빈칸에 들어갈 가장 알맞은 어휘를 고르세요.

**1** Holden Enterprises rewards employees who consistently _____ company expectations.

(A) exceed      (B) describe      (C) command      (D) believe

**2** The computer technicians should be able to service your area more frequently now that their workload has been _____.

(A) repaired      (B) resigned      (C) repeated      (D) reduced

**3** The board of directors will _____ next week to approve the three-year strategic business plan for international activities.

(A) confide      (B) acquire      (C) accompany      (D) convene

**4** *Natural Gifts Magazine* offers advertising space to providers of products or services that _____ a healthy lifestyle.

(A) expect      (B) encourage      (C) deserve      (D) distribute

**5** At Nahoa Media, the performance of junior editors is _____ quarterly.

(A) evaluated      (B) understood      (C) parted      (D) built

**6** We require all visitors to _____ photo identification prior to entering the building.

(A) notify      (B) assign      (C) permit      (D) present

**7** Tomorrow's training is _____ for employees who have been with the company for less than one year.

(A) based      (B) intended      (C) agreed      (D) invited

동사(2)

DAY 12

토익 기본
어휘

| | endure | 참다, 견디다 |
|---|---|---|
| ☐ | try | 해보다, 시도[노력]하다; 시험 삼아 써보다 |
| ☐ | await | 기다리다, 대기하다, 기대하다 |
| ☐ | contend | (곤란과) 싸우다; 주장하다 |
| ☐ | tolerate | 너그럽게 봐주다, 용인하다, 참고 견디다 |
| ☐ | close down | 폐쇄하다, 폐업하다 |
| ☐ | deny | 부인하다 |
| ☐ | assist | 돕다, 원조[지지]하다 |

| | overcome | 극복하다 |
|---|---|---|
| ☐ | lengthen | 늘이다, 연장하다 |
| ☐ | visit | 방문하다 n. 방문 |
| ☐ | switch | 바꾸다 |
| ☐ | punish | 처벌하다 |
| ☐ | call off | 취소하다 |
| ☐ | bother | 괴롭히다, 방해하다 |
| ☐ | spill | 엎지르다 |
| ☐ | swap | 교환하다, 맞바꾸다 |

| | stimulate | 자극하다; 격려[고무]하다 |
|---|---|---|
| ☐ | cope with | ~에 대처[대응]하다 |
| ☐ | upload | (더 큰 컴퓨터로) 전송하다, 업로드하다 |
| ☐ | struggle | 애쓰다, 분투하다 |
| ☐ | go through | 겪다; 살펴보다 |
| ☐ | come across | 우연히 만나다 |
| ☐ | make up for | ~을 만회하다, 보상하다 |
| ☐ | cite | (작가·책 등을) 인용하다; (~으로서) 언급하다 |
| ☐ | stand up for | ~을 지지하다, 옹호하다 |

| | |
|---|---|
| ☐ replenish | 다시 가득 채우다, 보충하다 |
| ☐ legalize | 합법화하다, 법률화하다 |
| ☐ confront | 직면하다, 처하다; (위험 따위에) 맞서다 |
| ☐ sterilize | 소독하다, 살균하다 |
| ☐ esteem | 존중하다, (높이) 평가하다; (~이라고) 생각하다 |
| ☐ forfeit | 몰수당하다  n. 벌금 |
| ☐ relegate | 맡기다, 위임하다 |
| ☐ condense | 간추리다, 요약하다; 압축[농축]하다 |

| | |
|---|---|
| ☐ abide by | ~을 준수하다 |
| ☐ offend | 불쾌감을 주다; (규범을) 어기다 |
| ☐ gratify | 만족시키다; 즐겁게 하다 |
| ☐ reassure | 안심시키다, 안심[안도]하게 하다 |
| ☐ contrive | 고안하다; 어떻게든 ~하다(to do) |
| ☐ disembark | (비행기·자동차 따위에서) 승객이 내리다, 상륙하다 |
| ☐ confer | (선물·자격 따위를) 수여하다, 주다 |
| ☐ intercept | 가로막다, 가로채다; (빛·통로 따위를) 차단하다 |
| ☐ accumulate | (재산·물건 따위를) 모으다, 축적하다 |

| | |
|---|---|
| ☐ have yet to do | 아직 ~해야 한다, 아직 ~하지 않았다 |
| ☐ intervene | 개입하다, 간섭하다 |
| ☐ engrave | (문자·도안 따위를) 새겨 넣다, 조각하다 |
| ☐ revolve | 순환하다, 회전하다 |
| ☐ take apart | 분해하다 |
| ☐ culminate in | 드디어[결국] ~이 되다 |
| ☐ precede | (시간적으로) 앞서다; (중요도 따위가) 우선하다 |
| ☐ harness | 이용하다 |
| ☐ nourish | 영양분을 주다, 장려하다 |

# 동사 기출 어휘 (3)

## 01 ★★★★ reserve
[rizə́:rv]

reservation n. 예약; 의구심
reserved a. 내성적인; 예약된

### 1. 예약하다

Guests can **reserve** their seat by signing up in advance.
손님들은 사전에 등록해 자리를 예약할 수 있습니다.

### 2. 보유하다, 보존하다

We **reserve** the right to include other visitors in your tour.
당사는 귀하의 투어에 다른 방문객을 포함시킬 수 있는 권리를 보유하고 있습니다.

• 기출표현 •

reserved seat  예약된 좌석
reserve the right to부정사  ~할 권리를 보유하다

## 02 ★★★★ partner
[pá:rtnər]

partnership n. 동업자 관계

### 파트너가 되다, 협력하다

Ms. Sahu **partnered** with designer Sangita Doshi to develop a line of clothing.
사후 씨는 디자이너 상기타 도시 씨와 손잡고 의류 제품군을 개발했다.

## 03 ★★★★ determine
[ditə́:rmin]

determination n. 판단, 결정
determined a. 단호한

### 판단하다, 결정하다, 알아내다

Starting salary is **determined** on the basis of work experience.
초봉은 경력에 근거해서 결정됩니다.

• 기출표현 •

determine to부정사  ~하기로 결정하다, 결심하다
determine whether to부정사  ~할지 말지 결정하다

## 04 ★★★ examine
[igzǽmin]

examination n. 검토, 조사

### 검토하다, 조사하다

Ms. Cohen **examined** the detailed business plan.
코헨 씨는 상세한 사업 계획서를 검토했다.

• 기출표현 •

examine thoroughly  철저히 검토하다

## 05 ★★ handle
[hǽndl]

통 deal with, address, take care of
다루다, 처리하다

### 다루다, 처리하다
Yanow Gallery **handles** all artwork sales directly.
야노우 갤러리는 모든 예술 작품의 판매를 직접 처리합니다.

● 기출표현 ●
handle online orders 온라인 주문을 처리하다
handle minor repairs 소소한 수리를 처리하다

## 06 ★★ coordinate
[kouɔ́:rdineit]

coordination n. 조정
coordinator
n. 책임자, 코디네이터

### 관장하다, 조정하다
Linfield Utilities is planning to work closely with city officials to **coordinate** the construction.
린필드 유틸리티즈는 시 공무원들과 긴밀히 협력해 공사를 조율할 계획이다.

● 기출표현 ●
coordinate the assignments 업무를 관장하다
coordinate A with B B와 협력해 A를 조율하다

## 07 ★★★ maintain
[meintéin]

maintenance
n. 유지; 보수 관리
통 keep 유지하다

### 유지하다; (건물 등을 좋은 상태로) 관리하다
We have trained personnel available to help you **maintain** your car.
저희는 차량 유지 관리에 도움을 드릴 숙달된 직원들이 있습니다.

● 기출표현 ●
maintain good health 건강을 유지하다
maintain a key position in the market
시장에서 핵심 지위를 유지하다

## 08 ★★★ ensure
[inʃú:ər]

sure a. 확실한
통 assure 보장하다
make certain
확실하게 하다

### 보장하다, 확실하게 하다
Please **ensure** that vehicles are not permitted to park in the area.
그 구역에 차량 주차가 허용되지 않도록 하십시오.

● 기출표현 ●
ensure that절 확실하게 ~하다, ~을 보장하다
assure A that절 A에게 ~을 확인시키다

출제 TIP **assure vs. ensure**

assure는 사람을 목적어로 바로 취하며 ensure는 내용을 목적어로 취한다.

We would like to (assure / ~~ensure~~) you that business will continue as usual.
영업은 평상시처럼 계속되니 안심하세요.

## 09 ★★★ avoid
[əvɔ́id]

avoidable a. 피할 수 있는
unavoidable a. 피할 수 없는

### 피하다, 막다

To **avoid** any delays, please place your next order by March 14.
지연을 막기 위해 3월 14일까지 다음 주문을 해주십시오.

---
• 기출표현 •

avoid damage 파손을 피하다

---

**출제TIP** avoid는 동명사를 목적어로 취하며, to부정사는 목적어로 쓸 수 없다.

Please avoid (~~to place~~/placing) your bags on the bus's empty seats. 버스 빈 좌석에 가방을 놓지 마십시오.

**PLUS POINT** 동명사를 목적어로 취하는 동사

| | |
|---|---|
| consider -ing ~을 고려하다 | keep -ing ~을 계속하다 |
| avoid -ing ~을 피하다 | mind -ing ~을 꺼리다 |
| finish -ing ~을 마치다 | quit -ing ~을 그만두다 |
| suggest -ing ~을 제안하다 | recommend -ing ~을 권고하다 |
| delay -ing ~을 미루다 | postpone -ing ~을 미루다 |

## 10 ★★★ consist
[kənsíst]

### 이루어지다, 구성되다

The Davis Suite **consists** of a private bedroom, separate living room and balcony.
데이비스 스위트는 개인 침실 하나, 독립된 거실, 발코니로 구성되어 있습니다.

---
• 기출표현 •

consist of ~으로 구성되다 (= be composed of, be made of)

---

## 11 ★★ follow
[fálou]

following
prep. ~ 후에 a. 다음의

### 1. 따르다

In case of a paper jam, **follow** the instructions on the side of the copier.
종이가 걸리면 복사기 옆면에 있는 설명을 따르세요.

---
• 기출표현 •

follow important guidelines 중요한 지침에 따르다
follow safety policies 안전 규정을 준수하다

---

### 2. (시간 순서상) ~ 다음에 오다

Mr. Shah's keynote speech will be **followed** by a banquet in the dining hall.
샤 씨의 기조연설 후에 다이닝 홀에서 연회가 있습니다.

## enforce
[infɔ́:rs]

enforcement n. 시행

**(법 등을) 시행하다; 요구하다, 강요하다**

The city of Cordova is **enforcing** new traffic regulations.
코르도바 시는 새로운 교통 법규를 시행하고 있다.

## establish
[istǽbliʃ]

establishment n. 시설, 설립
established a. 확립된

**세우다, 설립하다, 확립하다**

The best salespeople **establish** a sense of trust with their buyers.
최고의 판매원은 구매자와 신뢰를 구축한다.

> ● 기출표현 ●
>
> establish long-term partnerships  장기 협업관계를 구축하다
> newly established company  최근 설립된 회사

## refrain
[rifréin]

**삼가다, 자제하다**

Please **refrain** from using mobile phones during the play.
공연 도중에는 휴대폰 사용을 삼가 주십시오.

> ● 기출표현 ●
>
> refrain from -ing  ~하는 것을 삼가다, 자제하다

> **출제 TIP** refrain vs. prohibit
>
> refrain은 '스스로 삼가다'는 의미의 자동사, prohibit은 '타인의 어떤 행위를 금지하다'는 의미의 타동사이므로 주의한다.
>
> Please (**refrain** / ~~prohibit~~) from utilizing or publishing any of the material.  자료를 활용하거나 출판하는 행위를 삼가 주세요.

## cause
[kɔːz]

ⓢ induce 유발하다

**일으키다, 유발하다  ⓝ 원인, 이유**

Some foods **cause** allergic reactions in certain people.
어떤 음식은 특정인에게 알레르기 반응을 유발한다.

## enroll
[inróul]

enrollment n. 등록
ⓢ sign up, register
등록하다

**등록하다, 입학하다**

To **enroll** in the online training course, send an e-mail to the manager.
온라인 교육 강좌에 등록하시려면 매니저에게 이메일을 보내세요.

> ● 기출표현 ●
>
> enroll in the course  강좌에 등록하다
> enroll in an art class  미술 강의에 등록하다

## 17 * investigate
[invéstəgèit]

investigation n. 조사, 분석
investigator n. 조사자

### 조사하다, 분석하다
We are currently **investigating** this matter further.
우리는 현재 이 문제를 추가로 조사하고 있습니다.

● 기출표현 ●

investigate how to부정사 ~하는 방법을 조사하다
investigate Web site security breaches 웹사이트 해킹을 조사하다

---

## 18 * resign
[rizáin]

resignation n. 사임, 퇴직

### 사임하다, 사퇴하다
Mr. Gregory has **resigned** as vice president to pursue other activities.
그레고리 씨는 다른 활동을 하기 위해 부회장직을 사임했다.

---

## 19 ** occur
[əkə́:r]

occurrence n. 발생, 사건
⑧ take place, happen
일어나다, 발생하다

### 발생하다, 일어나다
The failure of access seems to be **occurring** randomly.
접속 실패는 무작위로 발생하는 듯하다.

● 기출표현 ●

unexpected shortages occur 뜻밖에 부족한 사태가 발생하다
occur without warning 경고 없이 일어나다

**출제TIP** 수동태(be p.p.)를 쓰지 않는 자동사

'발생하다, 일어나다'라는 의미의 동사 중 occur, arise, happen, emerge 는 자동사이며 수동태로 쓰일 수 없다.
An error (was occurred / occurred) during the trial test.
시험 테스트 중에 오류가 발생했다.

---

## 20 ** succeed
[səksí:d]

success n. 성공
succession n. 계승
successive a. 연속적인
successful a. 성공적인

### 1. 뒤를 잇다, 계승하다
Mr. Wilkinson will **succeed** Keira Powells, who retired on January 3.
윌킨슨 씨가 1월 3일에 은퇴한 키이라 파월스 씨의 후임이 될 것이다.

### 2. 성공하다
After considerable effort, we have **succeeded** in redesigning the keyboard.
상당한 노력 끝에 우리는 키보드를 다시 디자인하는 데 성공했다.

## 21 ★ assume

- 엥 [əsúːm]
- 영 [əsjúːm]

assumption n. 가정
동 undertake, take on
(일 등을) 맡다

### 1. (권력·책임을) 떠맡다

Harriet Trudeau will **assume** the position vacated by Mr. Zablonski.

해리엇 트뤼도 씨는 자블론스키 씨가 떠난 자리를 맡을 것이다.

### 2. 가정하다

The company **assumes** customers will pay more for higher quality products.

회사는 더 좋은 품질의 상품에 고객이 비싼 금액을 지불할 것이라고 추정한다.

> ● 기출표현 ●
>
> assume[take] responsibility for ~의 책임을 떠맡다
> assume the role 역할을 담당하다

## 22 ★ emerge

[imə́ːrdʒ]

emergence n. 출현, 발생

### 부상하다, 떠오르다

Felton Building Co. has **emerged** as the industry leader in housing.

펠튼 건축회사는 주택 건설업의 선두주자로 부상했다.

> ● 기출표현 ●
>
> an emerging fashion designer 떠오르는 패션 디자이너

## 23 ★ observe

[əbzə́ːrv]

observance n. 준수, 기념
observation n. 관찰
observant a. 준수하는

### 1. 준수하다, 지키다

The company **observes** strict standards regarding environmental protection.

그 기업은 환경 보호와 관련된 엄격한 기준들을 지키고 있다.

### 2. 관찰하다

You are welcome to **observe** the shooting of the scenes.

그 장면의 촬영을 지켜보셔도 좋습니다.

> **출제 TIP** comply vs. observe
>
> comply는 자동사이므로 목적어와 함께 쓸 때 전치사 with를 동반하며, observe는 타동사이므로 목적어를 바로 취한다.
>
> All staff must (~~comply~~ / observe) safety regulations when using work equipment.
> 작업 장비를 사용할 때 모든 직원은 안전 규정을 지켜야 한다.

## 24 ★ expose
[ikspóuz]

exposed
a. 드러나 있는, 노출된
exposure n. 노출, 폭로

### 노출시키다, 드러내다
This ceiling light is not recommended for rooms **exposed** to moisture. 이 천장 조명기구는 습기에 노출된 방에는 권장하지 않습니다.

expose A to B A를 B에 노출시키다    exposed to ~에 노출된

---

## 25 ★★ restrict
[ristríkt]

restriction n. 제한, 규제
restricted a. 제한된, 한정된

### 제한하다, 한정하다
Access to the office building is **restricted** during evening hours. 그 사무용 건물은 저녁 시간에는 출입이 제한된다.

be restricted to ~에 제한되다

---

## 26 ★★ finalize
[fáinəlàiz]

finalization n. 마무리, 완결
final a. 마지막의
finally ad. 마침내

### 마무리하다, 완결하다
I'll provide you with a complete schedule once it is **finalized**. 일정이 확정되면 완전한 일정을 드리겠습니다.

finalize a proposal 제안서를 완성하다

---

## 27 ★ argue
[á:rgju:]

argument n. 주장, 논쟁

### 주장하다, 논의하다
Residents **argue** that the new shopping center is not financially sound.
주민들은 그 신축 쇼핑센터가 재정적으로 견실하지 않다고 주장한다.

---

## 28 ★★★ forward
[fɔ́:rwərd]

### 보내다, 전달하다
Interested parties should **forward** résumés to hiring@capt.com.
관심 있는 관계자들은 hiring@capt.com으로 이력서를 보내야 합니다.

### (ad) 앞으로
At a time that is convenient for you, I'd like to go **forward** with this interview.
귀하가 편한 시간에 인터뷰를 진행하고 싶습니다.

move forward with ~을 추진하다
look forward to -ing ~하기를 고대하다

### 29 ★ insert
[insə́:rt]

**끼워 넣다**

Please check that the filter basket is **inserted** properly.
여과기가 제대로 끼워졌는지 확인하세요.

> ● 기출표현 ●
>
> insert A into B  B에 A를 끼우다
> insert lenses into frames  틀에 렌즈를 끼우다

### 30 ★ speculate
[spékjulèit]

speculation n. 추측

**짐작하다, 추측하다**

Reporters **speculated** that Janggok Media would release its next film by year's end.
기자들은 장곡 미디어가 연말까지 다음 영화를 개봉할 것으로 추측했다.

> ● 기출표현 ●
>
> There is speculation that절  ~이라는 추측이 있다

### 31 ★ qualify
[kwáləfài]

qualification n. 자격
qualified a. 자격 있는

**자격을 얻다, 적합하다**

The sales team must meet the annual target in order to **qualify** for bonuses.
보너스를 받을 자격이 되려면 영업팀은 연간 목표를 달성해야 한다.

> ● 기출표현 ●
>
> qualify for  ~의 자격을 얻다

### 32 ★ surpass
⑩ [sərpǽs]
⑧ [səpáːs]

surpassingly ad. 뛰어나게
unsurpassed
a. 유례 없는, 비길 데가 없는
⑧ exceed 초과하다

**넘어서다, 초과하다, 돌파하다**

Sales of compact cars have **surpassed** industry analysts' predictions.
소형차 판매량이 업계 분석가들의 예상을 넘어섰다.

> ● 기출표현 ●
>
> surpass initial expectations  당초 예상을 넘어서다
> unsurpassed quality  유례 없는 품질

### 33 ★ interfere
[ìntərfíər]

interference n. 방해, 간섭

**방해하다, 간섭하다**

Travelers must not **interfere** with the airport's daily operations.
여행객들은 공항의 일상적인 운영을 방해하면 안 된다.

> ● 기출표현 ●
>
> interfere with  ~을 방해하다

## 34 ★ refer
[rifə́ːr]

reference n. 참고; 추천서

### 참고[참조]하다; 언급하다

Please **refer** to the informational binder on the desk in your guest room.
귀하의 객실 책상 위에 있는 정보집을 참고하세요.

● 기출표현 ●

refer to ~을 참고하다
refer to A as B A를 B라고 부르다

---

## 35 ★ strive
[straiv]

### 노력하다, 애쓰다

Café Rouge's manager is continually **striving** to improve the dessert menu.
카페 루즈의 매니저는 디저트 메뉴를 개선하기 위해 끊임없이 노력하고 있다.

● 기출표현 ●

strive to부정사 ~하려고 노력하다
strive for 명사 ~을 위해 노력하다
strive for a healthy balance 건강한 균형을 위해 노력하다

---

## 36 ★ disregard
[dìsrigáːrd]

### 무시하다, 경시하다 ⓝ 무시

If you have recently renewed your membership, please **disregard** this notice.
최근에 회원 자격을 갱신하셨다면 이 공지를 무시해 주세요.

---

## 37 ★★ object
[əbdʒékt] v.
[ábdʒikt] n.

objection n. 반대
objective n. 목표 a. 객관적인
objectivity n. 객관성

### 반대하다 ⓝ 물건, 대상; 목적

The president **objected** to several of the conditions listed in the contract.
사장은 계약서에 기재된 몇몇 조항에 반대했다.

● 기출표현 ●

object to + (동)명사 ~에 반대하다 (= be opposed to)

---

**PLUS POINT** 동사 + 전치사 to + (동)명사

look forward **to** ~을 고대하다       contribute **to** ~에 공헌하다
adapt **to** ~에 적응하다            consent **to** ~에 동의하다
subscribe **to** ~을 구독하다         refer **to** ~을 참고하다
reply **to** ~에 답하다             respond **to** ~에 대응[응답]하다

## 38 ★ summarize
[sʌ́məràiz]

summary n. 요약, 개요

### 요약하다
This report **summarizes** the results of the survey.
이 보고서는 설문조사 결과를 요약하고 있다.

• 기출표현 •

summarize the history of a company  회사 연혁을 요약하다
summarize a recent meeting  최근 회의를 요약하다

## 39 ★ waive
[weiv]

### (권리 등을) 포기하다, 적용하지 않다
Registration fees were **waived** for those who volunteered to work.
자원해서 일하는 사람들에게는 등록비가 면제되었다.

• 기출표현 •

waive fees  비용을 면제하다
waive delivery fees for frequent customers
단골에게 배송비를 면제하다
waive shipping charges on large orders
대량 주문에 배송비를 면제하다

## 40 ★ overhaul
[ouvərhɔ́:l] v.
[óuvərhɔ:l] n.

### (철저히) 점검하다  ⓝ 점검, 정비
The objective of the project is to **overhaul** bridges in need of repairs.
프로젝트의 목적은 수리가 필요한 다리들을 점검하는 것이다.

## 41 ★ facilitate
[fəsílətèit]

facilitator n. 조력자
facilitation
n. 촉진, 용이하게 함

### 가능하게 하다, 촉진하다
To **facilitate** the process, please provide the model number of your printer.
절차를 원활하게 진행하려면 프린터의 모델 번호를 알려주세요.

• 기출표현 •

facilitate the use of public transportation
대중교통 이용을 용이하게 만들다
facilitate planning of a building project
건축 프로젝트 기획을 용이하게 만들다

## 42 ★ yield
[ji:ld]

### (수익·결과 등을) 내다, 산출하다  ⓝ 산출(액), 수확(량)
Our direct marketing promotion **yielded** very positive results.
우리의 직접 마케팅 홍보가 아주 긍정적인 결과를 냈다.

동사(3)

DAY 13

## 43 ★ revert
[rivə́ːrt]

### (본래의 습관이나 상태로) 되돌아가다

To save money, many people **reverted** to using public transport.
돈을 아끼기 위해 많은 사람들이 다시 대중교통을 이용했다.

> ● 기출표현 ●
> revert to the original system  원래 시스템으로 돌아가다

## 44 ★ relinquish
[rilíŋkwiʃ]

### 포기하다, 넘기다

Mr. Jung **relinquished** his position as the merger succeeded.
합병이 성공하면서 정 씨는 자신의 직위를 포기했다.

## 45 ★ rely
[rilái]

reliance n. 의존
⑧ depend[rest] on
~에 의존하다

### 의존하다

Estway Theater's advertising strategy **relies** on digital media.
에스트웨이 극장의 광고 전략은 디지털 미디어에 의존한다.

> ● 기출표현 ●
> rely heavily on  ~에 크게 의존하다
> rely solely on  오로지 ~에만 의존하다

## 46 ★ affix
[əfíks]

⑧ attach 첨부하다

### 붙이다, 부착하다

Before a CE mark can be **affixed** to a product, it must pass inspection.
제품에 CE 마크를 붙이려면 검사부터 통과해야 한다.

> ● 기출표현 ●
> affix[attach] A to B  A를 B에 붙이다

## 47 ★ integrate
[íntəgrèit]

integration n. 통합

### 통합시키다

Bella Holdings plans to **integrate** two of its factories to minimize costs.
벨라 홀딩스는 비용을 최소화하기 위해서 공장 두 군데를 통합할 계획이다.

> ● 기출표현 ●
> be integrated into  ~으로 통합되다

## solidify
[səlídəfài]

solid a. 단단한 n. 고체

**굳히다, 확고히 하다**

Laura Jenkins will soon **solidify** the dates for the Wild Music exhibit.

로라 젠킨스 씨가 곧 와일드 뮤직 전시 일정을 확정할 것입니다.

● 기출표현 ●

solidify the position 입지를 굳히다

## encompass
[inkʌ́mpəs]

**포함하다, 에워싸다**

Opinaca Mountain Preserve **encompasses** 52 square kilometres of terrain.

오피나카 산 보호구역은 52평방 킬로미터의 지형을 포함한다.

## institute
[ínstətjùːt]

institution n. 기관, 협회

**(제도 등을) 마련하다, 설치하다 ⓝ 기관, 협회**

The cafeteria is **instituting** a new policy.

구내 식당은 새로운 규정을 마련하고 있다.

● 기출표현 ●

institute a system 시스템을 마련하다

## discard
[diskáːrd]

**버리다, 폐기하다**

Items found in the airport terminals are stored for 90 days before being **discarded**.

공항 터미널에서 발견된 물품은 폐기되기 전에 90일 동안 보관됩니다.

## introduce
[ìntrədjúːs]

introduction n. 소개

**도입하다, 시작하다**

We are **introducing** a new discount policy for all Harbolt's employees.

우리는 하볼트의 모든 직원을 위한 새로운 할인 정책을 도입할 예정입니다.

● 기출표현 ●

introduce a new initiative 새로운 계획을 도입하다

동사(3) | DAY 13

# CHECK-UP QUIZ

**A** 단어의 의미를 찾아 연결하세요.

01 surpass ·                    · ⓐ 넘어서다, 초과하다, 돌파하다

02 restrict ·                    · ⓑ 제한하다, 한정하다

03 enroll ·                     · ⓒ 노력하다, 애쓰다

04 maintain ·                   · ⓓ 등록하다, 입학하다

05 strive ·                     · ⓔ 유지하다; (건물 등을) 관리하다

**B** 보기에서 적절한 어휘를 골라 우리말 뜻에 맞게 빈칸을 채우세요.

> ⓐ ensure   ⓑ object   ⓒ cause   ⓓ examine   ⓔ forward

06 대출 신청서를 **검토하다**          _____ loan applications

07 신속한 배송을 **보장하다**          _____ fast delivery

08 부장에게 이메일을 **보내다**         _____ the e-mail to a manager

09 가격 인상에 **반대하다**           _____ to a price increase

**C** 문장 속 우리말 힌트를 보며 빈칸에 들어갈 적절한 어휘를 고르세요.

> ⓐ qualify   ⓑ waive   ⓒ overhaul   ⓓ yield   ⓔ integrate

10 A well-run catering business can _____내다_____ excellent profits.

11 In some cases, the airline may ___적용하지 않다___ its cancellation fee.

12 The property manager plans to ___점검하다___ the building's heating system.

---

보기 중 빈칸에 들어갈 가장 알맞은 어휘를 고르세요.

1   Last year, the Fromley Company _____ an internship program for trade school students studying electrical technology.

(A) expressed       (B) specialized       (C) signaled       (D) established

2   Reports suggest that weather conditions will _____ the July operations of Icehouse Fisheries Ltd.

(A) interfere with   (B) correspond to   (C) fall behind       (D) rely on

3   Mr. Nahm has been promoted to Senior Vice President of Sales and _____ his new role on March 1.

(A) remains       (B) concerns       (C) assumes       (D) participates

4   Workshop participants may choose any seat in the auditorium except those in the front row, which are _____ for the presenters.

(A) chaired       (B) reserved       (C) substituted       (D) performed

5   The full name of the store is The Book Escape for the Imaginative, but it is usually _____ as The Escape.

(A) referred to       (B) installed       (C) balanced       (D) expanded upon

6   While the accounting department is closed, all billing questions will be _____ by the customer service department.

(A) expired       (B) handled       (C) replied       (D) attended

7   After interviewing Ms. Garcia personally, the company president _____ the committee's decision to hire her as chief financial officer.

(A) finalized       (B) designed       (C) hosted       (D) created

동사(3)

DAY 13

| | |
|---|---|
| ☐ tie | 묶다, 매다 |
| ☐ elect | 선출하다 |
| ☐ weaken | 약화시키다 |
| ☐ refill | 다시 채우다 |
| ☐ make clear | 명료하게 하다 |
| ☐ vacate | 비우다; 떠나다 |
| ☐ show up | 나타나다, 돋보이게 하다 |
| ☐ fail to | ~을 못하다 |
| ☐ uncover | 털어놓다, 폭로하다 |
| ☐ try out | 시험적으로 사용해 보다 |
| ☐ warn | 경고하다, 주의 주다 |
| ☐ finish | 끝내다, 완성하다, 마무리하다 |
| ☐ do one's best | 최선을 다하다 |
| ☐ obey | 복종하다, 따르다, 준수하다 |
| ☐ have nothing to do with | ~와 관련이 없다 |
| ☐ have something to do with | ~와 관련이 있다 |
| ☐ translate | 번역하다, 알기 쉽게 설명하다 |
| ☐ take charge of | ~을 담당하다 |
| ☐ enable | 가능[용이]하게 하다 |
| ☐ hinder | 방해하다, 가로막다 |
| ☐ compose | 작곡하다; 작성하다 |
| ☐ look into | ~을 조사하다 |
| ☐ underestimate | 과소평가하다 |
| ☐ sue | 고소하다, 소송을 제기하다 |
| ☐ service | 수리하다 |

| | | |
|---|---|---|
| ☐ | outpace | 앞지르다 |
| ☐ | conform to | ~을 따르다, 충족시키다 |
| ☐ | meditate | 꾀하다, 계획하다; 묵상하다 |
| ☐ | prop | 지지하다; 기대다 |
| ☐ | exercise one's right | 권리를 행사하다 |
| ☐ | break ground | (건물 따위의) 공사를 시작하다, 착공[기공]하다 |
| ☐ | threaten | 위협하다, (나쁜 일이) 닥칠 듯하다 |
| ☐ | restructure | 재구성하다; 구조조정을 하다 |

---

| | | |
|---|---|---|
| ☐ | consolidate | 통합하다; 강화하다 |
| ☐ | dwell | 살다, 거주하다(= inhabit, live) |
| ☐ | succumb to | ~에 굴복하다, 복종하다 |
| ☐ | exemplify | 예증하다, 좋은 예가 되다 |
| ☐ | captivate | 사로잡다, 매혹하다 |
| ☐ | fabricate | 날조하다, 조작하다 |
| ☐ | impair | 손상시키다  n. 손상 |
| ☐ | come[go] into effect | 효력이 발생되다, 실시되다 |

---

| | | |
|---|---|---|
| ☐ | improvise | 즉석에서 하다, 즉흥적으로 하다 |
| ☐ | strew | 뿌리다, 흩뿌리다 |
| ☐ | propel | 나아가게 하다, 추진하다 |
| ☐ | steer | 조종[운전]하다; (일정 방향으로) 나아가게 하다 |
| ☐ | set forth | 출발하다; 제시하다; 설명하다 |
| ☐ | demolish | 파괴하다, 허물다 |
| ☐ | put on hold | 보류하다, 연기하다 |
| ☐ | envision | 구상하다, 마음속에 그리다 |
| ☐ | lag | 처지다, 뒤떨어지다, 낙후되다 |

동사(3)

DAY 13

# 동사 기출 어휘 (4)

## 01 reschedule
★★★
⑩ [rìːskédʒuːl]
⑲ [riːʃédjuːl]

**(일정을) 다시 잡다, 조정하다**

Tomorrow's class has been canceled and will be **rescheduled**.

내일 강좌는 취소됐고 다시 일정이 잡힐 것입니다.

> • 기출표현 •
> reschedule an appointment 약속을 다시 잡다
> reschedule a deadline 마감일을 조정하다

## 02 separate
★★★
[sépərèit] v.
[sépərət] a.

separation n. 분리
separated a. 분리된
separately ad. 따로, 각자

**분리하다, 가르다  ⓐ 분리된, 별개의**

International experience is the main qualification that **separates** Mr. Sloan from the other candidates.

해외 경력은 슬론 씨와 다른 지원자들을 구분하는 주된 자질이다.

> • 기출표현 •
> separate A from B A와 B를 분리하다

## 03 exhibit
★★★
[igzíbit]

exhibition n. 전시회
exhibitor n. 출품자

**전시하다, 나타내다**

At this time, we are unable to **exhibit** your photographs in the shop.

이번에 저희는 귀하의 사진을 매장에 전시할 수 없습니다.

**ⓝ 전시(회), 전시품**

I am responsible for the coordination of special **exhibits**.

저는 특별 전시회의 기획을 맡고 있습니다.

## 04 compare
★★
[kəmpέər]

comparison n. 비교, 비유
comparable
a. 비교할 만한, 필적하는
compatible a. 호환되는

**비교하다, 비유하다**

Vanway-Parker earned $120 million in profits this year **compared** with $60 million last year.

밴웨이 파커사는 지난해 6천만 달러와 비교해 올해 1억 2천만 달러의 수익을 올렸다.

> • 기출표현 •
> compare A with B A를 B와 비교하다
> compared to[with] ~와 비교할 때

## 05 ★★ remain
[riméin]

remainder n. 나머지, 잔액
remaining a. 남아 있는

### 남아 있다, 유지하다
All shelves in the holiday merchandise section need to **remain** fully stocked.
휴가용 상품 코너의 모든 진열대에는 상품이 충분히 비축되어 있어야 한다.

• 기출표현 •

remain intact 온전한 상태로 남아 있다
remain in effect 여전히 유효하다
$1,000 remaining 1,000달러 남아 있는

---

출제 TIP   remain 뒤에 형용사 주격 보어를 찾는 문제가 출제되곤 한다.

Your personal information in your résumé remains
(**confidential** / ~~confidentially~~).
이력서에 있는 귀하의 개인 정보는 기밀로 유지됩니다.

---

## 06 ★★★ allow
[əláu]

allowance
n. 허용량, 수당, 용돈
allowable a. 허용할 수 있는

### 허용하다, 허락하다
Club members are **allowed** to attend the seminar at no cost.
클럽 회원들은 세미나에 무료로 참석하는 것이 허용된다.

• 기출표현 •

allow A to부정사  A가 ~하는 것을 허용하다
be allowed to부정사  ~하는 것이 허용되다

---

## 07 ★★★ announce
[ənáuns]

announcement n. 발표
announcer
n. 방송 진행자, 아나운서

### 발표하다, 공표하다
We are pleased to **announce** that Teresa Park has joined the Severin Law Firm.
테레사 박 씨가 세버린 법률 회사에 합류하게 되었음을 발표하게 되어 기쁩니다.

• 기출표현 •

announce a new policy 새로운 정책을 발표하다
announce a firm's relocation  회사 이전을 발표하다

---

출제 TIP   announce (to 사람) that절 vs. inform 사람 that절

announce는 뒤에 that절을 목적어로 바로 취하고, inform은 that절 앞에 사람 목적어가 필요하다.

The president (**announced** / ~~informed~~) that a bonus will be awarded to the factory division.
회장은 공장 부서에 보너스가 지급될 예정이라고 발표했다.

동사(4)

DAY 14

# oversee
[òuvərsíː]

⑧ supervise 감독하다

**(직원·일 따위를) 감독하다; 두루 살피다**

Ms. Sato is responsible for **overseeing** the design of our product lines.
사토 씨는 우리 제품군의 디자인을 감독하는 책임을 맡고 있습니다.

● 기출표현 ●
oversee a new project 새 프로젝트를 감독하다
oversee multiple buildings 여러 건물을 관리하다

# meet [miːt]
⑧ satisfy, fulfill 만족시키다

**맞추다, 충족하다**

The newly manufactured components do not **meet** the quality requirements.
새로 제조된 부품들은 품질 요건을 충족시키지 못한다.

● 기출표현 ●
meet the needs[demand] 요구[수요]를 충족하다
meet the deadline 마감 기한을 맞추다
meet the qualifications 자격 요건을 충족하다

# instruct
[instrʌ́kt]

instruction n. 교육, 설명, 지시
instructor n. 강사
instructive a. 교육적인, 유익한

**지시하다, 교육하다**

Branch offices are **instructed** to close at 4:30 P.M. this Thursday. 지사들은 이번 목요일 오후 4시 30분에 문을 닫도록 지시받았다.

● 기출표현 ●
instruct A to부정사 A에게 ~하라고 지시하다
be instructed to부정사 ~하라고 지시받다

# broaden
[brɔ́ːdn]

broad a. 넓은, 광범위한
broadly ad. 널리, 광범위하게

**넓히다, 확대하다**

Highway 49 will soon be **broadened** from two lanes to four.
49번 고속도로가 머지않아 2차선에서 4차선으로 확장될 예정입니다.

# book
[buk]

booking n. 예약
⑧ reserve 예약하다

**예약하다** ⓝ 책, 도서

Our company travel agent will **book** all of your accommodations.
저희 회사의 제휴 여행사가 귀하의 모든 숙소를 예약할 겁니다.

● 기출표현 ●
book a round-trip flight 왕복 비행편을 예약하다
be fully booked 예약이 꽉 차다

## 13 ★ admit
[ədmít]

admission n. 입장, 입학

### 1. (입장·입학 등을) 허락하다
Badge **admits** one person to the Construction Training Show.
배지로 한 사람이 건설 교육 박람회에 입장할 수 있다.

### 2. (사실이라고) 인정하다; (~했음을) 시인하다
Chien Motors **admits** that the prototype was rejected because of its excessive size.
치엔 모터스는 시제품이 과도한 크기 때문에 불합격 처리되었음을 인정한다.

## 14 ★★★ notify
[nóutəfài]

notification n. 알림, 통지
⑧ inform 알리다

### 알리다, 통보하다
Please **notify** Ms. Chen that the meeting has been rescheduled.
회의 날짜가 조정되었다고 첸 씨에게 알려 주세요.

● 기출표현 ●

notify A of B  A에게 B를 통보하다
notify A that절  A에게 ~라고 알리다

## 15 ★★★ represent
[rèprizént]

representative
n. 대표자, 직원 a. 대표적인
representation
n. 대표; 묘사, 표현

### 대표하다, 대신하다
Mr. Wilkinson will be responsible for **representing** the firm externally.
윌킨슨 씨는 대외적으로 회사를 대표하는 책임을 맡을 예정이다.

● 기출표현 ●

represent a local organization  지역 단체를 대표하다
represent a particular time period  특정 시대를 대표하다
a company representative  회사 대표
a customer service representative  고객 서비스 담당자

## 16 ★★★ advise
[ədváiz]

advice n. 조언, 충고
advisor n. 조언자, 고문
advisable a. 바람직한
advisory a. 조언하는, 자문의

### 조언하다, 충고하다
Any person involved in a legal case is **advised** to consult a lawyer.
소송에 연루된 사람이라면 누구든지 변호사와 상담할 것을 권유합니다.

● 기출표현 ●

advise A to부정사  A에게 ~하라고 충고하다
be advised to부정사  ~하라는 권유를 받다

## 17 ★★ expire
[ikspáiər]

expiration n. 만료, 만기
expired a. 만료된
expiry n. 만료, 만기

**(기한이) 만료되다, 만기가 되다**

Your subscription to *My Gourmet Table* will **expire** very soon.

귀하의 〈마이 고메이 테이블〉 구독이 곧 만료됩니다.

> **출제TIP** expire vs. invalidate
>
> expire는 계약 기한, 유통 기간 등이 만료됨을 뜻하며, invalidate은 계약, 문서 등이 법적인 이유로 무효가 됨을 나타낸다.
>
> The contractor's bankruptcy instantly **invalidated** their current work contract.
>
> 계약자의 파산으로 그들의 현재 작업 계약서가 즉시 무효가 되었다.

## 18 ★★★ depart
[dipá:rt]

departure n. 출발

**떠나다, 출발하다**

Arrive at the airport two hours before your flight is scheduled to **depart**.

항공편의 출발 예정 시각 2시간 전에 공항에 도착하세요.

> **● 기출표현 ●**
> **depart from** ~에서 출발하다, 떠나다
> **depart for** ~으로 출발하다

## 19 ★★★ appoint
[əpɔ́int]

appointment n. 임명, 약속
appointed a. 임명된, 지정된

**임명하다; (약속 시간 등을) 정하다**

Geraldo Guiterez has been **appointed** to a prestigious position.

제랄도 기테레즈 씨가 명망 있는 직위에 임명되었다.

> **● 기출표현 ●**
> **appoint a new president** 신임 회장을 임명하다
> **be appointed as the new chairperson** 신임 의장으로 임명되다

## 20 ★★★ result
[rizʌ́lt]

**(결과로) 되다** ⓝ **결과**

The new marketing strategy will **result** in an increase in sales.

새로운 마케팅 전략으로 매출이 증가할 것이다.

> **● 기출표현 ●**
> **result in + 결과** ~을 초래하다    **result from + 원인** ~에서 기인하다
> **as a result of** ~의 결과로

## 21 ***
**equip**
[ikwíp]

equipment n. 장비

**(장비를) 갖추다, 설비하다**

Each room is **equipped** with television and Internet access.
각 방에는 텔레비전과 인터넷이 갖추어져 있다.

> • 기출표현 •
> equip A with B  A에 B를 갖추다
> be equipped with  ~이 갖추어져 있다

## 22 ***
**remove**
[rimú:v]

removal n. 제거
removable
a. 제거할 수 있는, 뗄 수 있는

**제거하다, 없애다**

The Refresh 2000 will **remove** dirt from your carpet to your satisfaction.
더 리프레시 2000은 만족스럽게 귀하의 카펫에서 먼지를 제거해 드릴 것입니다.

> • 기출표현 •
> remove personal items  개인 물품을 치우다
> remove a discount  할인을 없애다

## 23 **
**target**
[tá:rgit]

**목표로 삼다, 겨냥하다    ⓝ 목표, 표적**

Gyeong Designs changed its marketing strategy to **target** restaurant owners.
경 디자인즈는 식당 주인들을 겨냥해 마케팅 전략을 수정했다.

> • 기출표현 •
> target a different demographic  다른 인구 집단을 겨냥하다
> production target  생산 목표        sales targets  매출 목표

## 24 **
**appeal**
[əpí:l]

appealing
a. 매력적인, 마음을 끄는
ⓢ attract 끌다

**흥미를 끌다, 매료하다**

The packaging of Ozig cereal will be changed to **appeal** to a wider market.
오지그 시리얼의 포장은 더 넓은 시장의 관심을 끌도록 변경될 것이다.

> • 기출표현 •
> appeal to  ~의 흥미를 끌다 (= attract)

## 25 **
**subscribe**
[səbskráib]

subscription n. 구독
subscriber n. 구독자

**(신문·잡지 등을) 구독하다**

If you wish to **subscribe** to the journal, please contact Mario Ellis.
저널을 구독하고 싶으시면 마리오 엘리스 씨에게 연락하세요.

동사(4)

DAY 14

# adhere [ədhíər]

adherence n. 고수
adhesive a. 접착성의

## 준수하다, 고수하다; 들러붙다

The technicians **adhere** to strict regulations.
그 기술자들은 엄격한 규정을 준수한다.

● 기출표현 ●

adhere to ~을 준수하다 (= comply with, observe)

---

# conserve
[kənsə́:rv]

conservation
n. 보존, 보호

## 절약하다, 보존하다

The new system should help us meet our goal of
**conserving** electricity.
새로운 시스템은 우리가 전기 절약 목표를 달성하도록 도와줄 것이다.

---

# eliminate
[ilímənèit]

elimination n. 제거
⑧ remove, get rid of
제거하다

## 없애다, 제거하다

Some positions in the company may be **eliminated**.
회사의 일부 직책들은 없어질 수도 있다.

● 기출표현 ●

eliminate computer viruses 컴퓨터 바이러스를 제거하다
eliminate excess inventory 남아도는 재고품을 없애다

---

# cooperate
[kouápərèit]

cooperation n. 협력
cooperative a. 협력하는
cooperatively
ad. 협력하여

## 협력하다

This company **cooperates** in recycling programs by
using only recyclable materials in packaging.
본사는 재활용 가능한 재료만을 포장에 사용해 재활용 프로그램에 협력하고 있습니다.

● 기출표현 ●

cooperate with ~와 협력하다
cooperate on[in] ~에 대해 협력하다

출제 TIP ◀ cooperate on vs. with
cooperate (on̶/ with) the authorities 당국과 협력하다

---

# encounter
[inkáuntər]

## (문제 등에) 직면하다, 부딪히다; (우연히) 만나다

If you **encounter** any difficulties, contact Peter Chang for
assistance.
만약 어려움에 부딪히면 피터 챙 씨에게 연락해서 도움을 요청하세요.

## 31 ★★★ provide

[prəváid]

provision n. 공급
provider n. 공급자

### 제공하다, 공급하다

At Pizza Delight, we want to **provide** our customers with the best service.
피자 딜라이트는 고객에게 최상의 서비스를 제공하고자 합니다.

● 기출표현 ●

provide A with B  A에게 B를 제공하다
(= provide B to A = provide B for A)
be provided with  ~이 갖추어져 있다

## 32 ★★ contribute

㉠ [kəntríbjuːt]
㉡ [kántribjuːt]

contribution n. 기여, 공헌
contributor n. 기여자

### 기여하다, 공헌하다; 제공하다

A number of sponsors **contributed** to this year's production.
많은 후원자들이 올해의 제작에 기여했다.

● 기출표현 ●

contribute to a successful business  사업 성공에 기여하다
contribute a small amount  소액을 기부하다

## 33 ★★ resolve

[rizálv]

resolution n. 해결, 결심

### (문제 등을) 해결하다

Ms. Jameson has begun working on **resolving** the problems.
제임슨 씨는 문제를 해결하기 위한 작업에 착수했다.

● 기출표현 ●

resolve the issue[problem]  쟁점을[문제를] 해결하다

## 34 ★ utilize

[júːtəlàiz]

utilization n. 활용

### 활용하다, 이용하다

Computer technology is **utilized** to improve product quality.
컴퓨터 기술은 제품의 품질을 개선하는 데 활용된다.

● 기출표현 ●

utilize technology in the presentation  발표회에 기술을 활용하다

## 35 ★ prolong

[prəlɔ́ːŋ]

prolonged
a. 장기의, 오래가는

### (시간·공간을) 늘이다, 연장하다

Schedule regular maintenance to **prolong** the life of equipment.
장비의 수명을 연장하기 위해 정기 점검 계획을 세우세요.

동사(4) ── DAY 14

## 36 ★★★ anticipate
[æntísəpeit]

anticipation
n. 예상, 기대

⑧ expect, project
예상하다

### 예상하다, 기대하다
Milestone **anticipates** significant revenue increases over the next decade.
마일스톤사는 향후 10년 동안 상당한 수익 증가를 예상한다.

**• 기출표현 •**

anticipated result[outcome] 예상되는 결과
비교급 than anticipated 예상했던 것보다 더[덜] ~한

## 37 ★★ combine
[kəmbáin]

combination n. 결합
combined a. 결합한

### 결합시키다
This book **combines** solid financial theory with practical applications.
이 책은 견실한 재무 이론과 실용적인 응용을 결합하고 있다.

**• 기출표현 •**

combine A with B A를 B와 결합시키다
combined experience[efforts] 결합된 경험[노력]

## 38 ★ settle
[sétl]

settlement n. 해결, 합의
settled a. 해결된; 정착된

### 해결하다, 처리하다; 정착하다
A customer service representative will **settle** the billing issues.
고객 서비스 직원이 청구 문제를 해결할 것이다.

**• 기출표현 •**

settle a disagreement 이견을 해소하다
settle in the outskirts of the city 시 외곽에 정착하다

## 39 ★ attribute
[ətríbjuːt]

### 탓[공]으로 돌리다
Darjing Food Company has **attributed** its popularity to changes in its recipes.
다징 푸드사는 자신들의 인기를 조리법 변화 덕으로 돌리고 있다.

**• 기출표현 •**

attribute A to B A를 B의 탓[공]으로 돌리다
(=credit A to B = credit B with A)

## 40 ★ emphasize
[émfəsàiz]

emphasis n. 강조
ⓢ highlight, stress
강조하다

### (사실·중요성 따위를) 강조하다; 역설하다
To **emphasize** the point, Mr. Noh stressed the need for effective communication.
요지를 강조하기 위해 노 씨는 효과적인 의사소통의 필요성을 역설했다.

● 기출표현 ●

put emphasis on ~에 중점을 두다

## 41 ★ patronize
[péitrənàiz, pǽtrənàiz]

patron n. 고객, 후원자
patronage n. 애용

### 애용하다, 후원하다
We invite visitors to **patronize** the restaurants on the waterfront.
우리는 방문객들에게 해안의 식당들을 애용하라고 권한다.

## 42 ★ redeem
[ridí:m]

redeemable
a. (현금이나 상품으로) 바꿀 수 있는

### (현금이나 상품으로) 바꾸다
Points can be **redeemed** to purchase airline tickets.
포인트는 항공권을 구매할 때 현금처럼 쓸 수 있습니다.

● 기출표현 ●

redeem a coupon 쿠폰을 상품으로 바꾸다
redeemable coupon 상품으로 교환 가능한 쿠폰

## 43 ★ abolish
[əbáliʃ]

abolition n. 폐지

### (법률·제도 등을) 폐지하다
The company plans to **abolish** its telecommuting options.
회사는 선택적 재택 근무를 폐지할 계획이다.

## 44 ★ dispose
[dispóuz]

disposal n. 처분, 폐기
disposable
a. 처분할 수 있는, 일회용의

### 처리하다; 버리다
Polystyrene cannot be recycled and should be **disposed** of as ordinary trash.
폴리스티렌은 재활용할 수 없으므로 일반 쓰레기로 처리되어야 한다.

● 기출표현 ●

dispose of ~을 버리다, 처분하다 (= discard)
disposable containers 일회용 용기

동사(4)

DAY 14

## ⁴⁵ amend
[əménd]

amendment n. 수정, 개정
amendable a. 수정할 수 있는
⊜ modify, revise 수정하다

### (법률·계약 따위를) 고치다, 수정하다; (건물 등을) 개량하다
We can **amend** your previous contract with us to account for these changes.
우리는 이러한 변화를 감안해 귀하가 당사와 맺은 이전 계약을 수정할 수 있습니다.

● 기출표현 ●
the amended building specifications 수정된 설계 명세서

## ⁴⁶ commence
[kəméns]

commencement n. 시작

### 시작되다, 시작하다
The long-anticipated renovations will **commence** April 12.
오랫동안 기대했던 개조 공사가 4월 12일에 시작될 예정입니다.

## ⁴⁷ conceive
[kənsíːv]

### (계획 등을) 생각해 내다, 구상하다
The architect was asked to **conceive** an idea for the new headquarters.
그 건축가는 본사 신축 건물의 설계안을 구상해 달라는 요청을 받았다.

## ⁴⁸ activate
[ǽktəvèit]

activation n. 활성화

### (기계·시스템 등을) 가동하다; (계정 등을) 활성화하다
Allow three days for our order department to **activate** your account.
사흘만 기다리시면 주문 부서가 고객님의 계정을 활성화하겠습니다.

● 기출표현 ●
activate an account 계좌를 활성화하다
activate an automatic system 자동 시스템을 가동하다

## ⁴⁹ thrive
[θraiv]

⊜ prosper, flourish
번영하다

### 번영하다
The shipping industry **thrives** in cities with huge harbors.
해운업은 거대한 항구를 끼고 있는 도시에서 번창한다.

● 기출표현 ●
thrive and grow 융성하고 성장하다
thrive in a similar climate 비슷한 기후에서 잘 자라다

## 50
### assess
[əsés]

assessment n. 평가

**평가하다**

*Reviews Online* has **assessed** four of the top-selling printing machines.
〈리뷰즈 온라인〉은 가장 많이 팔리는 인쇄기 4대를 평가했다.

• 기출표현 •
assessed value (부동산 등의) 감정 가격

---

## 51
### complement
[kámpləmənt]

complementary
a. 상호 보완적인

**보완하다, 보충하다  ⓝ 보완물**

The PPAC needs to create paper brochures to **complement** our Web site.
PPAC는 웹사이트를 보완하기 위한 종이 소책자를 제작해야 한다.

> **출제TIP** complement vs. compliment
>
> complement는 '보완물, 보완하다'라는 의미이고, compliment는 '칭찬, 칭찬하다'라는 뜻으로 쓰인다.

---

## 52
### capture
[kǽptʃər]

**붙잡다, 포착하다**

The artists share an interest in **capturing** the beauty of the local landscape.
예술가들은 지역 풍경의 아름다움을 포착하는 데 관심을 가지고 있다.

---

## 53
### reflect
[riflékt]

reflection n. 반영

**반영하다, 나타내다**

The agreement does not **reflect** the negotiated figures agreed upon in our last meeting.
지난 회의 때 우리가 협상한 액수가 계약서에 반영되지 않았습니다.

---

## 54
### offset
[ɔ́:fsèt]

**상쇄하다, 보충하다**

Employees have to work overtime to **offset** the production shortfall caused by weather disruptions.
직원들은 날씨 차질로 인한 생산 부족분을 상쇄하기 위해 야근을 해야 한다.

동사(4)

DAY 14

# CHECK-UP QUIZ

A  단어의 의미를 찾아 연결하세요.

01  compare    •             • ⓐ 활용하다, 이용하다

02  expire     •             • ⓑ 만료되다, 만기가 되다

03  eliminate  •             • ⓒ 맞추다, 충족하다

04  utilize    •             • ⓓ 비교하다, 비유하다

05  meet     •             • ⓔ 없애다, 제거하다

B  보기에서 적절한 어휘를 골라 우리말 뜻에 맞게 빈칸을 채우세요.

> ⓐ resolve   ⓑ oversee   ⓒ anticipate   ⓓ assess   ⓔ separate

06  높은 수요를 **예상하다**    _____ strong demand

07  고객 불만을 **해결하다**    _____ customers' complaints

08  고객의 필요를 **평가하다**    _____ the needs of clients

09  건설 프로젝트를 **감독하다**    _____ a construction project

C  문장 속 우리말 힌트를 보며 빈칸에 들어갈 적절한 어휘를 고르세요.

> ⓐ encounter   ⓑ instruct   ⓒ redeem   ⓓ subscribe   ⓔ conserve

10  We will _____지시하다\_\_\_\_\_ the new factory employees to wear safety helmets.

11  Shoppers may \_\_\_\_현금으로 바꾸다\_\_\_\_ this coupon on or before May 1.

12  City officials urged residents to \_\_\_\_\_절약하다\_\_\_\_\_ water.

---

# ETS 기출 TEST

보기 중 빈칸에 들어갈 가장 알맞은 어휘를 고르세요.

**1** Mr. Lewis was _____ the operations manager after a lengthy interview.

(A) decided      (B) invested      (C) appointed      (D) located

**2** Please check in with Ms. Nakamura's assistant when you arrive so he can _____ her of your arrival.

(A) speak      (B) notify      (C) report      (D) attend

**3** The Royal Palm Tree Hotel _____ guests with complimentary shuttle service to and from the airport.

(A) extends      (B) provides      (C) contributes      (D) offers

**4** Staff members at Danville Machines are _____ to take one 30-minute break during every 8-hour shift.

(A) allowed      (B) forgotten      (C) admired      (D) regarded

**5** Despite the failure to finalize the deal, relations between Hilva Petrol and U&R _____ harmonious.

(A) reach      (B) result      (C) remain      (D) reveal

**6** Beginning August 1, Carla Frist will _____ the company as its attorney in all dealings with the local government.

(A) attend      (B) perform      (C) express      (D) represent

**7** Upgrading the technological equipment at Mt. Hudson Training Center may _____ to a better learning experience for the students.

(A) offer      (B) submit      (C) donate      (D) contribute

동사(4)

DAY 14

**토익 기본 어휘**

| | | |
|---|---|---|
| ☐ | undersell | ~보다 싸게 팔다 |
| ☐ | outsell | ~보다 많이[빨리, 비싸게] 팔다 |
| ☐ | put together | (모아서) 만들다; 작성하다; 조립하다 |
| ☐ | flash | 깜빡이다 |
| ☐ | rebate | 환불해 주다 |
| ☐ | pay off | 성과가 나다, (빚을) 전액 갚다 |
| ☐ | disagree | 의견을 달리하다, 일치하지 않다 |
| ☐ | single out | 선발하다, 발탁하다 |

| | | |
|---|---|---|
| ☐ | vaccinate | 예방 접종하다 |
| ☐ | treat | 치료하다, 처치하다 |
| ☐ | support | 지지하다, 지탱하다 |
| ☐ | illustrate | 설명하다 |
| ☐ | sign up | 등록하다 |
| ☐ | defeat | 패배시키다 |
| ☐ | stream | 연속적으로 전송하다 |
| ☐ | bury | 매장하다, 묻다 |

| | | |
|---|---|---|
| ☐ | recite | 낭송하다, 암송하다 |
| ☐ | turn around | 호전되다, 호전시키다 |
| ☐ | downsize | 줄이다, 구조조정하다 |
| ☐ | depict | 묘사하다 |
| ☐ | turn to | ~에게 의지하다; ~을 참조하다 |
| ☐ | devote | 바치다, 헌신하다 |
| ☐ | infect | 감염시키다 |
| ☐ | telecommute | 재택 근무하다 (= work from home) |
| ☐ | transform | 변형시키다 |

# ● 동사 (4)

동사(4)

DAY 14

**토익 만점 어휘**

| | |
|---|---|
| ☐ dispatch | 발송하다 |
| ☐ overestimate | 과대 평가하다 |
| ☐ commend | 칭찬하다; 기리다 |
| ☐ compensate | 보상하다 |
| ☐ undercharge | 과소 청구하다, (요금 등을) 덜 받다 |
| ☐ confine | 가두다; 한정시키다, 제한하다 |
| ☐ constitute | 구성하다; ~와 다름없다 |
| ☐ allot | 할당하다 |
| | |
| ☐ inaugurate | 개시하다, 취임시키다 |
| ☐ incorporate | 통합하다, 포함하다, 편입하다 |
| ☐ embark on[upon] | (사업 등에) 착수하다, 시작하다 |
| ☐ induce | 유발하다 |
| ☐ cease | 그치다, 그만두다, 중지하다 |
| ☐ refurbish | 재단장하다 |
| ☐ disperse | 흩어지다 |
| ☐ stipulate | 명시하다 |
| | |
| ☐ rectify | 바로잡다, 해결하다 |
| ☐ rave | 격찬하다 |
| ☐ empower | 권한을 부여하다, 권력을 위임하다 |
| ☐ intrigue | 흥미를 돋우다 |
| ☐ allure | 꾀다, 유혹하다 |
| ☐ characterize | 기술[묘사]하다, 특징짓다 |
| ☐ preclude | (미리) 방지하다, 가로막다 |
| ☐ attest | 증명하다, 입증하다 |
| ☐ liquidate | 청산하다, 정리하다, 현금화하다 |

## transfer

ⓥ 전근 가다, 옮기다

**transfer** to a branch office
지사로 전근 가다

ⓥ 송금하다

**transfer** money between accounts
계좌 간 송금을 하다

## meet

ⓥ 만나다

**meet** the clients next Thursday
다음 주 목요일에 고객들을 만나다

ⓥ 충족시키다

**meet** the demands of professional photographers
전문 사진가들의 요구를 충족시키다

## address

ⓝ 주소

be delivered to the wrong **address**
잘못된 주소로 배송되다

ⓥ 연설하다

a guest speaker to **address** the audience
청중에게 연설할 초청 연사

ⓥ 처리하다

**address** the region's environmental challenges
지역의 환경 문제를 처리하다

## apply

ⓥ 신청하다

**apply** for permanent residence
영주권을 신청하다

ⓥ 적용하다

**apply** a 5 percent discount to the order
그 주문에 5퍼센트의 할인을 적용하다

ⓥ 바르다

**apply** cream to the surface of furniture
가구 표면에 크림을 바르다

## attend

ⓥ 참석하다
**attend** a fund-raising event
모금 행사에 참석하다

ⓥ 처리하다, 주의를 기울이다
**attend** to every detail of the event
행사의 모든 세부사항에 주의를 기울이다

## arrange

ⓥ 배열하다
**arrange** flowers in attractive ways
꽃을 멋지게 배열하다

ⓥ 마련하다
**arrange** transportation to and from the airport
공항을 오고 가는 교통편을 마련하다

## extend

ⓥ 연장하다
be **extended** for one more day
하루 더 연장되다

ⓥ 주다, 베풀다
**extend** an offer of employment to Dr. Fujita
후지타 박사에게 채용 제안을 하다

## observe

ⓥ 관찰하다
**observe** the process of making bicycles
자전거 제작 과정을 관찰하다

ⓥ 준수하다
**observe** 1 January as a national holiday
1월 1일을 국경일로 준수하다

## deliver

ⓥ 연설하다
**deliver** a speech during the board meeting
이사회에서 연설하다

ⓥ 배송하다
**deliver** a package to the office
소포를 사무실로 배송하다

동사(4)

DAY 14

## cover

ⓥ 다루다

**cover** important topics related to finance
자금과 관련된 중요한 주제들을 다루다

ⓥ 취재하다

**cover** Saturday's marathon race
토요일의 마라톤 경주를 취재하다

## decline

ⓥ 거절하다

**decline** an offer of financial aid
재정적 지원 제안을 거절하다

ⓥ 하락하다, 감소하다

Sales have **declined** in recent years.
판매량이 최근 몇 년간 감소했다.

## reserve

ⓥ 예약하다

**reserve** a table for three for eight o'clock
8시에 3인 테이블을 예약하다

ⓥ (권리를) 보유하다

**reserve** the right to refuse admission
입장을 거부할 권리를 보유하다

## settle

ⓥ 해결하다

**settle** a dispute through negotiation
협상을 통해 갈등을 해결하다

ⓥ 정착하다

decide to **settle** in her hometown
그녀의 고향에 정착하기로 결심하다

## produce

ⓥ 생산하다

**produce** high-quality material
고품질의 자재를 생산하다

ⓝ 농산물

a wide variety of fresh **produce**
아주 다양한 종류의 신선한 농산물

# air

ⓥ 방송하다

The interview will **air** on Tuesday.
인터뷰는 화요일에 방송 예정입니다.

ⓝ 공기, 분위기

a place to enjoy the fresh **air**
신선한 공기를 즐길 수 있는 장소

# account

ⓝ 계좌

be deposited in a bank **account**
은행 계좌로 입금되다

ⓝ 설명

a fascinating **account** of life
인생에 관한 아주 재미있는 설명

# bill

ⓝ 청구서

an unpaid electricity **bill**
미지불된 전기 요금 청구서

ⓝ 법안, 의안

a **bill** that would raise taxes
세금을 인상하는 법안

# initiative

ⓝ 계획

a new energy-efficiency **initiative**
새로운 에너지 효율 계획

ⓝ 주도권

take more **initiative** at work
주도적으로 업무에 임하다

# reservation

ⓝ 예약

a hotel's online **reservation** system
호텔의 온라인 예약 시스템

ⓝ 의구심

some **reservations** about the sales campaign
판매 캠페인에 대한 몇 가지 의구심

동사(4)    DAY 14

## custom

ⓝ 관습
keep up an old **custom**
오래된 관습을 유지하다

ⓐ 맞춤의
a **custom** bike with three wheels
바퀴가 세 개 달린 맞춤 자전거

## reference

ⓝ 추천서, 신원 보증인
a résumé and a list of **references**
이력서와 신원 보증인 명단

ⓝ 참고
course books and **reference** materials
교과서와 참고 자료

## promotion

ⓝ 승진
**promotion** to a management job
관리직으로 승진

ⓝ 홍보, 판촉
a special **promotion** for a holiday
휴일을 위한 특별 판촉 행사

## interest

ⓝ 중요성
a matter of primary **interest**
가장 중요한 일

ⓝ 흥미, 관심
an **interest** in designing eco-friendly buildings
친환경 건물 설계에 대한 관심

## rate

ⓝ 속도
grow at a fast **rate**
빠른 속도로 성장하다

ⓝ 요금
reduced **rates** for new customers
신규 고객을 위한 할인 요금

# practice

ⓝ 연습

Learning a language requires a lot of **practice**.
언어를 습득하는 데는 많은 연습이 필요하다.

ⓝ 실천, 실행

put recommendations into **practice**
추천 사항을 실행에 옮기다

ⓝ 전문 업무

the **practice** of a physician
내과 의사의 업무

# appointment

ⓝ 약속

schedule an **appointment** with the dentist
치과 의사와 예약 일정을 잡다

ⓝ 임명

**appointment** of a company president
회사 대표 임명

# firm

ⓝ 회사

CEO of a large advertising **firm**
대형 광고 회사의 최고 경영자

ⓐ 단단한; 확고한

maintain a **firm** position
확고한 입장을 고수하다

# performance

ⓝ 실적

outstanding sales **performance**
뛰어난 판매 실적

ⓝ 성능

improve the **performance** of the engine
엔진의 성능을 높이다

ⓝ 공연

a **performance** by renowned violinist Ling Tan
유명한 바이올리니스트 링 탄의 공연

동사(4)

DAY 14

# 명사 기출 어휘 (1)

## 01 ★★★ applicant
[ǽplikənt]

apply v. 지원하다, 신청하다
application n. 신청(서), 적용
applicable a. 해당되는
(통) candidate 지원자

**지원자, 신청자**

**Applicants** should have at least 5 years of experience in editing.
지원자는 최소 5년의 편집 경력이 있어야 합니다.

● 기출표현 ●

job applicant  구직자
successful applicant  선발된 지원자
qualified applicant  자격을 갖춘 지원자

---

**출제 TIP   applicant vs. application**

사람 명사와 일반 명사의 구분: applicant는 '지원자', application은 '지원, 적용'을 의미하므로 문맥으로 구별해야 한다.

(~~Applications~~/**Applicants**) for the position of Health Inspector must pass an examination.
보건 검사관직 지원자들은 시험에 합격해야 한다.

## 02 ★★★ opportunity
[àpərtjú:nəti]

(통) chance 기회

**기회**

The career fair is an **opportunity** for job seekers to meet with recruiters.
취업 박람회는 구직자들이 채용 담당자들을 만날 수 있는 기회가 된다.

● 기출표현 ●

an opportunity for 명사  ~의 기회
an opportunity to부정사  ~할 기회 (= a chance to부정사)

## 03 ★★★ shipment
[ʃípmənt]

ship v. 보내다, 운송하다
shipping n. 배송, 운송

**배송(품), 선적(물)**

As a wholesaler, we deal only in large orders and **shipments**.
도매상으로서 우리는 대량 주문과 배송만 취급합니다.

● 기출표현 ●

shipment delay  배송 지연
cancel a shipment  배송을 취소하다

## 04 procedure
★★★ [prəsí:dʒər]

proceed v. 나아가다, 진행하다
procedural a. 절차상의

### 절차

You can complete your online order by following these **procedures**. 이 절차를 따르면 온라인 주문을 완료할 수 있습니다.

● 기출표현 ●

manufacturing procedures 제조 공정
safety procedures 보안 절차
a billing procedure 청구서 발부 절차

**출제TIP** procedure vs. proceeds
proceeds는 판매, 행사 등에서 발생한 수익금을 의미한다.
**proceeds** from the fundraising event 모금 행사에서 나온 수익금

## 05 condition
★★★ [kəndíʃən]

conditional a. 조건부의
conditionally ad. 조건부로

### 상태, 조건

Make sure everything is in top working **condition**. 모든 것들이 최상의 작동 상태인지 확인하십시오.

● 기출표현 ●

terms and conditions 조건, 약관
unfavorable weather conditions 궂은 기상 상태
in good condition 좋은 상태인

## 06 performance
★★★ [pərfɔ́:rməns]

perform v. 수행하다, 공연하다
performer n. 공연자

### 1. 성과, 실적, 성능

Your **performance** as general manager has been outstanding. 총지배인으로서 귀하의 근무 실적은 탁월합니다.

### 2. 공연, 연주

Saturday evening **performances** attract the largest crowds. 토요일 저녁 공연에 가장 많은 사람이 몰린다.

● 기출표현 ●

outstanding sales performance 뛰어난 판매 실적
performance of products 제품의 성능
musical performance 음악 공연

## 07 asset
★ [ǽset]

(동) property 재산, 자산

### 자산

Your strong background in information technology will be a big **asset**. 귀하가 가진 정보 기술 분야의 탄탄한 배경은 큰 자산이 될 것입니다.

● 기출표현 ●

valuable asset to the team 팀의 소중한 자산

## 08 ★ rating
[réitiŋ]

**평가, 등급, 순위**
Our **ratings** in local magazines have risen significantly.
지역 잡지들에서 우리의 순위가 크게 올랐습니다.

## 09 ★★★ equipment
[ikwípmənt]

equip v. ~을 갖추다

**장비, 설비, 기기**
Those participating in the mountain hike should bring
proper **equipment**. 등산에 참가하는 사람들은 적절한 장비를 가져와야 합니다.

> **출제TIP** equipment는 불가산 명사로 복수형으로 쓸 수 없으며 앞에 부
> 정관사(an)가 올 수 없다.
> all of the safety (**equipment** / ~~equipments~~) 모든 안전 장비

## 10 ★ restraint
[ristréint]

restrain v. 억제하다, 규제하다

**억제, 규제, 제한**
The government has imposed import **restraints** on some
goods. 정부는 일부 상품에 대해 수입 제한 조치를 시행했다.

## 11 ★ dispute
[dispjú:t]

**논쟁, 분쟁, 갈등  ⓥ 논쟁하다**
The court hearing on the **dispute** will be canceled now
that an agreement has been reached.
합의에 도달했으므로 그 분쟁에 대한 법정 심리는 취소될 것이다.

> • 기출표현 •
> dispute over ~에 관한 분쟁

## 12 ★ income
[ínkʌm]

**소득, 수입**
The rates depend on your **income** and the amount of the
loan. 금리는 고객님의 소득과 대출 금액에 따라 다릅니다.

> • 기출표현 •
> a source of income 수입원      income level 소득 수준

## 13 ★ compensation
[kàmpənséiʃən]

compensate v. 보상하다

**보상(금), 배상**
The company handbook covers the topics of
**compensation** and bonuses.
회사 사규집은 급여와 상여금 문제를 다룬다.

> • 기출표현 •
> compensation guidelines 보상 지침
> negotiate compensation 보상금을 협의하다

## evidence
14 *

[évidəns]

evident a. 분명한
evidently ad. 분명히

**증거**

It may take years to develop **evidence** of the drug's effectiveness.
그 약의 효능을 입증할 증거를 밝히려면 몇 년이 걸릴 수도 있다.

**PLUS POINT** 토익 빈출 불가산 명사

| | | |
|---|---|---|
| knowledge 지식 | advice 조언 | information 정보 |
| damage 손해 | equipment 장비 | furniture 가구 |
| access 접근 | machinery 기계류 | luggage/baggage 수하물 |
| consent 동의 | advertising 광고 | evidence 증거 |

## duty
15 *

[djú:ti]

**업무, 의무; 관세, 세금**

Trubridge employees will learn about their new job **duties** on October 21.
트루브리지 직원들은 10월 21일에 새로운 직무에 관해 배울 것이다.

● 기출표현 ●

customary duties 통상적인 업무      on duty 근무 중인

## renewal
16 *

[rinjú:əl]

renew v. 갱신하다, 재건하다
renewable a. 갱신할 수 있는

**1. 갱신, 기한 연장**

With a timely **renewal**, you can continue to enjoy our informative articles.
적시에 갱신하시면 유용한 기사를 계속 보실 수 있습니다.

**2. 재개발**

The city announced several plans for urban **renewal** this morning.
시는 오늘 아침 도시 재개발을 위한 몇 가지 계획을 발표했다.

● 기출표현 ●

contract[subscription] renewal 계약[구독 기한] 연장
renew membership 회원권을 갱신하다

## gain
17 *

[gein]

**수익, 증가** ⓥ **얻다, 획득하다**

The company reported a 15 percent **gain** in profit to $3 billion in 2017.
그 기업은 2017년 수익이 15퍼센트 증가한 30억 달러라고 발표했다.

● 기출표현 ●

see strong gains 강한 증가세를 보이다
gain access to ~에 접근하다
gain in popularity 인기를 얻다

명사(1) — DAY 15

## 18 ★★★ participation

[pɑ:rtìsəpéiʃən]

participate v. 참여하다
participant n. 참가자

### 참가, 참여

Thank you for your **participation** in the Foxdale community survey.

폭스데일 공동체 설문조사에 참여해 주셔서 감사합니다.

● 기출표현 ●

encourage participation  참여를 독려하다
participation in the conference  회의 참여

## 19 ★ supervision

[sù:pərvíʒən]

supervisor n. 상사, 감독관
supervise v. 감독하다

### 감독, 관리, 지휘

Interns will work under the **supervision** of the district manager.

수습사원들은 지부장의 감독 하에 근무할 것이다.

● 기출표현 ●

under the supervision of  ~의 감독 하에

## 20 ★★★ refund

[rí:fʌnd]

refundable a. 환불 가능한

### 환불(금)  ⓥ 환불하다

If you are dissatisfied, you will receive a full **refund** of the purchase price.

불만이 있으시면, 구매가 전액을 환불받으실 수 있습니다.

● 기출표현 ●

refund policy  환불 정책          request a refund  환불을 요청하다
offer a refund  환불을 제안하다      issue a refund  환불하다

## 21 ★★ view

[vju:]

### 1. 견해

The **views** expressed on the editorial page do not reflect the opinions of *East News*.

사설란에 표명된 견해는 〈이스트 뉴스〉의 견해를 반영하는 것이 아닙니다.

● 기출표현 ●

point of view  관점
hear the views on A  A에 대한 견해를 듣다

### 2. 전망, 시야

The hotel offers spectacular **views** of the ocean.

그 호텔에서는 멋진 바다 전망을 볼 수 있다.

● 기출표현 ●

an attractive view  매혹적인 경관
scenic mountain views  아름다운 산 경치

## 22 ★ consent
[kənsént]

(동) approval, permission
허락

**동의, 허락**　Ⓥ **동의하다**

Macomber Communications does not use personal information without the client's **consent**.

매컴버 통신은 고객의 동의 없이 개인 정보를 사용하지 않습니다.

• 기출표현 •

written consent  서면 동의　　　 consent to  ~에 동의하다
without the consent of  ~의 동의 없이

## 23 ★★★ location
[loukéiʃən]

locate
v. 위치시키다, 위치를 찾다

**위치, 장소, 입지**

The event **location** has been changed due to construction.

공사 때문에 행사 장소가 변경되었습니다.

• 기출표현 •

transfer[move] to another location  다른 장소로 옮기다
open branch locations  지점들을 열다

## 24 ★★ expertise
[èkspərtíːz]

expert n. 전문가 a. 전문가의

**전문성, 전문 지식[기술]**

She has **expertise** in arranging business meetings and presentations.

그녀는 업무 회의와 프레젠테이션 준비에 전문성을 지니고 있다.

• 기출표현 •

a wealth of expertise  풍부한 전문 지식
require cooking expertise  요리에 관한 전문성이 요구되다

## 25 ★ majority
[mədʒɔ́ːrəti]

(반) minority 소수

**대다수, 대부분**

A **majority** of customers rated Sasaki mobile phones as excellent.

대다수 고객은 사사키 휴대전화를 '탁월'로 평가했다.

• 기출표현 •

a[the] majority of  대다수의 ~

## 26 ★ flaw
[flɔː]

flawed a. 결함이 있는
flawless a. 결점 없는

**결함, 결점**　Ⓥ **손상하다, 망가뜨리다**

The quality-control process will be revised due to the large number of product **flaws**.

상당수의 제품 결함으로 인해 품질 관리 공정이 수정될 예정이다.

명사(1)

DAY 15

## recommendation
27 ★★★

[rèkəmendéiʃən]

recommend v. 추천하다

### 추천(서)

Based on your **recommendations**, changes are planned for the fitness center.

여러분의 추천 사항들에 따라, 피트니스 센터의 개선 계획이 수립되었습니다.

> ● 기출표현 ●
>
> make a recommendation  추천하다
> ask for[request] a recommendation  추천을 부탁하다

> **출제TIP**  복합 명사 recommendation letter를 확실히 암기한다. 이때 명사 앞에 무조건 분사를 고르지 않도록 주의한다.
>
> a (recommended / **recommendation**) letter  추천서
> (= a letter of recommendation)

## inquiry
28 ★★

[inkwáiəri, ínkwəri]

inquire v. 문의하다, 질문하다

### 문의, 질문

Our representatives respond to most **inquiries** within 48 hours.

저희 직원들은 48시간 이내에 대부분의 문의에 답변합니다.

> ● 기출표현 ●
>
> regarding your inquiry  귀하의 문의에 관하여
> inquiry about tours  관광에 관한 문의
> in response to your inquiry  귀하의 문의에 답하여

## satisfaction
29 ★★

[sætisfǽkʃən]

satisfy v. 만족시키다, 충족시키다
satisfactory a. 만족스러운
(반) dissatisfaction 불만

### 만족, 충족

We offer a total **satisfaction** guarantee on all our products.

저희는 모든 제품에 대해 종합적인 만족 보증 프로그램을 제공합니다.

> ● 기출표현 ●
>
> customer satisfaction  고객 만족
> to one's satisfaction  ~이 만족스럽게

## pollution
30 ★

[pəlú:ʃən]

pollute v. 오염시키다
polluted a. 오염된
pollutant n. 오염 물질

### 오염, 공해

Rockland Financial Services will try to reduce office noise **pollution**.

록랜드 금융 서비스는 사무실 소음 공해를 줄이기 위해 노력할 것이다.

> ● 기출표현 ●
>
> environmental pollution  환경 오염

## 31 ★★★ inspection
[inspékʃən]

inspect v. 점검하다, 검사하다
inspector n. 조사관, 검사관

### 점검, 검사
Routine **inspections** are conducted to ensure that all equipment is functioning properly.
모든 장비가 제대로 작동하는지 확인하기 위해 정기 점검이 실시됩니다.

> • 기출표현 •
>
> a safety inspection  보안 점검     vehicle inspection  차량 검사
> on-site inspection  현장 조사

## 32 ★★★ aim
[eim]

### 목표, 목적   ⓥ 겨냥하다
The **aim** is to walk together along the footpaths for at least 20 minutes.
목표는 최소 20분 동안 산책길을 따라 함께 걷는 것이다.

> • 기출표현 •
>
> aim to부정사 ~하는 것을 목표로 하다    aim at ~을 겨냥하다

## 33 ★ constraint
[kənstréint]

constrain v. 제한하다

### 제한, 제약, 억제
Despite budget **constraints**, employees will receive a 3 percent salary increase.
예산 제약에도 불구하고 직원들 임금이 3퍼센트 인상될 것이다.

> • 기출표현 •
>
> time constraints  시간 제약    budget constraints  예산 제약

## 34 ★★★ material
[mətíəriəl]

### 자료, 재료
All the necessary **materials** are readily available in the cabinet.
필요한 모든 자료는 캐비닛에서 바로 구할 수 있다.

> • 기출표현 •
>
> raw material  원자재    written material  서면 자료

## 35 ★ conservation
[kɑ̀nsərvéiʃən]

conserve v. 보존하다
conservative a. 보수적인
ⓗ preservation 보존

### (자연환경·문화유산 등의) 보호, 보전
The artwork will be made with scrap paper to promote awareness of **conservation**.
환경보호 인식을 제고하기 위해 그 예술품은 파지로 제작됩니다.

> • 기출표현 •
>
> water conservation  수자원 보호
> protection and conservation  보호와 보존

## 36 headquarters

★★★

[hédkwɔːrtərz]

⑧ head[main] office 본사

**본부, 본사**

The company's **headquarters** are currently located in Osaka.

그 회사의 본사는 현재 오사카에 있다.

## 37 vendor

★★★

[véndər]

vend v. 팔다

**판매자, 행상(인)**

Food may be purchased separately from local **vendors**.

식품은 현지 판매상에게서 별도로 구입할 수 있습니다.

## 38 analysis

★★

[ənǽləsis]

analyst n. 분석가

analyze v. 분석하다

**분석, 검토**

Toucan Database System is designed to perform a financial **analysis**.

투컨 데이터베이스 시스템은 재무 분석을 수행하도록 설계되었다.

> ● 기출표현 ●
>
> market analysis 시장 분석
> extensive analysis 폭넓은 분석

## 39 alteration

★

[ɔːltəréiʃən]

alter v. 변경하다, 바꾸다

**변경, 개조**

Huron Menswear offers free **alterations** with all business suit purchases.

휴론 남성복은 모든 비즈니스 정장 구매 시 무상 수선을 제공합니다.

## 40 attire

★

[ətáiər]

**복장, 의상**

If you have questions regarding appropriate **attire**, please discuss them with my assistant.

적절한 복장에 관해 궁금한 점이 있으시면 제 비서와 이야기하세요.

> ● 기출표현 ●
>
> formal business attire 정장

## 41 transaction

★

[trænsǽkʃən]

transact v. 거래하다

**거래, (업무 등의) 처리**

Our bank charges no fees for most online **transactions**.

저희 은행은 대부분의 온라인 거래에 수수료를 부과하지 않습니다.

> ● 기출표현 ●
>
> banking transactions 금융 거래
> confirm a transaction 거래(입출금)를 확인하다

## 42 ★ substitute
[sʌ́bstitjùːt]

substitution n. 대용(품)

**대체(품); 대리자 ⓥ 대신하다**

Coconut Inlet was not an acceptable **substitute** for the original destination.
코코넛 만은 원래 목적지의 대체 장소로 만족스럽지 않았다.

● 기출표현 ●
substitute for ~의 대체품[대리자]
substitute A with B A를 B로 대체하다 (= substitute B for A)

## 43 ★ insight
[ínsàit]

insightful a. 통찰력 있는

**통찰력, 식견**

Ms. Diaz will share **insights** gained from her vast experience.
디아즈 씨는 폭넓은 경험에서 얻은 식견을 나눌 것입니다.

## 44 ★ proficiency
[prəfíʃənsi]

proficient a. 능숙한, 숙련된

**숙달, 능숙**

Some activities will be conducted in German, so applicants should have **proficiency** in that language.
일부 활동은 독일어로 진행되므로 지원자들은 독일어에 능통해야 합니다.

● 기출표현 ●
proficiency in Spanish 스페인어에 능통함

## 45 ★ delegate
[déligət] n. [déligèit] v.

delegation
n. (집합적) 대표단; (권한의) 위임

**대표(자), 사절, 대리**

When the **delegates** visited the restaurant, they were served a special appetizer.
사절단이 그 식당을 방문했을 때, 그들은 스페셜 전채 요리를 대접받았다.

**ⓥ 위임하다, 대표로 파견하다**

When you **delegate** tasks, spread the workload evenly across the team.
업무를 위임할 때는 작업량을 팀에 골고루 분산시키세요.

## 46 ★ succession
[səkséʃən]

succeed
v. 뒤를 잇다; 성공하다

successive
a. 연속적인, 잇따른

**연속, 잇따름, 계속**

Attach the pieces in quick **succession** before the glue has time to dry.
풀이 마르기 전에 조각들을 재빨리 연달아 붙이십시오.

● 기출표현 ●
for the fifth year in succession 5년 연속으로

## 47 fluctuation
[flʌ́ktʃuéiʃən]

fluctuate v. 변동하다

널뛰는 주가

**변동, 오르내림**

**Fluctuations** in foreign currency markets can have a lot of effects on our international sales.
외환시장의 등락은 우리의 해외 판매에 큰 영향을 미칠 수 있다.

economic fluctuations  경기 변동
price fluctuation  가격 변동
fluctuations in the stock market  주식시장의 등락

## 48 transit
[trǽnsit]

**수송; 통행**

Maria Gomez submitted her plan for the new **transit** system.
마리아 고메즈 씨가 새 대중교통 시스템에 대한 자신의 계획안을 제출했다.

transit system  대중교통 시스템
in transit  운송 중인, 이동 중에

## 49 amendment
[əméndmənt]

amend v. 수정하다, 개선하다
amendable a. 수정할 수 있는

**(계약서·법률 등의) 수정, 개선**

We must finish reviewing all of the contract **amendments** before Friday.
우리는 금요일 전에 계약서의 모든 수정사항에 대한 검토를 끝내야 한다.

## 50 subsidiary
[səbsídièri]

subsidy n. 보조금
subsidize v. 보조해 주다

**자회사, 보조물  ⓐ 부차적인, 보충하는**

We may share your mailing address with our **subsidiaries**.
저희는 귀하의 우편물 발송 주소를 자회사들과 공유할 수도 있습니다.

## 51 exposition
[èkspəzíʃən]

**박람회, 전시회; 설명**

Everyone at the **exposition** seemed excited by the new products.
박람회에 참석한 모든 사람들은 신제품에 대해 신이 난 것 같았다.

a motorcycle exposition  오토바이 전시회
exposition attendees  박람회 참석자들

## 52 * match
[mætʃ]

**아주 잘 어울리는 사람[것]**

As my CV shows, this opportunity is an ideal **match** for my qualifications.

제 이력서를 보시면 알 수 있듯이, 이 자리는 저의 자질에 딱 맞습니다.

a good match for ~  ~에 잘 맞는 것(사람)

## 53 * landmark
[lǽndmàːrk]

**랜드마크, 주요 지형 지물**

The Daquael Theater is one of Calidon's most treasured **landmarks** and needs to be preserved.

다콰엘 극장은 칼리돈의 가장 소중한 랜드마크 중 하나로, 보존되어야 한다.

## 54 ** revision
[rivíʒən]

**revise** v. 수정하다, 개정하다

**수정, 개정**

The client asked for **revisions** to the images in the advertising text.

고객이 광고 문구에 있는 이미지 수정을 요청했다.

make a revision  수정하다
final revisions  마지막 수정

## 55 ** aspect
[ǽspekt]

**면, 관점**

Please indicate which **aspect** of the workshop was most informative.

워크숍의 어떤 면이 가장 유익했는지 표시해 주십시오.

## 56 * recognition
[rèkəgníʃən]

**recognize** v. 인정하다, 표창하다, 알아보다

**인정, 표창, 인식**

Stellar Chocolates gained national **recognition** by earning top awards from the Chocolate Council.

스텔라 초콜릿은 초콜릿 위원회로부터 최고의 상을 받음으로써 전국적인 명성을 얻었다.

in recognition of ~  ~을 인정하여
brand recognition  브랜드 인지도

# CHECK-UP QUIZ

**A** 단어의 의미를 찾아 연결하세요.

01 rating •      • ⓐ 목표, 목적

02 flaw •        • ⓑ 수송; 통행

03 aim •         • ⓒ 평가, 등급

04 income •      • ⓓ 소득, 수입

05 transit •     • ⓔ 결함, 결점

**B** 보기에서 적절한 어휘를 골라 우리말 뜻에 맞게 빈칸을 채우세요.

> ⓐ consent  ⓑ materials  ⓒ alteration  ⓓ substitute  ⓔ evidence

06 고기의 훌륭한 **대체품**       a good _____ for meat

07 사진가의 **동의**            _____ from the photographer

08 결정하는 데 충분한 **증거**    enough _____ to make a decision

09 효과적인 마케팅 **자료**      effective marketing _____

**C** 문장 속 우리말 힌트를 보며 빈칸에 들어갈 적절한 어휘를 고르세요.

> ⓐ analysis  ⓑ inspection  ⓒ renewal  ⓓ insight  ⓔ constraints

10 Time _____제약_____ caused our tour group to hurry through the museum.

11 Ms. Sugimori has excellent business _____통찰력_____.

12 The factory passed its safety _____점검_____ last month.

---

Answers    01 ⓒ  02 ⓔ  03 ⓐ  04 ⓓ  05 ⓑ  06 ⓓ  07 ⓐ  08 ⓔ  09 ⓑ  10 ⓔ  11 ⓓ  12 ⓑ

보기 중 빈칸에 들어갈 가장 알맞은 어휘를 고르세요.

**1** Any mechanical malfunction of exercise _____ should be reported to the gym manager without delay.

(A) features      (B) equipment      (C) results      (D) routine

**2** If you are not satisfied with this television set, you can return it within two weeks for a full _____.

(A) receipt      (B) purchase      (C) warranty      (D) refund

**3** With over 50 years of experience, Trust Mutual Bank brings customers the _____ and advice necessary to manage their investments.

(A) inquiry      (B) conversion      (C) expertise      (D) jurisdiction

**4** Any equipment that does not arrive in perfect _____ may be returned to QMZ Electronics free of charge.

(A) development      (B) condition      (C) problem      (D) situation

**5** The processing plant will not be ready to receive any additional _____ of material for several days.

(A) shipments      (B) requests      (C) receptions      (D) opportunities

**6** The clients are asked to return the contract to Ms. Layer's office after they have had an _____ to read it and sign it.

(A) action      (B) opportunity      (C) overview      (D) access

**7** Ukrainian pianist Ana Fedorova received a standing ovation for her _____ of Roskov's Third Symphony.

(A) act      (B) exhibit      (C) performance      (D) show

명사(1)

DAY 15

**토익 기본 어휘**

| | |
|---|---|
| ☐ aid | 지원, 원조 |
| ☐ disapproval | 반대 |
| ☐ graduation | 졸업 |
| ☐ auction | 경매 |
| ☐ checkup | 점검, 검사 |
| ☐ guidelines | 지침 |
| ☐ behavior | 행위, 행동 |
| ☐ contents | 내용물 |

| | |
|---|---|
| ☐ society | 사회, 협회 |
| ☐ invention | 발명(품) |
| ☐ government | 정부 |
| ☐ principle | 원리, 원칙, 주의 |
| ☐ factor | 요소, 요인 |
| ☐ loss | 손실(물), 손해 |
| ☐ listing | 표, 목록, 명단 |
| ☐ decade | 10년 |

| | |
|---|---|
| ☐ profession | 직업 |
| ☐ abuse | 남용 v. 남용하다 |
| ☐ lawsuit | 소송, 고소 |
| ☐ journalist | 기자, 언론인 |
| ☐ pharmacy | 약국 |
| ☐ mission | 임무, 사명 |
| ☐ public holiday | 공휴일 |
| ☐ administrator | 행정관, 사무관 |
| ☐ outlook | 전망, 견해 |
| ☐ diploma | 졸업장, 학위 증서 |

# ● 명사 (1)

 **토익 만점 어휘**

| | |
|---|---|
| ☐ prerequisite | 필수 조건, 전제 조건  a. 필수적인 |
| ☐ aptitude | 적성, 소질 |
| ☐ oversight | 실수, 부주의, 간과 |
| ☐ distraction | 마음을 산만하게 하는 것, 방해물 |
| ☐ command | 명령, 지휘; (언어의) 구사 능력 |
| ☐ drawback | 결점; 장애 |
| ☐ probationer | 견습생, 수습 직원 |
| ☐ strife | 갈등, 불화 |

| | |
|---|---|
| ☐ infringement | 침해 |
| ☐ gross income | 총소득, 총수입 |
| ☐ deviation | 벗어남, 탈선 |
| ☐ increment | 증가, 증대 |
| ☐ replica | 복제품 |
| ☐ proponent | 지지자, 옹호자 |
| ☐ declaration | 선언, 발표 |
| ☐ depiction | 묘사, 서술 |

| | |
|---|---|
| ☐ ballot | 투표 용지, 투표권, 비밀 투표 |
| ☐ residue | 나머지, 잔류물 |
| ☐ bond | 유대; 채권 |
| ☐ forerunner | 전조, 선구자 |
| ☐ accordance | 일치, 조화 |
| ☐ ridership | (대중교통) 이용자 (수); 승차율 |
| ☐ ambiance(= ambience) | 주변 상황, 환경, 분위기 |
| ☐ discrepancy | 불일치 |
| ☐ aspiration | 열망, 갈망, 포부 |
| ☐ labor dispute | 노동 쟁의 |

명사(1) ｜ DAY 15

# 명사 기출 어휘 (2)

---

## request
[rikwést]
★★★

### 요청, 요구[청구] 사항

To receive a refund, customers must complete a refund **request** form. 환불을 받으려면 고객들은 환불 요청 양식을 작성해야 한다.

### ⓥ 요청하다, 요구하다

The manager has **requested** that the editors meet him in his office.
그 관리자는 편집자들에게 자신의 사무실로 와서 자신을 만날 것을 요청했다.

> • 기출표현 •
> upon request 요청 시에    be requested to부정사 ~하도록 요청받다

---

## agenda
[ədʒéndə]
★★★

### 의제, 안건

Jess Bronsky is putting together the **agenda** for the meeting. 제스 브론스키 씨가 회의 의제를 취합하고 있다.

> • 기출표현 •
> a final agenda 최종 안건
> submit agenda items 안건 항목을 제출하다

---

## production
[prədʌ́kʃən]
★★★

product n. 물품
produce v. 생산하다 n. 농산물

### 생산(량), 제작

All factory visitors must register at the front desk before entering the **production** area.
모든 공장 방문자는 생산 구역에 들어가기 전에 안내 데스크에 등록해야 합니다.

> • 기출표현 •
> production cost 생산비          production process 생산공정
> production capacity 생산능력     production target 생산목표

---

## revenue
[révənjùː]
★★

⑧ earnings, income 수입

### 수입, 수익

**Revenue** will come from monthly dues and sales of products. 수익은 월회비와 제품 판매에서 나올 것이다.

> • 기출표현 •
> sales revenue 영업매출      annual revenue 연간 수입
> revenue source 수입원       revenue growth 수입 증가

## convenience
[kənvíːniəns]

convenient a. 편리한
conveniently ad. 편리하게
(반) inconvenience 불편

### 편리, 편의
For your **convenience**, the questionnaire is available online.
귀하의 편의를 위해 설문은 온라인에서 가능합니다.

● 기출표현 ●

for your convenience 귀하의 편의를 위하여
at your earliest convenience 가급적 빨리

## entrance
[éntrəns]

enter v. 들어가다, 참가하다
entry n. 출품작; 참가자

### 입구, 입장
All roads leading to the park's main **entrance** are paved.
공원 정문으로 이어지는 모든 도로는 포장도로입니다.

● 기출표현 ●

entrance fee 입장료      main entrance 정문
rear entrance 뒷문

출제TIP **entrance vs. entrant**
둘 다 명사이지만 entrant는 '참가자, 신입생'의 의미이므로 유의한다.
Please use the side (**entrance**/~~entrant~~) during the construction period. 공사 기간에는 옆문을 이용하시기 바랍니다.

## notice
[nóutis]

noticeable
a. 눈에 띄는, 주목할 만한
(동) announcement 공고
notification 통보

### 공고, 통보, 알림
Mr. Matthews will be on special assignment until further **notice**. 매튜스 씨는 추후 통지가 있을 때까지 특별 임무를 수행할 것이다.

### ⓥ 알아차리다, 주목하다
I **noticed** that I was charged too much.
제게 너무 많은 금액이 부과된 것을 발견했습니다.

● 기출표현 ●

until further notice 추후 통지 시까지
advance notice 사전 공지      short notice 촉박한 통보

## processing
[prásesiŋ]

process
n. 과정, 진행 v. 처리하다

### 가공, 처리
Orders of specially designed products require a **processing** time of ten days.
특수 디자인 제품의 주문은 10일의 처리 기간이 필요합니다.

● 기출표현 ●

processing facility 처리 시설      order processing 주문 처리

명사(2)

DAY 16

## destination
[dèstənéiʃən]
**★★**

목적지, 도착지

The driver is required to take passengers to any **destination** within Apelhem.

운전사는 애펠헴 내 어느 목적지로든 승객들을 데려다주어야 한다.

● 기출표현 ●

travel[tourist] destination  여행[관광]지
final destination  최종 목적지
a delivery destination  배송 목적지
reach a destination  목적지에 도달하다

---

## access
[ǽkses]
**★★★**

accessible a. 이용할 수 있는

이용 권한, 접근

There is no **access** to the storage room on weekends.

주말에는 창고에 들어갈 수 없다.

● 기출표현 ●

unlimited online access  무제한 온라인 이용 권한
obtain an access code  접근 코드를 얻다

ⓥ ~에 접근하다, 이용하다

All employees can **access** the fitness center using their Trifecta ID cards.

모든 직원은 트리펙타 ID 카드를 사용해 피트니스 센터를 이용할 수 있습니다.

▶ 출제 TIP ◀

❶ 명사 access는 뒤에 전치사 to를 동반해 '~에의 접근, 이용 권한'의 의미를 나타내고, 동사 access는 타동사로 뒤에 바로 목적어가 온다.

gain **access to** the information  정보에 대한 이용 권한을 얻다
**access** the information  정보를 이용하다

❷ access가 '이용 권한, 접근'의 의미로 사용될 경우 불가산 명사이다.

have (**access** / ~~accesses~~) to the confidential data
기밀 자료에 대한 이용 권한을 가지다

---

## quarter
[kwɔ́:rtər]
**★★★**

quarterly a. 분기별의

분기, 4분의 1

The company's revenue during the next **quarter** will increase.

다음 분기에 회사의 수익은 증가할 것이다.

● 기출표현 ●

last quarter  지난 분기
a quarter of all small businesses  모든 소기업체의 4분의 1

## safety
12 ★★★
[séifti]

safe a. 안전한
safely ad. 안전하게

### 안전
The updated **safety** manual includes guidelines for the entire factory. 최신 안전 매뉴얼은 공장 전체에 대한 지침을 포함하고 있다.

a safety inspection 안전 점검
safety guidelines 안전 지침
safety regulations[policies] 보안 규정[정책]
safety requirements 안전 요건
safety procedures 보안 절차
safety standards 안전 기준

## solution
13 ★★★
[səlúːʃən]

solve v. 해결하다, 풀다

### 해결(책), 해법
The ride-share program is a simple **solution** to our transportation challenges.
카풀 프로그램은 교통 문제에 대한 간단한 해결책이다.

innovative solution 혁신적인 해법      solution to ~에 대한 해결책

## resource
14 ★★★
⑪ [ríːsɔːrs] ⑫ [rizɔ́ːrs]

resourceful a. 자원이 풍부한

### 자원, 재원
Something must be done to balance the demand for the area's water **resources**.
지역 수자원에 대한 수요의 균형을 맞추려면 뭔가 조치가 취해져야 한다.

energy resources 에너지 자원    human resources 인적 자원
financial resources 재원            conserve resources 자원을 보존하다

## observance
15 ★
[əbzɔ́ːrvəns]

observe v. 지키다, 준수하다
cf. observation 관찰

### (법규 등의) 준수; (축제 등의) 기념
Most government establishments will be closed on Monday in **observance** of Independence Day.
대부분의 정부 기관이 독립기념일을 기념하여 월요일에 문을 닫을 것이다.

in observance of ~을 준수[기념]하여

---

**출제 TIP** observance vs. observation

observation은 '관찰'이라는 의미로 쓰이므로 유의한다.

Some of the training program involves learning through (~~observance~~/observation).
일부 교육 프로그램에는 관찰을 통한 학습이 포함된다.

## 16 ** coworker
[kóuwə̀:rkər]

⑧ colleague, associate
동료

**동료, 협력자**

Employees are advised to tell **coworkers** about upcoming events.

직원들은 동료들에게 다가오는 행사를 알리도록 권고받는다.


## 17 *** ability
[əbíləti]

**능력, 역량**

Mr. Patel's **ability** to work well with others is his most admirable quality.

다른 사람들과의 협업 능력이 파텔 씨의 가장 칭찬할 만한 자질이다.


## 18 ** extension
[iksténʃən]

extend v. 연장하다, 확장하다
extensive a. 광범위한
extensively ad. 광범위하게

**1. 연장, 확대, 확장**

Plans are under way for the **extension** of the San Pedro Valley water pipeline.

샌 페드로 계곡의 송수관 확장 계획이 진행되고 있다.

**2. 내선 (번호)**

If you need assistance, please call Ronald Chen at **extension** 4092.

도움이 필요하시면 내선번호 4092번으로 로널드 첸 씨에게 전화하시기 바랍니다.

> ● 기출표현 ●
>
> deadline extension  마감일 연장
> rail extension project  철로 확장 공사


## 19 * congestion
[kəndʒéstʃən]

congest v. 혼잡하게 하다
congested a. 혼잡한

**혼잡, 체증**

Traffic **congestion** on the Winfield Parkway will continue to worsen.

윈필드 파크웨이의 교통 체증은 계속 악화될 것이다.


## 20 ** productivity
[pròudʌktívəti]

productive a. 생산적인
productively ad. 생산적으로

**생산성**

The company hired outside consultants to improve employee **productivity**.

회사는 직원 생산성을 높이기 위해 외부 컨설턴트를 고용했다.

> ● 기출표현 ●
>
> employee[worker] productivity  직원 생산성
> increase[stimulate] productivity  생산성을 높이다

## 21 ** achievement
[ətʃíːvmənt]

achieve v. 달성하다

### 업적, 성취

To celebrate our **achievement**, we will be having a company picnic on Saturday.
우리의 성과를 자축하는 뜻에서 토요일에 야유회를 가려고 합니다.

● 기출표현 ●

accomplish one's achievement 업적을 이루다
a significant achievement 의미 있는 업적

## 22 *** description
[diskrípʃən]

describe v. 설명[묘사]하다
descriptive a. 서술적인

### 기술(서), 해설

Visit our Web site today for a full **description** of our services.
당사의 서비스에 대한 전체 설명을 보시려면 오늘 당사 웹사이트를 방문하십시오.

● 기출표현 ●

job description 직무 내용 기술서

## 23 *** suggestion
[səgdʒéstʃən]

suggest
v. 제안하다, 암시하다

### 제안, 의견

Comments or **suggestions** concerning our dining service are welcome.
저희 식사 서비스에 대한 의견이나 제안을 환영합니다.

● 기출표현 ●

provide[offer] a suggestion 제안하다
approve a suggestion 제안을 승인하다

## 24 *** responsibility
[rispɑ̀nsəbíləti]

responsible a. 책임 있는

### 책임, 임무

**Responsibilities** of the marketing assistant include writing detailed reports.
마케팅 보조의 책무에는 상세 보고서 작성이 포함된다.

● 기출표현 ●

job responsibilities 업무    assume responsibility 책임지다

## 25 * consumption
[kənsʌ́mpʃən]

consume v. 소비하다
consumer n. 소비자

### 소비(량)

Local businesses decreased their water **consumption**.
지역 기업들이 자사의 물 소비를 줄였다.

● 기출표현 ●

energy consumption 에너지 소비

## 26 ** preference
[préfərəns]

prefer v. 선호하다
preferable a. 더 나은
preferential
a. 우선하는, 특혜의
preferably ad. 가급적이면

### 선호, 특히 좋아하는 것
Bontemps researched consumer **preferences** around the nation. 본템스는 전국의 소비자 선호도를 조사했다.

---
• 기출표현 •

preference for ~에 대한 선호
meal preference 선호 메뉴(비행기나 행사 등에서 식사를 고를 때)

---

## 27 *** decision
[disíʒən]

decide v. 결정하다
decisive a. 결정적인, 단호한

### 결정, 결심
We're eager to hear your **decision** about whether you will join us. 저희와 함께해 주실지에 대한 귀하의 결정을 꼭 듣고 싶습니다.

---
• 기출표현 •

make a decision 결정을 내리다
decision to부정사 ~하겠다는 결심

---

**PLUS POINT** to부정사의 수식을 받는 명사 ~할, ~하려는

| | |
|---|---|
| ability to부정사 ~할 능력 | effort to부정사 ~하려는 노력 |
| way to부정사 ~하는 방법 | failure to부정사 ~하지 못함 |
| right to부정사 ~할 권리 | attempt to부정사 ~하려는 시도 |
| strategy to부정사 ~하려는 전략 | means[steps] to부정사 ~하려는 조치 |
| authority to부정사 ~할 권한 | plan to부정사 ~하려는 계획 |
| time to부정사 ~할 시간 | opportunity[chance] to부정사 ~할 기회 |

## 28 *** registration
[rèdʒəstréiʃən]

register v. 등록하다
⑧ enrollment 등록

### 등록, 접수
**Registration** for this year's tournament is open from 1 March to 1 April.
올해의 토너먼트 참가 신청 기간은 3월 1일부터 4월 1일까지입니다.

---
• 기출표현 •

registration fee 등록비
registration form 등록 양식
registration process 등록 절차

---

## 29 ** ceremony
[sérəmòuni]

ceremonial a. 의식의

### 의식, 식
Dr. Suzuki arrived for the awards **ceremony** on time.
스즈키 박사는 정시에 시상식에 도착했다.

---
• 기출표현 •

opening ceremony 개회식
attend a ceremony 식에 참석하다

---

## 30 ★★★ growth
[grouθ]

grow v. 성장하다

### 성장, 증가

By opening offices in London and Paris, we continued our **growth** into markets overseas.

런던과 파리에 지사를 개설함으로써 당사는 해외 시장에서 계속 성장했다.

> ● 기출표현 ●
>
> economic growth  경제 성장
> steady growth  꾸준한 성장

## 31 ★ outcome
[áutkʌm]

### 결과, (구체적) 성과

The opening of new markets was an anticipated **outcome** of the business merger.

새로운 시장이 열린 것은 기업 합병에 따른 예상된 결과였다.

## 32 ★★ permission
[pəːrmíʃən]

permit n. 허가(증) v. 허락하다
permissive a. 허용된, 묵인된
permissible a. 허용되는
permissibly
ad. 허용되어, 무방하여

### 허가, 허락, 승인

The reporter has been granted **permission** to speak to employees.

그 기자는 직원들에게 이야기를 할 수 있도록 허가를 받았다.

> ● 기출표현 ●
>
> obtain permission from  ~에게 허가를 받다
> without written permission  서면 허가 없이
> a building permit  건축 허가증

> **출제 TIP**  permission vs. permit
>
> permission은 '허락'의 의미로 불가산 명사이고, permit은 '허가증'의 의미를 가진 가산 명사이므로 이를 구분해서 기억한다.
>
> Residents should see the building manager to obtain a parking (~~permission~~ / permit).
> 주차 허가증을 받기 위해 주민들은 건물 관리인을 찾아야 한다.

## 33 ★★★ phase
[feiz]

### 단계, 국면

Paso Corporation completed the first **phase** of its new expansion project.

파소 주식회사가 신규 확장 프로젝트의 첫 단계를 마무리했다.

> ● 기출표현 ●
>
> implement in four phases  네 단계로 시행하다

명사(2)　|　DAY 16

259

## 34 ★★★ relocation
[rì:loukéiʃən]

relocate v. 이전하다

**이전, 이주, 재배치**

Assistance with **relocation** may be available, subject to negotiation.

협상에 따라 이전에 대한 지원이 가능할 수도 있다.

> ● 기출표현 ●
>
> temporary relocation  임시 이전
> announce a relocation  이전을 발표하다
> relocation of a company's headquarters  회사 본사 이전

## 35 ★★★ setting
[sétiŋ]

**환경, 장소**

The hotel's quiet mountain **setting** provides a refreshing change for visitors.

호텔 주위의 조용한 산은 방문객들에게 상쾌한 기분 전환을 제공한다.

> ● 기출표현 ●
>
> a natural setting  자연 환경
> a business setting  사업 환경
> a perfect setting for  ~에 완벽한 장소

## 36 ★★★ investment
[invéstmənt]

invest v. 투자하다
investor n. 투자자

**투자(액)**

Antonio Moreno will be giving you some tips on **investments**.

안토니오 모레노 씨가 투자에 대한 몇 가지 조언을 여러분께 말씀 드릴 것입니다.

> ● 기출표현 ●
>
> make an investment in  ~에 투자하다 (= invest in)

## 37 ★★★ receipt
[risí:t]

receive v. 받다

**1. 영수증**

Print out a **receipt** for your records when you finish your online order.  온라인 주문을 마치면 기록 보관용으로 영수증을 출력하세요.

**2. 수령, 받음**

Evelyn acknowledged **receipt** of Ted's letter.

에블린은 테드의 편지를 받았음을 확인했다.

> ● 기출표현 ●
>
> original receipt  원본 영수증     upon receipt of  ~을 받는 즉시

# environment
[inváiərənmənt]

environmental a. 환경의
environmentally
ad. 환경적으로

## 환경
The job offers an exciting and innovative team **environment**.
이 일은 흥미롭고 혁신적인 팀 환경을 제공합니다.

> ● 기출표현 ●
> work environment 근무[작업] 환경
> productive environment 생산적인 환경
> environmentally-friendly 친환경적인

# surplus
[sə́:rplʌs]

## 여분의 양; 흑자
The community sports program had a **surplus** of volunteers.
지역 사회 스포츠 프로그램에 자원봉사자가 넘쳤다.

> ● 기출표현 ●
> budget surplus 예산 흑자

# initiative
[iníʃiətiv]

cf. initiation 개시, 입문

## 계획, 주도권; 솔선수범
The **initiative** to reduce unnecessary fees at the airport has been well received.
공항에서 불필요한 요금을 줄이겠다는 계획은 호평을 받았다.

> ● 기출표현 ●
> take the initiative 주도하다

> **출제 TIP** initiative vs. initiation
> take the (initiative / ~~initiation~~) in supporting the program
> 주도하여 프로그램을 후원하다

# proceeds
[próusi:dz]

## 수익금
Admission to the event is two dollars and all **proceeds** go to the Children's Hospital.
행사 입장료는 2달러이며, 수익금 전액은 아동 병원에 기부됩니다.

> ● 기출표현 ●
> event proceeds 행사 수익금
> proceeds from sales 판매 수익금

명사(2)

DAY 16

## diagnosis

42 ★

[dàiəgnóusis]

diagnose v. 진단하다
diagnostic a. 진단의

**(의학) 진단; (문제 따위의 원인) 분석, 규명**

The early **diagnosis** of cancer can improve the chances of recovery.

암을 조기에 진단하면 회복 가능성을 높일 수 있다.

## audit

43 ★

[ɔ́ːdit]

auditor n. 회계 감사관

**회계 감사, 심사** ⓥ **(회계를) 감사하다**

The **audit** team will submit a weekly progress report to the main office.

감사팀은 주간 경과 보고서를 본사에 제출할 것이다.

━━━━━━━━━━━━━━━━━━━━━━━ ● 기출표현 ●

audit and financial review  회계 감사와 재정 검토
audit the accounts  장부를 회계 감사하다

## appraisal

44 ★

[əpréizəl]

appraise v. 평가하다
⑧ assessment,
   evaluation 평가

**평가**

I am writing to request your **appraisal** of Mr. Willis's qualifications.

윌리스 씨의 자질을 평가해 주십사 하고 서신을 드립니다.

━━━━━━━━━━━━━━━━━━━━━━━ ● 기출표현 ●

performance appraisal  실적[업무] 평가

## perspective

45 ★

[pəːrspéktiv]

**관점, 견해**

The guest speakers provide a very different **perspective** on the world of business.

초청 연사들은 비즈니스 세계에 대한 매우 다른 관점을 제공한다.

━━━━━━━━━━━━━━━━━━━━━━━ ● 기출표현 ●

perspectives on A  A에 관한 견해
a variety of perspectives  다양한 관점들

## bid

46 ★★

[bid]

bidder n. 응찰자

**입찰** ⓥ **입찰하다**

Our **bid** for the town hall renovation project has been accepted.

우리는 시청 개조 프로젝트에 입찰해서 수주에 성공했다.

━━━━━━━━━━━━━━━━━━━━━━━ ● 기출표현 ●

put in a bid for  ~에 입찰하다     win a bid  입찰을 따내다

47 ★★ **commission**
[kəmíʃən]

**수수료; 위원회**

Our **commission** is 20 percent of the piece's selling price.
우리 수수료는 해당 품목 판매가의 20퍼센트이다.

• 기출표현 •
environmental commission 환경 위원회

**ⓥ 의뢰하다**

Officials will **commission** a sculpture for the new City Hall Plaza.
당국은 새로 조성된 시청 광장에 놓을 조각상을 의뢰할 것이다.

48 ★ **abstract**
[ǽbstrækt]

**요약, 초록**

Each paper must include an **abstract** of no more than 200 words.
각 논문에는 200단어 이내의 초록이 포함되어야 합니다.

**ⓐ 추상적인**

A good science writer can explain **abstract** concepts very clearly.
훌륭한 과학 저술가는 추상적인 개념을 아주 명확하게 설명할 수 있다.

49 ★ **means**
[miːnz]

**수단, 방법**

A company van is the preferred **means** of transportation for site inspectors.
회사 밴이 현장 검사관들에게 선호되는 이동 수단이다.

• 기출표현 •
preferred means 선호하는 수단

50 ★ **privilege**
[prívəlidʒ]

**특권 ⓥ 특권을 주다**

Employees will be eligible for special parking **privileges** starting on Wednesday.
직원들은 수요일부터 특별 주차 혜택을 받을 자격이 주어집니다.

# CHECK-UP QUIZ

A  단어의 의미를 찾아 연결하세요.

01  outcome  ·              · ⓐ 의제, 안건

02  surplus  ·              · ⓑ 결과, (구체적) 성과

03  observance  ·           · ⓒ 흑자; 여분의 양

04  relocation  ·           · ⓓ 이전, 이주, 재배치

05  agenda  ·               · ⓔ (법규 등) 준수; (축제 등의) 기념


B  보기에서 적절한 어휘를 골라 우리말 뜻에 맞게 빈칸을 채우세요.

> ⓐ proceeds  ⓑ preference  ⓒ diagnosis  ⓓ investment  ⓔ consumption

06  태양 에너지에 대한 **투자**　　　＿＿＿＿＿＿＿ in solar energy

07  행사 **수익금**　　　＿＿＿＿＿＿＿ from the event

08  더 정확한 **진단**　　　a more accurate ＿＿＿＿＿＿

09  연료 **소비**를 줄이다　　　reduce fuel ＿＿＿＿＿＿


C  문장 속 우리말 힌트를 보며 빈칸에 들어갈 적절한 어휘를 고르세요.

> ⓐ appraisal  ⓑ means  ⓒ privilege  ⓓ registration  ⓔ perspective

10  To learn the value of an antique, you should get an expert's
　　＿＿＿평가＿＿＿.

11  The subway is the quickest ＿＿＿수단＿＿＿ of transportation for city trips.

12  Try to understand the problem from the customer's ＿＿＿관점＿＿＿.

---

보기 중 빈칸에 들어갈 가장 알맞은 어휘를 고르세요.

1 The new graphic design software program has improved the quality of the designers' work as well as their _____.

(A) economies　　(B) harvest　　(C) measures　　(D) productivity

2 Please send the information requested to the address listed above at your earliest _____.

(A) likelihood　　(B) probability　　(C) requirement　　(D) convenience

3 Whenever the assembly line is not moving as efficiently as it should, it is the production manager's _____ to determine the cause.

(A) condition　　(B) responsibility　　(C) accuracy　　(D) functioning

4 All résumés submitted to our human resources department will remain on record for one year from the date of _____.

(A) receipt　　(B) admission　　(C) ownership　　(D) membership

5 Jane Tollen's original manuscript was published last year after Jansen Books obtained her family's _____.

(A) permission　　(B) suggestion　　(C) comparison　　(D) registration

6 The prices listed in the Silesian Sun Tour catalog are effective until further _____.

(A) mark　　(B) notice　　(C) ability　　(D) attention

7 Research grant proposals must be submitted by next Friday and should include a budget and a one-page _____.

(A) meaning　　(B) belief　　(C) excursion　　(D) abstract

명사(2)

DAY 16

**토익 기본 어휘**

| | |
|---|---|
| ☐ category | 범주, 구분 |
| ☐ barrier | 장애(물), 장벽 |
| ☐ attitude | 태도 |
| ☐ corporation | 기업 |
| ☐ profile | 개요, 인지도 |
| ☐ vegetarian | 채식주의자 |
| ☐ postage | 우편 요금 |
| ☐ mood | 기분, 분위기 |

| | |
|---|---|
| ☐ tradition | 전통 |
| ☐ marketplace | 시장 |
| ☐ prize | 상 v. 소중히 여기다 |
| ☐ workshop | 워크숍, 연수회 |
| ☐ beginning | 시작, 근원 a. 기초적인 |
| ☐ adventure | 모험 |
| ☐ failure | (기계 따위의) 고장, 파손; 실패 |
| ☐ excellence | 우수, 탁월성 |

| | |
|---|---|
| ☐ bank account | 은행 계좌 |
| ☐ senior | 상급자 a. 상위의 |
| ☐ symptom | 증상 |
| ☐ instrument | 기구; 악기 |
| ☐ portrait | 초상화, 인물 사진; 서술 |
| ☐ lawyer | 변호사 |
| ☐ violation | 위반, 위배 |
| ☐ fabric | 직물, 옷감 |
| ☐ working conditions | 작업 조건 |

# ● 명사 (2)

토익 만점
어휘

| □ creditor | 채권자 |
| □ shelter | 보호 시설, 피난처 |
| □ usher | (극장 등의) 안내원, 수위  v. 안내하다 |
| □ affiliation | 제휴, 자회사 |
| □ financial history | 신용 거래 실적 |
| □ rally | 경주, 집회 |
| □ standing room | 입석 |
| □ precedent | 전례, 선례  a. 앞의, 선행하는 |

| □ rebound | (시세 등의) 반등, 회복  v. 반등하다 |
| □ scoop | 주걱; 특종  v. 푸다, 퍼내다 |
| □ repository | 저장소, 창고 |
| □ outlet | 판매 대리점, 소매점; 콘센트; 배출구 |
| □ intervention | 중재, 간섭 |
| □ curb | 억제, 제한  v. 억제하다 |
| □ enactment | 입법, 제정; 법률 (조항) |
| □ immensity | 거대, 광대함 |

| □ retrieval | 회복, 복구, 만회 |
| □ safeguard | 보호 수단, 예방 수단 |
| □ goodwill | 호의, 선의 |
| □ privatization | 민영화, 사유화 |
| □ achiever | 크게 성공한 사람, 공을 세운 사람 |
| □ incline | 경사(면)  v. ~할 마음이 들게 하다(to do) |
| □ severance pay | 퇴직금 |
| □ consignment | 탁송(품), 배송 |
| □ petition | 탄원서, (법원에 대한) 신청(서) |

명사(2)

DAY 16

# 명사 기출 어휘 (3)

## attendance
01 ★★
[əténdəns]

attend v. 참석하다
attendee n. 참석자
attendant n. 안내원, 수행원

**참석(률), 출석**

**Attendance** at last night's awards ceremony was low.
어젯밤 시상식은 참석률이 저조했다.

**• 기출표현 •**

in (full) attendance (전원) 출석한
attendance records 출근 기록

## complaint
02 ★★★
[kəmpléint]

complain v. 불평하다

**불만, 항의**

He expects ticket prices to fall in response to **complaints**. 그는 불만에 대응해 입장료가 인하될 것으로 기대한다.

**• 기출표현 •**

customer complaints 고객 불만
make a complaint 불평하다
file a complaint 불만을 제기하다

## manner
03 ★
[mǽnər]

cf. manners 예의, 관습

**방식, 태도**

We will listen and respond to your concerns in a timely **manner**.
저희는 귀하의 우려에 시기적절하게 귀를 기울이고 응답하겠습니다.

**• 기출표현 •**

in a positive manner 긍정적으로
in an effective manner 효과적인 방식으로

## itinerary
04 ★★
[aitínərèri]

**여행 일정(표)**

Along with your plane tickets, I have enclosed a copy of your final **itinerary**.
항공권과 함께 최종 여행 일정표 한 부를 동봉합니다.

**• 기출표현 •**

a travel itinerary 여행 일정
update an itinerary 일정을 새로 고치다
modify an itinerary 일정을 변경하다

## 05 ★★★ proposal
[prəpóuzəl]

propose v. 제안하다

### 제안(서), 제의
Please review the **proposal** for new safety procedures.
새로운 안전 수칙에 관한 제안서를 검토해 주세요.

● 기출표현 ●
present a proposal for ~에 대한 제안서를 제출하다

## 06 ★★★ profit
[práfit]

profitable a. 수익성이 있는
profitability n. 수익성

### 수익, 이익
Rising gas prices are cutting into our **profits**.
유가 상승으로 우리의 수익이 감소하고 있다.

● 기출표현 ●
anticipated profits 예상 수익
record profits 기록적인 수익
double the profits 수익을 두 배로 늘리다

## 07 ★★ submission
[səbmíʃən]

submit v. 제출하다

### 제출(물)
Please note that the deadline for **submission** is April 10.
제출 마감 시한이 4월 10일이라는 점에 유의해 주세요.

● 기출표현 ●
submission deadline 제출 마감일

## 08 ★ negligence
[néglidʒəns]

neglect
v. 무시하다, 소홀히 하다
negligent
a. 태만한, 부주의한

### 부주의, 태만, 과실
Demor Co. is not responsible for damage caused by consumer **negligence**.
데모르사는 소비자 부주의로 인한 파손에 대해서는 책임지지 않습니다.

## 09 ★ excess
[iksés] n.
[ékses] a.

exceed v. 초과하다
excessive a. 과도한, 지나친
excessively ad. 지나치게

### 초과(량), 과잉  ⓐ 초과한
The shop will hold a sale to clear out an **excess** of holiday supplies.
그 상점은 휴가철 용품의 초과량을 처분하기 위해 세일을 실시할 것이다.

● 기출표현 ●
in excess of ~을 초과하여
excessive noise 과도한 소음
excessive traffic 과도한 교통량

## 10 *** appointment
[əpɔ́intmənt]

appoint v. 임명하다, 지명하다

### 1. 약속, 예약
We'll call you to remind you of your pre-scheduled **appointment**.
사전 예약에 대해 귀하에게 전화로 다시 알려 드리겠습니다.

### 2. 임명, 지명
The **appointment** of a new CEO was announced on April 6.
신임 최고경영자 임명은 4월 6일에 발표되었다.

> • 기출표현 •
> schedule[get / arrange] an appointment  약속을 잡다
> reschedule[confirm] an appointment  약속을 조정하다[확인하다]

## 11 *** response
[rispáns]

respond v. 반응하다, 응답하다
respondent
n. 응답자 a. 반응하는

### 응답, 반응
Ms. Kaya gave direct and clear **responses** to our questions.
카야 씨는 우리의 질문에 직접적이고 분명하게 대답했다.

> • 기출표현 •
> immediate response  즉각적인 응답
> in response to  ~에 응하여

> **출제 TIP**  response vs. respondent
> respondent는 명사일 때 '응답자', 형용사일 때 '반응하는'의 의미로 쓰인다.
> Some **respondents** remarked that the labels are unattractive.  일부 응답자는 상표가 예쁘지 않다고 말했다.

## 12 * deficit
[défəsit]
(반) surplus 흑자

### 적자, 결손
To address budget **deficits**, Lunere County plans to limit spending.
루니어 카운티는 재정 적자를 해결하기 위해 지출을 줄일 계획이다.

## 13 ** contribution
[kὰntrəbjúːʃən]

contribute v. 공헌하다
contributor n. 기고가; 기부자

### 공헌, 기여; (잡지 등) 기고
Thank you for your great **contributions** to the field of travel publishing.
관광 출판 분야에 대한 귀하의 지대한 기여에 감사드립니다.

> • 기출표현 •
> significant contributions to  ~에 대한 중대한 공헌
> a contributor to  ~의 기고가

## atmosphere
14 ★
[ǽtməsfìər]

**분위기, 환경**

Our biggest priority is a cozy **atmosphere**.

저희의 최우선 사항은 아늑한 분위기입니다.

● 기출표현 ●
create an atmosphere of cooperation 협조 분위기를 조성하다
social atmosphere 사회적 분위기

## impact
15 ★★
[ímpækt] n.
[impǽkt] v.

⊜ effect, influence 영향

**영향, 효과   ⓥ 영향을 주다**

Digital technology has had a major **impact** on our society.

디지털 기술은 우리 사회에 큰 영향을 미치고 있다.

● 기출표현 ●
have an impact on ~에 영향을 미치다

## transportation
16 ★★★
[træ̀nspərtéiʃən]

transport v. 운송하다
transportable a. 운송 가능한

**교통 (수단), 운송**

The trip costs $26, which includes **transportation** and lunch.

여행 비용은 26달러이며, 교통편과 점심 식사가 포함되어 있습니다.

● 기출표현 ●
public transportation 대중교통
arrange shuttle transportation 셔틀 교통편을 마련하다

## fare
17 ★
[fɛər]

**(교통) 요금**

The company reserves the right to change the **fares** without notice.

회사는 통보 없이 요금을 변경할 권한이 있습니다.

> **출제TIP** fare vs. fee vs. charge
>
> fare는 주로 교통 요금, fee는 법률 서비스와 같은 전문직 서비스나 회비 등에 쓰이며 charge는 일반적인 상품이나 서비스 요금에 두루 쓰인다.
>
> taxi[bus] fare 택시[버스] 요금     membership fees 회비
> delivery[shipping] charge 배송료

## signature
18 ★
[sígnətʃər]

sign v. 서명하다 n. 안내판; 징후

**서명**

Invoices should not be processed without the customer's **signature**.

고객의 서명이 없는 송장은 처리하면 안 된다.

명사(3)

DAY 17

271

## 19 ★ authority
[əθɔ́:rəti]

authorize v. 허가하다
authorization n. 허가, 인가

**당국; 권한**

The firm failed to convince the local government planning **authority**.

그 회사는 지방 정부의 도시 계획 당국을 설득하는 데 실패했다.

> ● 기출표현 ●
> authority to부정사 ~할 권한

## 20 ★ sequence
[síːkwəns]

sequential a. 순차적인

**순서, 배열, 차례**

To set up the equipment properly, the proper **sequence** of steps must be followed.

장비를 제대로 설치하려면 단계별로 적절한 순서를 지켜야 한다.

## 21 ★ expiration
[èkspəréiʃən]

expire v. 만료되다
expired a. 만료된

**만료, 만기**

Please include your credit card number and **expiration** date.

귀하의 신용 카드 번호와 유효 기간을 명시해 주십시오.

> ● 기출표현 ●
> expiration date 유효 기간, 만료일

## 22 ★ caution
[kɔ́:ʃən]

cautious a. 조심스러운, 신중한
cautiously ad. 조심스럽게

**조심, 주의 ⓥ 주의를 주다**

Consumers are advised to use **caution** when applying this product to fabrics.

소비자들은 이 제품을 직물에 바를 때 주의하는 것이 좋습니다.

> ● 기출표현 ●
> use caution 조심하다
> with caution 조심하여, 신중히

## 23 ★★★ effort
[éfərt]

🅢 endeavor 노력, 시도

**노력**

Windorn Pharmacy has put **effort** into expanding its marketing tools.

윈돈 파머시는 마케팅 수단을 확대하기 위해 노력해 왔다.

> ● 기출표현 ●
> in an effort to부정사 ~하기 위한 노력의 일환으로
> make an effort 노력하다

## 24 ★★★ direction
[dirékʃən, dairékʃən]

direct
v. 안내하다, 지도하다
a. 직접적인

**방향, 길; 지시, 감독**

**Directions** to the facility can be found on our Web site.
그 시설로 가는 길은 당사 웹사이트에 있습니다.

under the direction of ~의 지휘하에
give directions 방향을 알려 주다, 지시하다

## 25 ★★★ replacement
[ripléismənt]

replace v. 대체하다

**1. 교체**

We could not order **replacement** parts, because the suppliers have none in stock.
공급 업체에 재고가 없어서 우리는 교체 부품을 주문할 수 없었다.

a replacement speaker 대체 연설자
ask for a product replacement 제품 교체를 요구하다

**2. 후임자**

Ms. Park will serve as vice president until a **replacement** is named. 박 씨는 후임자가 임명될 때까지 부회장으로 근무할 것이다.

## 26 ★ amenity
[əménəti, əmíːnəti]

**편의 시설**

The Beijing hotel is larger and has more **amenities**.
베이징 호텔은 더 크고 편의 시설이 더 많다.

## 27 ★ acceptance
[əkséptəns]

accept v. 수락하다, 승낙하다
acceptable
a. 받아들일 수 있는

**동의, 수락, 가입 허가**

A signed form indicates **acceptance** of all these terms and conditions. 서명된 양식은 이 모든 약관에 동의함을 나타낸다.

acceptance speech 수락 연설
acceptance of a new position 새 직책 수락

## 28 ★★ cuisine
[kwizíːn]

**요리(법)**

The neighborhood is famous for offering a wide selection of **cuisines**. 이 부근은 매우 다양한 요리를 제공하는 지역으로 유명하다.

traditional cuisine 전통 요리
specialize in regional cuisine 지역 요리를 전문으로 하다

명사(3)

DAY 17

## 29 ★ recovery
[rikʌ́vəri]

recover v. 회복하다, 되찾다

### 회복
Light walking can speed up a patient's **recovery** from surgery. 가볍게 걷기는 수술 후 환자의 회복을 촉진할 수 있다.

---

## 30 ★ expenditure
[ikspéndit∫ər]

expend v. 지출하다
expense n. 지출, 비용

### 비용, 지출
See attached projection sheet for details about anticipated **expenditures**.
예상 지출에 관한 세부 사항은 첨부된 예상치 별지를 보십시오.

> ● 기출표현 ●
> travel expenditures 출장비

---

## 31 ★★ conflict
[kánflikt]

### 충돌, 갈등, 대립  ⓥ 충돌하다, 대립하다
Due to a scheduling **conflict**, I have to reschedule my tour of your facility.
일정이 겹치게 되어 귀사의 시설 방문 일정을 조정해야 할 것 같습니다.

> ● 기출표현 ●
> a conflict of interest 이해 관계의 충돌
> conflict with ~와 상충되다

---

## 32 ★★ ingredient
[ingrí:diənt]

### 재료, 성분
The company had to change an **ingredient** in its apple tart. 그 회사는 자사의 애플 타르트 재료 한 가지를 바꿔야 했다.

> ● 기출표현 ●
> fresh ingredients 신선한 재료
> natural[artificial] ingredients 자연[인공] 재료

---

## 33 ★★★ security
[sikjúərəti]

secure v. 확보하다 a. 안전한
securely ad. 단단하게
cf. securities 증권

### 안전, 보안
Brinker Automotive will begin using **security** software for building access.
브링커 자동차는 건물 출입용 보안 소프트웨어를 사용하기 시작할 것이다.

> ● 기출표현 ●
> increase[improve] security 보안을 개선하다
> an enhanced security measure 강화된 보안 조치

> **출제TIP** 복합 명사를 확실히 외워 두자. 명사 앞에 무조건 형용사만 고르지 않도록 주의한다.
>
> for (~~secure~~ / **security**) reasons 보안상의 이유로

274

## 34 ★★ regulation
[règjuléiʃən]

regulate v. 규제하다

### 규정, 법규, 규제

The team is making progress on the revisions to our safety **regulations**.

그 팀은 우리의 안전 규정을 개정하는 일에 진전을 보이고 있다.

> ● 기출표현 ●
>
> building regulations  건축 규정
> safety regulations  안전 규정

## 35 ★ preservation
[prèzərvéiʃən]

preserve v. 보존하다

### 보존, 보호

The campaign will support forest **preservation** efforts across the United States.

그 캠페인은 미국 전역의 산림 보호 활동을 지원할 것이다.

## 36 ★★ departure
[dipáːrtʃər]

depart v. 출발하다

### 출발

Passengers are responsible for obtaining proper travel documents before **departure**.

승객들은 출발 전에 적절한 여행 서류를 취득할 책임이 있다.

> ● 기출표현 ●
>
> departure date[time]  출발 날짜[시간]
> scheduled departure  예정된 출발

## 37 ★ lapse
[læps]

### 1. 과실

Many data entry errors are caused by a **lapse** in attention.

많은 데이터 입력 오류가 주의력 과실로 발생한다.

### 2. 경과; 소멸   ⓥ 소멸하다

Most warranties on electronic products **lapse** after 90 days.

전자 제품의 보증 기간은 대부분 90일이 지나면 종료된다.

## 38 ★ proximity
[prɑksíməti]

ⓢ vicinity 인근

### 인접, 근접

Rail access and **proximity** to a major highway would be important.

철도 접근성과 주요 간선 도로에 가까운 것이 중요할 것이다.

> ● 기출표현 ●
>
> proximity to  ~에 대한 근접성
> in proximity of  ~ 근처에

## 39 morale
ⓜ [mərǽl]
ⓔ [mərɑ́ːl]

## 40 specification
[spèsəfikéiʃən]

specify v. 구체화하다
specific
a. 구체적인 n. 명세, 세목(-s)

## 41 debt
[det]

## 42 dealership
[díːlərʃìp]

deal v. 거래하다
dealer n. 판매업자, 상인

## 43 alliance
[əláiəns]

ally v. 지지하다, 편들다

---

### 사기, 의욕
The company provided a quiet nap room to boost **morale**.
회사는 사기를 높이기 위해 조용한 수면실을 제공했다.

> **• 기출표현 •**
> boost employee morale 직원의 사기를 진작시키다

### 설명서, 명세서, 사양
As you requested, I am sending you the technical **specifications** for the TX 5.
요청하신 대로 TX 5의 기술 명세서를 보내 드립니다.

> **• 기출표현 •**
> product specifications 제품 사양
> give specific instructions 구체적인 지시를 하다

> **출제 TIP** specific은 '명세, 세목, 명세서'의 의미로 명사로도 자주 사용된다.
> review the specifics in detail 세목을 자세하게 검토하다

### 빚, 부채
The corporation still carries some **debt** from money it borrowed to start current enterprises.
이 회사는 현재 하고 있는 사업을 시작하기 위해 빌렸던 부채를 아직도 지고 있다.

### 판매 대리점
Congratulations on your purchase from the DLC auto **dealership**.
DLC 자동차 대리점에서 구입하신 것을 축하드립니다.

### 동맹, 제휴
The **alliance** between the two firms has been successful so far.
두 기업의 제휴는 지금까지 성공적이었다.

> **• 기출표현 •**
> business alliance 사업 제휴

## 44 ★ courier
[kúriər]

**택배 배달원**

The **courier** insisted that the package could not have been damaged during shipment.
배달원은 소포가 배송 중에 손상되었을 리가 없다고 주장했다.

## 45 ★ contingency
[kəntíndʒənsi]

**비상 상황, 만일의 사태; 우발 사건**

**Contingency** plans were created in case the project became costly.
그 프로젝트에 많은 비용이 들 경우에 대비해 비상 대책이 수립되었다.

## 46 ★ prosperity
[praspérəti]

prosper v. 번창하다

**번영, 번창**

The economic plan is designed to boost the region's **prosperity**.
지역의 번영을 촉진하기 위해 경제 계획이 수립되었다.

## 47 ★ recipient
[risípiənt]

receipt n. 수령; 영수증
통 receiver 수령인

**수령인, 수취인**

Previous award **recipients** include Ken Lawson and Victoria Rubino.
과거 수상자로는 켄 로슨 씨와 빅토리아 루비노 씨가 있다.

● 기출표현 ●

scholarship recipients 장학금 수혜자들
undisclosed recipients 미공개 수취인들
multiple recipients 여러 수신자들

## 48 ★ prospect
[práspekt]

prospective a. 장래의

**전망, 예상, 기대감**

Most of our clients are excited about the **prospect** of our new showroom.
우리 고객 대다수는 새로운 전시실에 대한 기대감에 들떠 있다.

## 49 ★ array
[əréi]

**배열, 열거**

Choose from a wide **array** of aerobic dance and exercise classes!
다양한 에어로빅 댄스 및 운동 강좌에서 고르세요!

● 기출표현 ●

a wide array of 다수의 ~ (= a wide range of, a large number of)

## 50 ★ recession
[riséʃən]

⑧ depression, downturn
불황

**불황, 불경기**

The value of the nation's currency fell sharply during the **recession**.

경기 침체기에 그 국가의 통화 가치가 급락했다.

**PLUS POINT** 경제·경기 관련 빈출 어휘

| | | |
|---|---|---|
| boom 호황 | slowdown (경기) 둔화 | stagnation 침체 |
| inflation 인플레이션 | growth 성장 | growth rate 성장률 |
| ratio 비율 | indicator 지표 | volatility 변동성 |
| brisk 활기찬 | sluggish 부진한 | fluctuation 등락, 변동 |
| surge 급증(하다) | skyrocket 급등하다 | fall/drop 하락하다 |
| dwindle 줄어들다 | deteriorate 악화되다 | flourish/thrive 번창하다 |

## 51 ★ subordinate
[səbɔ́ːrdənət]

**부하 직원, 하급자 ⓐ 하급의**

Maintain effective working relationships with supervisors and **subordinates**.

관리자들이나 부하 직원들과 효율적인 업무 관계를 유지하세요.

## 52 ★ spectator
[spékteitər]

**관중, 구경꾼**

**Spectators** are encouraged to use the shuttle bus service, which will run every 20 minutes.

관람객들께서는 20분 간격으로 운행될 셔틀버스 서비스를 이용하시기 바랍니다.

## 53 ★ disruption
[disrʌ́pʃən]

disrupt v. 방해하다, 중단시키다

**중단, 혼란**

We will try to minimize **disruptions** during work hours.

우리는 업무 시간 동안 차질을 최소화하도록 노력할 것이다.

## 54 ★★ acquisition
[æ̀kwəzíʃən]

acquire v. 인수하다, 얻다

**인수, 습득, 획득**

The airlines have benefited from their **acquisition** of a competitor.

그 항공사들은 경쟁사를 인수해 이득을 보고 있다.

● 기출표현 ●

mergers and acquisitions 인수 합병 (= M&A)
the acquisition of knowledge 지식의 습득

278

## 55 ★ prototype
[próutətàip]

원형; 모델; 시제품

The **prototype** for the Suppliss Seat has received high marks from designers.

서플리스 시트의 시제품은 디자이너들로부터 높은 점수를 받았다.

## 56 ★ prescription
[priskrípʃən]

prescribe v. 처방하다

처방(전)

The pharmacy is required to collect payment at the time **prescriptions** are filled.

약국은 처방전의 약을 조제할 때 돈을 받아야 한다.

## 57 ★ expectation
[èkspektéiʃən]

expect v. 기대하다, 예상하다

기대, 예상, 전망

The company rewards employees who exceed company **expectations**.

그 회사는 회사의 기대치를 초과 달성한 직원에게 보상을 제공한다.

| • 기출표현 • |
| --- |
| meet expectations  기대에 미치다 |
| surpass expectations  예상을 뛰어넘다 |

## 58 ★ assortment
[əsɔ́ːrtmənt]

assort v. 분류하다
assorted a. 갖가지의, 다양한

갖가지, 모음

To satisfy different tastes, we offer a broad **assortment** of brands.

다양한 취향을 만족시키기 위해, 우리는 다양한 브랜드를 제공한다.

| • 기출표현 • |
| --- |
| assorted beverages  다양한 음료 |
| assorted sizes  다양한 크기 |

## 59 ★ cooperation
[kouɑ̀pəréiʃən]

cooperate v. 협력하다
cooperator n. 협력자

협력, 협동

We appreciate your **cooperation** in preparing your office for the upcoming move.

다가오는 이사를 위해 사무실을 준비하는 데 협조해 주셔서 감사합니다.

명사(3)   DAY 17

279

# CHECK-UP QUIZ

**A** 단어의 의미를 찾아 연결하세요.

01 authority   •
02 itinerary   •
03 expenditure   •
04 expiration   •
05 recipient   •

• ⓐ 수령인, 수취인
• ⓑ 여행 일정(표)
• ⓒ 만료, 만기
• ⓓ 비용, 지출
• ⓔ 권한; 당국

**B** 보기에서 적절한 어휘를 골라 우리말 뜻에 맞게 빈칸을 채우세요.

> ⓐ specifications    ⓑ impact    ⓒ effort    ⓓ recovery    ⓔ submission

06 비용을 절감하기 위해 **노력**하다    make a(n) _____ to reduce costs

07 고객의 **사양**을 충족하다    meet customers' _____

08 소셜 미디어의 **영향**    the _____ of the social media

09 귀하의 지원서 **제출**    the _____ of your application

**C** 문장 속 우리말 힌트를 보며 빈칸에 들어갈 적절한 어휘를 고르세요.

> ⓐ prospect    ⓑ contingency    ⓒ contributions    ⓓ lapse    ⓔ sequence

10 Renew now to ensure there is no _____ (소멸, 중단) _____ in your subscription.

11 Please thank the team for their continued _____ (공헌) _____ to the merger project.

12 Be sure to create a(n) _____ (비상) _____ plan in case something goes wrong.

---

Answers    01 ⓔ   02 ⓑ   03 ⓓ   04 ⓒ   05 ⓐ   06 ⓒ   07 ⓐ   08 ⓑ   09 ⓔ   10 ⓓ   11 ⓒ   12 ⓑ

# ETS 기출 TEST

보기 중 빈칸에 들어갈 가장 알맞은 어휘를 고르세요.

**1** The mayor has canceled the meeting with the city planners due to a _____ in his schedule.

(A) combination    (B) preservation    (C) following    (D) conflict

**2** Patients who wish to reschedule their _____ must give at least 24 hours advance notice.

(A) appointments    (B) positions    (C) assignments    (D) subscriptions

**3** Customers unhappy with the performance of their stereo equipment have two months to request a refund or _____.

(A) complaint    (B) receipt    (C) replacement    (D) promotion

**4** Employees at the Grand Hotel Tennyson create a warm _____ for clients by providing them with friendly service and comfortable surroundings.

(A) standard    (B) temperature    (C) atmosphere    (D) character

**5** A study found that government _____ on building permits in Clarksburg have led to better city planning.

(A) regulations    (B) perceptions    (C) imitations    (D) distributions

**6** Click Cameras, Inc., has announced that its _____ have risen 16 percent in the last six months, helped by sales of high-speed printers.

(A) factories    (B) employees    (C) profits    (D) coupons

**7** Because of _____ regarding noise, the hotel manager has instructed the landscaping staff to avoid operating equipment before 9:30 A.M.

(A) complaints    (B) materials    (C) opponents    (D) symptoms

명사(3)

DAY 17

**토익 기본 어휘**

| | |
|---|---|
| ☐ role | 역할, 임무 |
| ☐ control | 통제, 관리  v. 통제하다 |
| ☐ pension | 연금 |
| ☐ height | 높이, 고도 |
| ☐ physician | 의사; 내과 의사 |
| ☐ refusal | 거절, 거부 |
| ☐ attorney | 변호사 |
| ☐ labor cost | 인건비 |
| | |
| ☐ paycheck | 급료; 급료 지불 수표 |
| ☐ salary review | 급여 수준 검토 |
| ☐ opponent | 상대, 적수; 반대자 |
| ☐ dress | 의복  v. 옷을 입다[입히다] |
| ☐ tax | 세금 |
| ☐ panic | 당황; 공황 상태 |
| ☐ luxury | 사치(품)  a. 사치스러운 |
| ☐ model | 원형, 본보기  v. 모형을 만들다 |
| | |
| ☐ pace | (활동·변화 등의) 속도, 템포 |
| ☐ doubt | 의심, 의구심  v. 의심하다 |
| ☐ basis | 기초, 토대, 원리 |
| ☐ planning | 계획 입안[수립, 집행] |
| ☐ situation | 상황; 위치 |
| ☐ emergency | 비상 (사태) |
| ☐ novel | 소설  a. 새로운 |
| ☐ photographer | 사진가 |
| ☐ depot | 보관소, 저장소, 창고 |

# ● 명사 (3)

**토익 만점 어휘**

| □ predecessor | 전임자 |
| □ reinforcement | 보강, 강화 |
| □ arbitration | 중재, 조정 |
| □ counterpart | 상대, 대응물 |
| □ default | 불이행, 태만 |
| □ nuisance | 성가신 존재, 골칫거리 |
| □ blemish | 결점, 흠 v. 흠을 내다 |
| □ dignitary | 고위 인사 |
| □ moderator | 사회자, 중재자 |
| □ correlation | 상호 관계, 상관 관계 |
| □ forgery | 위조(물) |
| □ cultivation | 경작, 재배; 배양; (관계) 구축 |
| □ inconsistency | 불일치 |
| □ confiscation | 몰수; 압수(품) |
| □ policyholder | 보험 계약자 |
| □ barter | 물물 교환 v. 물물 교환하다 |
| □ aviation | 비행, 항공기 산업 |
| □ peddler | 행상인 |
| □ outreach | 도달; 봉사활동 |
| □ liquidity | (자산의) 유동성, 환금성 |
| □ facade | (건물의) 정면, 전면 |
| □ synthesis | 종합, 통합; 합성 |
| □ flock | 떼, 무리 v. 떼를 짓다, 모이다 |
| □ redemption | 변제, 상환 |
| □ composition | 구성 |

명사(3)

DAY 17

# 명사 기출 어휘 (4)

---

## 01 ★★★ requirement
[rikwáiərmənt]

require v. 요구하다

**필요조건, 요건**

The four other companies could not meet our pricing **requirements**. 다른 4개 회사는 우리의 가격 요건을 맞추지 못했다.

> • 기출표현 •
>
> membership requirements 회원자격 요건
> the requirements for the position 그 직책에 필요한 요건
> meet all safety requirements 안전 요건을 모두 충족하다

---

## 02 ★★ shortage
[ʃɔ́ːrtidʒ]

shorten v. 짧게 하다
short a. 부족한
shortly ad. 곧

**부족**

The letter was sent to customers experiencing an electrical **shortage**. 그 편지는 전력 부족을 겪고 있는 고객들에게 발송되었다.

> • 기출표현 •
>
> a shortage of ~의 부족   be[run] short of ~이 부족하다

---

## 03 ★★ preparation
[prèpəréiʃən]

prepare v. 준비하다

**준비, 대비**

Companies must make **preparations** before starting new projects abroad. 기업은 해외 신규 프로젝트를 시작하기 전에 준비가 필요하다.

> • 기출표현 •
>
> in preparation for ~에 대비하여

---

## 04 ★★★ approval
[əprúːvəl]

approve v. 찬성하다, 승인하다

**승인, 인가**

Employees must submit requests for time off to Ms. Cheung for **approval**.
직원들은 정 씨에게 휴가 신청서를 제출해 승인을 받아야 한다.

> • 기출표현 •
>
> receive[obtain] approval 승인을 받다

---

> **PLUS POINT** -al로 끝나는 빈출 명사
>
> | | | |
> |---|---|---|
> | approval 승인 | disposal 처분 | proposal 제안 |
> | withdrawal 인출; 철회 | renewal 갱신 | removal 제거 |
> | arrival 도착 | professional 전문가 | |

## 05 ★ malfunction

[mælfʌ́ŋʃən]

**malfunctioning**
a. 제대로 기능하지 못하는

고장, 오작동 ⓥ 제대로 작동하지 않다

Call a technician as soon as a **malfunction** is noted.
오작동이 발견되는 즉시 기술자에게 전화하십시오.

## 06 ★★ distribution

[dìstrəbjúːʃən]

**distribute** v. 분배하다
**distributor** n. 유통업자

배포, 유통

Green Fields Farms packages the fruit for **distribution** to retail stores.
그린 필즈 팜즈는 과일을 포장해 소매점에 유통시킨다.

> ● 기출표현 ●
>
> product distribution 제품 유통
> expand distribution 유통을 확대하다

## 07 ★★★ arrangement

[əréindʒmənt]

**arrange** v. 준비하다, 배치하다

준비, 채비

We will review your travel **arrangements** and accommodations.
저희가 귀하의 여행 준비와 숙박에 대해 확인해 보겠습니다.

> ● 기출표현 ●
>
> make arrangements 준비하다
> travel arrangements 여행[출장] 준비

## 08 ★★★ instruction

[instrʌ́kʃən]

**instruct** v. 지시하다, 교육하다
**instructor** n. 강사
**instructional** a. 교육의
⑧ manual 설명서

**1. 설명(서), 지시**

Operating **instructions** are posted above the printer.
사용 설명은 프린터 위에 부착되어 있다.

> ● 기출표현 ●
>
> an instruction manual 설명서
> assembly instructions 조립 설명서

**2. 교육**

There are different types of language **instruction** available. 언어 교육에는 다양한 유형이 있다.

> 출제TIP 문맥에 따라 사람 명사/일반 명사를 선택하는 문제가 출제된다.
>
> We are seeking an experienced French language (~~instruction~~ / **instructor**) to lead our French department.
> 우리는 프랑스어학과를 이끌 경험 많은 프랑스어 강사를 찾고 있습니다.

명사(4)

DAY 18

285

## 09 addition
### ★★★
[ədíʃən]

**추가(물)**

Roger Ramirez was the latest **addition** to the company's staff. 로저 라미레즈 씨는 가장 최근에 회사에 충원된 직원입니다.

> • 기출표현 •
>
> welcome addition to ~에 반가운 추가 일손[물건]
> in addition to ~에 더하여   in addition 게다가

## 10 competitor
### ★★★
[kəmpétitər]

compete v. 경쟁하다
competitiveness n. 경쟁력

**경쟁사, 경쟁자**

Mr. Jappa started his career at one of our international **competitors**.
자파 씨는 우리의 해외 경쟁사 중 한 곳에서 경력을 쌓기 시작했다.

> • 기출표현 •
>
> local competitors 지역 경쟁업체들
> the acquisition of a competitor 경쟁업체 인수

## 11 demand
### ★★★
⑩ [dimǽnd]
⑬ [dimáːnd]

demanding a. 요구가 많은

**수요, 요구  ⓥ 요구하다**

Due to the hot weather, Johnson brand electric fans are in high **demand**.
더운 날씨 때문에 존슨 브랜드 선풍기의 수요가 아주 많다.

> • 기출표현 •
>
> demand for ~에 대한 수요
> increasing[growing] demand 늘어나는 수요

## 12 practice
### ★★★
[prǽktis]

**실행, 실시, 연습  ⓥ 연습하다**

All laboratory personnel must complete a course in safety **practices**.
모든 실험실 직원은 안전 실무 과정을 이수해야 한다.

> • 기출표현 •
>
> business practice 사업 관행

## 13 exposure
### ★
[ikspóuʒər]

expose v. 노출시키다

**노출; 폭로**

The mayoral candidates are competing for television **exposure**.
시장 후보자들은 서로 텔레비전에 많이 나오려고 경쟁하고 있다.

> • 기출표현 •
>
> exposure to ~에 노출   be exposed to ~에 노출되다

## 14 ★ stability
[stəbíləti]

stable a. 안정적인
stabilize v. 안정시키다

**안정(성)**
Experts remain optimistic about the continuing **stability** of East Tech's stock.
전문가들은 이스트 테크 주식의 지속적인 안정성에 대해 여전히 낙관하고 있다.

## 15 ★★ efficiency
[ifíʃənsi]

efficient a. 효율적인
efficiently ad. 효율적으로
(반) inefficiency
비능률, 비효율성

**효율(성), 능률**
The time-management seminar was designed to improve **efficiency**.
시간 관리 세미나는 효율성을 개선하기 위해 고안되었다.

● 기출표현 ●

employee efficiency 직원 능률
fuel efficiency 연비

## 16 ★ commitment
[kəmítmənt]

commit v. 전념하다
committed a. 전념하는
(동) dedication, devotion
헌신, 전념

**헌신, 전념**
We would like to thank our employees for their **commitment** to excellence.
최고를 위해 일하는 우리 직원들의 헌신에 감사드리고 싶습니다.

● 기출표현 ●

commitment to ~에의 헌신, ~에 전념

## 17 ★ incentive
[inséntiv]

**혜택, 장려금**
The marketing department has announced a new **incentive** program.
마케팅 부는 새로운 장려금 프로그램을 발표했다.

● 기출표현 ●

financial incentives 금전적 혜택
additional incentives 추가 혜택[장려금]

## 18 ★★★ contract
[kántrækt]

contractor n. 계약자, 하청업자
contraction n. 수축

**계약(서)** ⓥ **계약을 맺다; 수축하다**
All **contracts** must be reviewed by the legal department.
모든 계약서는 법무 부서에 의해 검토되어야 한다.

● 기출표현 ●

sign a contract 계약을 맺다
win a contract 계약을 따내다

## 19 * absence
[ǽbsəns]

absent a. 불참한, 부재중인

**부재, 결근, 결석**

In Ms. Park's **absence**, all inquiries concerning the project should be directed to her assistant.
박 씨가 없을 때 프로젝트에 관한 모든 문의는 그녀의 비서에게 해야 한다.

> • 기출표현 •
>
> during[in] one's absence  ~의 부재중에
> be absent from  ~에 결석하다

## 20 ** confirmation
[kànfərméiʃən]

confirm v. 확인하다

**확인(서), 확증**

We request a copy of the document for **confirmation**.
저희는 확인을 위해 서류 사본을 요청합니다.

> • 기출표현 •
>
> reservation confirmation  예약 확인
> payment confirmation  결제 확인
> order confirmation  주문 확인

## 21 ** admission
[ədmíʃən]

admit v. 입장을 허가하다

**입장, 입학**

**Admission** to the event is limited to 100 participants.
그 행사의 입장은 참가자 100인으로 제한되어 있다.

> • 기출표현 •
>
> admission ticket[pass]  입장권
> admission fee[price]  입장료

## 22 *** area
[ɛ́əriə]

**지역, 구역**

The rail line will run through a residential **area**.
그 철도 노선은 주택가를 관통해 지나갈 예정이다.

> **출제TIP**  area vs. site
>
> area는 도시, 건물, 장소 등의 일부를 의미하며, site는 건물이나 도시 등이 들어설 '현장, 부지' 등을 일컫는다.
>
> dining area  식사 구역        construction site  공사 현장

## 23 * overview
[óuvərvjù:]

**개요, 개관**

The manual provides a brief **overview** of the software package.
설명서에는 소프트웨어 패키지에 관한 간략한 개요가 실려 있다.

## 24 ★ confidence
[kάnfidəns]

confident a. 확신하는

### 신뢰; 자신감

I have full **confidence** in you, as Head Chef, to finalize the menu selections.
메뉴 선택을 최종 결정하는 데 있어서 책임 셰프인 당신을 전적으로 신뢰합니다.

> ● 기출표현 ●
> have confidence in  ~에 자신이 있다, ~을 신뢰하다
> express confidence in  ~에 대한 자신감을 표하다

## 25 ★★★ fine
[fain]

finely ad. 멋있게, 섬세하게
🔁 penalty 벌금

### 벌금

Drivers who park their vehicles in these zones are subject to **fines**.
이 구역에 주차하는 운전자들에게는 벌금이 부과됩니다.

### ⓐ 좋은, 멋진

Chereau Chocolaterie is a renowned manufacturer of **fine** chocolates.
쉐로 쇼콜라테리는 좋은 초콜릿을 생산하는 유명한 제조사입니다.

> ● 기출표현 ●
> impose[levy] a fine  벌금을 부과하다

## 26 ★★★ damage
[dǽmidʒ]

damaged a. 손상된

### 피해, 손해   ⓥ 손상시키다, 피해를 입히다

In case of obvious **damage** to the merchandise, contact us immediately.
상품에 명백한 손상이 있을 경우, 즉시 당사에 연락하십시오.

> ● 기출표현 ●
> prevent damage to the machine  기계의 손상을 막다
> damaged merchandise  손상된 제품

## 27 ★★ strategy
[strǽtədʒi]

strategic a. 전략적인
strategically ad. 전략적으로

### 전략

The project has been successful because of its innovative marketing **strategies**.
그 프로젝트는 혁신적인 마케팅 전략 덕에 성공했다.

> ● 기출표현 ●
> our corporate strategy  우리의 기업 전략
> financial strategies  재정 전략
> implement business strategies  사업 전략을 실행하다

명사(4)

DAY 18

## 28 ** method
[méθəd]

**방식; 수단**

Our new **method** of producing rubber is being tested in the lab.
우리의 새로운 고무 생산 방식이 실험실에서 시험되고 있다.

> **● 기출표현 ●**
> method of payment  지불 방식

## 29 *** industry
[índəstri]

industrial a. 산업의

**산업**

Warehousing has become an important **industry** in the region.
창고업은 그 지역에서 중요한 산업이 되었습니다.

> **● 기출표현 ●**
> a retail industry  소매업
> industry experts  업계 전문가들

## 30 * consideration
[kənsìdəréiʃən]

consider v. 고려하다

**고려, 배려**

The park's renovation has been under **consideration** for two years.  공원 보수 공사가 2년째 검토되고 있다.

> **PLUS POINT  under + 명사**
>
> **under** one's leadership  ~의 통솔하에  **under** construction  공사 중인
> **under** the new policy  새로운 정책하에  **under** discussion  논의 중인
> **under** the supervision of  ~의 감독하에  **under** way  진행 중인
> **under** the direction of  ~의 지도하에  **under** consideration  고려 중인
> **under** new ownership  새로운 소유주하에  **under** warranty  보증 기간이 남아 있는

## 31 ** term
[təːrm]

**1. 조건; 용어**

Megali Co. and Liggman Ltd. have agreed on the **terms** of their merger.
메갈리사와 리그먼사가 양사의 합병 조건에 합의했다.

**2. 기간**

The company hires interns for short-**term** positions.
그 회사는 단기 일자리에 수습사원을 채용한다.

> **● 기출표현 ●**
> terms and conditions  조건; 약관
> long-term  장기간의                short-term  단기간의
> in terms of  ~의 관점에서          technical term  전문 용어

## 32 ** distance
[dístəns]

distant a. 멀리 떨어진

### 거리

The corporate apartments are located within walking **distance** of the offices.
사택은 사무실에서 도보로 갈 수 있는 거리에 위치하고 있다.

● 기출표현 ●
from a distance  멀리서
within walking distance  도보 거리 이내에

## 33 * compliance
[kəmpláiəns]

comply v. 준수하다
compliant a. 준수하는

### (법·명령 등에) 따름, 준수

Our facility is in **compliance** with all laws and regulations.
당사의 시설은 모든 법률과 규정을 준수합니다.

● 기출표현 ●
in compliance with A  A를 준수하여

## 34 * objective
[əbdʒéktiv]

⑧ purpose 목적

### 목표, 목적  ⓐ 객관적인

Employees are asked to review their work **objectives** with a supervisor.
직원들은 상사와 함께 각자의 업무 목표들을 검토하기 바랍니다.

● 기출표현 ●
long-term objectives  장기 목표    work objectives  업무 목표

**PLUS POINT** 형용사와 명사 모두 -tive 형태인 어휘

alterna**tive** n. 대안  a. 대신하는
objec**tive** n. 목표  a. 객관적인
representa**tive** n. 대표자; 직원  a. 대표적인

## 35 ** attraction
[ətrǽkʃən]

attract v. 끌다, 유인하다
attractive a. 매력적인

### 명소; 매력

We can customize tours by length and type of **attractions**.
저희는 기간과 명소 유형별로 맞춤 관광을 제공할 수 있습니다.

● 기출표현 ●
a tourist attraction  관광 명소
a local attraction  지역 명소

## 36 * assumption
[əsʌmpʃən]

assume v. 가정하다; 떠맡다

### 가정, 추정
This forecast relies on the **assumption** that firms will be minimizing costs.
이 예측은 기업들이 비용을 최소화할 것이라는 가정에 근거합니다.

## 37 ** measure
[méʒər]

measurement n. 측정; 치수

### 대책, 조치
New security **measures** will be applied in this building as of June 15. 새로운 보안 조치가 6월 15일부터 이 건물에 적용될 예정이다.

### ⓥ 측정하다
Before selecting a Dagle steel door, **measure** the door opening carefully.
데이글 철문을 선택하기 전에 문이 들어갈 자리의 면적을 신경 써서 측정하세요.

● 기출표현 ●
take measures[actions / steps] 조치를 취하다

## 38 ** degree
[digríː]

### 학위; 정도
Priority will be given to those with **degrees** in accounting.
회계학 학위 소지자에게 우선권이 부여됩니다.

● 기출표현 ●
a degree in education 교육학 학위
a high degree of professionalism 고도의 프로 정신

## 39 *** code
[koud]

### 암호, 코드; 규범, 규정
Just mention reference **code** ES005 when ordering.
주문할 때 참조 코드 ES005만 말씀해 주세요.

● 기출표현 ●
company dress code 회사 복장 규정

## 40 * inspiration
[ìnspəréiʃən]

inspire v. 영감을 주다

### 영감, 영감[자극]을 주는 사람[것]
Talk with our talented local artists about their **inspirations**.
재능 있는 우리 지역의 예술가들과 그들의 영감에 대해 이야기해 보세요.

● 기출표현 ●
a source of inspiration 영감의 원천

## 41 ★ adversity
[ædvə́ːrsəti]

adverse a. 불리한, 부정적인

**역경, 고난**

The motivational speaker will discuss ways to overcome **adversity.** 동기 부여 강연자는 역경을 극복하는 방법에 대해 논의할 예정이다.

## 42 ★ nomination
[nὰmənéiʃən]

nominee n. 지명된 사람
⑧ appointment 임명

**(후보) 추천, 지명, 임명**

**Nominations** for the vacant seat on the board must be submitted by Friday.
이사회의 공석에 대한 임명 추천은 금요일까지 해야 한다.

> • 기출표현 •
> an award nomination 수상 후보 추천
> make a nomination for A A에 추천하다

## 43 ★ deliberation
[dilìbəréiʃən]

deliberate v. 심사숙고하다

**숙고, 심의**

After much **deliberation**, we determined that the center should be built elsewhere.
심사숙고한 끝에, 우리는 센터를 다른 곳에 지어야 한다고 결정했다.

## 44 ★ discretion
[diskréʃən]

discreet a. 신중한

**재량(권); 신중함**

My publisher has given me the **discretion** to select a collaborator.
출판사가 나에게 협력자를 선택할 재량권을 주었다.

> • 기출표현 •
> at one's discretion ~의 재량에 따라

## 45 ★ coverage
[kʌ́vəridʒ]

cover v. 포함하다; 보도하다

**1. (보험 등의) 보상 범위, 적용 범위**

Appliances used commercially are not eligible for **coverage.** 상업적으로 사용되는 기기는 보상 대상에 해당하지 않습니다.

**2. (언론) 보도, 취재**

The tournament received more press **coverage** than last year's. 그 대회는 지난해 대회보다 언론에 더 많이 보도되었다.

> • 기출표현 •
> insurance coverage 보험 보상 범위　　media coverage 언론 보도

명사(4)

DAY 18

## <sup>46</sup> ★★ supplement
[sʌ́plimənt]

**보충(제), 보완**

Dr. Hopkins will be conducting the study on nutritional **supplements**.
홉킨스 박사는 영양 보충제에 관한 연구를 수행할 것이다.

ⓥ **보완하다**

Many people **supplement** their diet with multivitamins.
많은 이들이 종합비타민제로 식사를 보충한다.

## <sup>47</sup> ★★ liability
[làiəbíliti]

liable a. 책임져야 할

**책임, 책무**

Please sign the release of **liability** attached with this e-mail.
본 이메일에 첨부된 책임 면제서에 서명해 주십시오.

---
● 기출표현 ●

be liable for ~에 대한 책임이 있다
be liable to부정사 ~하기 쉽다

---

## <sup>48</sup> ★★ approach
[əpróutʃ]

**접근(법)**

The seminar provides a practical **approach** to starting a business.
그 세미나는 창업을 위한 실용적인 접근법을 제공한다.

ⓥ **접근하다, 다가가다**

Interest rates are going down and may **approach** 2% by next quarter.
금리가 하락하고 있어 다음 분기에는 2퍼센트에 근접할 수도 있다.

> **출제TIP** approach vs. access
>
> approach는 일, 문제, 상황 등을 다루는 접근 방법을, access는 물리적 접근이나 이용할 수 있는 권한을 나타낸다.
>
> approach to the problem 그 문제에 대한 접근 방식
> access to confidential information 기밀 자료의 이용 권한

## <sup>49</sup> ★★★ personnel
[pə̀:rsənél]

**직원들, 인사과**

One of the primary concerns of companies is the security of their **personnel**.
기업의 1차 관심사 중 하나는 직원의 보안이다.

## 50 ★★ reimbursement
[rìːimbɔ́ːrsmənt]

reimburse
v. 상환하다, 변제하다

상환, 변제, 배상

**Reimbursements** for medical expenses will be paid as quickly as possible. 의료비 상환은 가능한 한 빨리 지급될 것이다.

● 기출표현 ●

a reimbursement form  상환 양식
travel reimbursement  출장비 환급
expense reimbursement  비용 상환
reimbursement of shipping charges  배송비 환급

## 51 ★★ directory
[dirɛ́ktəri, dairɛ́ktəri]

주소록, 전화번호부, 안내 책자

Please confirm that your office phone number as listed in the **directory** is correct.
전화번호부에 나와 있는 사무실 전화번호가 맞는지 확인해 주세요.

## 52 ★★★ consultant
[kənsʌ́ltənt]

고문, 컨설턴트

Hiring a logistics **consultant** has resulted in faster distribution of goods to our stores.
물류 컨설턴트를 고용한 결과 우리 매장에 물량이 더 빨리 유통되고 있다.

## 53 ★ certification
[sɔ̀ːrtəfikéiʃən]

certify v. 증명하다
certificate n. 자격증

증명, 증명서

Environmental inspectors must renew their **certification** yearly.
환경 조사관은 매년 인증을 갱신해야 한다.

## 54 ★ consensus
[kənsénsəs]

일치된 의견, 합의

The general **consensus** is that the economy will improve this year.
올해는 경제가 개선되리라는 것이 전반적인 여론이다.

● 기출표현 ●

reach[come to] a consensus  합의에 도달하다

명사(4)

DAY 18

# CHECK-UP QUIZ

**A** 단어의 의미를 찾아 연결하세요.

01 distribution    ·         · ⓐ 배포, 유통

02 requirement    ·         · ⓑ 상환, 변제

03 commitment    ·         · ⓒ 필요조건, 요건

04 reimbursement  ·         · ⓓ 헌신, 전념

05 stability      ·         · ⓔ 안정(성)

**B** 보기에서 적절한 어휘를 골라 우리말 뜻에 맞게 빈칸을 채우세요.

> ⓐ exposure   ⓑ objective   ⓒ contract   ⓓ malfunction   ⓔ efficiency

06 워크숍의 **목적**        the _____ of the workshop

07 **효율성**을 높이다       increase _____

08 장비 **고장**          an equipment _____

09 다양한 외국 문화에 **노출**    _____ to a wide variety of foreign cultures

**C** 문장 속 우리말 힌트를 보며 빈칸에 들어갈 적절한 어휘를 고르세요.

> ⓐ coverage   ⓑ consensus   ⓒ supplement   ⓓ measures   ⓔ liability

10 We need to take more _____대책_____ to protect the environment.

11 The insurance policy provides _____보상 범위_____ for all types of losses.

12 This page of instructions is a(n) _____보완_____ to the owner's manual.

---

보기 중 빈칸에 들어갈 가장 알맞은 어휘를 고르세요.

1 All laboratory personnel must attend the clinical safety workshop to ensure
_____ with new regulations.

(A) activation     (B) fulfillment     (C) compliance     (D) indication

2 Customers can find detailed _____ on repairing wireless problems in the user
manual.

(A) instructions     (B) computers     (C) posters     (D) fixings

3 Ever since book critic Martha Taynbe praised Reinaldo Da Silva's *The Flag
Bearer*, _____ for it has skyrocketed.

(A) structure     (B) effort     (C) demand     (D) vision

4 Sending a letter of thanks immediately after a job interview is a highly
recommended _____.

(A) reference     (B) plot     (C) resource     (D) practice

5 _____ of local businesses for the Readers' Choice Awards must be
submitted to the *News-Tribune* by May 20.

(A) Subscriptions     (B) Nominations     (C) Supporters     (D) Venues

6 After much _____, it was decided that the company picnic would take place at
Sweetwater Park.

(A) outcome     (B) precision     (C) knowledge     (D) deliberation

7 Advertisements sent to *The Ad Exchange* must be proofread and properly
formatted in order to receive _____ for publication.

(A) instruction     (B) approval     (C) description     (D) revival

명사(4)

DAY 18

Answers    1 (C)   2 (A)   3 (C)   4 (D)   5 (B)   6 (D)   7 (B)      ▶ 번역 p.535

**토익 기본 어휘**

| | |
|---|---|
| ☐ visitor | 손님, 방문객 |
| ☐ technique | 기술, 기법 |
| ☐ digit | 숫자 |
| ☐ sector | 부문, 구역 |
| ☐ trade | 무역 |
| ☐ scholar | 학자 |
| ☐ mechanic | 수리공, 정비사 |
| ☐ liquid | 액체  a. 액체의, 유동적인 |

| | |
|---|---|
| ☐ merit | 장점 |
| ☐ boardroom | 회의실 |
| ☐ passion | 열정 |
| ☐ time-off | 결근, 휴식 |
| ☐ disaster | 재난, 재해 |
| ☐ merchant | 상인  a. 상업의, 무역의 |
| ☐ experiment | 실험  v. 실험하다 |
| ☐ electronics | 전자 공학, 전자 기술; 전자 제품 |

| | |
|---|---|
| ☐ iron | 다리미; 철  v. 다리미질하다 |
| ☐ range | 범위; 다양성  v. (범위가) ~에 이르다 |
| ☐ statistics | 통계학 |
| ☐ fever | 열 |
| ☐ shareholder | 주주 |
| ☐ transition | 변화, 이행, 추이 |
| ☐ edge | 가장자리; 우위, 유리함 |
| ☐ opposition | 반대(측) |
| ☐ contestant | 출전자, 경쟁자 |

# ● 명사 (4)

토익 만점
어휘

| | | |
|---|---|---|
| ☐ inclination | 경향, 성향 |
| ☐ momentum | 탄력, 추진력, 여세 |
| ☐ infusion | 주입, 혼합물 |
| ☐ memorial | 기념물, 기념관  a. 기념하기 위한 |
| ☐ allotment | 할당, 분배 |
| ☐ procurement | 획득, 입수, 조달 |
| ☐ concierge | 안내인, 관리인, 수위 |
| ☐ jeopardy | 위험 |
| ☐ collateral | 담보물  a. 부수적인 |
| ☐ stagehand | 무대 담당자 |
| ☐ conjunction | 연합, 공동 |
| ☐ flair | 재능, 솜씨 |
| ☐ bookkeeper | 회계 장부 담당자, 경리 사원 |
| ☐ persistence | 지속, 고집, 끈기 |
| ☐ detector | 발견자, 탐지기 |
| ☐ concession | 양보; 구내 매점 |
| ☐ halt | 중단, 멈춤  v. 멈추다 |
| ☐ hurdle | 장애(물), 곤란한 문제 |
| ☐ reproduction | 재생, 복제(품) |
| ☐ fraction | (전체에 대해) 일부, 작은 부분 |
| ☐ excavation | 발굴, 발굴품(-s) |
| ☐ citation | 인용(구); 표창(장) |
| ☐ strike | 파업  v. 파업하다; 치다, 공격하다 |
| ☐ remnant | 나머지, 잔여; 유물 |
| ☐ influx | 유입, 밀려듦 |

# 명사 기출 어휘 (5)

## ⁰¹ advance
★★★
[ədvǽns]

advanced a. 진보한, 발전된
advancement n. 발전

**발전, 진보; 선수금**

Our magazine features new **advances** in medical research. 우리 잡지는 의학 연구 분야의 새로운 발전에 대한 내용이 특징입니다.

**ⓐ 사전의, 미리 하는**

If you cannot keep your appointment, please provide **advance** notice. 예약을 지킬 수 없으시면 사전에 통지해 주십시오.

**ⓥ 향상시키다; 승진시키다**

The park is an active space designed to **advance** physical activity. 그 공원은 체육 활동을 증진하기 위해 설계된 활발한 공간이다.

> ● 기출표현 ●
>
> (well) in advance (훨씬) 미리
> an advance in ~의 발전
> advance registration[notice] 사전 등록[공지]

## ⁰² function
★★★
[fʌ́ŋkʃən]

functional
a. 기능성의, 작동되는

**1. 기능 ⓥ 기능하다**

Select the power-saver **function** when the copier is not in use. 복사기를 사용하지 않을 때는 절전 기능을 선택하세요.

> ● 기출표현 ●
>
> a key function 핵심 기능
> a remarkable function 놀라운 기능

**2. 행사, 연회**

The entertainment complex is available for private **functions** every weekend.
그 위락 시설은 주말마다 개인적인 행사에 이용할 수 있다.

## ⁰³ matter
★★★
[mǽtər]

**문제, 일**

Taylor Moran's books always become best sellers regardless of the subject **matter**.
테일러 모란의 책은 주제에 상관없이 항상 베스트셀러가 된다.

## 04 increase
★★★
[ínkriːs] n.
[inkríːs] v.

increasing a. 증가하는
increasingly ad. 점점
(반) decrease 감소; 감소하다

### 증가, 상승
Thanks to an **increase** in sales, every employee gets a year-end bonus. 매출 증가 덕분에 모든 직원은 연말 보너스를 받는다.

### ⓥ 증가하다; 올리다
Due to the rise in food costs, we have **increased** our prices. 저희는 식료품비 상승 때문에 가격을 인상했습니다.

● 기출표현 ●

wage increase 급여 인상
10% increase in profit 10퍼센트의 수익 상승

---

## 05 certificate
★
[sərtífikət]

certify v. 증명하다
certified a. 증명된
certification n. 증명

### 증명서, 증서
The winner will receive a gift card and a **certificate** of achievement.
우승자는 상품권과 수료증을 받게 됩니다.

● 기출표현 ●

gift certificate 상품권

---

## 06 variety
★★★
[vəráiəti]

vary v. 다르다, 바뀌다
various a. 다양한

### 다양(성); 종류
The mall will include specialty stores and a **variety** of food vendors.
그 상가에는 전문점 및 다양한 음식점들이 들어설 예정이다.

● 기출표현 ●

a (wide) variety of (매우) 다양한 ~

---

## 07 care
★
[kɛər]

careful a. 주의 깊은
carefully ad. 주의 깊게

### 주의; 걱정; 돌봄 ⓥ 걱정하다
These two chemicals should be handled with **care**.
이 두 화학 약품은 조심스럽게 다뤄야 한다.

● 기출표현 ●

take care of ~을 처리하다, 돌보다     with care 조심스럽게
care for ~을 좋아하다, ~을 돌보다

---

## 08 concentration
★
[kànsəntréiʃən]

concentrate v. 집중하다

### 집중; 농도
Multi-tasking affects workers' **concentration** and productivity.
멀티태스킹은 직원들의 집중도와 생산성에 영향을 미친다.

## 09 ★ accommodation
[əkɑ̀mədéiʃən]

accommodate
v. 수용하다, 숙박시키다
(동) lodging 숙소

**숙박 시설**

The Pines Resort offers a range of superb **accommodations**. 파인즈 리조트는 다양한 최상급 숙박 시설을 제공합니다.

> • 기출표현 •
>
> reserve hotel accommodations 호텔 숙박을 예약하다
> accommodation arrangements 숙박 준비


## 10 ★★ entry
[éntri]

**출품작; 참가자; 입장**

Only one **entry** per contestant will be accepted.
참가자 1인당 출품작 1점만 접수 받습니다.

> • 기출표현 •
>
> free entry 무료 입장      upon entry 입장 즉시


## 11 ★★★ standard
[stǽndərd]

standardize v. 표준에 맞추다

**기준, 표준**

The engineers comply with international **standards**.
그 엔지니어들은 국제 기준을 따른다.

> • 기출표현 •
>
> a standard shipping rate 표준 배송비
> a standard contract 표준 계약서
> production standards 생산 기준
> meet high standards 높은 기준을 충족하다


## 12 ★★★ statement
[stéitmənt]

state v. 진술하다 n. 상태

**성명서, 명세서**

Ms. Kano has scheduled a time to issue the press **statement**. 카노 씨는 언론 성명서 발표 일정을 잡았다.

> • 기출표현 •
>
> issue a statement 성명서를 발표하다
> financial statement 재무제표      billing statement 대금 청구서


## 13 ★★★ discussion
[diskʌ́ʃən]

discuss v. 논의하다, 토론하다

**논의, 토론**

The last topic of **discussion** will be the licensing of a new franchise. 토론의 마지막 주제는 새로운 프랜차이즈 사업 허가가 될 것입니다.

> • 기출표현 •
>
> a preliminary discussion 사전 논의
> an online discussion 온라인 토론

302

## 14 ★ component
[kəmpóunənt]

*cf.* factor 요인

### 부품, (구성) 요소

The electronic **components** do not meet the quality requirements.

그 전자 부품들은 품질 요구 조건을 충족시키지 못한다.

> **출제 TIP** component vs. factor
>
> factor는 사건, 상황 등에 영향을 미치는 '요인'을 나타낸다.
>
> This electronic device has some very fragile (**components**/ ~~factors~~) that break easily.
>
> 이 전자 제품은 깨지기 쉬운 부품이 있어 쉽게 부서질 수 있다.

## 15 ★★ appearance
[əpíərəns]

appear v. 나타나다
(통) looks 외관, 외모

### 1. 외관, 외모

Simonte Corporation plans to change the **appearance** of its Web site.

시몬트 코퍼레이션은 웹사이트의 외관을 바꿀 계획이다.

### 2. 나타남, 출현

We will host events like author **appearances** and book signings.

우리는 저자 출연과 책 사인회 같은 행사를 주최할 예정입니다.

● 기출표현 ●
make an appearance 나타나다, 출현하다

## 16 ★★★ position
[pəzíʃən]

### 직책; 입장; 위치

It can be difficult to find qualified candidates for a **position**. 직책의 적임자를 찾는 것은 어려울 수 있다.

● 기출표현 ●
a managerial position 관리직
a full-time position 정규직
a temporary position 임시직
apply for a position 직책에 지원하다
fill a position 직책에 사람을 채우다

### (v) 위치시키다

We will **position** our product as the world's premier refrigerator.

우리는 우리 제품을 세계 최고의 냉장고로 자리매김시킬 것이다.

## appreciation

17 ★★

[əprìːʃiéiʃən]

appreciate v. 감사하다
appreciative
a. 감사하는; 감상하는
⑧ gratitude 감사

### 감사; 감상

Plymont University expressed its **appreciation** to all sponsors.
플리몬트 대학은 모든 후원자들에게 감사를 표했다.

● 기출표현 ●

as a token of one's appreciation  감사의 표시로
in appreciation of  ~에 감사하여

## exception

18 ★★★

[iksépʃən]

exceptional
a. 뛰어난, 예외적인
exceptionally
ad. 대단히, 예외적으로

### 예외

No **exceptions** will be made to this safety regulation.
이 안전 규정에는 예외가 없을 것이다.

● 기출표현 ●

make an exception  예외로 하다
make no exception  예외를 두지 않다
with the exception of  ~을 제외하고

## rate

19 ★★★

[reit]

### 1. 비율

Given the current **rate** of oil production, fuel prices are expected to rise.
현재의 석유 생산율을 고려할 때 유가는 상승할 것으로 예상된다.

### 2. 요금, 가격

Wingstar Airlines continued to offer discounted **rates** to passengers.  윙스타 항공은 계속해서 승객들에게 할인 요금을 제공했다.

● 기출표현 ●

interest rate  금리
unemployment rate  실업률
at reasonable[affordable] rate  적당한 가격에

## executive

20 ★★★

[igzékjətiv]

### 간부, 임원, 중역   ⓐ 경영의

Orvale School's mentors are retired **executives** with a wealth of expertise.
오르베일 학교의 멘토들은 풍부한 전문성을 갖춘 퇴직 임원들이다.

● 기출표현 ●

an executive meeting  임원 회의
a company[corporate] executive  기업 임원

## 21 ★★ résumé
[rézumèi]

### 이력서

All applications must include a **résumé** and proof of degree. 모든 지원서에는 이력서와 학위 증명서가 포함되어야 합니다.

● 기출표현 ●

submit a résumé 이력서를 제출하다
review a résumé 이력서를 검토하다
attach a résumé 이력서를 첨부하다
enclose a résumé 이력서를 동봉하다

## 22 ★ accomplishment
[əkámpliʃmənt]

accomplish
v. 완수하다, 성취하다

accomplished
a. 완성된, 뛰어난

### 성취, 업적, 완수

Winning the publishing award is her most prominent **accomplishment**.
출판상 수상은 가장 두드러진 그녀의 업적이다.

● 기출표현 ●

noteworthy accomplishment 주목할 만한 업적

## 23 ★★ architect
[á:rkitèkt]

architecture
n. 건축(학), 건축물
architectural a. 건축의

### 건축가

The new park was designed by Brazilian **architect** Rafael Pessoa.
새로운 공원은 브라질 건축가 라파엘 페소아에 의해 설계되었다.

**출제TIP** architect vs. architecture

아래 문장에서 의미상으로도 사람인 architect(건축가)가 정답이지만, architecture(건축물)는 불가산이므로 앞에 a(n)가 올 수 없다.

Ms. Gallegos is a well-known (architect / ~~architecture~~).
갈레고스 씨는 유명한 건축가이다.

## 24 ★★★ conference
[kánfərəns]

### 회의, 총회

Ms. Tsuri attended the press **conference** on environmental policy.
쯔리 씨는 환경 정책에 관한 기자 회견에 참석했다.

● 기출표현 ●

register for a conference 회의에 등록하다
organize a conference 회의를 준비하다
participate in a conference 회의에 참석하다
attend a conference 회의에 참석하다

명사(5)

DAY 19

305

## average
[ǽvəridʒ]

평균(치)  ⓐ 평균의, 평범한

All the machines mentioned on the Web page are faster than **average**. 웹페이지에 언급된 모든 기계는 속도가 평균보다 빠르다.

● 기출표현 ●

on average  평균적으로
higher than average  평균치보다 높은

---

## indicator
[índikèitər]

indicate v. 나타내다
indication n. 징후, 조짐

지표, 지수

We use three **indicators** of laboratory accuracy to ensure consistent results.
우리는 일관성 있는 결과를 보장하기 위해 실험 정확도에 관한 세 가지 지표를 사용한다.

---

## accounting
[əkáuntiŋ]

accountant n. 회계사
account n. 계좌

회계(학)

The **accounting** office just released the annual budget update. 경리부에서 방금 개정 연간 예산안을 발표했다.

● 기출표현 ●

an accounting firm  회계법인
a degree in accounting  회계학 학위

---

## clearance
[klíərəns]

(재고) 정리; 허가, 인가

The fall **clearance** sale will start Friday and last for just three weeks.
가을 재고 정리 세일은 금요일에 시작해서 3주 동안만 지속될 것이다.

● 기출표현 ●

clearance sale  재고 정리 세일
clearance pass  허가증
security clearance  비밀 정보 취급 인가

---

## selection
[silékʃən]

select v. 선택하다
selective a. 선택적인, 선별적인

선발, 선택

Please come and preview our large **selection** of beautiful furniture. 오서서 저희가 다양하게 구비한 아름다운 가구들을 미리 구경해 보십시오.

● 기출표현 ●

a wide selection of  다양하게 구비된 ~

## 30 ★ manuscript
[mǽnjəskrìpt]

**원고**

We do not accept **manuscripts** that have previously appeared in print. 저희는 이전에 출판된 원고는 받지 않습니다.

● 기출표현 ●
original manuscript 원본 원고, 초안

## 31 ★★★ expansion
[ikspǽnʃən]

expand v. 확장하다
expansive a. 포괄적인

**확장, 확대**

The **expansion** of the rail system is good news for the community. 철도망 확장은 지역 사회에 희소식이다.

● 기출표현 ●
road expansion project 도로 확장 계획
company expansion 기업 확장

## 32 ★★★ reference
[réfərəns]

refer v. 참조하다
⑧ recommendation 추천서

**1. 추천인, 신원 보증인; 추천서**

Mr. Ashburton has been highly recommended by his **references**. 애쉬버튼 씨는 자신의 추천인들에게 적극 추천을 받았다.

**2. 참고, 참조**

A train schedule is enclosed for your **reference**.
참고용으로 열차 시간표를 동봉합니다.

● 기출표현 ●
reference number 조회 번호, 참조 번호
in reference to ~와 관련해

## 33 ★ labor
[léibər]

**노동(력)** ⓥ **일하다**

This warranty covers the cost of parts and **labor** only.
이 보증서로는 부품비와 인건비만 보상해 드립니다.

● 기출표현 ●
cost of labor 인건비          labor force 인력

## 34 ★★ storage
[stɔ́:ridʒ]

store v. 보관하다

**저장, 보관**

A large block of rooms will be designated for **storage**.
여러 개의 방들이 창고용으로 지정될 것이다.

● 기출표현 ●
a digital storage device 디지털 저장 장비
a storage facility 저장 시설

## 35 ★ installment
[instɔ́:lmənt]

**할부(금)**

I paid $30,000 up front, and the rest on **installments**.

3만 달러는 선금으로 냈고 나머지는 할부로 냈습니다.

## 36 ★★★ effect
[ifékt]

effective a. 효과적인
effectively ad. 효과적으로

**영향, 효력, 효과**

The mild weather has a clear **effect** on agricultural productivity.

온화한 날씨는 농업 생산성에 뚜렷한 영향을 미친다.

> • 기출표현 •
>
> have an effect on ~에 영향을 미치다
> take effect (법의) 효력이 발생하다
> in effect 시행되는, 효력 있는

> 출제 TIP **effect vs. affect**
>
> effect(영향)는 명사, affect(영향을 미치다)는 동사로 주로 쓰인다.
> effect on sales 판매에 대한 영향
> affect sales 판매에 영향을 미치다

## 37 ★ wage [weidʒ]

⑧ salary 급여

**급여, 임금**

The starting **wage** is $7.50 per hour on weekdays.

초봉은 평일 시급 7달러 50센트입니다.

## 38 ★ summary
[sʌ́məri]

summarize v. 요약하다

**요약, 개요**

Our third-quarter sales **summary** showed a 10 percent increase.

3분기 매출 요약 자료를 보면 매출이 10퍼센트 증가했다.

> • 기출표현 •
>
> a summary of ~에 대한 요약
> in summary 요약하면

## 39 ★★★ insurance
[inʃúərəns]

insure v. 보험에 들다

**보험(금)**

We offer a base salary with medical and dental **insurance** benefits.

당사는 기본급에 의료 및 치과 보험 혜택을 제공합니다.

> • 기출표현 •
>
> an insurance claim 보험금 청구

## 40 ★★★ capacity
[kəpǽsəti]

capacious
a. 널찍한, 많이 들어가는

### 용량; 수용력

The software company is increasing its production **capacity**. 그 소프트웨어 회사는 생산 능력을 늘리고 있습니다.

● 기출표현 ●

seating capacity 좌석 수
storage capacity 저장 용량
at full capacity 전면 가동으로, 만석인
be filled to capacity 만원이다

## 41 ★ minutes
[mínits]

### 회의록

The committee's suggestions have been noted in the meeting **minutes**.
위원회의 제안은 회의록에 기록되었다.

● 기출표현 ●

minutes from the board meeting 이사회 회의록

## 42 ★ obligation
[àbləgéiʃən]

### 의무, 책임

You're under no **obligation** to purchase our service.
귀하는 당사의 서비스를 구매할 의무가 없습니다.

● 기출표현 ●

have an obligation to부정사 ~할 의무가 있다
have no obligation to부정사 ~할 의무가 없다

## 43 ★ quote
[kwout]

### 1. 견적(액)  ⓥ 견적을 내다

The contractor will soon give us a **quote** for the renovation project.
도급업자는 곧 개보수 공사 견적서를 우리에게 줄 것이다.

### 2. 인용  ⓥ 인용하다

The chairman **quoted** Shakespeare during his retirement speech.
회장은 자신의 은퇴 연설에서 셰익스피어를 인용했다.

● 기출표현 ●

price quote[estimate/quotation] 가격 견적

명사(5) | DAY 19

## 44 ★ patent
ⓝ [pǽtnt]
ⓥ [péitnt]

특허(권)  ⓐ 특허권이 있는  ⓥ 특허를 얻다

A law firm intends to hire three new **patent** lawyers.
법률 회사가 3명의 특허 전문 변호사를 신규 채용하고자 한다.

patent infringement  특허권 침해
apply for a new patent  신규 특허권을 신청하다

---

## 45 ★ precaution
[prikɔ́ːʃən]

precautious a. 조심하는

예방 조치, 예방책

Please familiarize yourselves with the safety
**precautions**. 안전 예방책을 숙지해 주세요.

take precautions  조심하다

---

## 46 ★ implication
[ìmpləkéiʃən]

imply v. 암시하다, 시사하다

암시, 시사, 영향

This report analyzes the **implications** of the survey
results.
이 보고서는 설문조사 결과가 시사하는 바를 분석하고 있다.

---

## 47 ★ documentation
[dàkjəmentéiʃən]

document v. 기록하다 n. 서류

증거 서류

JHB Bank cannot process a loan application without the
proper **documentation**.
JHB 은행은 적절한 서류 없이는 대출 신청을 처리할 수 없다.

submit documentation  서류를 제출하다
shipping documentation  배송 서류

> **출제TIP**  documentation vs. document
>
> documentation은 불가산 명사이며, document는 가산 명사로 관사를 동
> 반하거나 복수형으로 써야 한다.
>
> Proper (~~document~~/documentation) is required for the loan
> application.  대출 신청에는 적절한 서류가 필요하다.

---

## 48 ★ hospitality
[hὰspitǽləti]

hospitable a. 환대하는

서비스업; 환대, 친절

The **hospitality** team should expect the new client at
four o'clock.
접객팀은 4시에 새로운 고객을 기다려야 합니다.

## 49 ★ setback
[sétbæk]

**차질; 역행; 퇴보**

Despite a recent **setback**, the road repaving project is on schedule.
최근의 차질에도 불구하고 도로 재포장 공사는 예정대로 진행되고 있다.

## 50 ★ presence
[prézəns]

**존재(감), 입지**

One way to reach an international market is by having a **presence** on the Internet.
국제 시장에 진출하는 한 가지 방법은 회사를 인터넷에 노출하는 것이다.

● 기출표현 ●
> presence at the event  행사 참석
> an international presence  국제적인 입지
> an online presence  온라인 입지

## 51 ★ entrepreneur
[à:ntrəprənə́:r]

enterprise n. 기업, 회사

**기업가**

New **entrepreneurs** find it expensive to operate stores in the city area.
새로 사업을 시작하는 기업가들은 도시에서 상점을 운영하는 것이 비용이 많이 든다고 생각한다.

● 기출표현 ●
> small-business entrepreneurs  중소업체 기업가들
> emerging entrepreneurs  부상하는 기업가들

## 52 ★ comparison
[kəmpǽrəsn]

compare v. 비교하다
comparable a. 비교할 만한

**비교**

The director has requested a **comparison** of the costs of short and long-term rental agreements.
이사는 장단기 임대 계약 비용의 비교를 요청했다.

● 기출표현 ●
> in comparison with ~  ~와 비교하여

## 53 ★★★ donation
[dounéiʃən]

donate v. 기부하다, 기증하다

**기부, 기증**

The theater used a generous **donation** to purchase seats.
그 극장은 좌석을 구입하기 위해 후한 기부금을 사용했다.

# CHECK-UP QUIZ

A    단어의 의미를 찾아 연결하세요.

01   effect    •        •   ⓐ 영향, 효력, 효과

02   indicator    •        •   ⓑ 건축가

03   statement    •        •   ⓒ 성명서, 명세서

04   quote    •        •   ⓓ 지표, 지수

05   architect    •        •   ⓔ 견적(액)

B    보기에서 적절한 어휘를 골라 우리말 뜻에 맞게 빈칸을 채우세요.

> ⓐ wage   ⓑ executive   ⓒ storage   ⓓ appreciation   ⓔ advances

06   의학 기술의 **발전**                  _____ in medical technology

07   **저장**을 위한 큰 방         a large room for _____

08   미술 **감상**                  a(n) _____ for the fine arts

09   2퍼센트의 **임금** 상승      a(n) _____ increase of 2 percent

C    문장 속 우리말 힌트를 보며 빈칸에 들어갈 적절한 어휘를 고르세요.

> ⓐ reference   ⓑ care   ⓒ hospitality   ⓓ selection   ⓔ patent

10   The town is famous for its _____친절_____ and good food.

11   The miniature model planes must be assembled with _____주의_____.

12   Our store has a wide _____선택_____ of kitchen appliances.

Answers   01 ⓐ   02 ⓓ   03 ⓒ   4.ⓔ   05 ⓑ   06 ⓔ   07 ⓒ   08 ⓓ   09 ⓐ   10 ⓒ   11 ⓑ   12 ⓓ

# ETS 기출 TEST

보기 중 빈칸에 들어갈 가장 알맞은 어휘를 고르세요.

**1** The original _____ of the town's historic buildings will be preserved during the planned restoration process.

(A) curriculum     (B) symptom     (C) appearance     (D) behavior

**2** Frontier Steakhouse's banquet room can seat up to 40 guests comfortably for private or business _____.

(A) functions     (B) practices     (C) values     (D) aspirations

**3** Safety _____ must be taken by all laboratory employees while working with chemicals that are potentially harmful.

(A) precautions     (B) rules     (C) abilities     (D) guidelines

**4** Milgrove Township continues to experience a 4 percent annual population _____.

(A) statistic     (B) increase     (C) expense     (D) census

**5** The Wellborn Science Museum's new astronomy theater has a seating _____ of 250.

(A) aptitude     (B) capacity     (C) compliance     (D) demonstration

**6** The cafeteria in the Roger Rowles Building serves daily breakfast combinations, lunches, and a _____ of sandwiches, soups, and salads.

(A) variety     (B) type     (C) version     (D) kind

**7** The monthly rent includes all utilities, with the _____ of telephone and cable charges.

(A) excess     (B) exception     (C) excuse     (D) exchange

명사(5) DAY 19

Answers    1 (C)   2 (A)   3 (A)   4 (B)   5 (B)   6 (A)   7 (B)     ▶ 번역 p.536

**토익 기본 어휘**

| | |
|---|---|
| ☐ bargain | 싼 물건, 좋은 조건의 거래 |
| ☐ accessories | 부대용품, 부속물 |
| ☐ outerwear | 겉옷, 외투 |
| ☐ handbook | 안내서, 참고서 |
| ☐ difference | 차이, 차액 |
| ☐ apology | 사과 |
| ☐ interviewer | 면접관 |
| ☐ ownership | 소유(권) |

| | |
|---|---|
| ☐ disease | 질병 |
| ☐ remedy | 치료(법) |
| ☐ patient | 환자  a. 참을성 있는 |
| ☐ healthcare | 건강 관리, 보건 의료 |
| ☐ division | 부서 |
| ☐ tutorial | 교육 자료; 개별 지도 |
| ☐ base | 기반, 토대 |
| ☐ readership | 독자(수), 독자층 |

| | |
|---|---|
| ☐ kickoff | 시작, 개시 |
| ☐ discovery | 발견 |
| ☐ context | 문맥; (사건 등의) 정황, 배경 |
| ☐ finalist | 결승 진출자 |
| ☐ currency | 통화, 화폐 |
| ☐ retirement | 퇴직, 은퇴 |
| ☐ celebration | 축하 |
| ☐ firm | 회사 |
| ☐ patron | 고객, 이용자 |

| | |
|---|---|
| ☐ earnings | 수익 |
| ☐ tenure | 재임 기간, 보유 기간 |
| ☐ queue | 줄 v. 줄 서게 하다 |
| ☐ obstacle | 장애물 |
| ☐ associate | 동료 v. 제휴하다 |
| ☐ surcharge | 추가 요금 |
| ☐ disturbance | 방해, 혼란 |
| ☐ dismissal | 해고 |
| | |
| ☐ conglomerate | 거대 복합 기업 |
| ☐ logistics | 물류; 사업의 세부 계획 |
| ☐ complication | 복잡하게 만드는 요인; 합병증 |
| ☐ prevention | 예방 |
| ☐ veterinarian | 수의사 |
| ☐ circumstance | 상황, 정황 |
| ☐ proceedings | 회의록 (= minutes) |
| ☐ breakthrough | 획기적 발전, 돌파구 |
| | |
| ☐ inception | 시작, 개시, 발단 |
| ☐ milestone | 획기적 사건 |
| ☐ proliferation | 확산 |
| ☐ compilation | 편집, 편찬(물) |
| ☐ perception | 자각; 인식, 이해 |
| ☐ circulation | 유통; 판매 부수 |
| ☐ upswing | 호전, 상승 |
| ☐ hypothesis | 가설 |
| ☐ legislation | 법률, 법안 |

명사(5)

DAY 19

| | |
|---|---|
| ☐ work shift | 근무 교대 |
| ☐ quality control | 품질 관리 |
| ☐ cost reduction | 비용 절감 |
| ☐ enclosed form | 동봉된 양식 |
| ☐ registration rate | 등록률 |
| ☐ access code | 접속 코드 |
| ☐ budget plan | 예산안 |
| ☐ full refund | 전속 환불 |
| ☐ registration[enrollment] fee | 등록비 |

| | |
|---|---|
| ☐ noise level | 소음 수준 |
| ☐ audit[production] deadline | 회계[생산] 마감일 |
| ☐ lifetime employment | 종신 고용 |
| ☐ application form | 신청서 |
| ☐ electronics company | 전자 회사 |
| ☐ opening ceremony | 개회식 |
| ☐ user reviews | 사용자 후기 |
| ☐ employment offer | 채용 제안 |
| ☐ building manager | 건물 관리인 |

| | |
|---|---|
| ☐ welcome reception | 환영식 |
| ☐ customer loyalty | 고객 충성도 |
| ☐ workplace safety | 작업장 안전 |
| ☐ customs office | 세관 |
| ☐ boarding document | 탑승 서류 |
| ☐ driving permit | 운전면허증 |
| ☐ employee productivity | 직원 생산성 |

☐ employee[sales] performance    직원[영업] 실적

☐ complaint form    불만 신고서

☐ investment policy    투자 정책

☐ machinery breakdown    기계 고장

☐ information packet    자료집

☐ employment contract    고용 계약

☐ entrance fee    입장료

☐ protection device    보호 장치

☐ safety standards[precautions]    안전 기준[예방책]

---

☐ performance review    인사 고과

☐ production schedule    생산 일정

☐ debit card    직불[현금] 카드

☐ office supplies    사무용품

☐ savings bank    저축 은행

☐ business expansion    사업 확장

☐ contract amendments    계약 수정

☐ maintenance crew    정비팀

☐ net profit    순이익

---

☐ baggage allowance    수하물 중량 제한

☐ replacement product    대체품

☐ toll-free number    수신자 부담 전화

☐ tourist attraction    관광 명소

☐ identification card    신분증

☐ shipping charge    운송 요금

☐ weather conditions    기상 상황

명사(5)   DAY 19

☐ advertising policies — 광고 정책

☐ staff meeting — 직원 회의

☐ production costs — 생산비

☐ marketing campaign — 마케팅 캠페인

☐ safety equipment — 안전 장비

☐ customer service center — 고객 서비스 센터

☐ consumer feedback — 소비자 반응

☐ tools and equipment — 도구와 장비

☐ sales contract — 영업 계약

---

☐ personal[confidential] information — 개인[기밀] 정보

☐ request form — 요청서

☐ television commercials — TV 광고

☐ consumption level — 소비 수준

☐ garment plant — 의류 공장

☐ corporate revenue — 회사 수익

☐ training session — 교육 (과정)

☐ teaching credential — 교사 자격증

☐ market survey — 시장 조사

---

☐ building site — 건축 부지[현장]

☐ committee's approval — 위원회의 승인

☐ growth rate — 성장률

☐ product quality — 제품 품질

☐ parent company — 모회사

☐ overtime rate — 초과 근무 수당

☐ leg room — (좌석 앞에) 다리를 뻗을 공간

| | | |
|---|---|---|
| ☐ | purchase order | 구입 주문서 |
| ☐ | new product launch | 신상품 출시 |
| ☐ | budget increase | 예산 증가 |
| ☐ | full-time employment | 상근 |
| ☐ | corporate restructuring | 회사 구조조정 |
| ☐ | recycling program | 재활용 프로그램 |
| ☐ | delivery[shipping] service | 배송 서비스 |
| ☐ | organizing committee | 조직 위원회 |
| ☐ | quality standards | 품질 기준 |

| | | |
|---|---|---|
| ☐ | building material | 건축 자재 |
| ☐ | tour participants | 여행 참가자들 |
| ☐ | executive board | 이사회 |
| ☐ | purchase date | 구입일 |
| ☐ | business hours | 근무 시간, 영업 시간 |
| ☐ | customer[employee] satisfaction survey | 고객[직원] 만족도 조사 |
| ☐ | fund-raising event | 모금 행사 |
| ☐ | power failure | 정전 |
| ☐ | product demonstration | 제품 시연 |

| | | |
|---|---|---|
| ☐ | trade show | 무역 박람회 |
| ☐ | market share | 시장 점유율 |
| ☐ | market research | 시장 조사 |
| ☐ | utility rate | 공공요금 |
| ☐ | volume of orders | 주문량 |
| ☐ | evaluation report | 평가 보고서 |
| ☐ | automobile prototype | 자동차 시제품 |

# 형용사 기출 어휘 (1)

## 01 ★ permanent
[pə́ːrmənənt]

permanently ad. 영구적으로
(반) temporary
일시적인, 임시의

**영구적인; 상설의, 상임의**

We expect the project to create 700 **permanent** full-time jobs.
우리는 이 사업으로 700개의 정규 상근직이 창출되기를 기대한다.

• 기출표현 •
permanent job[position] 정규직
temporary job[position] 임시직

## 02 ★★ competitive
[kəmpétətiv]

competition n. 경쟁

**(품질·가격 따위가) 경쟁력 있는, (가격이) 저렴한; 경쟁의**

The job offers a **competitive** salary and great career potential.
그 직장은 경쟁력 있는 연봉과 대단한 직업적 가능성을 제공한다.

• 기출표현 •
at competitive prices 경쟁력 있는 가격에, 저렴한 가격에
competitive edge over ~에 대한 경쟁 우위

## 03 ★ profitable
[práfitəbəl]

profit n. 수익

**수익성 있는**

The two companies worked together on a highly **profitable** project.
두 회사는 수익성 높은 프로젝트를 함께 진행했다.

• 기출표현 •
remain profitable 여전히 수익성이 있다
profitable business 수익성 있는 사업

## 04 ★ attentive
[əténtiv]

**주의를 기울이는, 신경을 쓰는**

Assembly-line workers are less **attentive** during overtime shifts.
조립 라인 작업자들은 시간 외 근무 중에 집중력이 떨어진다.

• 기출표현 •
be attentive to ~에 경청하다, 신경을 쓰다
attentive customer service 세심한 고객 응대

### 05 ★★★ creative
[kriéitiv]

create v. 만들다, 창조하다
creation n. 창조
creatively ad. 창의적으로

**창의적인**

The **creative** image on the magazine cover is credited to Marlot Images.
잡지 표지의 창의적인 이미지는 말롯 이미지즈사의 공이 크다.

> • 기출표현 •
> creative talents 창의적인 재능

### 06 superior
[supíəriər]

**우수한; 상급의**

The current electricity system is **superior** to the previous one. 현재 전기 시스템이 이전 시스템보다 우수하다.

> • 기출표현 •
> superior reputation 우수한 평판
> superior in quality 품질이 우수한

> **출제TIP** 비교 대상 앞에 than 대신 to를 쓰는 형용사
> superior to ~보다 우수한    inferior to ~보다 열등한
> prior to ~보다 전에    senior[junior] to ~보다 상급자[하급자]인

### 07 ★ costly
[kɔ́:stli]

cost n. 비용 v. 비용이 들다

**비용이 많이 드는, 비싼**

Hiring outside analysts would be too **costly**.
외부 분석가를 고용하면 비용이 너무 많이 들 것이다.

> • 기출표현 •
> costly project 비용이 많이 드는 프로젝트

### 08 associated
[əsóuʃièitid]

associate n. 동료; 제휴업체

**관련된; 연합된**

Mr. Park was closely **associated** with the company's competitors.
박 씨는 회사의 경쟁사들과 밀접하게 관련되어 있었다.

> • 기출표현 •
> be associated with ~에 관련[연루]되어 있다

### 09 ★ incorrect
[ìnkərékt]

**부정확한**

The package is labeled with an **incorrect** weight.
그 소포에 무게가 틀리게 표시되어 있습니다.

## extensive
10 ***
[iksténsiv]

*cf.* extended 연장된, 길어진

**광범위한, 폭넓은**

Employees on international assignment receive **extensive** support. 국제 업무를 수행하는 직원들은 폭넓은 지원을 받는다.

> ● 기출표현 ●
>
> extensive knowledge[experience/research]
> 폭넓은 지식[경험/연구]

출제 TIP   extensive vs. extended

(~~extensive~~/extended) deadline 연장된 마감 기한

---

## rare
11 *
[rɛər]

rarely
ad. 드물게, 좀체 ~하지 않다

**드문, 희귀한**

The store specializes in **rare** books and is open on Saturdays only.
그 상점은 희귀 서적을 전문으로 하며 토요일에만 영업한다.

> ● 기출표현 ●
>
> rare items  희귀한 물건들          rare cases  드문 경우들

---

## initial
12 ***
[iníʃəl]

initiate v. 시작하다

**초기의, 처음의**

We received your registration form and **initial** deposit of $125. 저희는 귀하의 등록 신청서와 초기 보증금 125달러를 받았습니다.

> ● 기출표현 ●
>
> initial feedback  초기 피드백        initial response  초기 반응

---

## fragile
13 *
⑩ [frædʒəl]
⑧ [frædʒail]

**깨지기 쉬운, 파손되기 쉬운**

JMO Transport provides special handling for **fragile** and bulk items.
JMO 운송은 파손되기 쉬운 물품과 대형 상품을 특별 취급한다.

---

## multiple
14 ***
[mʌltəpl]

multiply v. 늘리다

**다수의, 다양한**

Mr. DeLeon has designed **multiple** training programs for runners.
드리언 씨는 육상 선수들을 위한 다양한 훈련 프로그램을 고안했다.

> ● 기출표현 ●
>
> in multiple languages  다양한 언어로
> multiple features  다양한 특징들, 다양한 기능들

## beneficial
15 ★★
[bènəfíʃəl]

benefit
n. 혜택, 이익
v. 이익을 얻다, 득을 보다
beneficiary n. 수혜자, 수령인

**유익한, 이로운**

It is known that moderate exercise is **beneficial** to the
heart. 적당한 운동이 심장에 좋다고 알려져 있다.

 기출표현

> beneficial to ~에 유익한
> beneficial effect 이로운 영향

## constant
16 ★★
[kánstənt]

constantly ad. 지속적으로

**지속적인, 끊임없는**

Photographs can deteriorate if they are in **constant**
contact with glass. 유리와 지속적으로 접촉하면 사진이 손상될 수 있다.

기출표현

> constant challenges 끊임없는 도전

## numerous
17 ★
[njú:mərəs]

numerously ad. 수없이 많이
⑧ countless 많은, 셀 수 없는

**많은**

After her retirement, Lillian will be missed by **numerous**
colleagues.
릴리언이 은퇴하고 나면 많은 동료들에게 그녀의 빈자리가 크게 느껴질 것이다.

기출표현

> numerous clients 수많은 고객들
> numerous public events 수많은 공공 행사들
> numerous positive comments 많은 긍정적인 논평들
> numerous suppliers 수많은 공급업체들

## reluctant
18 ★
[rilʌ́ktənt]

**꺼리는, 주저하는**

The CEO is **reluctant** to make new investments since he
feels insecure about the economy.
그 최고경영자는 경기에 불안감을 갖고 있어서 신규 투자를 꺼린다.

기출표현

> be reluctant[hesitant] to부정사 ~하기를 꺼리다

## introductory
19 ★
[ìntrədʌ́ktəri]

introduce
v. 도입하다; 입문하다
introduction
n. 도입; 입문; 소개

**서두의, 입문의; 발매 특가의**

Peterson's Garden will hold **introductory** sessions on
gardening basics.
피터슨즈 가든은 원예 기초에 대한 입문 과정을 열 예정입니다.

기출표현

> introductory price[rate] 출시 특가
> introductory course 입문 강좌

## 20 <sup></sup> ongoing
[ángòuiŋ]

**진행 중인, 계속되는**

The Aiyana Trust seeks an assistant to aid our scientists with **ongoing** studies.
아이야나 트러스트는 저희 과학자들이 진행하고 있는 연구를 도울 보조원을 구하고 있습니다.

● 기출표현 ●

ongoing renovation  진행 중인 수리
ongoing process  진행 중인 과정

---

## 21 tailored
[téilərd]

tailor v. 맞추다 n. 재봉사
(동) customized
개인의 요구에 맞춘

**맞춤의, 주문 제작의**

Our services are individually **tailored** to meet your financial situation.
당사 서비스는 귀하의 재정 상태에 맞춘 개별 맞춤형입니다.

● 기출표현 ●

tailored to the needs of ~  ~의 필요에 맞춘
tailored to the clients' specifications  고객의 사양에 맞춘

---

## 22 unexpected
[ʌnikspéktid]

unexpectedly
ad. 예상 외로, 뜻밖에

**예상치 못한, 뜻밖의**

Due to **unexpected** system failures, the workshop was postponed.  예기치 못한 시스템 오류로 워크숍이 연기되었다.

● 기출표현 ●

unexpected problems  예기치 못한 문제들
unexpected delays  예상치 못한 지연

---

## 23 risky
[ríski]

risk n. 위험

**위험한**

Investing in as many properties as possible can be **risky**.
가능한 한 많은 부동산에 투자하는 것은 위험할 수 있다.

---

## 24 reliable
[riláiəbl]

rely v. 의지하다, 믿다
(동) dependable 믿을 만한

**신뢰할 수 있는, 믿을 만한**

These pipelines will ensure a safe and **reliable** gas system.
이 수송관들은 안전하고 신뢰할 만한 가스 시스템을 보장해 줄 것이다.

● 기출표현 ●

reliable service[source]  믿을 수 있는 서비스[소식통]

---

324

## 25 overdue
[òuvərdjúː]

**(지불·반환 등의) 기한이 지난, 연체된**

Any delay in payment of fees will result in an **overdue** charge. 요금 결제가 조금이라도 지연되면 연체료가 발생할 것이다.

> • 기출표현 •
> overdue fines 연체료
> an overdue payment 연체된 지불금

## 26 efficient
[ifíʃənt]

efficiency n. 효율, 연비

**효율적인, 능률적인**

The mechanics became more **efficient** using the new technology. 신기술을 사용하면서 정비사들은 능률이 더 높아졌다.

> • 기출표현 •
> efficient employees 유능한 직원들
> an efficient workplace 능률적인 직장

## 27 courteous
[kə́ːrtiəs]

courtesy n. 예의, 정중
courteously ad. 정중하게

**예의 바른, 공손한**

The service was excellent and the staff were **courteous** and warm. 서비스는 훌륭했고 직원들도 정중하고 다정했다.

> • 기출표현 •
> be courteous to ~에 예의를 갖추다
> as a courtesy to ~에 대한 예의[호의]로

## 28 ideal
[aidíːəl]

ideally ad. 이상적으로

**이상적인**

Dungo Hall is **ideal** for formal occasions and corporate events. 던고 홀은 공식 행사와 기업 행사에 이상적입니다.

> • 기출표현 •
> ideal leader[location / candidate] 이상적인 지도자[장소 / 후보자]

## 29 stable
[stéibl]

⊕ unstable 불안정한

**안정적인**

Food prices have remained **stable** despite lower harvests.
수확량 하락에도 불구하고 식품 가격은 안정을 유지하고 있다.

> • 기출표현 •
> financially stable 재정적으로 안정된
> a stable company 안정적인 회사

형용사(1)

DAY 20

## satisfactory
[sæ̀tisfǽktəri]

satisfactorily ad. 만족스럽게
satisfied a. 만족한
(반) unsatisfactory 불만인

**만족스러운**

The sales director praised Ms. Pelma for her **satisfactory** results.

영업부장은 만족스러운 결과에 대해 펠마 씨를 칭찬했다.

> **출제TIP** satisfied vs. satisfactory
>
> satisfied는 사람의 감정을 나타내며 satisfactory는 누군가의 기대에 부응하는 상태를 나타낸다.
> The manager was (**satisfied**/satisfactory) with your idea.
> 부장은 당신의 아이디어에 만족했다.

## automated
[ɔ́:təmèitid]

automate v. 자동화하다
automatic a. 자동인

**자동화된, 자동의**

I left a message on the **automated** recording system.

자동 응답 시스템에 메시지를 남겼습니다.

> • 기출표현 •
> automated banking system 자동 은행업무 시스템
> automated machinery 자동화 기계
> automated voice messages 자동 음성 메시지

## willing
[wíliŋ]

willingness n. 기꺼이 하기
(반) unwilling 꺼리는

**기꺼이 ~하는, 적극적인**

Michelle Parks is always **willing** to help her coworkers.

미셸 파크스 씨는 언제나 동료들을 기꺼이 돕습니다.

> • 기출표현 •
> be willing to부정사 기꺼이 ~하다
> be unwilling to부정사 ~하기를 꺼리다
> a willingness to부정사 ~을 하려는 의향, 기꺼이 하려는 마음

## persuasive
[pərswéisiv]

persuade v. 설득하다
(동) convincing 설득력 있는

**설득력 있는**

Mr. Cho's workshop will focus on building **persuasive** speaking skills.

조 씨의 워크숍은 설득력 있는 화술을 기르는 데 초점을 맞출 것이다.

> **출제TIP** persuasive vs. persuaded
>
> 연설은 설득되는 주체가 될 수 없으므로 아래 문장에는 어울리지 않는다.
> His recent speech was (**persuasive**/persuaded).
> 그의 최근 연설은 설득력이 있었다.

## commercial

34 \*\*\*

[kəmə́:rʃəl]

commerce n. 상업; 무역
commercially ad. 상업적으로

### 상업의, 상업적인 ⓝ 광고

Rent for **commercial** space has begun to rise in Arcadia.
아케이디아 내의 상업 공간 임대료가 오르기 시작했다.

● 기출표현 ●

commercial purpose 상업적 목적
commercial district 상업 지역
commercial property 상업 용지

---

## conscious

35 \*

[kánʃəs]

㉿ aware 알고 있는

### 알고 있는, 인식하고 있는

Residents are **conscious** of the lack of facilities for the elderly.
주민들은 노인들을 위한 시설이 부족하다는 점을 인식하고 있다.

● 기출표현 ●

be conscious of ~을 알고 있다, 자각하다 (= be aware of)
environmentally conscious 환경에 관심이 있는

---

## exclusive

36 \*\*

[iksklú:siv]

exclude v. 제외[배제]하다
exclusion n. 제외, 배제
exclusively ad. 독점적으로

### 독점적인; 배타적인

The tennis courts are for the **exclusive** use of Greenport residents. 그 테니스 코트는 그린포트 주민 전용이다.

● 기출표현 ●

exclusive right 독점권

---

## unprecedented

37 \*

[ʌnprésədèntid]

### 전례 없는

Horizon Stadium recorded **unprecedented** revenues from ticket sales.
호라이즌 경기장은 입장권 판매로 전례 없는 수익을 기록했다.

● 기출표현 ●

unprecedented revenues 전례 없는 수익
unprecedented event 전례 없는 사건

---

## prevalent

38 \*

[prévələnt]

prevail v. 널리 퍼지다
prevalence n. 널리 퍼짐, 보급
㉿ widespread
　　널리 퍼진, 광범위한

### 널리 퍼진, 일반적인

Mobile phones have become **prevalent** in all advanced countries.
모든 선진국에는 휴대전화가 널리 보급되었다.

## 39 ★ demanding

@ [dimǽndiŋ]
❸ [dimáːndiŋ]

**demand**
n. 요구, 수요 v. 요구하다

### 힘든, 버거운; 요구가 많은

The 'Super Workout' exercise class is too **demanding** for beginners.

'슈퍼 워크아웃' 운동 교실은 초보자들에게 너무 버겁다.

## 40 ★ optimal

[áptəməl]

⑤ optimum 최적의

### 최적의, 최선의

The filter should be cleaned once a month for **optimal** performance.

최적의 성능을 위해 필터는 한 달에 한 차례씩 청소되어야 한다.

● 기출표현 ●

optimal performance 최적의 성능
optimal time 최적의 시간

## 41 ★ receptive

[riséptiv]

### 받아들이는, 수용하는

Ms. Cohen is **receptive** to the idea of investing in a new company.

코헨 씨는 신생 기업에 투자하는 안에 수용적이다.

## 42 ★ discretionary

[diskréʃənèri]

**discretion**
n. 자유 재량(권), 결정권

**discretionally**
ad. 자유 재량으로

### 자유 재량의, 임의로 선택할 수 있는

People now have more **discretionary** funds at their disposal.

사람들은 이제 임의로 처분할 수 있는 자유 재량 자금을 더 많이 갖고 있다.

## 43 ★ exempt

[igzémpt]

### (의무·책임 따위에서) 면제된  ⓥ 면제하다

Any domestic order valued at $200 or more is **exempt** from delivery charges.

200달러 이상의 국내 주문은 배송비가 면제된다.

● 기출표현 ●

be exempt from ~이 면제되다

## considerate
[kənsídərət]

consideration n. 고려, 배려
cf. considerable 상당한

**배려하는, 이해심 있는**

Please be **considerate** of others when talking on mobile phones.
휴대폰으로 이야기할 때는 다른 사람들을 배려해 주세요.

> ● 기출표현 ●
> be considerate of ~을 배려하다

> **출제 TIP** considerable vs. considerate
> (**Considerable**/Considerate) funds will be devoted to online marketing.
> 상당한 자금이 온라인 마케팅에 투입될 것이다.

## adjacent
[ədʒéisnt]

**인접한, 이웃한**

The bank decided to acquire the property **adjacent** to their main branch.
그 은행은 본점에 인접한 부동산을 매입하기로 결정했다.

> ● 기출표현 ●
> adjacent to ~에 인접한
> adjacent library 인접한 도서관

## authentic
[ɔːθéntik]

⑧ genuine 진짜인

**진품인; 진정한**

Students are attending the exhibition because it features **authentic** dinosaur bones.
학생들은 진짜 공룡 뼈가 전시되고 있기 때문에 이 전시회에 참석하고 있다.

> ● 기출표현 ●
> authentic Shanghai breakfast 정통 상하이식 아침 식사
> authentic dance performances 정통 무용 공연

## dedicated
[dédikèitid]

dedication n. 헌신, 전념
dedicate v. 바치다, 전념하다
⑧ devoted, committed
전념하는

**헌신적인, 몰두하는**

Marcell, Inc., is **dedicated** to meeting workplace safety needs.
마르셀사는 작업장 안전 요구 사항을 충족하는 데에 전념하고 있습니다.

> ● 기출표현 ●
> be dedicated to ~에 전념하다, ~에 헌신하다
> dedicated representatives 헌신적인 직원들

형용사(1)

DAY 20

## 48 ★ predictable
[pridíktəbl]

predict v. 예측하다
predicted a. 예상된
predictably ad. 예상대로
⑪ unpredictable
예측할 수 없는

### 예측 가능한, 예측할 수 있는
Critics of the movie with Michelle Zhao have called the plot too **predictable**.
평론가들은 미셸 자오 씨가 출연한 그 영화에 대해 줄거리가 너무 뻔하다고 말했다.

**출제TIP** predictable vs. predicted
Nipsta was (~~predictable~~/predicted) to win the match.
닙스타가 그 경기에서 우승할 것으로 예상되었다.


## 49 ★ accountable
[əkáuntəbl]

accountability n. 책임, 의무

### 책임이 있는
All workers will be held **accountable** for any inaccurate information in their reports.
모든 직원은 보고서의 부정확한 정보에 대해 책임을 져야 한다.

● 기출표현 ●
be accountable for ~에 대해 책임이 있다
hold A accountable for B A에게 B에 대한 책임을 지우다


## 50 ★ inclement
[inklémənt]

### (날씨가) 궂은, 악천후의
The company had to close three times due to **inclement** weather.
회사는 악천후로 세 번 문을 닫아야 했다.

● 기출표현 ●
inclement weather 악천후


## 51 ★ obsolete
[àbsəlí:t]

### 시대에 뒤진, 구식의, 쓸모 없어진
A new discovery rendered their working model **obsolete**.
새로운 발견으로 그들의 작업 모델은 구식이 되었다.

● 기출표현 ●
obsolete machinery 낡은 기계


## 52 ★ fabulous
[fǽbjuləs]

### 아주 멋진, 엄청난
You will have a **fabulous** time at Wildwood National Park.
여러분은 와일드우드 국립공원에서 멋진 시간을 보낼 것입니다.

## 53 ★ rewarding
[riwɔ́ːrdiŋ]

reward n. 상, 보상
v. 상을 주다, 보상하다

**보람 있는**

Strenuous but **rewarding**, this trail offers sweeping views of the distant mountains.
힘들지만 보람 있는 이 산책로는 멀리 보이는 산들을 한눈에 볼 수 있다.

## 54 ★ affected
[əféktid]

affect v. 영향을 주다

**영향을 받는, 해당되는**

**Affected** employees will need to box up all their office items by 3 P.M.
해당되는 직원들은 오후 3시까지 자신의 사무용품을 상자에 담아두어야 합니다.

## 55 ★ automotive
[ɔ:təmóutiv]

**자동차의**

We use the best **automotive** cleaning products and tools for your vehicles.
당사는 귀하의 차량에 가장 적합한 자동차 세정 제품 및 공구를 사용합니다.

● 기출표현 ●

automotive repair shop 자동차 수리점
automotive plant 자동차 공장
automotive parts 자동차 부품

## 56 ★ confusing
[kənfjúːʒiŋ]

confuse
v. 혼란을 주다, 혼동시키다
confused a. 혼란스러운

**혼란을 주는**

The menu options are **confusing**, so setup is not straightforward.
메뉴 옵션이 헷갈려서 설정이 간단하지 않습니다.

## 57 ★ well received
[wel risíːvd]

**평이 좋은, 좋은 반응을 얻는**

The early photos have been **well received** among gallery visitors.
초기 사진들은 갤러리 관람객들 사이에서 좋은 반응을 얻고 있다.

# CHECK-UP QUIZ

**A** 단어의 의미를 찾아 연결하세요.

01 tailored ・ ・ ⓐ (지불 · 반환 등의) 기한이 지난, 연체된

02 overdue ・ ・ ⓑ 최적의, 최선의

03 exempt ・ ・ ⓒ (의무 · 책임 따위에서) 면제된

04 optimal ・ ・ ⓓ 맞춤의, 주문 제작의

05 dedicated ・ ・ ⓔ 헌신적인, 몰두하는


**B** 보기에서 적절한 어휘를 골라 우리말 뜻에 맞게 빈칸을 채우세요.

| ⓐ risky　ⓑ adjacent　ⓒ obsolete　ⓓ reluctant　ⓔ stable |
| --- |

06 **안정적인** 경제　　　　　　　a(n) _____ economy

07 센트럴 호텔에 **인접한**　　　　_____ to the Central Hotel

08 **구식** 기술　　　　　　　　　a(n) _____ technology

09 **위험한** 투자　　　　　　　　_____ investment


**C** 문장 속 우리말 힌트를 보며 빈칸에 들어갈 적절한 어휘를 고르세요.

| ⓐ ideal　ⓑ authentic　ⓒ beneficial　ⓓ considerate　ⓔ attentive |
| --- |

10 Be _____<sub>배려하는</sub>_____ of others in the library, and please speak softly.

11 Regular exercise has many _____<sub>유익한</sub>_____ effects on our health.

12 This old coin is a(n) _____<sub>진품인</sub>_____ treasure and not an imitation.

---

Answers 01 ⓓ　02 ⓐ　03 ⓒ　04 ⓑ　05 ⓔ　06 ⓔ　07 ⓑ　08 ⓒ　09 ⓐ　10 ⓓ　11 ⓒ　12 ⓑ

보기 중 빈칸에 들어갈 가장 알맞은 어휘를 고르세요.

1 Construction _____ with the replacement of the footbridge will continue to impede the flow of local traffic.

(A) accustomed　　(B) associated　　(C) coherent　　(D) distinct

2 Since the design of the Seino Towers is still in the _____ planning phase, the blueprints have not yet been prepared.

(A) initial　　(B) entire　　(C) various　　(D) formed

3 It would be wise to build an extra 20 percent into the budget to cover _____ contingencies.

(A) unexpected　　(B) inappropriate　　(C) uncharted　　(D) infirm

4 Halperin Engineering, Inc., has _____ rights to the technology it developed for robotic surgical devices.

(A) responsible　　(B) feasible　　(C) manufactured　　(D) exclusive

5 The workers from Sanders Plumbing have earned a reputation for _____ and courteous service.

(A) possible　　(B) numerous　　(C) previous　　(D) reliable

6 While Ms. Molinsky has little experience in technical support, her knowledge of computer systems is _____.

(A) extensive　　(B) clever　　(C) considered　　(D) eager

7 The Rutledge Corporation has announced price increases across its entire product line following an _____ rise in the cost of raw materials.

(A) accomplished　　(B) abundant　　(C) informed　　(D) unprecedented

형용사(1)

DAY 20

## ➕ 토익 만점 완성

**토익 기본 어휘**

| | |
|---|---|
| ☐ identical | 똑같은, 동일한 |
| ☐ steep | 가파른, 급격한 |
| ☐ vacant | 공석의, 비어 있는 |
| ☐ modest | 겸손한; 적당한 |
| ☐ useful | 유용한 |
| ☐ respected | 훌륭한, 평판 있는 |
| ☐ lively | 활기찬, 활발한 |
| ☐ vague | 애매한 |

| | |
|---|---|
| ☐ harmful | 해로운, 유해한 |
| ☐ curious | 호기심이 많은 |
| ☐ dissatisfied | 불만스러운 |
| ☐ external | 외부의 |
| ☐ wasteful | 낭비의, 헛된 |
| ☐ realistic | 현실적인 |
| ☐ passionate | 열정적인 |
| ☐ active | 활동적인, 적극적인 |

| | |
|---|---|
| ☐ lengthy | 장황한, 긴 |
| ☐ sudden | 갑작스러운 |
| ☐ doubtful | 의심스러운, 확신이 없는 |
| ☐ fluent | 유창한 |
| ☐ international | 국제적인 |
| ☐ entry-level | 입문의, 초보자용의 |
| ☐ recreational | 오락의, 레크리에이션의 |
| ☐ patient | 참을성 있는, 인내하는 |
| ☐ confused | 당황한, 어리둥절한 |

| | |
|---|---|
| ☐ unclaimed | 주인이 나서지 않는; 청구하는 사람이 없는 |
| ☐ bilateral | 양자의, 쌍방의 |
| ☐ probationary | 견습 기간 중인 |
| ☐ elaborate | 정교한 |
| ☐ eventful | 다사다난한 |
| ☐ intermittent | 간헐적인 |
| ☐ enlightening | 계몽적인 |
| ☐ tedious | 지루한, 싫증 나는 |

| | |
|---|---|
| ☐ thrifty | 검소한, 절약하는 |
| ☐ coherent | (이야기 등이) 일관성 있는 |
| ☐ philanthropic | 박애(주의)의, 인정 많은 |
| ☐ robust | 튼튼한, 강건한; 확고한 |
| ☐ reciprocal | 상호간의, 서로의 |
| ☐ conventional | 전통적인, 관습적인, 형식적인 |
| ☐ noteworthy | 주목할 만한, 현저한 |
| ☐ argumentative | 논쟁적인, 토론하기를 좋아하는 |

| | |
|---|---|
| ☐ tolerant | 관대한; 인내하는 |
| ☐ utmost | 최대한의, 극도의 |
| ☐ harsh | 거친, 가혹한 |
| ☐ reversible | 뒤집을 수 있는(↔ irreversible 되돌릴 수 없는) |
| ☐ concentrated | 집중적인; 농축된 |
| ☐ fundamental | 기본적인; 필수의 |
| ☐ incidental | 부차적인; 우발적인 |
| ☐ gradual | 점진적인, 단계적인 |
| ☐ firsthand | 직접의  ad. 직접 |

# 형용사 기출 어휘 (2)

## 01 ★★★ additional
[ədíʃənl]

add v. 추가하다, 더하다
addition n. 추가
additionally
ad. 추가적으로

**추가의, 부가적인**

The company is willing to hire **additional** staff to complete our order.
그 회사는 우리의 주문 물량을 모두 소화하기 위해 기꺼이 추가 인력을 고용한다.

• 기출표현 •
> additional cost 추가 비용
> additional workers 추가 인력

## 02 ★★★ regular
[régjələr]

regularly
ad. 정기적으로, 규칙적으로
⑲ irregular 불규칙한

**정기적인, 규칙적인; 보통의**

We can provide service on a **regular** basis or on-call.
당사는 정기적으로 또는 전화를 받는 즉시 서비스를 제공할 수 있습니다.

• 기출표현 •
> regular customer 단골
> regular maintenance 정기 보수
> on a regular basis 정기적으로
> check regularly 정기적으로 점검하다

## 03 ★★★ due [dju:]

**(제출·반환 등의) 기한이 된  ⓝ 요금, 회비**

The proposal for the parking garage was **due** yesterday.
주차장에 대한 제안서는 어제가 마감이었다.

• 기출표현 •
> due date 만기일           membership dues 회비
> be due to부정사 ~할 예정이다   *cf.* due to 명사 ~ 때문에

## 04 ★ sufficient
[səfíʃənt]

sufficiently ad. 충분히
⑧ enough 충분한
⑲ insufficient 부족한

**(수·양이) 충분한**

The apartments contain **sufficient** space for a family of four.
그 아파트는 4인 가족이 살 수 있는 충분한 공간이 있다.

• 기출표현 •
> sufficient space[time] 충분한 공간[시간]
> sufficient notice 넉넉히 시간을 둔 공지

## 05 professional

★★★ [prəféʃənl]

professionally
ad. 전문적으로

전문적인; 직업의 ⓝ 전문가

Managers will be required to attend the **professional** development seminar.
관리자들은 전문성 개발 세미나에 참석하도록 요청을 받을 것이다.

> • 기출표현 •
> professional development 전문적 개발
> professional specialty 전문적 특수성
> a professional career 직업적 경력
> marketing professionals 마케팅 전문가들

## 06 functional

[fʌ́ŋkʃənl]

function n. 기능 v. 기능하다
functionality
n. 기능성, 실용성

### 1. 작동하는

Mr. Nipsta confirmed the device was completely **functional** again.
닙스타 씨는 장치가 다시 제대로 작동하는 것을 확인했다.

> • 기출표현 •
> fully functional 완전히 작동하는

### 2. 기능적인, 편리한

The building is both **functional** and visually pleasing.
그 건물은 기능적이면서 보기에도 좋다.

> • 기출표현 •
> functional products 기능성 제품

## 07 adequate

★ [ǽdikwət]

adequately ad. 적절하게
⊕ inadequate 부적절한

적절한, 제대로 된

The monitor was damaged in shipping because the packaging was not **adequate**.
포장이 제대로 되어 있지 않아서 배송 중에 모니터가 파손되었다.

> • 기출표현 •
> an adequate size 적당한 크기
> adequate advice 적절한 조언
> adequate for purposes 목적에 적합한
> an adequate supply 충분한 공급량

## 08 unattended

★ [ʌnəténdid]

방치된, 내버려 둔

An **unattended** backpack was found in the empty gym.
빈 체육관에서 방치된 배낭이 발견되었다.

## vital
[váitl]

vitally ad. 중대하게

### 필수적인, 아주 중요한

An online marketing strategy is **vital** for survival in a competitive market.
온라인 마케팅 전략은 경쟁이 치열한 시장에서 생존하는 데 필수적이다.

● 기출표현 ●

vital tips 중요한 조언
vital news resource 중요한 뉴스 자료
a vital part of our community 우리 지역사회의 중요한 부분
a vital member of our team 우리 팀의 중요한 일원

## unlimited
[ʌnlímitid]

unlimitedly ad. 무제한으로

### 무제한의

Your subscription allows you **unlimited** access to articles on our Web site.
구독권이 있으면 웹사이트의 기사를 무제한 열람할 수 있습니다.

● 기출표현 ●

unlimited access to ~에 무제한 접근[이용]
unlimited voice calls and text messaging
무제한 음성 통화와 문자 메시지 전송

## managerial
[mǽnədʒíəriəl]

manager n. 관리자
cf. manageable
관리할 수 있는

### 관리(자)의, 경영(자)의

A reception for **managerial** staff will be held on Thursday in the boardroom.
관리직 직원들을 위한 환영회가 목요일에 중역 회의실에서 열릴 예정입니다.

● 기출표현 ●

managerial position 관리직
managerial experience 관리 경험

출제TIP managerial vs. manageable

apply for the (**managerial** / manageable) position
관리직에 지원하다

## artificial
[à:rtəfíʃəl]

(반) natural 천연의, 자연의

### 인공의, 인위적인

Too many **artificial** ingredients are used to make this food product.
이 식품을 제조하는 데 인공 원료가 과다하게 사용된다.

● 기출표현 ●

artificial flavor 인공 감미료

## protective
13 ★
[prətéktiv]

protect v. 보호하다
protection n. 보호

### 보호하는, 보호용의; 방어하는
Staff members who work with chemicals should wear **protective** gear. 화학 물질을 취급하는 직원들은 보호 장비를 착용해야 한다.

● 기출표현 ●

protective gear[equipment] 보호 장비
protective clothes 방호복

---

## steady
14 ★
[stédi]

steadily ad. 꾸준히

### 안정된, 꾸준한
The price of fuel continues its **steady** rise for the tenth week in a row.
연료비가 10주 연속 꾸준히 상승세를 이어가고 있다.

● 기출표현 ●

steady growth 꾸준한 성장

---

## sizable
15 ★
[sáizəbl]

size n. 크기, 규모

### 상당한 크기의, 꽤 큰
The warehouse provides storage for a **sizable** amount of merchandise.
그 창고는 상당량의 제품을 보관할 수 있는 공간을 제공한다.

● 기출표현 ●

a sizable demand 상당한 수요
sizable readerships 상당한 독자층

---

## experienced
16 ★★★
[ikspíəriənst]

experience
v. 경험하다 n. 경험
(반) inexperienced
미숙한, 경험 없는

### 경험이 있는, 숙련된, 능숙한
The organization is seeking an **experienced** economist.
그 단체에서 경험 많은 경제학자를 모집 중이다.

● 기출표현 ●

experienced mechanic 숙련된 정비사
experienced trainer 능숙한 트레이너

---

## noticeable
17 ★
[nóutisəbl]

notice v. 알아차리다 n. 공지
noticeably
ad. 눈에 띄게, 두드러지게

### 뚜렷한, 분명한
The advertising campaign has had a **noticeable** effect on sales.
그 광고 캠페인은 매출에 뚜렷한 영향을 미치고 있다.

● 기출표현 ●

a noticeable improvement 눈에 띄는 개선

## 18 ★ sensitive

[sénsətiv]

sense n. 감각
sensitivity n. 민감함, 예민함
cf. sensible 현명한

**민감한, 예민한**

The XT100 is the most **sensitive** home-kitchen scales on the market.

XT100은 시중에서 가장 예민한 가정용 주방 저울이다.

> ● 기출표현 ●
>
> sensitive to light 빛에 민감한

> **출제 TIP** sensitive vs. sensible
>
> sensible은 '현명한, 분별이 있는'의 의미로 이성적 판단과 관련이 있다.
>
> a sensible plan of action 현명한 행동 계획

## 19 ★★ impressive

[imprésiv]

impress
v. 인상을 심다, 감명을 주다
impression n. 인상, 감명
cf. impressed 감명받은

**인상적인, 감동적인**

Earnings were not **impressive** enough to attract more investors.

수익은 더 많은 투자자를 유치할 만큼 충분히 인상적이지 못했다.

> ● 기출표현 ●
>
> an impressive art collection 인상적인 미술 수집품
> make a good impression on ~에게 좋은 인상을 주다

> **출제 TIP** impressive vs. impressed
>
> Everyone at the concert was (~~impressive~~/impressed) by Ms. Vincenzi's outstanding performance.
>
> 연주회에 온 모든 사람은 빈센지 씨의 뛰어난 연주에 감명받았다.

## 20 ★★ outstanding

[àutstǽndiŋ]

**1. 탁월한, 뛰어난**

Ms. Chu was happy to receive the award for **outstanding** performance.

추 씨는 탁월한 실적으로 상을 받게 되어 기뻤다.

**2. 미지불된, 미결제된**

The **outstanding** balance must be paid promptly.

미지불 잔액은 즉시 지불되어야 합니다.

> ● 기출표현 ●
>
> outstanding customer service 뛰어난 고객 서비스
> outstanding balance[expenses] 미지불 잔액[비용]

## 21 ★ widespread
[wáidspred]

**널리 퍼진, 광범위한**

The **widespread** use of cell phones has changed the way we communicate.
휴대전화의 광범위한 사용으로 우리가 의사소통하는 방식이 바뀌었다.

> ● 기출표현 ●
>
> widespread popularity 광범위한 인기

## 22 ★ visible
[vízəbl]

vision n. 시력, 시야; 선견지명

**(눈에) 보이는, 뚜렷한**

Ensure that the warning lights are clearly **visible**.
경고등이 뚜렷하게 보이는지 확인하십시오.

## 23 ★★ exceptional
[iksépʃənl]

exceptionally
ad. 특별히, 유난히

**뛰어난, 예외적인**

Ana Paskevich has been honored as an **exceptional** writer.
애나 파스케비치는 뛰어난 작가로 추앙받고 있다.

> ● 기출표현 ●
>
> exceptional performance 뛰어난 성과
> exceptional service 훌륭한 서비스
> exceptional contribution to ~에 대한 뛰어난 공헌

## 24 ★★★ personal
[pə́:rsənl]

personalized a. 맞춤의

**개인의, 사적인**

If you need to update any **personal** information, contact us promptly.
개인 정보를 업데이트해야 할 경우 즉시 저희에게 연락하십시오.

> ● 기출표현 ●
>
> personal belongings 개인 소지품
> personal check 개인 수표

## 25 ★ superb
[supə́:rb]

superbly ad. 최고로, 훌륭하게

**최고의, 뛰어난**

Fred's **superb** attention to detail is his best attribute.
세부 사항에 최고의 관심을 기울이는 것이 프레드의 가장 뛰어난 특징이다.

> ● 기출표현 ●
>
> superb organizational skills 뛰어난 조직력
> be of superb quality 품질이 우수하다

## 26 ** enclosed
[inklóuzd]

enclose v. 동봉하다
enclosure n. 동봉된 것; 둘러쌈

### 동봉된
Please take a moment to fill out the **enclosed** form and mail it to us.
잠시 짬을 내어 동봉한 양식을 작성하신 후 저희에게 우편으로 보내 주세요.

> **출제TIP**
>
> ❶ 주어와 동사가 도치된 문장에서 문두에 보어인 enclosed/attached(첨부된)를 넣는 문제가 출제된다.
> (~~Enclosure~~ / **Enclosed**) is a reference letter from the renowned professor. 저명한 교수님께 받은 추천서가 첨부되어 있습니다.
> ❷ part 7에서 이메일 첨부 문서를 언급할 때 자주 등장하는 표현
> enclosed[attached / included] ~을 동봉[첨부 / 포함]합니다
> send with ~을 함께 보냅니다

## 27 ** eager
[íːgər]

eagerness n. 열망, 열의
eagerly ad. 간절히

### 열망하는
Ruleof is **eager** to learn if his sketch won first place in the contest.
룰레오프는 자신의 그림이 그 대회에서 1등을 했는지 무척 알고 싶어 한다.

> • 기출표현 •
>
> be eager to부정사 ~하기를 갈망하다
> eagerly await 간절히 기다리다

## 28 * removable
[rimúːvəbl]

remove v. 제거하다
removal n. 제거

### 제거할 수 있는, 뗄 수 있는
The equipment has a **removable** cover for easy cleaning.
그 장비는 쉽게 청소할 수 있도록 떼내기 쉬운 덮개가 있다.

> • 기출표현 •
>
> removable wheels 탈착식 바퀴
> a removable keyboard 탈착식 키보드

## 29 ** positive
[pázətiv]

positively ad. 긍정적으로
(반) negative 부정적인

### 긍정적인; 명확한, 분명한
Passionate employees have a **positive** influence on their colleagues.
열정적인 직원들은 동료들에게 긍정적인 영향을 미친다.

> • 기출표현 •
>
> positive feedback 긍정적인 반응, 호평

## committed

30 ★★

[kəmítid]

commit v. 헌신하다

(동) devoted, dedicated
헌신하는

**헌신하는, 전념하는**

Industry Bank is **committed** to keeping customer information secure.
산업은행은 고객 정보를 안전하게 보호하는 데 전념하고 있습니다.

---

**• 기출표현 •**

be committed to ~에 헌신하다(= commit oneself to)

---

**출제TIP** 동명사와 명사의 선택: 뒤에 목적어가 있으면 동명사를 선택한다.

be committed to (~~protection~~/protecting) the environment
환경을 보호하는 데 전념하다

---

**PLUS POINT** be + 형용사 + to + 명사/동명사

be opposed to ~에 반대하다
be entitled to ~을 받을 자격이 있다
be accessible to ~을 이용할 수 있다
be equivalent to ~와 동일하다
be responsive to ~에 즉각 반응하다
be similar to ~와 비슷하다

be used[accustomed] to ~에 익숙하다
be related to ~에 관련되다
be comparable to ~에 필적하다
be preferable to ~보다 선호되다
be subject to ~의 대상이 되다, ~에 좌우되다
be relevant to ~와 관련 있다, ~에 적절하다

---

## previous

31 ★★★

[príːviəs]

previously ad. 이전에, 과거에

**이전의**

Mr. Gupta preferred the recent conference over **previous** ones.
굽타 씨는 지난번 학회보다 최근 학회가 더 마음에 들었다.

---

**• 기출표현 •**

previous experience 이전 경험
previous models 이전 모델
a previous issue 이전 (출간된) 호
previous orders 이전 주문

---

## likely

32 ★★★

[láikli]

(반) unlikely ~할 것 같지 않은

**~할 것 같은**

The sound of construction work is **likely** to affect customers in nearby shops.
건설 공사 소음이 인근 상점의 고객들에게 영향을 미칠 듯하다.

---

**• 기출표현 •**

be likely to부정사[that절] ~할 것 같다
most likely 십중팔구

---

## 33 ★ repeated
[ripíːtid]

repeatedly ad. 되풀이하여

**반복되는, 거듭되는**

After **repeated** requests by local residents, the private library was opened to the public.
지역 주민들의 거듭된 요청 후에 그 사설 도서관은 대중에게 개방되었다.

● 기출표현 ●

We appreciate your repeated business!
지속적인 거래에 감사드립니다!

## 34 ★★ valid
[vǽlid]

validate v. 입증하다, 인증하다
validity n. 유효함, 타당성
(반) invalid 무효한, 타당하지 않은

**(티켓·방법 따위가) 유효한; 정당한, 타당한**

Each applicant must have a **valid** driver's license.
모든 신청자는 유효한 운전면허증이 있어야 합니다.

● 기출표현 ●

be valid for + 기간 ~ 동안 유효하다
valid tickets 유효한 티켓

## 35 ★ abundant
[əbʌ́ndənt]

abound v. 풍부하다
abundance n. 풍부, 대량
abundantly
ad. 풍부하게, 많이

**충분한, 넘치는**

There was **abundant** evidence to support the theory.
그 이론을 뒷받침하는 충분한 증거가 있었다.

● 기출표현 ●

abundant rainfall 풍부한 강수량
be abundant in ~이 풍부하다

## 36 ★ rigorous
[rígərəs]

rigorously ad. 엄격히, 엄밀히

**엄격한; 정밀한**

Our products meet **rigorous** technical specifications.
우리 제품들은 엄격한 기술 사양을 충족합니다.

● 기출표현 ●

rigorous trials 엄격한 실험

## 37 ★ tentative
[téntətiv]

tentatively ad. 잠정적으로

**임시의, 잠정적인**

The schedule is **tentative**, and we will keep you posted on any changes.
일정은 잠정적으로, 변경 사항이 있으면 계속 알려 드리겠습니다.

● 기출표현 ●

tentative schedule 임시 일정
tentatively rescheduled 잠정적으로 일정이 변경된

## 38 ★★ diverse
[daivə́ːrs]

diversity n. 다양성
diversely ad. 다양하게, 다르게

**다양한**

Because of my **diverse** experience, I have developed strong skills in financial consulting.

다양한 경력 덕분에 저는 재무 컨설팅 분야에서 상당한 역량을 개발해 왔습니다.

● 기출표현 ●

diverse needs of customers  소비자의 다양한 욕구
ecological diversity  생태 다양성

## 39 ★ ample
[ǽmpl]

**충분한, 풍부한**

The building offers **ample** room to allow for staff expansion.

그 건물은 직원이 늘어도 수용할 수 있을 만한 충분한 공간이 있다.

● 기출표현 ●

ample time  충분한 시간

## 40 ★ lucrative
[lúːkrətiv]

**수익성이 좋은, 고수익의**

The new incentive plan will prove to be very **lucrative** for some employees.

새로운 성과급 방침으로 일부 직원들은 아주 높은 수익을 올릴 것이다.

● 기출표현 ●

lucrative contract  수익성이 높은 계약

## 41 ★ knowledgeable
[nάlidʒəbl]

knowledge n. 지식

**아는 것이 많은, 박식한**

Call Senzweil, Inc., today to speak with a **knowledgeable** consultant.

오늘 센즈바일 주식회사에 전화해 식견 높은 컨설턴트와 상의해 보십시오.

● 기출표현 ●

experienced and knowledgeable guides
경험과 지식이 풍부한 가이드
knowledgeable about economics  경제학에 정통한

## 42 ★ principal
[prínsəpəl]

**주요한, 주된**

Romanick Motors will build a new factory near the city's **principal** business district.

로마닉 모터스는 그 도시의 주요 업무 지구 근처에 새 공장을 지을 것이다.

## 43 ★ equivalent
[ikwívələnt]

**동일한, 상응하는**

Our firm's annual revenue is **equivalent** to that of our larger competitors.

우리 회사의 연간 수입은 더 큰 경쟁사들의 연간 수입과 동일하다.

● 기출표현 ●

be equivalent to ~와 동일하다, ~에 상응하다

## 44 ★ entertaining
[èntərtéiniŋ]

entertainment n. 오락, 여흥
entertain v. 즐겁게 해 주다

**즐거운, 재미있는**

Action movies are more **entertaining** than dramas.

액션 영화는 드라마보다 더 재미있다.

● 기출표현 ●

both entertaining and beneficial 재미있고도 유익한

## 45 ★ perishable
[périʃəbl]

perish
v. 사라지다; (품질이) 떨어지다

**부패하기 쉬운**

The contents are **perishable** so they must be delivered promptly.

내용물이 부패하기 쉬우므로 신속히 배달되어야 한다.

● 기출표현 ●

perishable goods 부패하기 쉬운 제품들
perishable food 상하기 쉬운 음식

## 46 ★ competent
[kámpətənt]

competence n. 능력
(반) incompetent 무능한

**유능한, 적격인; (능력이) 충분한**

Mr. Nah is regarded as the company's most **competent** vice president.

나 씨는 회사에서 가장 유능한 부사장으로 인정받고 있다.

● 기출표현 ●

competent employee 유능한 직원

## 47 ★ imperative
[impérətiv]

(동) compulsory
필수적인, 의무적인

**필수적인, 반드시 해야 하는**

It is **imperative** that the documents be meticulously examined.

서류는 반드시 꼼꼼히 검토되어야 한다.

# redeemable
[ridíːməbl]

redeem v. 되찾다, 교환하다

**(현금이나 상품과) 교환할 수 있는**

Visit the museum Web site for coupons **redeemable** at our souvenir shop!
박물관 웹사이트를 방문하시면 기념품 매장에서 사용 가능한 쿠폰이 준비되어 있습니다!

# skeptical
[sképtikəl]

**회의적인, 의심 많은**

While initially **skeptical** about the idea, Mr. Roy eventually agreed.
로이 씨는 처음에 그 아이디어에 대해 회의적이었지만 결국 동의했다.

# comparable
[kámpərəbl, kəmpérəbl]

VS

**필적하는, 비길 만한; 동종의**

The two companies provide **comparable** employee benefits.
두 회사는 비슷한 수준의 복리후생을 제공한다.

● 기출표현 ●

comparable products  비길 만한 상품들
be comparable to  ~에 필적하다

**출제 TIP** comparable vs. compatible

compatible은 '호환되는, 양립하는'의 의미로 쓰이므로 주의한다.

compatible with most computer operating systems
대부분의 컴퓨터 운영 시스템과 호환되는

# versatile
[vɔ́ːrsətl, vɔ́ːsətail]

versatility n. 다재, 다능

**(도구 등이) 용도가 많은, 다목적의; (사람이) 다재다능한**

Plastic is a **versatile** construction material.
플라스틱은 다용도 건축 자재이다.

형용사(2)

DAY 21

# CHECK-UP QUIZ

**A** 단어의 의미를 찾아 연결하세요.

01 vital     •

02 additional     •

03 repeated     •

04 diverse     •

05 functional     •

• ⓐ 추가의, 부가적인

• ⓑ 반복되는, 거듭되는

• ⓒ 다양한

• ⓓ 작동하는; 기능적인, 편리한

• ⓔ 필수적인, 아주 중요한

**B** 보기에서 적절한 어휘를 골라 우리말 뜻에 맞게 빈칸을 채우세요.

> ⓐ artificial   ⓑ steady   ⓒ imperative   ⓓ exceptional   ⓔ tentative

06 **꾸준한** 성장        _____ growth

07 **뛰어난** 유화        _____ oil painting

08 **인공** 감미료        _____ flavors

09 **임시** 협약        a(n) _____ agreement

**C** 문장 속 우리말 힌트를 보며 빈칸에 들어갈 적절한 어휘를 고르세요.

> ⓐ equivalent   ⓑ previous   ⓒ positive   ⓓ personal   ⓔ redeemable

10 The bank takes care to protect customers' ___개인적인___ information.

11 This coupon is ___상품과 교환할 수 있는___ at any of our store locations.

12 One meter is ___동일한___ to 39.4 inches.

보기 중 빈칸에 들어갈 가장 알맞은 어휘를 고르세요.

**1** We found the Staffplex payroll management system to be the only one _____ for our needs.

(A) cooperative    (B) deliberate    (C) extensive    (D) adequate

**2** Our discount coupons are _____ for one year from the date of issue and are not redeemable for cash.

(A) fair    (B) valid    (C) neutral    (D) level

**3** Low interest rates on loans and strong demand for houses throughout the province have produced _____ gains in the entire housing sector.

(A) impressive    (B) affected    (C) challenging    (D) overpowered

**4** To prevent milk and other _____ products from deteriorating, Delio's food delivery trucks are refrigerated.

(A) plentiful    (B) perishable    (C) constructive    (D) adverse

**5** Business forecasters believe that the upward trend in spending is _____ to continue until the end of the year.

(A) potential    (B) seemed    (C) safety    (D) likely

**6** The planned construction of several new office buildings in Newbury has created a _____ demand for skilled workers.

(A) lengthy    (B) plenty    (C) sizable    (D) durable

**7** As of October 1, all books borrowed from the Queenstown Library will be _____ three weeks from the checkout date.

(A) owing    (B) due    (C) payable    (D) mature

형용사(2)

DAY 21

| | |
|---|---|
| ☐ favorite | 마음에 드는, 매우 좋아하는 |
| ☐ closed | 닫힌, 폐쇄된 |
| ☐ enjoyable | 즐거운, 유쾌한 |
| ☐ excited | 들뜬, 흥분한 |
| ☐ short | 부족한 |
| ☐ enormous | 거대한, 엄청난 |
| ☐ elementary | 초급의, 입문의 |
| ☐ valued | 소중한 |
| ☐ gifted | 재능이 있는 |
| ☐ wooden | 나무의, 나무로 만든 |
| ☐ modern | 현대의 |
| ☐ different | 다른 |
| ☐ stunning | 근사한, 놀랄 만큼 아름다운 |
| ☐ daily | 매일의, 일상적인 |
| ☐ user-friendly | 다루기 쉬운 |
| ☐ foreseeable | 미리 알 수 있는 |
| ☐ latter | 후반의 |
| ☐ imaginary | 상상의, 가상의 |
| ☐ imaginative | 상상력이 풍부한 |
| ☐ further | 더 이상의, 추가의 |
| ☐ time-consuming | 많은 시간을 요하는, 시간이 걸리는 |
| ☐ obvious | 명백한 |
| ☐ corporate | 기업의 |
| ☐ dietary | 식사의, 식이 요법의 |
| ☐ neutral | 중립적인 |

# ● 형용사 (2)

토익 만점
어휘

| | |
|---|---|
| ☐ imminent | 임박한 |
| ☐ mundane | 평범한, 일상적인 |
| ☐ custodial | 보관의; 관리인의 |
| ☐ on-call | 대기 중인 |
| ☐ unbiased | 편견 없는, 선입견 없는 |
| ☐ marginal | 주변적인, 중요하지 않은 |
| ☐ definitive | 확정적인 |
| ☐ shallow | 얕은, 피상적인 |
| ☐ profound | 깊은, 심오한 |
| ☐ solitary | 혼자의, 유일한 |
| ☐ exhaustive | 철저한 |
| ☐ sheer | 순전한, 완전한 |
| ☐ confirmative | 확증적인 |
| ☐ clerical | 사무직의 |
| ☐ pending | 임박한; 미결인 |
| ☐ contemporary | 현대의; 동시대에 일어나는 |
| ☐ transparent | 투명한 |
| ☐ nominal | 명목상의, 유명무실한; 아주 적은 |
| ☐ rugged | 울퉁불퉁한; 튼튼한 |
| ☐ indigenous | 토착의, 고유한 |
| ☐ susceptible | 영향받기 쉬운, 민감한 |
| ☐ high-profile | 세간의 이목을 끄는 |
| ☐ succinct | 간결한 |
| ☐ perpetual | 끊임없는, 영원한 |
| ☐ premature | 시기상조의, 너무 이른 |

형용사(2) DAY 21

# 형용사 기출 어휘 (3)

## 01 ★★ critical
[krítikəl]

criticize v. 비판하다
(통) essential 필수적인, 중요한

**중요한, 결정적인; 비판적인**

We will begin installation of **critical** updates on all computers.
우리는 모든 컴퓨터에 중요한 업데이트 설치를 시작할 것이다.

• 기출표현 •

critical mission  중대한 임무
a critical position  중요한 지위

## 02 ★★ durable
[djúərəbl]

durability n. 내구성

**내구성이 좋은, 튼튼한**

The old iron pipes will be replaced with **durable** plastic pipes.  낡은 쇠 파이프는 내구성이 좋은 플라스틱 파이프로 대체될 것이다.

• 기출표현 •

lightweight yet durable materials  가볍지만 내구성 좋은 재료
durable and resistant to pressure  내구성 있고 압력에 강한

**PLUS POINT** 내구성을 나타내는 형용사

sturdy 견고한            strong 튼튼한
sustainable 지속 가능한     solid 단단한

## 03 ★ promising
[prámisiŋ]

**유망한, 기대되는**

With its well-qualified workforce, Huntsville is a **promising** location for investors.
자격 요건을 잘 갖춘 노동력이 있어 헌츠빌은 투자가들에게 유망한 지역이다.

• 기출표현 •

promising candidates  유망한 후보자들

## 04 ★ accustomed
[əkʌ́stəmd]

**익숙한**

New employees are not **accustomed** to a new environment.  신입 직원들은 새로운 환경에 익숙하지 않다.

• 기출표현 •

be accustomed to  ~에 익숙하다

## 05 ★★★ aware
[əwέər]

awareness n. 인식, 자각
(반) unaware 알지 못하는

### 알고 있는

We are **aware** that our warranty expired a year ago.
저희는 보증 기간이 1년 전에 종료되었다는 것을 알고 있습니다.

> ● 기출표현 ●
> be aware of 명사/be aware that절 ~을 알다
> increase[raise] awareness of ~에 대한 인식을 높이다

## 06 ★★ valuable
[vǽljuəbl]

value n. 가치
(동) invaluable
아주 유용한, 귀한
(반) valueless 하찮은

### 값진, 귀중한

Sign up now for an opportunity to gain **valuable** experience. 소중한 경험을 얻을 수 있는 기회에 지금 신청해 보세요.

> ● 기출표현 ●
> valuable advice 귀중한 조언
> valuable personal items 귀중한 개인 물품
> a valuable opportunity 귀중한 기회
> a valuable asset 귀중한 자산

## 07 ★ repetitive
[ripétətiv]

repeat v. 반복하다
repetition n. 반복

### 반복적인

I revised the report because the language in it was too **repetitive**.
표현이 너무 반복적이어서 나는 보고서를 수정했다.

## 08 ★★ unavailable
[ʌnəvéiləbl]

(반) available 이용 가능한

### (물건·상품 등을) 구할 수 없는; (사람이) 만날 수 없는

The D40 is no longer being produced and is therefore **unavailable**. D40은 더 이상 생산되지 않으므로 구할 수 없습니다.

> ● 기출표현 ●
> temporarily unavailable 일시적으로 이용할 수 없는
> currently unavailable 현재 이용할 수 없는
> unavailable on some older models
> 일부 이전 모델에서는 사용할 수 없는

## 09 ★ fiscal
[fískəl]

### 재정의, 회계의

JR Electronics has enjoyed steady sales since the start of this **fiscal** year.
JR 일렉트로닉스는 이번 회계 연도 시작부터 꾸준히 매출을 올리고 있다.

> ● 기출표현 ●
> fiscal year 회계연도    fiscal management 재정 관리

형용사(3)

DAY 22

## effective
10 ★★★
[iféktiv]

effectively ad. 효과적으로

### 1. 효과적인
Word of mouth will be our most **effective** marketing tool.
입소문은 우리의 가장 효과적인 마케팅 수단이 될 것이다.

### 2. 효력이 발생하는
We are raising your salary by 10 percent, **effective** May 1.
우리는 5월 1일자로 귀하의 봉급을 10퍼센트 인상할 것입니다.

> ● 기출표현 ●
> effective + 시점 ~부로 유효한
> starting[beginning/as of] ~ 일자로, ~부터

---

## probable
11 ★
[prábəbl]

probably ad. 아마, 어쩌면
probability
n. 있음직함, 가망성
(반) improbable
일어날 것 같지 않은

40%. 60%.

### 가능성이 있는, 유망한
Mr. Ford is a **probable** candidate for the position of department manager.
포드 씨는 유망한 부서장직 후보자이다.

> ● 기출표현 ●
> It is probable that절 아마 ~할 것이다

> **출제 TIP** probable vs. likely
> 의미는 같으나 probable은 뒤에 to부정사를 취하지 않는다.
> It is (~~probable~~/likely) to rain. 비가 올 것 같다.

---

## alternate
12 ★
[ɔ́:ltənət] a.
[ɔ́:ltərnèit] v.

alternation n. 교대, 교체
(동) alternative 대신의, 대체의

### 대신의, 교대의  ⓥ 교대로 일어나다, 번갈아 바꾸다
Motorists are asked to consider taking **alternate** routes to avoid downtown.
자동차 운전자들은 도심을 피해 대체 경로 이용을 고려하도록 요청받는다.

> ● 기출표현 ●
> an alternate plan 대체 계획
> an alternate date 대체 날짜
> the alternate route 대체 경로

---

## affordable
13 ★★★
[əfɔ́:rdəbl]

affordability
n. 구매력, 감당할 수 있는 비용

### (가격 등이) 적당한, 저렴한, 감당할 수 있는
This item is very **affordable** and available in a wide variety of colors.
이 제품은 가격이 아주 적당하고 색상도 매우 다양하게 구비되어 있다.

> ● 기출표현 ●
> at an affordable price 적당한 가격에(= at a reasonable price)

## 14 ★ contrary

ⓐ [kántreri]
ⓔ [kɔ́ntrəri, kəntréəri]

### 반대인, 어긋나는

**Contrary** to analysts' predictions, we created a battery that lasts twice as long.
분석가들의 예측과 달리 우리는 두 배 오래가는 건전지를 만들었다.

> ● 기출표현 ●
>
> contrary to ~에 반하여
> on the contrary 반대로, 오히려

## 15 ★★ accessible

[æksésəbl]

accessibility n. 접근 가능성
ⓐ inaccessible
이용할 수 없는

### 접근할 수 있는, 이용할 수 있는

This database of computer software will be **accessible** to all staff.
이 컴퓨터 소프트웨어 데이터베이스는 모든 직원들이 이용할 수 있을 것입니다.

> ● 기출표현 ●
>
> easily[readily] accessible to ~에 쉽게[바로] 접근할 수 있는
> accessible only by ~만 이용[접근]할 수 있는

## 16 ★ informal

[infɔ́ːrməl]

ⓐ formal, official 공식적인

### 격식을 차리지 않는, 비공식의

**Informal** attire is not considered appropriate for the awards dinner.
격식을 갖추지 않은 복장은 시상식 만찬에 부적절하다고 여겨진다.

> ● 기출표현 ●
>
> an informal atmosphere 편안한 분위기
> an informal question-and-answer session 비공식 질의응답 시간
> an informal style 비격식체

## 17 ★ intensive

[inténsiv]

intensively ad. 집중적으로
intense a. 강렬한
intensify v. 강화하다

### 집중적인

Our repair technicians complete two weeks of **intensive** formal training.
당사의 수리 기술자들은 2주간의 강도 높은 공식 교육 과정을 수료한다.

> ● 기출표현 ●
>
> intensive classes 집중 수업
> a six-week intensive course 6주간의 집중 과정
> intensive training program 집중 훈련 프로그램
> intensive advertising efforts 집중적인 광고 노력

형용사(3) ── DAY 22

355

## 18 ★★ remote
[rimóut]

remotely ad. 멀리서

### 1. 외진, 외딴
AF Telecom is establishing service in areas previously thought too **remote**.
AF 텔레콤이 과거에는 너무 외지다고 여기던 지역까지 서비스를 구축하고 있다.

● 기출표현 ●
a remote location  외딴 곳
remote regions of the world  세계의 외딴 지역들
remote monitoring system  원격 모니터링 시스템

### 2. (가능성이) 희박한
There was a possibility, however **remote**, that the merger would not go through.
아무리 희박하더라도 합병이 진행되지 않을 가능성은 있었다.

● 기출표현 ●
a remote possibility  희박한 가능성

## 19 ★★★ able
[éibl]

ability n. 능력
(반) unable 할 수 없는, 무능한

### 할 수 있는, 유능한
You'll be **able** to see award-winning shows on Channel Plus.
상을 받은 프로그램들을 채널 플러스에서 보실 수 있으실 겁니다.

● 기출표현 ●
be able[unable] to부정사  ~할 수 있다[없다]

출제TIP  **able vs. possible**
able은 '수행할 수 있는 능력', possible은 '(계획이나 일 따위의) 실현 가능성'을 의미한다.
I will not be (able/~~possible~~) to attend the conference.
나는 회의에 참석할 수 없을 겁니다.

## 20 ★ notable
[nóutəbl]

### 주목할 만한, 두드러진; 유명한
The mayor's most **notable** achievement was a reduction in city taxes.  시장의 가장 두드러진 업적은 도시세 감면이었다.

● 기출표현 ●
be notable for  ~으로 유명하다
notable speakers  저명한 연사들
notable landmarks  주목할 만한 명소들

## 21 ★ seasonal
[sí:zənl]

*cf.* seasoned
양념을 한; 노련한

**계절의, 특정 계절에 한정된**
You have not ordered from our **seasonal** catalogs.
귀하는 저희 계절별 상품 카탈로그에서 주문하신 적이 없습니다.

seasonal ingredients 제철 재료    seasonal fruits 제철 과일

## 22 ★ prosperous
[práspərəs]

prosper v. 번창하다
prosperity n. 번영, 발전

**번창하는, 발전하는**
We look forward to establishing a **prosperous** relationship with you.
저희는 귀하와 발전적인 관계를 구축했으면 합니다.

## 23 ★★★ updated
[ʌpdéitid]

**최신의, 갱신된**
Enclosed is a newly **updated** copy of my résumé.
새로 갱신된 제 이력서 한 부를 동봉합니다.

updated version 최신 버전    updated agreement 갱신된 계약서

## 24 ★★★ suitable
[sú:təbl]

suitably ad. 적절하게

**적합한, 적절한**
This floor lamp is **suitable** for both homes and offices.
이 플로어 스탠드는 가정과 사무실에 모두 적합하다.

be suitable for ~에 적합하다
suitable equipment[candidate] 적합한 장비[후보]

## 25 ★★ delighted
[diláitid]

delight
n. 기쁨, 즐거움 v. 기쁘게 하다

**기뻐하는, 만족하는**
We would be **delighted** if you would agree to give a talk.
저희는 귀하가 강연하는 데 동의하신다면 기쁘겠습니다.

## 26 ★★★ leading
[lí:diŋ]

lead v. 이끌다

**선도하는, 일류의**
*Market Solutions* is one of Europe's **leading** business magazines. 〈마켓 솔루션〉은 유럽 제일의 비즈니스 잡지 중 하나이다.

leading supplier 일류 공급업체

## 27 ★ confidential
[kὰnfədénʃəl]

confidentiality
n. 기밀성, 비밀 유지

### 기밀의, 비밀의
Because this contains **confidential** information, please keep it in a secure location.
이 문서에는 기밀 정보가 들어 있으니 안전한 장소에 보관하십시오.

● 기출표현 ●
confidential information 기밀 정보
confidential documents 기밀 서류

## 28 ★ mandatory
[mǽndətɔ̀:ri]

### 의무적인, 필수의
This is a **mandatory** training that all managers are expected to complete.
이는 모든 관리자가 이수해야 하는 필수 교육 과정입니다.

● 기출표현 ●
mandatory training sessions 필수 교육 시간
a mandatory meeting 필수 회의

## 29 ★ defective
[diféktiv]

defect n. 결함
defectively ad. 불완전하게

### 결함이 있는, 불량인
Hatfield Goods returned the **defective** merchandise to the manufacturer.
햇필드 굿즈는 결함 있는 상품을 제조업체에 반환했다.

● 기출표현 ●
defective items[merchandise] 결함 있는 상품

## 30 ★ complicated
[kάmpləkèitid]

### 복잡한
The manual for the new computer software is extremely **complicated**.
새로운 컴퓨터 소프트웨어의 설명서는 지극히 복잡하다.

● 기출표현 ●
complicated process 복잡한 절차

## 31 ★ aggressive
[əgrésiv]

aggressively
ad. 적극적으로, 공격적으로

### 적극적인, 공격적인
I attribute their success to **aggressive** marketing tactics.
나는 그들의 성공이 공격적인 마케팅 전략 덕분이라고 본다.

● 기출표현 ●
aggressive competitors 공격적인 경쟁업체들

## 32 ★★★ financial
[fainǽnʃəl]

finance n. 재정, 금융
financially ad. 재정적으로

### 재정의, 금융상의
Thank you for your **financial** support over the past year.
지난해 귀하의 재정 지원에 대해 감사합니다.

financial service[advisor/support] 재정 서비스[상담가/지원]

## 33 ★★ eligible
[élidʒəbl]

(반) ineligible
자격이 없는, 부적당한

### 자격이 있는, 적임인
New employees are **eligible** to receive vacation benefits after three months.
신입 직원들은 3개월 후부터 휴가 혜택을 받을 자격이 있다.

be eligible for + 명사 ~에 자격이 있다 (= be entitled to, be qualified for)
be eligible to부정사 ~할 자격이 있다

## 34 ★ convinced
[kənvínst]

convince
v. 설득하다, 납득시키다
cf. convincing 설득력 있는

### 확신에 찬
Some parents need to be **convinced** of the importance of physical education.
일부 학부모에게 체육 교육의 중요성을 확신시킬 필요가 있다.

be convinced of[that절] ~을 확신하다
be convinced to부정사 설득되어 ~하다

## 35 ★★ similar
[símələr]

similarity n. 유사성
similarly ad. 유사하게

### 유사한, 비슷한
We received **similar** feedback from other customers.
우리는 다른 고객들에게도 비슷한 의견을 받았다.

similar items 유사한 물품[항목]들
similar business models 유사한 비즈니스 모델
similar issues 유사한 문제들
similar field 유사 분야

## 36 ★ designated
[dézignèitid]

designate
v. 지정하다, 지명하다
designation n. 임명, 지정

### 지정된, 지명된
Participants will attend separate sessions in **designated** rooms. 참가자들은 지정된 방에서 개별 수업에 참석하게 됩니다.

designated area 지정된 구역    designated for ~을 위해 지정된

형용사(3)

DAY 22

## 37 ★ prospective
[prəspéktiv]

장래의; 가망이 있는

We will promote your product to **prospective** customers.
저희는 장래 고객들에게 귀사의 제품을 홍보할 것입니다.

prospective client[buyer] 장래 고객[구매자]

## 38 ★ sustainable
[səstéinəbl]

sustain v. 지속하다

지속 가능한

Our product developers are set to begin using
**sustainable** methods.
당사 제품 개발자들은 지속 가능한 방법을 사용하기 시작할 준비가 되어 있습니다.

sustainable development 지속 가능한 개발

## 39 ★ unauthorized
[ʌnɔ́:θəràizd]

(반) authorized 권한이 부여된,
정식으로 인가 받은

권한이 없는, 인가 받지 않은

Access to the data is prohibited to **unauthorized**
personnel.
권한이 없는 직원에게는 자료에 대한 접근이 금지된다.

unauthorized use[user] 무단 사용[사용자]
authorized service center 공인 서비스 센터

## 40 ★ relevant
[réləvənt]

relevantly ad. 관련되어
(반) irrelevant 무관한

관련된; 적절한

Priority will be given to candidates with a **relevant**
background.
관련 경력이 있는 지원자에게는 우선권이 부여될 것이다.

relevant to ~에 관련된
relevant information 관련 정보

## 41 ★ stagnant
[stǽgnənt]

(경기가) 침체된, 불경기의

Due to increased competition, the company's sales
remain **stagnant**.
경쟁이 치열해진 탓에 회사 매출이 침체된 상태다.

## disposable
[dispóuzəbl]

disposal
n. 처분, 폐기

일회용의, 쓰고 버리는; 처분할 수 있는

The advice is targeted at those who have little **disposable** income.

그 조언은 가처분 소득이 거의 없는 사람들을 대상으로 한 것이다.

● 기출표현 ●

disposable assets 가처분 자산

---

## indicative
[indíkətiv]

indicate v. 나타내다

나타내는, 암시하는

Decreases in sales are not necessarily **indicative** of bad advertising.

매출 감소가 반드시 광고가 형편없다는 점을 암시하는 것은 아니다.

● 기출표현 ●

be indicative of ~을 나타내다

---

출제 TIP　be동사와 of 사이에 형용사를 고르는 문제가 자주 출제된다.

be (**indicative** / ~~indicated~~) of his intelligence 그의 지성을 보여 주다

---

PLUS POINT　be + 형용사 + of

**be** indicative **of** ~을 나타내다
**be** representative **of** ~을 대표하다
**be** reflective **of** ~을 반영하다
**be** appreciative **of** ~의 진가를 알다, ~에 감사하다

---

## sophisticated
[səfístəkèitid]

sophistication n. 정교함
⑧ refined 세련된
　complex 복잡한

정교한, 세련된; 복잡한

Global shipping companies use **sophisticated** computer systems. 세계적인 배송 회사들은 정교한 컴퓨터 시스템을 이용한다.

● 기출표현 ●

sophisticated equipment 정교한 장비
sophisticated technology 정교한 기술
sophisticated entrées 세련된 메인 요리

---

## straightforward
[strèitfɔ́:rwərd]

간단한; 솔직한, 직설적인

Dulari Roy gave **straightforward** responses to all my questions.

덜라리 로이 씨는 저의 모든 질문에 솔직하게 대답해 주었습니다.

● 기출표현 ●

straightforward responses 솔직한 답변

## appropriate

★★ 46

[əpróupriət]

appropriately ad. 적절하게

(반) inappropriate 부적합한

**적당한, 적절한**

The event will feature activities **appropriate** for the entire family.

행사는 전체 가족에게 적합한 활동을 특징으로 할 것이다.

● 기출표현 ●

appropriate permits 적절한 허가증
appropriate for ~에 적절한

---

## provisional

★ 47

[prəvíʒənl]

provisionally ad. 임시로

(동) tentative 임시의, 잠정적인

**임시의, 일시적인**

**Provisional** assignments will be e-mailed to you tomorrow.

임시 과제들을 내일 이메일로 당신께 보내겠습니다.

● 기출표현 ●

a provisional position 잠정적인 지위

---

## delinquent

★ 48

[dilíŋkwənt]

delinquency n. 체납, 미불

(동) overdue 기한이 지난

**연체된, 지급 기한이 지난**

Holders of **delinquent** accounts will be charged late payment fees.

연체 계좌 보유자들에게는 연체료가 부과될 것이다.

---

## subject

★★★ 49

[sʌ́bdʒikt]

**받기 쉬운, 당하기 쉬운; 조건으로 하는** ⓝ **주제, 논제**

The schedule is **subject** to change without prior notice.

일정은 사전 통보 없이 변경될 수 있습니다.

● 기출표현 ●

be subject to + (동)명사 ~을 당하기 쉽다, ~을 필요로 하다
be subject to availability 이용할 수 있다
be subject to service fees 봉사료가 있을 수 있다

---

## optimistic

★ 50

[àptəmístik]

optimism n. 낙관주의, 낙관론

(동) positive 긍정적인

**낙관적인, 긍정적인**

The response to the software allows us to be **optimistic** about future sales.

소프트웨어에 대한 반응을 봤을 때 우리는 향후 판매를 낙관할 수 있다.

● 기출표현 ●

optimistic about ~에 대해 낙관하는
optimistic about sales growth 매출 성장을 낙관하는

☐ 반밖에 남지 않았다.
☑ 반이나 남았다.

## 51 ★ vibrant
[váibrənt]

**활기찬, 생기가 넘치는**

Raleigh Street has become a **vibrant** district of eateries, shops, and entertainment venues.

롤리 가는 식당, 상점, 그리고 오락 장소로 생기 넘치는 구역이 되었다.

## 52 ★ cutting-edge
[kʌtiŋ-edʒ]

**최첨단의**

The company has been producing **cutting-edge** phones with long battery-run times.

그 회사는 배터리 구동 시간이 긴 최첨단 전화기를 생산해 왔다.

## 53 ★ ambitious
[æmbíʃəs]

ambition n. 야심, 야망

**야심 있는, 패기 넘치는**

Mr. Lau looks forward to meeting the **ambitious** students at the Career Day event.

라우 씨는 직업의 날 행사에서 패기 넘치는 학생들을 만나기를 고대하고 있다.

> • 기출표현 •
>
> **ambitious** sales goals  야심찬 판매 목표

## 54 ★ upscale
[ʌpskéil]

**부유층의, 평균 이상의**

Mr. Cha plans the opening of an **upscale** restaurant in Seoul.

차 씨는 서울에 고급 레스토랑 오픈을 계획하고 있다.

## 55 ★★★ major
[méidʒər]

(반) minor 사소한, 중요하지 않은

**주요한, 중대한**

Dr. Ahn wrote sixteen books and served as editor for three **major** journals.

안 박사는 16권의 책을 썼고 3개의 주요 저널의 편집자로 일했다.

> • 기출표현 •
>
> a **major** endeavor  주요한 노력
> **major** companies in the field  그 분야의 주요 기업들
> All **major** credit cards are accepted.
> 주요 신용카드는 모두 사용 가능합니다.

형용사(3)

DAY 22

# CHECK-UP QUIZ

**A** 단어의 의미를 찾아 연결하세요.

01 notable   ·             · ⓐ 지정된, 지명된

02 critical   ·             · ⓑ 중요한, 결정적인; 비판적인

03 durable   ·             · ⓒ 내구성이 좋은, 튼튼한

04 designated   ·         · ⓓ 결함이 있는, 불량인

05 defective   ·           · ⓔ 주목할 만한, 두드러진; 유명한

**B** 보기에서 적절한 어휘를 골라 우리말 뜻에 맞게 빈칸을 채우세요.

> ⓐ relevant    ⓑ alternate    ⓒ complicated    ⓓ delighted    ⓔ informal

06 **복잡한** 과정               a(n) _____ process

07 광고 경력에 **관련된**        _____ to a career in advertising

08 **만족하는** 고객들           _____ customers

09 **대체** 경로                  a(n) _____ path

**C** 문장 속 우리말 힌트를 보며 빈칸에 들어갈 적절한 어휘를 고르세요.

> ⓐ remote    ⓑ sustainable    ⓒ accessible    ⓓ effective    ⓔ optimistic

10 The current growth in housing prices may not be _____ 지속 가능한 _____ .

11 The City Opera House is easily _____ 접근할 수 있는 _____ by bus or subway.

12 Online advertising is a(n) _____ 효과적인 _____ way to promote your business.

---

Answers    01 ⓔ   02 ⓑ   03 ⓒ   04 ⓐ   05 ⓓ   06 ⓒ   07 ⓐ   08 ⓓ   09 ⓑ   10 ⓑ   11 ⓒ   12 ⓓ

보기 중 빈칸에 들어갈 가장 알맞은 어휘를 고르세요.

**1** The sales representatives consider the size of the space before recommending an _____ air-conditioning system.

(A) enlisted      (B) opportune      (C) intentional      (D) appropriate

**2** Although the new X150 printer is _____ to other models, it costs only half as much.

(A) similar      (B) likable      (C) reflected      (D) considerate

**3** We must remain _____ of rapidly changing technology or face a decrease in company profits in the long run.

(A) timely      (B) dated      (C) current      (D) aware

**4** One of the many hiring requirements stipulated by the Szolnok office is that the _____ employee must possess basic computer skills.

(A) deliberate      (B) evident      (C) intermittent      (D) prospective

**5** Job seekers taking courses in the Manaus training program are convinced that their employment prospects will be more _____ than before.

(A) applicable      (B) promising      (C) obtained      (D) submissive

**6** Edith Kozik's corporation is exceptional in that it guarantees that even temporary employees are _____ for paid holidays.

(A) eligible      (B) valuable      (C) advisable      (D) compatible

**7** The jacket you ordered is currently _____ in the color you requested, but we will send the rest of your order promptly.

(A) related      (B) stylish      (C) disinterested      (D) unavailable

형용사(3)

DAY 22

## + 토익 만점 완성

**토익 기본 어휘**

| | |
|---|---|
| ☐ fortunate | 운이 좋은 |
| ☐ intermediate | 중급의 |
| ☐ plentiful | 풍부한, 충분한 |
| ☐ conclusive | 결정적인, 확실한 |
| ☐ surrounding | 주위의, 주변의 |
| ☐ several | 몇몇의, 여러 가지의 |
| ☐ vivid | 뚜렷한, 선명한 |
| ☐ welcome | 환영받는, 반가운; 마음대로 할 수 있는(to) |

| | |
|---|---|
| ☐ restless | 불안정한; 멈추지 않는 |
| ☐ unforeseen | 예측하지 못한, 뜻밖의 |
| ☐ undeniable | 부인할 수 없는; 불가피한 |
| ☐ educated | 교육 받은 |
| ☐ adaptable | 적응할 수 있는 |
| ☐ questionable | 의심스러운, 의문의 여지가 있는 |
| ☐ numerical | 수의, 숫자상의, 숫자로 나타낸 |
| ☐ commonplace | 평범한, 진부한 n. 평범한 것 |

| | |
|---|---|
| ☐ elderly | 나이 든 |
| ☐ hearty | 마음으로부터의, 성심성의의 |
| ☐ well-prepared | 잘 준비된 |
| ☐ secondhand | 중고의; 간접적인 |
| ☐ disturbing | 어지럽히는, 교란시키는 |
| ☐ anxious | 걱정하는, 불안한 |
| ☐ immobile | 움직일 수 없는 |
| ☐ live | 살아 있는; 생방송의 |
| ☐ ancient | 고대의 |

| | | |
|---|---|---|
| ☐ | arbitrary | 임의의, 독단적인 |
| ☐ | immense | 거대한, 막대한 |
| ☐ | hostile | 적대적인 |
| ☐ | commendable | 칭찬할 만한 |
| ☐ | resilient | 탄력 있는, 되돌아가는 |
| ☐ | scarce | 부족한, 불충분한 |
| ☐ | sporadic | 산발적으로 일어나는 |
| ☐ | savvy | 잘 아는, 박식한  n. 지식, 상식 |

| | | |
|---|---|---|
| ☐ | palpable | 감지할 수 있는, 명백한 |
| ☐ | bountiful | 풍부한, 관대한 |
| ☐ | unbeatable | 무적의, 타의 추종을 불허하는 |
| ☐ | rigid | 엄격한, 견고한 |
| ☐ | steadfast | 확고한, 불변의 |
| ☐ | candid | 솔직한 |
| ☐ | mounting | 증가하는 |
| ☐ | neglectful | 부주의한, 태만한 |

| | | |
|---|---|---|
| ☐ | bewildering | 당혹하게 만드는, 갈피를 못 잡게 하는 |
| ☐ | complacent | 자기만족적인, 현실에 안주하는 |
| ☐ | attainable | 달성할 수 있는; 획득할 수 있는 |
| ☐ | wary | 주의 깊은, 신중한 |
| ☐ | subtle | 미묘한, 난해한; 예리한 |
| ☐ | leisurely | 느긋한, 여유 있는  ad. 느긋하게 |
| ☐ | lax | 느슨한, 해이한, 모호한 |
| ☐ | lingering | 질질 끄는, 오래가는 |
| ☐ | edible | 먹을 수 있는  n. 식품 |

# 형용사 기출 어휘 (4)

## 01 ★ urgent
[ɔ́ːrdʒənt]

urge v. 촉구하다, 요구하다
urgently ad. 긴급하게

### 긴급한, 시급한

Travelers using the airport complain that there is an **urgent** need for more parking.
그 공항을 이용하는 여행객들은 주차 공간 확충이 시급하다고 불평한다.

● 기출표현 ●

urgent needs 긴급한 필요

## 02 ★★ whole
[houl]

### 전체의, 온전한  ⓝ 전체

Mr. Jappa has spent his **whole** career at one company.
자파 씨는 자신의 전체 경력을 한 회사에서 보냈다.

● 기출표현 ●

whole team 전체 팀          whole wheat 통밀

## 03 ★★ substantial
[səbstǽnʃəl]

substantially ad. 상당히
ⓢ considerable 상당한

### 상당한

A proposal will take a **substantial** amount of time to produce.
제안서를 작성하려면 상당한 시간이 걸릴 것이다.

● 기출표현 ●

substantial amount 상당한 양
substantial discount 상당한 할인

## 04 ★★★ necessary
[nésəsèri]

necessity n. 필요성
necessitate
v. 필요하게 만들다
ⓐ unnecessary 불필요한

### 필요한

The meetings are open to all, but pre-registration is **necessary**. 회의는 누구나 참석할 수 있지만 사전 등록이 필요합니다.

● 기출표현 ●

the necessary permits 필요한 허가증
the necessary paperwork 필요한 서류 작업
the necessary qualifications 필요한 자격
make the necessary changes 필요한 수정을 하다
necessary documents 필요한 서류

## 05 ★★★ possible
[pásəbl]

possibility n. 가능성, 기회
(반) impossible 불가능한

### 가능한

If you are available, please let me know as soon as **possible**. 시간이 되시면 가능한 한 빨리 제게 알려 주세요.

as soon[quickly] as possible 가능한 한 빨리
if possible 가능하다면    whenever possible 가능할 때마다

**출제 TIP**

❶ make it possible to부정사/that절: ~하는 것/~을 가능하게 하다
Hybrid cars make it (**possible**/~~possibly~~) to reduce greenhouse gases.
하이브리드 자동차는 온실 가스를 줄이도록 해 준다.

❷ as 형용사/부사 as possible(가능한 ~한/하게) 구문에서 형용사/부사를 선택할 수 있어야 한다.

As discussed over the phone, your order will be delivered as (~~prompt~~/**promptly**) as possible.
전화로 논의된 대로, 주문하신 물건은 가능한 한 신속하게 배송될 예정입니다.

## 06 ★★★ particular
[pərtíkjələr]

particularly ad. 특히

### 특정한    ⓝ 세부사항

Project leaders are selected based on their expertise in a **particular** area.
프로젝트 팀장은 특정 분야에 대한 전문 지식을 바탕으로 선발됩니다.

in particular 특히
in a particular order 특정한 순서로

## 07 ★ healthful
[hélθfəl]

health n. 건강
healthy a. 건강한

### 건강에 좋은

The wellness workshop serves as a forum for discussing **healthful** habits.
건강 워크숍은 건강에 좋은 습관을 논의하는 토론장 역할을 한다.

healthful meal 건강에 좋은 음식

## 08 ★★ essential
[isénʃəl]

### 필수적인, 매우 중요한

Ongoing collaboration between researchers and practitioners is **essential**.
연구자와 실무자 간의 지속적인 협업이 필수적이다.

## 09 * informative
[infɔ́ːrmətiv]

inform v. 알리다
cf. informed
　박식한, 많은 정보를 아는

### 정보를 제공하는, 유익한
I hope that you've found this workshop **informative** and useful. 이번 워크숍이 당신에게 유익하고 유용했기를 바랍니다.

> **출제TIP** informative vs. informed
> informative workshop 유익한 워크숍
> informed decision 많은 정보에 근거한 결정

---

## 10 *** existing
[igzístiŋ]

exist v. 존재하다

### 기존의, 현존의
We will issue policy guidelines that will update our **existing** policies.
우리는 기존 정책을 개선할 정책 지침을 발표할 것이다.

> ● 기출표현 ●
> existing equipment 기존 장비　　existing members 기존 회원들

---

## 11 *** temporary
[témpərèri]

temporarily
ad. 임시로, 일시적으로

### 임시의, 일시적인
The Manila Center has part-time and **temporary** employment openings.
마닐라 센터에는 시간제 일자리와 임시 고용 일자리가 있다.

> ● 기출표현 ●
> temporary worker 임시직 직원　　temporary closing 임시 폐쇄

---

## 12 *** revised
[riváizd]

revise v. 수정하다, 개정하다
revision n. 수정, 개정

### 수정된, 개정된
The original estimate was **revised** as a result of a further study.
최초의 평가는 추가 연구의 결과에 따라 수정되었다.

> ● 기출표현 ●
> revised version 개정판　　revised invoice 수정된 송장

---

## 13 * capable
[kéipəbl]

capability n. 능력, 수용력
⊕ incapable 할 수 없는

### 할 수 있는, 능력이 되는
The new auto factory is **capable** of producing 900 cars per day.
새로운 자동차 공장은 하루에 900대의 차를 생산할 수 있다.

> ● 기출표현 ●
> be capable of ~할 수 있다 (= be able to부정사)

## detailed
[díːteild]

**detail**
v. 상세히 하다 n. 세부(사항)

### 자세한, 상세한
For more **detailed** information, please contact the park's office.
더 상세한 정보는 공원 사무실에 문의해 주세요.

• 기출표현 •
for more detailed information  좀 더 상세한 정보를 얻으려면
for more[further] details  좀 더 상세한 사항은

---

## unavoidable
[ʌnəvɔ́idəbl]

(반) avoidable 피할 수 있는

### 피할 수 없는, 어쩔 수 없는
During the construction project, some noise will be **unavoidable**.
공사 기간에는 약간의 소음을 피할 수 없을 것이다.

• 기출표현 •
the unavoidable circumstances  불가피한 사정

---

## improper
[imprápər]

**improperly** ad. 부적절하게
(반) proper 적당한, 알맞은

### 부적절한, 부적합한
The warranty does not cover damages resulting from **improper** use.
부적절한 사용에 따른 손상에는 보증이 적용되지 않습니다.

• 기출표현 •
improper use  부적절한 사용    improper transaction  부당한 거래

---

## bulk [bʌlk]

### 대량의    ⓝ 부피, 크기
Because I keep a variety of teas in stock, I can accommodate **bulk** orders.
저는 다양한 차를 비축해 두고 있기 때문에 대량 주문을 처리할 수 있습니다.

• 기출표현 •
bulk order  대량 주문    bulk item  대량 판매 상품    in bulk  대량으로

---

## worth
[wəːrθ]

**worthy** a. 가치 있는, 훌륭한

### 가치가 있는    ⓝ 가치
The gift bag option is **worth** the additional cost.
선물용 가방 옵션은 추가 비용을 지불할 가치가 있다.

• 기출표현 •
worth (동)명사 ~의(~할) 가치가 있는    worth 비용 ~와 같은 값어치의

## 19 * independent
[ìndipéndənt]

independently
ad. 독립적으로

**독립적인, 독자적인**

Former XV Tech audio engineer John Anderson has started an **independent** firm.
XV 테크의 전임 음향 기술자 존 앤더슨이 독립 회사를 차렸다.

> ● 기출표현 ●
>
> an independent contracting license 독립 계약 허가증
> an independent marketing research firm 독립 마케팅 조사 회사
> independent lodging facilities 독립 숙박 시설
> independent living 독립 생활

## 20 *** related
[riléitid]

relate v. 관련짓다
relation n. 관계, 관련

**관련된**

Two years of **related** job experience is required.
2년의 관련 업무 경력이 필요합니다.

> ● 기출표현 ●
>
> related field[document] 관련 분야[서류]

## 21 * advisable
[ədváizəbl]

advise v. 충고하다, 조언하다
cf. advisory 충고의, 자문의

**바람직한, 권할 만한**

It is **advisable** to dress appropriately when attending a job interview.
면접을 볼 때는 적절하게 옷을 입는 것이 바람직하다.

> ● 기출표현 ●
>
> it is advisable to부정사 ~하는 것이 바람직하다

> **출제 TIP** advisable vs. advisory
>
> advisory는 '충고의, 자문의'라는 의미로 쓰이므로 주의한다.
> advisory committee 자문 위원회
> client advisory division 고객 자문 부서

## 22 * accomplished
[əkámpliʃt]

accomplish
v. 완수하다, 성취하다
accomplishment
n. 업적, 공적; 기량

**뛰어난, 재주가 많은**

Mr. Field is an **accomplished** master plumber.
필드 씨는 노련한 배관 기능장이다.

> ● 기출표현 ●
>
> accomplished artist[musician] 뛰어난 화가[음악가]

## 23 ★★ skilled
[skild]

skill n. 기술, 전문성

### 숙련된, 노련한

Our consultants are highly **skilled** writers specializing in business.
당사의 자문 위원들은 경영 분야를 전문으로 하는 매우 숙련된 저자들이다.

● 기출표현 ●
highly skilled 고도로 숙련된

---

## 24 ★ responsive
[rispánsiv]

(반) unresponsive 반응이 없는
cf. responsible 책임 있는

### 민감하게 반응하는; 신속하게 대응하는

The store is seeking ways to be more **responsive** to its customers.
그 매장은 고객에게 더욱 신속하게 대응할 수 있는 방법을 찾고 있다.

● 기출표현 ●
be responsive to ~에 민감하게 반응하다
be responsible for ~에 책임이 있다.

출제 TIP 〈 responsible vs. responsive
The airline is not (responsible/~~responsive~~) for lost items.
항공사는 분실물에 대해 책임지지 않습니다.

---

## 25 ★★★ significant
[signífikənt]

significance n. 중요성
significantly ad. 상당히
(반) insignificant 미미한

### 상당한; 중요한

The expansion of the factory had a **significant** impact on productivity.
공장 확장은 생산성에 상당한 영향을 끼쳤다.

● 기출표현 ●
a significant number of 상당수의 ~

---

## 26 ★★ advanced
[ədvǽnst]

advance
n. 전진, 진보
v. 전진하다, 진보하다
a. 사전의

### 고급의, 진보한

Paub Design requires that employees possess **advanced** technical expertise.
파우브 디자인은 직원들에게 첨단 기술에 관한 전문 지식을 보유하도록 요구한다.

● 기출표현 ●
advanced technology 첨단 기술
advanced users 고급 사용자들

출제 TIP 〈 advance vs. advanced
advance는 형용사일 때 '사전의'라는 의미로 쓰인다.
(advance/~~advanced~~) registration 사전 등록

## 27 * narrow
[nǽrou]

narrowly ad. 가까스로, 간신히

**좁은, 아슬아슬한, 한정된   ⓥ 좁히다, 좁아지다**

A plan to build a processing plant was approved by a **narrow** margin.

가공 공장을 건설하기 위한 계획이 가까스로 승인을 받았다.

by a narrow margin  근소한 차이로
narrow down  범위를 좁히다
narrowly miss  ~을 아슬아슬하게 놓치다

## 28 * cautious
[kɔ́:ʃəs]

cautiously ad. 조심스럽게
caution n. 조심, 주의
(반) careless 부주의한,
   신중하지 않은

**조심스러운, 신중한**

Staff members who work with chemicals should be **cautious**.

화학 물질을 취급하는 직원들은 조심해야 한다.

cautious approach  신중한 접근
drive cautiously  조심스럽게 운전하다

## 29 * native
[néitiv]

**지방 특산의, 지방 출신의   ⓝ 토박이**

The foundation prefers that workers **native** to the region be hired.

재단에서는 되도록 그 지역 출신 직원들이 채용되는 것을 선호한다.

Liverpool native  리버풀 출신의
a native of the city  그 도시 출신
A Bingham native  빙엄 출신
a native of Tokyo  도쿄 출신
native to Kenya  케냐 출신인

## 30 *** economic
[èkənámik]

economy n. 경제
economical
a. 경제적인, 실속 있는

**경제의, 경제상의**

The mayor welcomes the **economic** opportunities this project will bring.

시장은 이 사업이 가져올 경제적 기회를 환영한다.

economic growth  경제 성장
economic downturns  경기 침체
economical solutions  경제적인 해결책
economically worthwhile  경제적으로 가치 있는

## 31 ★ memorable

[mémərəbl]

memory n. 기억, 추억

### 기억할 만한, 기억에 남는

The journey to Mt. Rayburn is guaranteed to be **memorable**.

레이번 산으로 가는 여행은 분명 기억에 남을 것이다.

> ● 기출표현 ●
> memorable advertisement 기억에 남는 광고

## 32 ★ timely

[táimli]

(빤) untimely
때 이른, 시기상조의

### 시기적절한, 때맞춘

To ensure **timely** delivery, reservations must be made in advance.

적시 배송을 보장하려면 사전에 예약해야 합니다.

> ● 기출표현 ●
> in a timely manner 시기적절하게

> **출제 TIP** '명사+-ly'는 부사처럼 보이지만 형용사이다.
> timely 시기적절한              costly 값비싼
> orderly 질서정연한            friendly 우호적인

## 33 ★★ preferred

[priːfə́ːrd]

prefer v. 선호하다

### 바람직한, 선호되는

At least one year of retail experience is **preferred**.

최소 1년의 소매 경험이 있는 분이 우대됩니다.

> ● 기출표현 ●
> preferred method[means] 바람직한 방법[수단]

## 34 ★ outright

[áutrait]

### 명쾌한, 완전한

The new musical was an **outright** success when it premiered.

새로운 뮤지컬은 초연에 완벽한 성공을 거두었다.

## 35 ★★★ established

[istǽbliʃt]

### 기성의, 기존의, 확립된

**Established** companies can learn from start-up businesses.

자리를 잡은 회사라도 신생 기업들에게 배울 점이 있다.

> ● 기출표현 ●
> established company 자리를 잡은 회사
> established system 기성 체계

## 36 ★ unwavering
[ʌ̀nwéivəriŋ]

（반） wavering
동요하는, 흔들리는

**변함없는, 확고한**

The administration demonstrated its **unwavering** commitment to economic reform.
정부는 경제 개혁에 대한 변함없는 헌신을 보여 주었다.

## 37 ★ contingent
[kəntíndʒənt]

contingency
n. 비상 상황, 우발 사건
（동） accidental 우발적인
uncertain 불확실한

**조건으로 하는; 우발적인, 불확실한**

This job offer is **contingent** on positive references from your past employers.
이 일자리 제안은 과거 고용주들의 긍정적인 추천서가 조건입니다.

| ● 기출표현 ● |
| --- |
| contingent on[upon] ~을 조건으로 하는 |
| contingency plan 비상 대책 |

## 38 ★ exquisite
[ikskwízit]

**정교한, 절묘한, 매우 아름다운**

**Exquisite** views of the Leona River can be enjoyed from hiking trails.
레오나 강의 매우 아름다운 경관은 하이킹 코스에서 감상할 수 있다.

## 39 ★ impeccable
[impékəbl]

**흠 잡을 데 없는**

The Deluxian Inn is an excellent hotel with **impeccable** service.
딜럭시언 인은 서비스가 흠 잡을 데 없는 훌륭한 호텔이다.

## 40 ★ preliminary
[prilímənèri]

**예비의, 사전의**

Focus group participants answered **preliminary** questions over the phone.
표적 집단 참가자들은 전화로 사전 질문에 답했다.

| ● 기출표현 ● |
| --- |
| preliminary negotiations 사전 협상 |

## 41 ★ proportional
[prəpɔ́ːrʃənl]

proportion n. 비율, 비례

**균형 잡힌, 비례하는**

Improvements in technology were followed by **proportional** gains in production.
기술의 발전으로 생산량이 그에 비례해 늘었다.

## subsequent

42 ★

[sʌ́bsikwənt]

(시간·순서상으로) 그 뒤의, 다음에 일어나는

**Subsequent** to approval of the budget, we created a new advertisement.

예산안 승인 후 우리는 새로운 광고안을 만들었다.

● 기출표현 ●

subsequent to ~ 다음에, ~ 후에
subsequent events 그 이후에 일어난 일들

## picturesque

43 ★

[pìktʃərésk]

그림 같은

We offer participants an opportunity to enjoy **picturesque** beauty.

우리는 참가자들이 그림 같은 아름다움을 즐길 수 있는 기회를 제공한다.

● 기출표현 ●

a picturesque setting 그림 같은 배경

## consecutive

44 ★

[kənsékjətiv]

consecutively ad. 연속적으로
⑧ successive 연속적인

연속적인

The employee will not be paid for more than two **consecutive** sick days.

그 직원은 이틀 이상 연속되는 병가에 대해서는 급여를 받을 수 없을 것이다.

● 기출표현 ●

three consecutive days 사흘 연속

## stringent

45 ★

[stríndʒənt]

stringently ad. 엄중하게

엄격한

Falco engine parts are put through a **stringent** inspection.

팔코 엔진 부품들은 엄격한 검사를 거친다.

● 기출표현 ●

stringent safety standards 엄격한 안전 기준

## exemplary

46 ★

[igzémpləri]

exemplar n. 모범, 본보기

모범적인, 본보기가 되는

The hospital is recognized for **exemplary** patient care.

그 병원은 모범적인 환자 치료로 알려져 있다.

● 기출표현 ●

exemplary service 모범적인 서비스
exemplary work 모범적인 근무

형용사(4)

DAY 23

## 47 ★ anonymous
[ənǽnəməs]

anonymously ad. 익명으로

**익명의, 이름을 밝히지 않은**

**Anonymous** submissions are not accepted.

이름을 밝히지 않은 제출물은 접수 받지 않습니다.

● 기출표현 ●

an anonymous donation 익명의 기부
an anonymous source 익명의 소식통

## 48 ★ controversial
[kὰntrəvə́:rʃl]

controversy n. 논란, 논쟁

**논란거리인, 논란이 많은**

Ms. Kim has published a **controversial** book about monetary policy.

김 씨는 통화 정책에 관한 논란이 많은 책을 발간했다.

## 49 ★ feasible
[fí:zəbl]

feasibility n. 가능성, 타당성

**실현 가능성이 있는, 실행 가능한**

New roads made bicycle traffic **feasible** and safe.

새로운 도로로 자전거 교통이 가능하게 되고 안전하게 되었다.

## 50 ★ predominant
[pridάmənənt]

predominance
n. 우월, 우위
predominantly
ad. 대개, 대부분

**우세한, 지배적인**

Auto manufacturing is the **predominant** industry in this region.

자동차 제조업은 이 지역의 지배적인 산업이다.

## 51 ★★★ current
[kə́:rənt]

currently ad. 현재

**현재의**

The **current** board members started their term just two months ago.

현 이사진들은 불과 두 달 전에 임기를 시작했다.

● 기출표현 ●

current trends 현재의 추세[경향]
current status 현재 상태
current economic climate 현재의 경제 상황
the current location 현 위치, 현재 장소
under the current system 현행 제도 하에서

## 52 ★ pertinent
[pə́:rtənənt]

**관련 있는, ~와 관련된(to)**

Attached please find all the paperwork **pertinent** to your hiring.

당신의 채용에 관련된 모든 서류를 첨부합니다.

## 53 ★ resistant
[rizístənt]

resistance n. 내성, 저항력

**내성이 있는, 저항력이 있는**

The Foamax2 is durable and **resistant** to pressure.

포맥스2는 내구성이 있고 압력에 잘 견딘다.

> **• 기출표현 •**
>
> weather-resistant  내후성의
> resistant to heat  열에 강한, 내열성이 있는
> corrosion resistance  내식성(부식에 강함)

## 54 ★★ overall
[óuvərɔ̀:l]

**전체의, 전반적인**

The company's **overall** sales rose by 10 percent.

그 회사의 전체 판매량은 10퍼센트 증가했다.

## 55 ★★★ educational
[èdʒukéiʃənl]

education n. 교육
educate v. 교육하다

**교육의, 교육적인**

The first prize presented was the Kozar Award for excellence in **educational** toy design.

수여된 1등상은 교육용 장난감 디자인 우수상인 코자르상이었다.

> **• 기출표현 •**
>
> an online educational program  온라인 교육 프로그램
> educational consultants  교육 컨설턴트

## 56 ★★★ satisfied
[sǽtisfàid]

반 dissatisfied a. 불만족한

**만족한**

If you are not **satisfied** with an item, return it for a full refund.

물건이 마음에 들지 않으면 전액 환불을 위해 반품하세요.

> **• 기출표현 •**
>
> be satisfied with  ~에 만족하다

# CHECK-UP QUIZ

**A**  단어의 의미를 찾아 연결하세요.

| | | |
|---|---|---|
| 01  temporary  • | | •  ⓐ 임시의, 일시적인 |
| 02  cautious  • | | •  ⓑ 수정된, 개정된 |
| 03  resistant  • | | •  ⓒ 내성이 있는, 저항력이 있는 |
| 04  skilled  • | | •  ⓓ 조심스러운, 신중한 |
| 05  revised  • | | •  ⓔ 숙련된, 노련한 |

**B**  보기에서 적절한 어휘를 골라 우리말 뜻에 맞게 빈칸을 채우세요.

> ⓐ necessary  ⓑ controversial  ⓒ preliminary  ⓓ informative  ⓔ significant

06  **상당한** 공헌을 하다                   make _____ contributions

07  **예비** 결과                           _____ results

08  **논란이 많은** 소설                      a(n) _____ novel

09  매우 **유익한**                          highly _____

**C**  문장 속 우리말 힌트를 보며 빈칸에 들어갈 적절한 어휘를 고르세요.

> ⓐ preferred  ⓑ unavoidable  ⓒ contingent  ⓓ related  ⓔ urgent

10  Course registration is ___조건으로 하는___ upon full payment of all fees.

11  Garnet Street is the ___바람직한___ route over Emerald Lane.

12  This ___긴급한___ task has a very strict deadline.

---

보기 중 빈칸에 들어갈 가장 알맞은 어휘를 고르세요.

**1** The mayor praised the detectives for solving the difficult case in a _____ manner.

(A) timely     (B) seasonable     (C) fortunate     (D) marginal

**2** _____ pay increases cannot be expected unless next year's budget shows that there is a surplus of funds.

(A) Radiant     (B) Abstract     (C) Disoriented     (D) Substantial

**3** Although relatively inexperienced, the interns appeared _____ of acquiring new skills rapidly.

(A) capable     (B) desirable     (C) adaptable     (D) acceptable

**4** Nomura Electronics and labor organization representatives negotiated a contract that will improve _____ health-care benefits and job security.

(A) existing     (B) securing     (C) occurring     (D) maintaining

**5** Since the labeling machine broke down last night, sending out the deliveries this morning was not _____.

(A) potential     (B) concise     (C) feasible     (D) credible

**6** The city's water supply must meet _____ water-quality standards set by government health-service agencies.

(A) close     (B) dominant     (C) extended     (D) stringent

**7** LTD Enterprises is currently seeking an _____ individual to replace the current director, who will be retiring at the end of the month.

(A) accomplished     (B) illustrated     (C) observed     (D) influenced

영양사(4)

DAY 23

| | | |
|---|---|---|
| ☐ | vast | 방대한, 광대한 |
| ☐ | faithful | 충실한, 신의 있는 |
| ☐ | former | 예전의, 전자의 |
| ☐ | unknown | 알려지지 않은, 무명의 |
| ☐ | absolute | 완전한, 확실한 |
| ☐ | entire | 전체의 |
| ☐ | prompt | 즉각적인, 신속한 |
| ☐ | energetic | 힘이 넘치는, 원기 왕성한 |
| ☐ | unlikely | ~할 것 같지 않은, 있을 법하지 않은 |
| ☐ | well suited | 적절한, 잘 어울리는 |
| ☐ | industrious | 근면한 |
| ☐ | trustworthy | 믿을 수 있는 |
| ☐ | flawless | 결점이 없는 |
| ☐ | influential | 영향력 있는 |
| ☐ | reusable | 재사용할 수 있는 |
| ☐ | orderly | 정돈된, 질서 있는 |
| ☐ | amusing | 즐거운, 재미있는 |
| ☐ | equal | 동일한, 동등한 |
| ☐ | safe | 안전한 |
| ☐ | typical | 전형적인, 대표적인 |
| ☐ | official | 공식적인, 공인된 |
| ☐ | specific | 구체적인, 특정한 |
| ☐ | polite | 예의 바른 |
| ☐ | frequent | 잦은, 빈번한 |
| ☐ | respected | 존경 받는, 평판 높은 |

**토익 만점 어휘**

| | |
|---|---|
| ☐ complex | 복잡한, 복합의 |
| ☐ factual | 사실의, 사실에 입각한 |
| ☐ dependent | 의존하는, 의존적인 |
| ☐ insightful | 통찰력 있는, 영감 있는 |
| ☐ restful | 평안을 주는, 평온한 |
| ☐ tender | 부드러운 |
| ☐ eventual | 궁극적인, 최후의 |
| ☐ assertive | 자기 주장이 강한, 독단적인 |
| ☐ exaggerated | 과장된, 과대한 |
| ☐ dominant | 지배적인, 우세한 |
| ☐ lavish | 풍성한, 호화로운 |
| ☐ exotic | 이국적인 |
| ☐ genuine | 진짜의, 진품의 |
| ☐ in-depth | 심층적인, 깊이 있는 |
| ☐ instrumental | 유익한, 도움이 되는 |
| ☐ distinctive | 뚜렷이 구별되는, 독특한 |
| ☐ unrivaled | 경쟁자가 없는, 비길 데 없는 |
| ☐ succeeding | 이어지는, 계속되는 |
| ☐ excessive | 과도한, 지나친 |
| ☐ dense | 밀집한, 고밀도의 |
| ☐ inevitable | 불가피한, 피할 수 없는 |
| ☐ integral | 필수의; 통합된 |
| ☐ transferable | 이동[양도] 가능한 |
| ☐ prominent | 두드러진, 탁월한 |
| ☐ supplementary | 보충의, 추가의 |

형용사(4)

DAY 23

## ⬆ LEVEL- UP

**prospective** 유망한, 장래의
**prosperous** 번영하는

give a presentation to **prospective** clients
장래 고객들에게 프레젠테이션을 하다

live in a **prosperous** neighborhood
번영하는 동네에 살다

---

**sensible** 현명한
**sensitive** 민감한

a **sensible** exercise plan for beginners
초보자를 위한 현명한 운동 계획

a natural cream for **sensitive** skin
민감한 피부를 위한 천연 크림

---

**confident** 확신하는, 자신만만한
**confidential** 기밀의, 비밀의

The job candidate appears **confident**.
그 구직자는 자신만만해 보인다.

The product information is **confidential**.
제품 정보는 기밀이다.

---

**momentary** 순간의, 순간적인
**momentous** 중요한, 중대한

a **momentary** pause in the radio broadcast
라디오 방송의 순간적인 중단

a **momentous** event in history
역사상 중대한 사건

---

**comprehensive** 포괄적인
**comprehensible** 이해할 수 있는, 알기 쉬운

a **comprehensive** plan to reduce costs
비용 절감을 위한 포괄적인 계획

a **comprehensible** article on a complex topic
복잡한 주제에 관한 알기 쉽게 쓴 논문

---

**competent** 유능한, 능력이 있는
**competitive** 경쟁의, 경쟁력 있는

a **competent** staff of technicians
유능한 기술 직원

a highly **competitive** job market for engineers
경쟁이 치열한 엔지니어 고용 시장

---

**expansive** 광범위한, 넓은
**expensive** 비싼

The **expansive** shopping mall has 300 stores.
넓은 쇼핑몰에는 300개의 매장이 있다.

The store has many **expensive** items on display.
그 매장에는 값비싼 상품들이 많이 전시되어 있다.

---

**distinguished** 저명한, 뛰어난
**distinguishable** 구별할 수 있는

a **distinguished** scholar in the field of economics
경제학 분야의 저명한 학자

a device that is **distinguishable** from competing products
경쟁 제품과 구별되는 기기

**recent** 최근의
**modern** 현대적인

a **recent** movie
최근 영화

a **modern** resort
현대적인 리조트

**process** 과정; 가공하다, 처리하다
**processing** 가공, 처리

New user registration is a simple **process**.
신규 사용자 등록은 간단한 절차이다.

**Processing** your order takes just one day.
귀하의 주문은 하루 만에 처리됩니다.

**overdue** 연체된
**outdated** 구식의, 기한이 지난

an **overdue** book from the library
연체된 도서관 도서

an **outdated** training manual from last year
기한이 지난 작년도 교육 매뉴얼

**most** 대부분의; 가장 많은; 가장
**mostly** 주로, 대체로

the **most** effective method
가장 효과적인 방법

**most** effectively
가장 효과적으로

We **mostly** accept applications online.
우리는 지원서를 주로 온라인으로 받습니다.

**profitable** 수익성 있는
**proficient** 능숙한

It may be a **profitable** business idea.
그것은 수익성 있는 사업 아이디어가 될 수 있다.

He is a **proficient** software designer.
그는 능숙한 소프트웨어 디자이너이다.

**impressed** 감명 받은
**impressive** 인상적인

**impressed** by the building's architecture
건물의 건축 양식에 감명 받은

a building with **impressive** architecture
인상적인 건축 양식의 건물

**access** ~에 접근하다, 이용하다; 접근
**assess** 평가하다

**access** the staff parking areas
직원 주차 구역을 이용하다

**assess** the cost of building parking areas
주차 구역 건설 비용을 평가하다

**critic** 비평가, 평론가
**critical** 비판적인, 중대한
**critique** 비평한 글, 평론

a restaurant review by a food **critic**
요리 평론가에 의한 식당 평가

a **critical** comment posted by a customer
고객이 게시한 비판적인 의견

a **critique** written by an art expert
미술 전문가가 쓴 평론

**complimentary** 무료의; 칭찬하는
**complementary** 보완적인

The hotel offers a **complimentary** breakfast.
호텔은 무료 아침 식사를 제공한다.

Leadership and management are **complementary** skills.
리더십과 경영은 보완적인 기술이다.

---

**historic** 역사상 중요한, 역사적인
**historical** 역사의, 역사에 관한

a **historic** victory for the baseball team
야구팀의 역사적인 승리

a **historical** novel about life in the 1890s
1890년대 삶에 관한 역사 소설

---

**comparable to** ~에 필적하는
**compatible with** ~와 양립 가능한, 호환 가능한

sales results **comparable to** those of last quarter
지난 분기에 필적하는 영업 결과

a headset that is **compatible with** most devices
대부분의 기기와 호환 가능한 헤드셋

---

**approach** (장소·사람 등에) 다가가다,
(시간 등이) 가깝다
**access** 입수하다, 이용하다

Park visitors should not **approach** nesting eagles.
공원 방문자들은 둥지를 튼 독수리들에게 접근하면 안 된다.

Visitors may not **access** the park after 9 p.m.
방문객들은 저녁 9시 이후에는 공원을 이용할 수 없다.

---

**morale** 사기
**moral** 도덕; 도덕적인

an energetic team with high **morale**
사기가 높은 활기찬 팀

an ethical person with strong **moral** character
덕성이 뛰어난 윤리적인 사람

---

**informed** 견문이 넓은
**informative** 유익한, 정보를 주는

use an **informed** tour guide
견문이 넓은 여행 가이드를 활용하다

participate in an **informative** tour
유익한 여행에 참가하다

---

**apprehensive** 염려하는
**apprehensible** 이해할 수 있는

feel **apprehensive** about giving a speech
연설에 대해 걱정하다

a concept **apprehensible** only by experts
전문가들만 이해할 수 있는 개념

---

**reliable** 믿을 만한(= dependable)
**reliant** 의존하는(= dependent)

We are looking for a **reliable** delivery person.
우리는 믿을 만한 배달원을 찾고 있다.

The company is **reliant** on outside suppliers.
회사는 외부 공급업자에게 의존한다.

**acquire** 획득하다, 확보하다; (회사 등을) 인수하다
**inquire** 묻다, 조사하다

the best ways to **acquire** new clients
신규 고객을 확보하는 최상의 방법

**inquire** about when the movie starts
영화가 언제 시작하는지 문의하다

**demand** 수요, 요구; 요구하다
**claim** (정당한 권리에 대한) 주장, 청구; 주장하다

make a **demand** for full payment
전액 납부를 요구하다

file a **claim** for lost baggage
분실 수화물의 주인이라고 주장하다

**persuasive** 설득력 있는
**persuadable** (사람 등이) 설득할 수 있는

make a **persuasive** sales presentation
설득력 있게 영업 프레젠테이션을 하다

meet an easily **persuadable** customer
쉽게 설득할 수 있는 고객을 만나다

**understandable**
이해하기 쉬운, 이해할 수 있는
**understanding** 이해심이 많은; 이해

The request was **understandable**.
그 요청은 이해할 만했다.

She is **understanding** and supportive.
그녀는 이해심이 많고 힘이 되어 준다.

**successful** 성공적인
**successive** 연속적인

He is a **successful** movie director.
그는 성공한 영화감독이다.

He won awards for three **successive** films.
그의 영화 3편이 연속 수상했다.

**remainder** 나머지 (것); 남은 기간
**reminder** 상기시키는 것; 독촉장

cancel the **remainder** of the concert tour
나머지 순회 공연을 취소하다

send a **reminder** to pay a bill
요금을 내라는 독촉장을 보내다

**contribution** 공헌, 기여; 기고
**attribution** 인용 표시; 속성;
(원인 등을) ~으로 돌리기

make an important **contribution** to the project
프로젝트에 중요한 공헌을 하다

give the photographer **attribution** for the picture
사진에 사진가의 작품임을 표시하다

**last** 마지막의; 지난
**lasting** 지속하는, 오래가는

The tour price includes all meals except dinner on the **last** day.
투어 가격에는 마지막 날의 저녁 식사를 제외한 모든 식비가 포함되어 있다.

Foreign investment has increased over the **last** five years.
지난 5년 동안 외국인 투자가 증가했다.

Family vacations can create **lasting** memories.
가족 휴가로 오래 남는 추억을 만들 수 있다.

# 부사 기출 어휘 (1)

### 01 ★ entirely
[intáiərli]

entire a. 온전한, 전부의
entirety n. 완전함, 온전함

**완전히, 전적으로**

Our cabinet is **entirely** custom fitted, manufactured, and installed.

당사 캐비닛은 완전히 맞춤형으로 준비되고 제조 및 설치됩니다.

> • 기출표현 •
> entirely refundable 전액 환불 가능한

### 02 ★★ properly
[prápərli]

proper a. 적절한, 올바른
⑧ adequately 적절하게

**제대로, 정확하게**

Be sure the equipment is in place and functioning **properly**.

장비가 준비되어 있고 제대로 작동하는지 확인해 주세요.

> • 기출표현 •
> install properly 제대로 설치하다
> operate[work] properly 제대로 작동하다

### 03 ★ annually
[ǽnjuəli]

annual a. 연간의, 연례의

**해마다, 매년**

The aquarium is expected to draw thousands of visitors **annually**.

수족관은 해마다 수천 명의 방문객을 끌어들일 것으로 예상된다.

> • 기출표현 •
> update annually 해마다 갱신하다
> annual report[convention] 연간 보고서[총회]

### 04 ★★ accordingly
[əkɔ́ːrdiŋli]

**그에 따라, 그에 맞춰**

I have reviewed your feedback and changed my plan **accordingly**.

귀하의 의견을 검토해 그에 맞춰 저의 계획을 수정했습니다.

> • 기출표현 •
> plan accordingly 그에 따라 계획을 세우다

## strictly
05 ★

[stríktli]

strict a. 엄격한

### 엄격히
Your personal information will be kept **strictly** confidential. 귀하의 개인 정보는 극비로 유지됩니다.

● 기출표현 ●

strictly confidential 극비의
strictly prohibited 엄격히 금지된
adhere strictly to the rules 규칙을 엄격히 고수하다

---

## relatively
06 ★★

[rélətivli]

relative a. 비교적인; 상대적인

### 비교적, 상대적으로
The company's stock price is **relatively** low compared to its annual earnings. 그 회사의 주가는 연수익에 비해 비교적 낮다.

● 기출표현 ●

relatively low[rare] 상대적으로 낮은[드문]

---

## skillfully
07 ★

[skílfəli]

skillful a. 능숙한, 숙련된

### 능숙하게, 솜씨 있게
The model was **skillfully** constructed by the best designers. 그 모델은 최고 디자이너들에 의해 솜씨 있게 제작되었다.

● 기출표현 ●

skillfully written content 솜씨 있게 쓰여진 내용

---

## reasonably
08 ★

[ríːzənəbli]

reasonable
a. 합리적인, 적당한

### 합리적으로, 적정하게
Enjoy a delicious and **reasonably** priced meal.
맛있고 가격도 적당한 식사를 즐기세요.

● 기출표현 ●

reasonably priced 합리적인 가격의
keep price reasonable 가격을 합리적으로 유지하다

---

## definitely
09 ★

[défənitli]

definite a. 명확한, 확실한
(반) indefinitely
막연히; 무기한으로

### 분명히, 확실하게
The Halinga Boutique in Old Town is **definitely** worth a visit. 올드 타운의 핼링거 부티크는 분명 가 볼 만하다.

● 기출표현 ●

definitely interest our readers 확실하게 우리 독자들의 관심을 끌다
definitely draw visitors 확실히 방문객을 끌다
there's definitely a problem 분명히 문제가 있다

부사(1)

DAY 24

389

## 10 ★ expressly
[iksprésli]

express v. 표현하다, 나타내다
expression n. 표현

**분명히, 명확히**

A number of people **expressly** mentioned interest in seeing the river.
많은 사람들이 그 강을 보고 싶다고 분명하게 관심을 표했다.

## 11 ★ considerably
[kənsídərəbli]

considerable
a. 상당한, 중요한

**상당히, 많이**

This method can result in **considerably** lower prices.
이 방식을 이용하면 상당히 가격을 낮출 수 있다.

● 기출표현 ●
increase[decrease] considerably 상당히 증가하다[감소하다]

출제 TIP
비교급 수식 부사: considerably, much, a lot, still, far, even
considerably lighter than the previous models
이전 모델보다 훨씬 더 가벼운

**PLUS POINT** 증감 동사를 수식하는 부사

abruptly 갑자기     sharply 급격하게
rapidly 급속히      dramatically 극적으로
gradually 점차      slightly 약간
steadily 꾸준하게    considerably/substantially/significantly 상당히

## 12 ★ totally
[tóutəli]

total n. 합계, 총액 a. 전체의

**완전히, 전적으로**

The manufacturer makes electronic displays **totally** out of plastic.
그 제조업체는 전자 디스플레이를 완전히 플라스틱으로 생산한다.

● 기출표현 ●
a totally new building 완전히 새로운 건물

## 13 ★★ periodically
[pìəriádikəli]

periodic a. 정기적인, 주기적인
periodical a. 주기적인
n. 정기 간행물

**정기적으로, 주기적으로**

Residents are requested to clean the recycling bins **periodically**.
주민들은 재활용 쓰레기통을 주기적으로 세척해 줄 것을 요청받는다.

● 기출표현 ●
renewed periodically 주기적으로 갱신되는
check e-mail periodically 이메일을 주기적으로 확인하다

## 14 commonly
[kámənli]

common a. 일반적인; 공통의

### 보통, 일반적으로

Passwords should not contain names or **commonly** used words. 암호에는 이름이나 흔히 사용되는 단어가 포함되면 안 됩니다.

> • 기출표현 •
>
> commonly asked questions 흔히 묻는 질문
> commonly used 통용되는
> commonly known 흔히 알려진

## 15 securely
[sikjúərli]

secure a. 안전한, 보안이 철저한
secured a. 보증된
security n. 안전, 보안
(반) insecurely
　불안하여, 위태롭게

### 단단히, 안전하게

Make sure the price tag is **securely** attached to the item.
가격표가 상품에 단단히 부착되어 있는지 확인하십시오.

> • 기출표현 •
>
> store securely 안전하게 보관하다
> securely fastened[tied] 단단하게 맨[묶인]

## 16 largely
[láːrdʒli]

(동) mainly 주로, 대개는

### 주로, 대체로

The company's success is **largely** a result of their investment in technology.
그 기업의 성공은 대체로 기술에 투자한 결과이다.

> • 기출표현 •
>
> largely due to 주로 ~ 때문에
> largely because 주로 ~ 때문에

## 17 thoroughly
[θɔ́ːrouli]

thorough a. 철저한, 완전한

### 철저히, 완전히

Please read the directions **thoroughly** before starting the computer. 컴퓨터를 시작하기 전에 설명서를 꼼꼼하게 읽어 보세요.

> • 기출표현 •
>
> review thoroughly 철저하게 검토하다
> inspect thoroughly 철저하게 점검하다

## 18 markedly
[máːrkidli]

marked a. 두드러진, 현저한

### 현저하게, 두드러지게

The software for tracking orders has been **markedly** successful.
그 주문 조회 소프트웨어는 현저하게 성공을 거둬 왔다.

부사(1)

DAY 24

## 19 ★ comfortably

[kʌ́mfərtəbli]

comfortable a. 안락한, 편안한
comfort n. 안락, 편안함
v. 안심시키다

### 안락하게, 편안히

Nava's passenger van can seat up to seven persons **comfortably**. 나바의 승합차는 최대 7명까지 편안하게 앉을 수 있다.

● 기출표현 ●

fit comfortably 편하게 맞다
comfortably view a performance 공연을 편하게 보다

## 20 ★★★ immediately

[imí:diətli]

immediate a. 즉각적인
⑧ instantly 즉시

### 즉시

If there is any change, we will inform you **immediately**. 변경 사항이 있으면 즉시 알려 드리겠습니다.

● 기출표현 ●

immediately before ~ 직전에
immediately after[following] ~ 직후에
effective immediately 즉각 발효되는
immediately upon arrival 도착 즉시

## 21 ★ momentarily

[mòuməntérəli]

momentary a. 순간의, 잠깐의

### 일시적으로, 잠깐

The computer was disconnected **momentarily** for maintenance. 그 컴퓨터는 수리를 위해 잠시 전원 공급이 끊겼다.

## 22 ★★ specifically

[spəsífikəli]

specific a. 구체적인, 명확한

### 특별히, 특히; 구체적으로

Only batteries **specifically** designed for this type of camera should be used. 이 유형의 카메라에 맞추어 특별히 설계된 배터리만 사용해야 합니다.

● 기출표현 ●

specifically intended 특별히 의도한
aimed specifically at ~ 특별히 ~을 겨냥하여
programs specifically for children 어린이 전용 프로그램

## 23 ★ dramatically

[drəmǽtikəli]

dramatic a. 급격한
⑧ drastically 급격하게

### 급격하게, 대폭

With the completion of the airport, tourism has improved **dramatically**. 공항이 완공되면서 관광 산업이 획기적으로 나아졌다.

● 기출표현 ●

improve dramatically 대폭 개선되다
grow dramatically 급격히 성장하다

## 24 ★ accidentally
[æksədéntəli]

(반) deliberately
일부러, 신중히

**뜻하지 않게, 우연히; 잘못하여**

This invoice was **accidentally** sent to the wrong client.
이 송장은 다른 고객에게 잘못 발송되었습니다.

> **• 기출표현 •**
> accidentally damaged  우발적으로 손상된
> accidentally knocked off the shelf  우연히 선반에서 떨어진

## 25 ★ overly
[óuvərli]

**지나치게, 너무**

These products are **overly** expensive and sometimes unnecessary.
이런 제품들은 지나치게 비싸며 때로는 불필요하다.

> **• 기출표현 •**
> overly technical terms  지나치게 전문적인 용어

## 26 ★★★ recently
[rí:sntli]

recent a. 최근의
(통) lately 최근에

**최근에**

Our office has **recently** updated its billing system.
저희 사무실은 최근 요금 청구 시스템을 개선했습니다.

> **출제 TIP**
> ❶ 형용사와 부사를 구분하는 어형 문제가 출제된다.
> most (recent / ~~recently~~) novel  가장 최근의 소설
> (~~recent~~ / recently) updated information  최근에 갱신된 정보
> ❷ currently vs. recently/lately
> currently는 현재(진행) 시제, recently/lately는 과거 또는 현재완료 시제와 함께 쓰인다.
> The company **has recently moved** to Toronto.
> 그 회사는 최근 토론토로 이전했다.

## 27 ★★★ highly
[háili]

**매우, 대단히**

All of our courses are taught by **highly** qualified faculty.
우리의 모든 강좌는 자격이 충분한 교수진들이 가르친다.

> **PLUS POINT** highly + 형용사/분사
> **highly** effective  매우 효과적인      **highly** resistant  내성이 매우 좋은
> **highly** competent  매우 능숙한      **highly** regarded  높이 평가되는
> **highly** qualified  자격이 충분한
> **highly** recommended  강력하게 추천되는

## 28 ★ widely
[wáidli]

wide a. 넓은 ad. 넓게

### 널리, 광범위하게

Jasper Cummings was **widely** known for his innovative use of lights.

재스퍼 커밍즈 씨는 혁신적인 조명 사용법으로 널리 알려져 있다.

widely distributed 널리 분포된
widely acclaimed 널리 칭송받는
widely recognized 널리 인정받는

---

## 29 ★ densely [dénsli]
dense a. 밀집한, 혼잡한
density n. 밀도, 농도

### 밀집하여, 빽빽하게

The downtown area is a **densely** populated part of the city.

도심 지역은 시에서 인구가 밀집한 구역이다.

densely populated 인구가 밀집한

---

## 30 ★ strategically
[strətí:dʒikəli]

strategy n. 전략
strategic a. 전략적인

### 전략적으로

The park has recycling bins **strategically** placed near its entrance.

그 공원은 재활용품 수거함을 입구 근처에 전략적으로 설치했다.

strategically located 전략적으로 위치한

---

**출제 TIP** 위치의 장점을 묘사하는 표현이 자주 출제된다.

agreeably located 적당한 곳에 위치한
ideally located 이상적인 곳에 위치한
strategically located 전략적으로 위치한
perfectly situated 완벽한 곳에 위치한
conveniently located 편리한 곳에 위치한
centrally located 중심부에 위치한

---

## 31 ★ primarily
[praimérəli]

primary
a. 주된, 주요한; 기본적인

### 주로

The building will run **primarily** on energy from solar panels.

그 건물은 태양 전지판에서 얻은 에너지로 주로 유지될 예정이다.

## currently

32 ★★★

[kɔ́:rəntli]

current a. 현재의, 지금의
(통) presently 현재, 지금

### 현재

The museum is **currently** closed for renovations but will reopen soon.

박물관은 현재 보수를 위해 문을 닫았지만 곧 다시 개관할 것이다.

● 기출표현 ●

currently available[unavailable]  현재 이용 가능한[불가능한]
currently (not) in stock  현재 재고가 있는(없는)
currently in use  현재 사용 중인
currently closed  현재 폐쇄된
currently being processed  현재 처리 중인
currently being updated  현재 업데이트 중인
currently on the market  현재 시판되고 있는

출제TIP  현재나 현재진행 시제의 문장에서 부사 어휘 문제로 출제된다.

We are (~~significantly~~/**currently**) seeking volunteers for the upcoming seminar.

우리는 지금 곧 있을 세미나의 자원봉사자를 찾고 있습니다.

## eventually

33 ★★

[ivéntʃuəli]

eventual a. 최후의, 궁극의

### 결국, 언젠가는

Ms. Fukui hopes to be offered full-time employment **eventually**.

푸쿠이 씨는 언젠가는 정규직 채용 제의를 받기를 희망한다.

● 기출표현 ●

eventually earn a degree  결국 학위를 따다
eventually expand operations  마침내 운영을 확장하다
eventually agree to  결국 ~하기로 동의하다

## early

34 ★★★

[ɔ́:rli]

### 일찍, 초기에  ⓐ 이른, 초기의

Be sure to arrive **early** to check your name on the list.

일찍 도착하여 명단에서 이름을 꼭 확인하세요.

● 기출표현 ●

early this month  이달 초
early the following week  그 다음 주 초에
close early  일찍 닫다

**PLUS POINT**  -ly로 끝나는 시간 형용사

| | |
|---|---|
| **hourly** 매시간의 | **daily** 매일의, 일상의 |
| **monthly** 매달의 | **quarterly** 분기의 |

부사(1)

DAY 24

## 35 ★ persistently
[pərsístəntli]

persistent
a. 끊임없는, 지속적인
persist v. 지속하다, 고집하다

**지속적으로, 고집스럽게**

The bus **persistently** arrives late because of the road construction.
도로 공사 때문에 버스가 계속 연착한다.

---

## 36 ★ formerly
[fɔ́:rmərli]

former a. 앞의, 먼저의

**이전에**

**Formerly** called the Gordon Film Festival, it will now be known as the Hurst Film Festival.
예전에는 고든 영화제라고 불렸지만 이제는 허스트 영화제로 알려지게 될 것이다.

> ● 기출표현 ●
> formerly called ~ 이전에 ~라고 불린

---

## 37 ★ moderately
[mádəritli]

moderate a. 적당한, 온건한

**적당하게, 알맞게**

This sofa is **moderately** priced and available in several colors.
이 소파는 적당한 가격에 다양한 색상이 구비되어 있다.

> ● 기출표현 ●
> moderately priced 적당하게 가격이 책정된
> moderate climate 온화한 날씨

---

## 38 ★ consistently
[kənsístəntli]

consistent a. 일관된, 일치하는
consistency n. 일관성

**꾸준히, 항상**

Ms. Gupta is a motivated individual who **consistently** meets deadlines.
굽타 씨는 꾸준히 마감일을 지키는 의욕적인 사람이다.

> ● 기출표현 ●
> consistently positive reviews 꾸준히 긍정적인 평가
> be consistent with ~와 일치하다

---

## 39 ★ absolutely
[æbsəlù:tli, æbsəlú:tli]

absolute a. 절대적인, 완전한

**절대적으로, 완전히**

Helmets **absolutely** must be worn in the construction zone.
공사 구역에서는 절대적으로 헬멧을 착용해야 한다.

> ● 기출표현 ●
> absolutely free of charge 완전히 무료로

## 40 ★ fairly
[féərli]

fair a. 공정한, 공평한
(통) quite 꽤
impartially 공정하게

### 상당히, 꽤; 공평하게
The project required a **fairly** large number of lounge chairs.
그 프로젝트에는 상당히 많은 안락의자가 필요했다.

● 기출표현 ●
fairly large 상당히 큰
treat fairly 공평하게 처우하다

## 41 ★ inadvertently
[ìnədvə́:rtəntli]

inadvertent
a. 부주의한, 우연한

### 우연히, 의도치 않게, 부주의하게
Ms. Milton **inadvertently** forgot a password.
밀턴 씨는 의도치 않게 비밀번호를 잊어버렸다.

## 42 ★ apparently
[əpǽrəntli]

apparent a. 분명한, 외관상의
(통) seemingly, outwardly
겉보기에는

### 외관상으로, 보아하니
Young people are **apparently** interested in economic issues.
보아하니 젊은이들은 경제 문제에 관심이 있는 것 같다.

## 43 ★ adversely
[ædvə́:rsli]

adverse a. 불리한, 부정적인

### 부정적으로, 불리하게
The flooding **adversely** affected the profits of coffee producers.
그 홍수가 커피 생산자들의 수익에 부정적인 영향을 미쳤다.

● 기출표현 ●
affect adversely 부정적으로 영향을 미치다
adverse weather 악천후
adverse effect 부작용, 역효과

## 44 ★ prominently
[prɑ́minəntli]

prominent
a. 두드러진, 유명한

### 두드러지게, 눈에 띄게
Detour signs will be **prominently** placed along the route.
길을 따라 우회 표지판이 눈에 띄게 비치될 것이다.

● 기출표현 ●
prominently featured 눈에 띄는
prominently displayed 눈에 띄게 진열된

부사(1) DAY 24

397

# occasionally
[əkéiӡənəli]

occasional a. 가끔의

**가끔, 때때로**
Rent equipment that is used only **occasionally**.
가끔씩만 쓰는 장비는 대여하십시오.

● 기출표현 ●

occasionally occur 가끔 발생하다
occasionally work evening hours 이따금 저녁 근무를 하다

---

# previously
[prí:viəsli]

previous a. 과거의, 이전의
cf. prior to prep. ~ 전에

**이전에, 과거에**
The journal is accepting **previously** unpublished research papers.
그 잡지는 이전에 출판되지 않은 연구 논문들을 받고 있다.

● 기출표현 ●

previously purchased tickets 이전에 구매한 티켓
not used previously 이전에 사용되지 않은
a previously scheduled appointment 이전에 예정되어 있던 약속

**출제 TIP  previously vs. prior to**
의미는 비슷하지만 prior to는 전치사로 명사(구) 앞에 오며, previously는 명사를 수식하지 않는 부사이다.
(~~previously~~/**prior to**) the departure date 출발일 이전에

---

# evenly
[í:vənli]

even a. 균등한, 고른
(반) unevenly 고르지 않게, 들쭉날쭉하게

**균등히, 골고루**
Copper distributes heat more **evenly** than aluminum.
구리가 알루미늄보다 열을 더 골고루 전달한다.

● 기출표현 ●

distribute evenly 골고루 배포하다

---

# exclusively
[iksklú:sivli]

exclusive a. 독점적인, 전용의
(동) solely 오로지, 오직

**오로지; 독점적으로**
The publishing company deals almost **exclusively** with biographies. 그 출판사는 거의 전기만을 취급한다.

● 기출표현 ●

available exclusively to members 회원들만 이용 가능한
focus exclusively on 오로지 ~에만 중점을 두다
manufactured exclusively by ~에 의해 독점적으로 생산된

## customarily

49 ★

[kʌ́stəmèrəli]
[kʌstəmérəli]

customary
a. 일반적인, 관례적인
custom n. 관습, 풍습
customs n. 세관; 관세

**일반적으로, 관례상**

Employees are **customarily** paid once a month.
직원들은 일반적으로 한 달에 한 번 급여를 받는다.

> ● 기출표현 ●
>
> It is customary to leave a tip. 팁을 남기는 것이 관례이다.

---

## overwhelmingly

50 ★

[ouvərwélmiŋli]

overwhelming
a. 압도적인, 굉장한

**압도적으로, 대단히**

The board **overwhelmingly** approved an increase in wages.
이사회는 급여 인상을 압도적으로 승인했다.

> ● 기출표현 ●
>
> overwhelmingly in favor of ~에 압도적으로 찬성하는
> an overwhelming number of attendees 대단히 많은 참가자들

---

## internally

51 ★

[intə́:rnli]

⊕ externally
외부에, 외부적으로

**내부에, 내부적으로**

They want to recruit **internally**, and I thought you might still be interested.
그들이 내부적으로 채용하려고 하는데, 당신이 여전히 관심을 가지고 있을 것 같았어요.

---

## firmly

52 ★

[fə́:rmli]

firm a. 확고한, 단호한

**확고하게, 단호히**

Mayor Reynold's views on education **firmly** established him as a front-runner in the election.
레이놀드 시장의 교육에 대한 견해는 그를 선거에서 선두주자로 확고히 굳혔다.

> ● 기출표현 ●
>
> press firmly 꽉 누르다

---

## drastically

53 ★

[dræstikəli]

**급격히, 현저히**

Using proper techniques to lift items **drastically** reduces the risk of back injury.
적절한 기술을 사용하여 물건을 들어 올리면 허리 부상의 위험이 크게 줄어듭니다.

# CHECK-UP QUIZ

**A**　단어의 의미를 찾아 연결하세요.

01　properly　　　•　　　•　ⓐ 단단히, 안전하게

02　strictly　　　•　　　•　ⓑ 엄격히

03　widely　　　•　　　•　ⓒ 제대로, 정확하게

04　exclusively　•　　　•　ⓓ 오로지, 독점적으로

05　securely　　•　　　•　ⓔ 널리, 광범위하게

**B**　보기에서 적절한 어휘를 골라 우리말 뜻에 맞게 빈칸을 채우세요.

> ⓐ reasonably　ⓑ dramatically　ⓒ periodically　ⓓ considerably　ⓔ largely

06　**정기적으로** 음악회를 개최하다　　_____ host music festivals

07　**급격하게** 증가하다　　increase _____

08　**적정하게** 가격이 책정된　　_____ priced

09　다른 경주용 자전거보다 **상당히** 가벼운　　_____ lighter than other racing bikes

**C**　문장 속 우리말 힌트를 보며 빈칸에 들어갈 적절한 어휘를 고르세요.

> ⓐ moderately　ⓑ inadvertently　ⓒ evenly　ⓓ previously　ⓔ markedly

10　This interactive tutorial allows users to review _____ 과거에 learned material.

11　Mr. Whaley _____ 의도치 않게 deleted the summary page from the report.

12　The two speakers had _____ 현저하게 different presentation styles.

---

Answers　01 ⓒ　02 ⓑ　03 ⓔ　04 ⓓ　05 ⓐ　06 ⓒ　07 ⓑ　08 ⓐ　09 ⓓ　10 ⓓ　11 ⓑ　12 ⓔ

보기 중 빈칸에 들어갈 가장 알맞은 어휘를 고르세요.

**1** Among staffing agencies, Krefton Services was _____ mentioned as a trusted firm.

(A) thoroughly     (B) utterly     (C) specifically     (D) densely

**2** The new furniture for the conference room is scheduled to be delivered _____ on Tuesday.

(A) hardly     (B) comfortably     (C) early     (D) eagerly

**3** Fordham Stationers recently decided to switch suppliers because Valley Paper has been _____ late in shipping their orders.

(A) steadily     (B) sensibly     (C) exactly     (D) consistently

**4** Due to technical problems, Nelson's Electronic Auctions is _____ not accepting any picture submissions via e-mail.

(A) quickly     (B) currently     (C) precisely     (D) temperately

**5** Agents who have not yet registered for next week's Insurance Excellence Forum must do so _____.

(A) closely     (B) formerly     (C) nearly     (D) immediately

**6** We received a very large number of applications from _____ qualified candidates, and it was impossible to offer every candidate an interview.

(A) acutely     (B) severely     (C) highly     (D) blandly

**7** It is important for city planners to take into account that _____ built-up areas could pose significant traffic problems downtown.

(A) densely     (B) serenely     (C) securely     (D) shapely

부사(1)

DAY 24

토익 기본
어휘

| | |
|---|---|
| ☐ greatly | 매우, 심히; 위대하게 |
| ☐ neatly | 단정하게, 깔끔하게 |
| ☐ generally | 일반적으로 |
| ☐ surely | 확실히, 틀림없이 |
| ☐ fully | 완전히, 충분히 |
| ☐ severely | 심하게 |
| ☐ seriously | 심각하게, 진지하게 |
| ☐ poorly | 저조하게, 형편없이 |

| | |
|---|---|
| ☐ simply | 간단히 |
| ☐ conversely | 반대로 |
| ☐ somewhat | 다소, 좀 |
| ☐ rightly | 정확하게; 당연히, 마땅하게 |
| ☐ respectfully | 공손하게, 정중하게 |
| ☐ astonishingly | 놀랍게도 |
| ☐ badly | 몹시, 심하게; 부당하게 |
| ☐ heavily | 몹시, 심하게 |

| | |
|---|---|
| ☐ still | 여전히; 그럼에도 불구하고 |
| ☐ regrettably | 유감스럽게도 |
| ☐ luxuriously | 사치스럽게, 방탕하게 |
| ☐ loudly | 큰 소리로, 소란스럽게 |
| ☐ proudly | 자랑스럽게 |
| ☐ overhead | 머리 위에  a. 머리 위를 지나는 |
| ☐ meanwhile | 그동안에, 한편 |
| ☐ fortunately | 다행히도, 운 좋게도 |
| | (↔ unfortunately 유감스럽게도) |

토익 만점 어휘

| | |
|---|---|
| ☐ vastly | 대단히, 막대하게 |
| ☐ agreeably | 기분 좋게, 유쾌하게 |
| ☐ ethically | 윤리적으로, 도덕적으로 |
| ☐ unbearably | 참을 수 없게, 견딜 수 없게 |
| ☐ undoubtedly | 의심할 여지 없이, 틀림없이 |
| ☐ cordially | 진심으로 |
| ☐ discreetly | 분별 있게, 사려 깊게 |
| ☐ inherently | 본질적으로 |

| | |
|---|---|
| ☐ inevitably | 필연적으로 |
| ☐ coincidentally | 우연히; 동시 발생적으로 |
| ☐ boldly | 대담하게 |
| ☐ loosely | 느슨하게 |
| ☐ readily | 즉시, 손쉽게 |
| ☐ swiftly | 빨리, 신속히 |
| ☐ in common | 공통으로 |
| ☐ legally | 법률적으로, 합법적으로(↔ illegally 불법적으로) |

| | |
|---|---|
| ☐ technically | 기술적으로, 전문적으로, 엄밀히 말하면 |
| ☐ involuntarily | 본의 아니게 |
| ☐ sparsely | 희박하게, 드문드문하게 |
| ☐ decidedly | 결정적으로, 명백하게 |
| ☐ allegedly | 주장하는 바에 따르면 |
| ☐ namely | 즉, 다시 말하면 |
| ☐ presumably | 아마, 추측컨대 |
| ☐ intentionally | 고의로, 의도적으로 |
| ☐ indeed | 사실은, 정말로 |

부사(1)

DAY 24

# 부사 기출 어휘 (2)

## 01 ★ precisely
[prisáisli]

precise a. 정확한, 정밀한

### 바로, 정확히

The briefing will begin **precisely** at 9:30 A.M. on Thursday. 브리핑은 목요일 오전 정각 9시 30분에 시작할 것이다.

● 기출표현 ●

express precisely 정확하게 표현하다

## 02 ★★★ directly
[diréktli, dɑiréktli]

direct a. 직접적인
(반) indirectly 간접적으로

### 곧바로, 직접

Fill out the enclosed form and send it **directly** to the manager. 동봉한 양식을 작성해 관리자에게 직접 보내 주십시오.

● 기출표현 ●

directly after the discussion 논의 직후에
directly from the supervisor 상사로부터 직접
directly opposite[across from] ~의 바로 맞은편에

## 03 ★★ clearly
[klíərli]

clear a. 명백한, 분명한

### 명백하게, 또렷하게

Safety rules must be posted in an area **clearly** visible to all patrons. 안전 수칙은 모든 고객들에게 잘 보이는 장소에 게시되어야 합니다.

● 기출표현 ●

clearly visible 또렷하게 보이는　　　state clearly 분명하게 말하다

## 04 ★ approximately
[əpráksəmitli]

approximate a. 대강의

### 대략, 어림잡아

There will be **approximately** 250 people attending the convention. 그 대회에는 약 250명이 참가할 것이다.

> 출제 TIP　숫자를 수식하는 부사를 찾는 문제가 자주 출제된다. 숫자 앞에 형용사를 고르지 않도록 주의한다.
>
> (approximate / approximately) one in three customers
> 대략 세 명 중 한 명의 손님

> PLUS POINT 수량 수식 부사
>
> around / about / nearly / almost / roughly / approximately 대략, 거의
> only 겨우　　at least 적어도　　at best 잘해야　　at most 기껏해야

## separately
05 ★

[sépərətli]

separate a. 분리된, 별개의

### 따로, 별도로

The renter must pay for Internet service **separately**.

임차인은 인터넷 서비스에 대해 별도로 비용을 지불해야 한다.

submitted separately  따로 제출된
purchased separately  따로 구매한

## solely
06 ★

[sóulli]

sole a. 유일한, 단독의
⑧ exclusively
독점적으로; 오로지

### 오로지, 단독으로

Our office building is heated **solely** by solar power.

저희 사무용 빌딩은 오로지 태양열로만 난방됩니다.

consist solely of ~  오로지 ~으로만 구성되다
used solely for ~  오로지 ~을 위해서만 사용되는

## increasingly
07 ★

[inkrí:siŋli]

increase v. 증가하다
increasing a. 증가하는

### 점점, 더욱 더

This event has become **increasingly** popular in recent years.  이 행사는 최근 몇 년 동안 점점 인기가 높아졌다.

increasingly popular  점점 인기가 높아지는
increasingly competitive  점점 경쟁이 치열해지는

## tightly
08 ★

[táitli]

tight a. 단단한, 빡빡한
ad. 단단히

### 단단히, 꽉

Long poles must be **tightly** secured to the back of the truck.  장대들은 트럭 뒤에 단단히 고정시켜야 한다.

closed tightly  꽉 닫힌
tightly controlled  철저히 통제된

## virtually
09 ★

[və́:rtʃuəli]

virtual a. 실질적인, 가상의

### 사실상, 거의

Ms. Nugent earned the respect of **virtually** everyone in the industry.  누겐트 씨는 업계의 거의 모든 사람들에게 존경받았다.

be virtually identical to  사실상 ~와 동일하다

부사(2)  |  DAY 25

## 10 ★ completely
[kəmplí:tli]

complete
v. 완료하다 a. 완료된
completion n. 완료, 완성

### 완전히, 전적으로, 철저하게
Tickets to the Autumn Banquet are **completely** sold out.
가을 연회 입장권은 모두 매진되었습니다.

● 기출표현 ●

completely new[satisfied] 완전히 새로운[만족한]
fill out completely 빠짐없이 작성하다

---

## 11 ★ necessarily
[nèsəsérəli]

necessary a. 필요한
(반) unnecessarily
불필요하게

### 1. (부정문) 반드시 (~은 아닌)
The copier does not **necessarily** perform well enough for a busy office.
그 복사기는 바쁜 사무실에서 쓰기에는 성능이 충분하지 않을 수 있습니다.

### 2. 필연적으로
A project of this scope will **necessarily** cause disruption to our community.
이런 규모의 프로젝트는 필연적으로 우리 지역 사회에 혼란을 초래할 것이다.

---

## 12 ★★★ nearly [níərli]

### 거의, 하마터면
The artwork for the advertisement is **nearly** complete.
광고를 위한 삽화가 거의 완성되었다.

● 기출표현 ●

nearly double 거의 두 배가 되다
nearly five percent 약 5퍼센트

---

## 13 ★ casually
[kǽʒuəli]

casual a. 격의 없는, 평상복의

### 약식으로, 간편하게
The management team **casually** discussed possible expansion plans.
관리팀은 가능성 있는 확장 계획에 대해 가볍게 의견을 주고받았다.

● 기출표현 ●

dress casually 평상복 차림을 하다

---

## 14 ★ unusually
[ʌnjú:ʒuəli]

unusual a. 특이한, 이례적인
(반) usually 보통, 대개

### 이례적으로, 유난히
Due to **unusually** high demand, some supplies need to be restocked. 이례적으로 많은 수요 때문에 일부 물품은 다시 채워 넣어야 합니다.

● 기출표현 ●

unusually warm weather 유난히 따뜻한 날씨
unusually high energy bills 유난히 높은 에너지 요금

## 15 ★ effortlessly
[éfərtlisli]

effortless a. 노력이 필요 없는

### 힘들이지 않고, 쉽게
The expert dancers seemed to move **effortlessly** across the stage.
전문 무용수들은 힘들이지 않고 무대 위를 움직이는 것 같았다.

## 16 ★ accurately
[ǽkjurətli]

accurate a. 정확한
accuracy n. 정확(도)
(반) inaccurately 부정확하게

### 정확하게
All expenditures are recorded **accurately** in the database. 모든 경비는 데이터베이스에 정확하게 기록된다.

> ● 기출표현 ●
> accurately locate a product 상품의 정확한 위치를 파악하다
> measure accurately 정확하게 재다

## 17 ★★★ promptly
[prámptli]

prompt
a. 지체 없는, 시간을 지키는
v. 재촉하다, 자극하다

### 지체 없이, 정확히 제시간에
Please arrive by 9:30 A.M. so we can begin **promptly**.
저희가 즉시 시작할 수 있도록 오전 9시 30분까지 도착해 주세요.

> ● 기출표현 ●
> promptly at 2 P.M. 오후 2시 정각에
> promptly before[after] 직전에[직후에]
> respond promptly to ~에 즉각 답변하다

## 18 ★★ easily
[íːzəli]

easy a. 쉬운, 수월한

### 쉽게, 수월하게
The new location of the company is **easily** accessible by bus. 회사의 새 위치는 버스로 쉽게 갈 수 있다.

> ● 기출표현 ●
> easily accessible 쉽게 접근[이용]할 수 있는
> easily understandable 쉽게 이해할 수 있는

## 19 ★★ extremely
[ikstríːmli]

extreme a. 극심한; 극단적인

### 극도로, 대단히
The employees were **extremely** friendly, and the inn was clean. 직원들은 대단히 친절했고 호텔은 깨끗했다.

> ● 기출표현 ●
> extremely successful 대단히 성공적인
> extremely well 대단히 잘

부사(2)

DAY 25

## 20 ★ preferably
[préfərəbli]

**가급적이면**

Ms. Harrow needs a temporary residence, **preferably** a studio apartment.

해로 씨는 임시 거처가 필요한데, 가급적이면 원룸형 아파트가 좋습니다.

| 출제 TIP | 채용 조건에서 필수가 아니라 우대 사항을 나타내는 어휘 |
| --- | --- |
| preferred 선호되는 | not mandatory 필수 사항은 아닌 |
| plus 이점 | beneficial 유리한 |

## 21 ★ partially
[pá:rʃəli]

part n. 부분, 일부
partial a. 부분적인; 불공평한

**부분적으로; 불공평하게**

Even after the stadium's renovation, pillars **partially** obstruct the view from some seats.

경기장 보수 후에도 기둥들이 일부 좌석의 시야를 부분적으로 가린다.

● 기출표현 ●

partially funded 일부 자금을 대는
a partially covered rooftop garden 부분적으로 덮인 옥상 정원

## 22 ★★ carefully
[kéərfəli]

careful a. 주의 깊은, 신중한

**주의 깊게, 신중히**

Read our reservation and cancellation policy **carefully**.

예약 및 취소 규정을 주의 깊게 읽어 주십시오.

● 기출표현 ●

read the terms of the agreement carefully
계약서 약관을 꼼꼼하게 읽다
follow the guidelines carefully 지침을 주의 깊게 따르다

## 23 ★ punctually
[pʌ́ŋktʃuəli]

punctual a. 시간을 지키는

**시간에 맞춰, 늦지 않게**

Dr. Bennett had to catch a train in order to arrive **punctually**. 베넷 박사는 제시간에 도착하기 위해 기차를 타야 했다.

● 기출표현 ●

arrive punctually 제시간에 도착하다

## 24 ★ slightly
[sláitli]

slight a. 약간의

**약간, 조금**

After remaining high for several days, temperatures fell **slightly** yesterday. 며칠째 고온이 계속되다 어제 기온이 조금 떨어졌다.

● 기출표현 ●

rise[fall] slightly 조금 상승하다[하락하다]
differ slightly 조금 다르다

## 25 ★ officially
[əfíʃəli]

official a. 공식적인, 공적인

### 공식적으로, 정식으로
Our corporate name is now **officially** RRS Builders.
당사 회사명은 이제 공식적으로 RRS Builders입니다.

● 기출표현 ●
announce officially 공식적으로 발표하다

## 26 ★ normally
[nɔ́:rməli]

normal
a. 평범한, 보통의 n. 정상, 표준

### 보통, 통상적으로
**Normally** we take seven days to ship online purchases.
보통 저희가 온라인 구매품을 발송하는 데 7일이 소요됩니다.

## 27 ★★★ frequently
[frí:kwəntli]

frequent a. 잦은, 빈번한
frequency n. 빈도
(반) infrequently 드물게

### 자주, 흔히
The equipment is tested **frequently** to ensure that it is in good condition. 장비는 상태가 양호한지 확실히 하기 위해 자주 테스트를 받는다.

● 기출표현 ●
frequently asked questions 단골 질문(= FAQ)

## 28 ★★ conveniently
[kənví:njəntli]

convenient a. 편리한
convenience n. 편리함
(반) inconveniently 불편하게

### 편리하게
The townhome community is **conveniently** located near a train line. 그 타운하우스 단지는 편리하게도 기차 노선 인근에 위치해 있다.

● 기출표현 ●
conveniently located[situated] 편리한 곳에 위치한

## 29 ★★ closely
[klóusli]

close a. 면밀한, 가까운
v. 닫다, 닫히다
ad. 가까이

### 면밀하게, 밀접하게
We are working **closely** with our suppliers to fill your order. 저희는 귀하의 주문에 응하기 위해 공급업체들과 긴밀히 협력하고 있습니다.

● 기출표현 ●
inspect[watch] closely 면밀하게 점검하다[관찰하다]

**출제 TIP** close vs. closely

close와 closely 둘 다 부사로 쓸 수 있지만, close는 '(공간적으로) 가까이'를 의미하고, closely는 '밀접하게, 면밀히'라는 의미로 주로 쓰인다.
Sales will be (~~close~~/closely) monitored.
매출이 면밀하게 관찰될 것이다.

## 30 ★ hardly
[háːrdli]

hard
a. 단단한; 어려운; 열심인
ad. 열심히; 세게

### 거의 ~ 않다

The café has become popular, even though it is **hardly** noticeable from the street.
그 카페는 거리에서 거의 보이지 않지만 인기가 높아졌다.

> **출제 TIP**
>
> ❶ hardly ever 좀처럼 ~ 않다 (hardly 강조)
> We **hardly ever** hold department meetings on Fridays.
> 우리는 금요일에는 부서 회의를 거의 열지 않는다.
>
> ❷ hardly vs. hard
> 의미가 다르므로 문맥을 따진다. 또한 부사로만 쓰이는 hardly와 달리 hard는 형용사, 부사로 모두 쓰인다.
>
> hard work 노력, 힘든 일    work hard 열심히 일하다

## 31 ★★ automatically
[ɔ̀ːtəmǽtikəli]

automatic a. 자동의

### 자동으로

All office lights will **automatically** be turned off at 7:00 P.M.
사무실의 모든 전등은 오후 7시에 자동적으로 꺼질 것입니다.

> **● 기출표현 ●**
> shut down automatically 자동으로 꺼지다

## 32 ★ shortly
[ʃɔ́ːrtli]

### 곧, 바로; 간단히

Mr. Pawar will contact you **shortly** with details about the class materials.
파와르 씨가 곧 귀하에게 연락해 수업 자료에 대한 자세한 내용을 이야기할 것입니다.

> **● 기출표현 ●**
> shortly after[before] ~ 직후에[직전에]

> **출제 TIP**  shortly는 미래 시제와 함께 자주 쓰인다.
> My assistant will call you **shortly** for this information.
> 제 비서가 곧 전화로 이에 대한 정보를 알려 드리겠습니다.

## 33 ★ mistakenly
[mistéikənli]

mistaken a. 잘못된
mistake n. 실수, 잘못

### 실수로, 잘못되어

A marketing consultant **mistakenly** included incorrect data. 마케팅 컨설턴트가 실수로 정확하지 않은 자료를 포함시켰다.

> **● 기출표현 ●**
> mistakenly deleted 실수로 삭제된

## rapidly
34 ★

[rǽpidli]

rapid a. 빠른, 신속한
(동) quickly, swiftly 빨리

### 급속하게, 빨리

When staff members work too **rapidly**, they make mistakes. 직원들은 너무 빨리 일할 때 실수를 저지른다.

grown rapidly 급성장한
rapidly changing 급변하는

## typically
35 ★★

[típikəli]

typical a. 전형적인, 일반적인

### 보통, 일반적으로

Ms. Ling is not here today, but she **typically** attends every meeting. 오늘은 참석하지 않았지만 링 씨는 보통 모든 회의에 참석합니다.

## continually
36 ★

[kəntínjuəli]

continual
a. (끊임없이) 반복되는
continuous a. 지속적인

### 끊임없이, 지속적으로

We are **continually** researching appliance technology. 저희는 지속적으로 가전 기술을 연구하고 있습니다.

● 기출표현 ●

continually looking for ~ 끊임없이 ~을 찾아 헤매는
continually seek 끊임없이 찾다

## especially
37 ★★★

[ispéʃəli]

### 특히

We thank our amazing sponsors, **especially** the Bayside Club. 멋진 후원 업체들, 특히 베이사이드 클럽에게 감사드립니다.

## efficiently
38 ★

[ifíʃəntli]

efficient a. 능률적인, 효율적인
efficiency n. 능률, 효율; 연비

### 능률적으로, 효율적으로

After the upgrades, the production process should run more **efficiently**. 업그레이드 후에 생산 공정이 더욱 효율적으로 진행될 것이다.

● 기출표현 ●

work more efficiently 더 능률적으로 일하다
used efficiently 효율적으로 사용되는

## temporarily
39 ★★

[tèmpərérəli]

temporary a. 임시의, 잠정적인
(동) momentarily
일시적으로, 잠정적으로

### 임시로, 일시적으로

The bookstore will close **temporarily** to prepare for a special event. 본 서점은 특별 행사 준비로 임시 폐점할 예정입니다.

● 기출표현 ●

temporarily out of stock 일시 품절인
work temporarily 임시로 일하다    temporary worker 임시직 사원

부사(2)  |  DAY 25

## 40 ★ respectively
[rispéktivli]

respective a. 각각의, 각자의

### 각각, 각자
Our offices in the Philippines and France are, **respectively**, twelve and six hours ahead of us.
필리핀과 프랑스에 있는 우리 사무실들은 우리보다 시차가 각각 12시간, 6시간 빠르다.

## 41 ★ mutually
[mjú:tʃuəli]

mutual a. 서로의; 공동의

### 서로, 상호 간에
We look forward to a **mutually** beneficial relationship.
우리는 상호 이익이 되는 관계를 기대합니다.

> ● 기출표현 ●
> mutually beneficial  서로 이득이 되는, 상호 이득인
> mutually supportive  서로 힘이 되는

## 42 ★ ultimately
[ʌ́ltəmətli]

ultimate a. 최종의, 궁극적인

### 궁극적으로, 결국
The investment in new machines will **ultimately** save the company money.
새로운 기계에 대한 투자는 궁극적으로 회사 돈을 절약해 줄 것이다.

## 43 ★ unexpectedly
[ʌ̀nikspéktidli]

unexpected
a. 뜻밖의, 예기치 못한

### 예상외로, 뜻밖에
The idea for opening a grocery store came to Mr. Schoepke **unexpectedly**.
갑자기 스코프키 씨는 슈퍼마켓을 열 생각이 들었다.

> ● 기출표현 ●
> happen unexpectedly  불시에 일어나다
> unexpectedly discovered  뜻하지 않게 발견된

## 44 ★ habitually
[həbítʃuəli]

habitual a. 습관적인
habit n. 습관

### 습관적으로
Ms. Barton **habitually** arrives to work fifteen minutes early.  바튼 씨는 습관적으로 15분 일찍 출근한다.

## 45 ★ explicitly
[iksplísitli]

explicit a. 명백한; 노골적인

### 명확하게, 분명하게
The rules for the contest are **explicitly** stated on the Web site.  대회 규칙은 웹사이트에 분명하게 명시되어 있다.

> ● 기출표현 ●
> state explicitly  분명하게 말하다

## 46 meticulously
[mətíkjələsli]

meticulous a. 세심한, 꼼꼼한

### 꼼꼼하게
The documents should be **meticulously** reviewed.
서류들은 꼼꼼하게 검토되어야 한다.

> • 기출표현 •
> processed meticulously 꼼꼼히 처리된

## 47 briefly [brí:fli]

brief a. 간단한, 짧은

### 잠시, 간략하게
I wonder if I could meet with you **briefly**.
잠깐 만나 뵐 수 있을까요?

> • 기출표현 •
> speak briefly 짤막하게 강연하다
> visit briefly 잠시 방문하다
> briefly delayed 잠시 지연된

## 48 routinely
[ru:tí:nli]

routine
a. 일상적인, 정기적인
n. 일상적인 일; 정해진 순서

### 일상적으로, 정기적으로
**Routinely** working 12-hour days, she enjoys her quiet moments at the café.
일상적으로 하루에 12시간 일하는 그녀는 카페에서의 조용한 시간을 즐긴다.

> • 기출표현 •
> routinely conduct inspections 정기적으로 점검을 실시하다
> routinely offer discounts 정기적으로 할인을 제공하다

## 49 simultaneously
[sàiməltéiniəsli]
[sìməltéiniəsli]

simultaneous
a. 동시에 일어나는

### 동시에
We plan to launch two new products **simultaneously**.
우리는 두 가지 신제품을 동시에 출시할 계획이다.

> • 기출표현 •
> broadcast simultaneously 동시에 방송하다

## 50 unanimously
[ju:nǽnəməsli]

unanimous a. 만장일치인

### 만장일치로
The council **unanimously** approved a resolution to renovate the park.
의회는 공원을 개선하기 위한 결의안을 만장일치로 승인했다.

> • 기출표현 •
> unanimously select 만장일치로 선택하다
> unanimous approval 만장일치 승인
> unanimous decision 만장일치로 내려진 결정

# CHECK-UP QUIZ

**A** 단어의 의미를 찾아 연결하세요.

01 normally   ·      · ⓐ 곧, 바로; 간단히

02 shortly   ·      · ⓑ 점점, 더욱 더

03 casually   ·      · ⓒ 보통, 통상적으로

04 increasingly   ·      · ⓓ 약식으로, 간편하게

05 rapidly   ·      · ⓔ 급속하게, 빨리

**B** 보기에서 적절한 어휘를 골라 우리말 뜻에 맞게 빈칸을 채우세요.

> ⓐ frequently   ⓑ extremely   ⓒ effortlessly   ⓓ briefly   ⓔ slightly

06 **잠시 중단된**      _____ interrupted

07 **힘들이지 않고** 장소를 찾다      find places _____

08 **조금** 손상된      _____ damaged

09 **극도로** 정체된 교통      _____ heavy traffic

**C** 문장 속 우리말 힌트를 보며 빈칸에 들어갈 적절한 어휘를 고르세요.

> ⓐ unexpectedly   ⓑ preferably   ⓒ officially   ⓓ explicitly   ⓔ mutually

10 Today was a(n) _____예상외로_____ warm day for the winter season.

11 The room should be painted in a light color, _____가급적이면_____ white.

12 To be _____상호 간에_____ beneficial, the partnership must work well for both companies.

---

보기 중 빈칸에 들어갈 가장 알맞은 어휘를 고르세요.

**1** _____ 30 percent of the employees of Puget Trading can speak more than one language.

(A) Nearly      (B) Justly      (C) Mostly      (D) Fluently

**2** So that your credit card application can be processed quickly, please make sure that all sections of the form are filled out _____.

(A) moderately      (B) hardly      (C) completely      (D) highly

**3** Because we are on a tight schedule, the reception is set to begin _____ after the conclusion of the awards ceremony.

(A) promptly      (B) assertively      (C) especially      (D) cordially

**4** Mr. Hopkins announced that the company is planning to implement business strategies that will not rely _____ on labor cost cutting.

(A) recently      (B) solely      (C) nearly      (D) surely

**5** Advertisements placed by merchants in *The Weekly Roundup* do not _____ imply endorsement by the management of the newspaper.

(A) barely      (B) highly      (C) gradually      (D) necessarily

**6** Tonight's speech will _____ be followed by a reception for Bluebonnet Travel Services' new vice president.

(A) often      (B) directly      (C) already      (D) lately

**7** Hua Husing's achievements in biochemistry were remarkable, _____ considering that he was only twenty-six at the time.

(A) greatly      (B) unusually      (C) especially      (D) positively

부사(2)

DAY 25

| | |
|---|---|
| ☐ actually | 실제로, 사실은 |
| ☐ lately | 최근에 |
| ☐ gradually | 점차, 서서히 |
| ☐ minimally | 최소한으로, 미량으로 |
| ☐ hastily | 급히, 서둘러서 |
| ☐ correctly | 정확하게, 올바르게 |
| ☐ sharply | 급격하게, 날카롭게 |
| ☐ roughly | 대략, 거의 |

| | |
|---|---|
| ☐ randomly | 무작위로, 임의로 |
| ☐ openly | 공개적으로, 공공연히 |
| ☐ hopefully | 바라건대 |
| ☐ meaningfully | 의미 있게, 의미심장하게 |
| ☐ broadly | 광범위하게, 대체로 |
| ☐ carelessly | 부주의하게, 경솔하게 |
| ☐ effectively | 효과적으로 |
| ☐ traditionally | 전통적으로 |

| | |
|---|---|
| ☐ surprisingly | 놀랍게도 |
| ☐ voluntarily | 자발적으로 |
| ☐ obviously | 분명히, 명백히 |
| ☐ regularly | 정기적으로, 규칙적으로 |
| ☐ diligently | 부지런히 |
| ☐ collectively | 전체적으로, 총괄하여 |
| ☐ rightfully | 정당하게, 마땅히 |
| ☐ loyally | 성실히, 충성스럽게 |
| ☐ sensibly | 분별 있게 |

| | | |
|---|---|---|
| ☐ | substantially | 실질적으로, 상당히 |
| ☐ | significantly | 상당히, 의미 있게 |
| ☐ | reluctantly | 마지못해 |
| ☐ | persuasively | 설득력 있게 |
| ☐ | repeatedly | 반복적으로, 되풀이하여 |
| ☐ | improperly | 부적절하게 |
| ☐ | externally | 외부적으로, 외면적으로 |
| ☐ | cautiously | 조심스럽게 |

| | | |
|---|---|---|
| ☐ | convincingly | 납득이 가도록, 설득력 있게 |
| ☐ | utterly | 완전히, 전혀 |
| ☐ | artificially | 인위적으로, 인공적으로 |
| ☐ | deliberately | 고의로, 의도적으로 |
| ☐ | productively | 생산적으로 |
| ☐ | proportionately | 비례하여, 균형에 맞게 |
| ☐ | indefinitely | 무기한으로 |
| ☐ | abruptly | 불쑥, 갑자기 |

| | | |
|---|---|---|
| ☐ | concisely | 간결하게 |
| ☐ | abundantly | 풍부하게, 많이 |
| ☐ | functionally | 기능상, 직무상 |
| ☐ | variably | 일정하지 않게 |
| ☐ | assertively | 단호히, 단정적으로 |
| ☐ | proficiently | 능숙하게 |
| ☐ | spontaneously | 자발적으로, 자연스럽게 |
| ☐ | conspicuously | 눈에 띄게, 두드러지게 |
| ☐ | exaggeratedly | 과장되게, 지나치게 |

부사(2)

DAY 25

# ⬆ LEVEL-UP

## ○ 접속 부사

### 1 역접

> however 그러나    nonetheless 그럼에도 불구하고    nevertheless 그럼에도 불구하고

The apartment is old and needs updating. **Nonetheless**, it is in a convenient location.
그 아파트는 낡고 수리가 필요하다. 그럼에도 불구하고 위치는 편리하다.

The restaurant's service was excellent. **Nevertheless**, the food was a little disappointing.
그 식당의 서비스는 아주 훌륭했다. 그럼에도 불구하고 음식은 살짝 실망스러웠다.

### 2 인과

> therefore 그러므로    consequently 결과적으로, 따라서    as a result 그 결과

The blue carpet is unavailable. **Therefore**, we have to choose another color.
파란색 카펫은 입수할 수 없다. 그러므로 우리는 다른 색을 골라야 한다.

Our profits are down. **Consequently**, we need to develop a new sales plan.
우리 수익이 하락했다. 따라서 새로운 영업 계획을 짜야 한다.

### 3 첨언

> besides 게다가    moreover 더욱이    furthermore 더욱이

The supplier's products are reasonably priced. **Besides**, they offer free shipping.
그 공급업자의 제품은 가격이 적절하다. 게다가 무료 배송도 제공한다.

The candidate has excellent writing skills. **Moreover**, he is a skilled photographer.
그 지원자는 탁월한 글쓰기 역량을 가지고 있다. 더욱이 그는 능숙한 사진가이다.

### 4 기타

> otherwise 그렇지 않으면    then 그때(는); 그렇다면    meanwhile 한편, 그러는 사이

We will need to work some overtime hours. **Otherwise**, we will miss the deadline.
우리는 초과 근무를 해야 할 것이다. 그렇지 않으면 마감일을 맞추지 못할 것이다.

# ● 다양한 기능 부사

## ○ 빈도 부사

| once 한 번 | sometimes 때때로 | often / frequently 자주 | usually 보통 | always 늘 |
|---|---|---|---|---|

We hold sales **frequently**, so everyone has a chance to save money.
우리는 자주 할인 판매를 하므로 누구나 돈을 절약할 기회가 있다.

Our staff **usually** updates our Web site on Thursdays to list new sale items.
우리 직원은 보통 목요일에 새로운 할인 상품을 등록하기 위해 웹사이트를 업데이트한다.

## ○ 강조 부사

| even 심지어, ~조차 | (far) too 너무, 지나치게 | well 훨씬 | exactly 정확히 |
|---|---|---|---|
| particularly 특히 | especially 특히 | specifically 특히, 구체적으로 | |

This pancake recipe is so simple that **even** beginners can learn it.
이 팬케이크 조리법은 아주 간단해 심지어 초보자도 배울 수 있다.

Eastway Beach is a popular place for tourists, **particularly** during the summer.
이스트웨이 비치는 관광객들에게 인기 있는 장소로 특히 여름에 인기가 높다.

## ○ 부정 부사

| little / hardly / rarely / scarcely / barely / seldom 거의 ~ 않다 | never 결코 ~ 않다 |
|---|---|

Although Seattle is located in a northern region, it **rarely** gets any snow.
시애틀은 북부 지역에 있기는 하지만 눈이 거의 오지 않는다.

Steelinac, Inc.'s construction equipment is durable and **seldom** needs repair.
스틸리낙사의 건설 장비는 내구성이 있고 수리가 거의 필요 없다.

## ○ 시간 부사

| already 이미, 벌써 | soon 곧, 조만간 | still 여전히 | yet 아직 |
|---|---|---|---|

The city parks association will **soon** start offering bird-watching tours.
시 공원 협회는 곧 탐조 여행을 제공할 것이다.

Our new employees have not **yet** received their building access cards.
우리 신입 사원들은 아직 건물 출입 카드를 받지 못했다.

부사(2)  DAY 25

# 전치사 기출 어휘

### 01 under
★★★ [ʌ́ndər]

**~ 아래에**

General admission tickets are not refundable **under** any circumstances.

일반 입장권은 어떤 경우에도 환불이 불가능하다.

> • 기출표현 •
>
> under pressure  압박을 받는
> children under five years of age  5세 미만의 아이들
> under development  개발 중인
> under review  검토 중인
> under budget  예산 내에서
> under the new bylaws  새 내규에 따라

### 02 across
★★★ [əkrɔ́ːs]

**~을 건너서, ~에 걸쳐서**

Brain Games sells its educational toys directly to schools all **across** Canada.

브레인 게임즈는 교육용 장난감을 캐나다 전역의 학교에 직접 판매한다.

> • 기출표현 •
>
> across from ~  ~ 건너편에
> across the nation  전국에
> across all business segments  모든 비즈니스 부문에 걸쳐
> across a wide range of industries  광범위한 산업에 걸쳐서

### 03 throughout
★★★ [θruːáut]

**~ 내내, 도처에**

**Throughout** November, we will be holding training sessions for our products.

11월 내내 제품 교육을 진행할 예정입니다.

> • 기출표현 •
>
> throughout the year  일 년 내내
> throughout the entire quarter  전 분기에 걸쳐
> throughout the experiment  실험 내내
> throughout Asia  아시아 전역에
> throughout the region  전 지역에 걸쳐

## within
[wiðín]
★★★

### ~ 이내에, ~ 안에
The utility payment is due **within** two weeks of receipt of the bill.
공과금은 고지서 수령 후 2주 이내에 납부해야 한다.

● 기출표현 ●

within 48 hours  48시간 내에
within five business days  영업일 기준 5일 이내에
within walking distance  걸어 갈 수 있는 거리에
within our department  우리 부서 내에서

## toward
[təwɔ́ːrd]
★★★

### ~경, 무렵, 향해서
**Toward** the end of his stay, Mr. James completed a customer satisfaction survey.
제임스 씨는 숙박이 끝날 무렵 고객 만족도 조사를 완료했다.

● 기출표현 ●

applied toward a future purchase  향후 구매에 적용되는
work toward the goal  목표를 향해 일하다

## given
[gívən]

### ~을 고려해 볼 때
**Given** the popularity of Dr. Kim's seminars, interested participants should reserve in advance.
김 박사의 세미나가 인기를 끌고 있는 만큼 관심 있는 참석자들은 미리 예약을 해야 한다.

● 기출표현 ●

given the positive feedback  긍정적인 피드백을 고려해 볼 때
given the current economic climate  현재의 경제 환경을 고려할 때
given the recent boom in ~  최근의 ~ 호황을 감안하여

## as of
★

(통) effective, starting,
beginning ~부터

### ~부터
A flexible work schedule will be offered **as of** July 1.
근무 시간 자유 선택제가 7월 1일자로 제공될 것이다.

● 기출표현 ●

as of March 1  3월 1일부터
effective October 15  10월 15일부터
starting next month  다음 달부터
beginning this Monday  이번 주 월요일부터

## contrary to

~에 반하여, ~와 달리

**Contrary to** predictions, there was no difference between the two groups. 예측과 달리 두 그룹 사이에 차이가 없었다.

● 기출표현 ●

contrary to expectations 예상과 달리
contrary to the theory 그 이론과는 반대로

---

## since
[sins]

~ 이래로

The new train line has been running **since** March.
신규 열차 노선은 3월부터 운행되고 있다.

출제TIP since는 접속사로도 쓰이므로 뒤에 절이 올 수도 있다. 접속사일 때는 '~ 이래로'와 '~ 때문에'의 두 가지 의미를 나타낸다.
**Since the telephones are not working, a technician has been called in to fix them.**
전화가 고장이 났기 때문에 수리를 위해 기술자를 불렀다.

---

## along with

~와 더불어

Send a résumé **along with** three letters of recommendation. 이력서를 추천서 3장과 함께 보내 주세요.

● 기출표현 ●

along with a cover letter 자기소개서와 함께

---

## in advance of

~에 앞서

Players must register **in advance of** the tournament.
선수들은 시합에 앞서 등록해야 한다.

● 기출표현 ●

in advance of the grand opening 개업식에 앞서

---

## thanks to
ⓢ due to, owing to, on account of
~ 때문에

~ 덕분에, ~ 때문에

**Thanks to** a donation, we now have 25 new laptop computers.
기부금 덕분에 저희는 이제 새 노트북 컴퓨터 25대를 보유하게 됐습니다.

● 기출표현 ●

thanks to his hard work 그의 노고 덕택에
owing to the rising cost 오르는 비용 때문에

**13** ★
## as to
(동) about, over, on
~에 관하여

~에 관하여

The editors will notify you **as to** whether your story will be published.

편집자들이 귀하의 기사가 게재될 여부를 알려 드릴 것입니다.


**14** ★★★
## between
[bitwíːn]

둘 사이에

Our Spring Sale will take place **between** May 5 and May 12. 당사 봄 세일은 5월 5일에서 5월 12일 사이에 진행될 예정입니다.

> **출제TIP** between vs. among
>
> between은 주로 둘 사이에, among은 셋 이상 사이에 쓰인다.
>
> a merger between the two corporations 두 기업의 합병
> popular among the kids 아이들 사이에 인기 있는


**15** ★★★
## based on

~에 근거하여

Parking passes are issued **based on** the availability of spaces in the garage.

주차권은 주차장 내 주차 가능 여부에 근거하여 발행된다.

> ● 기출표현 ●
>
> based on new data 새 데이터에 기반하여
> based on the information provided 제공된 정보에 기초하여
> based on a percentage of sales 판매율에 근거하여


**16** ★
## in the process of

~의 과정에 있는, ~의 과정에서

We are **in the process of** updating our Web site to address those problems.

우리는 그 문제들을 해결하기 위해 웹사이트를 업데이트하는 과정에 있습니다.

> ● 기출표현 ●
>
> in the process of recruiting 모집하는 과정에
> in the process of expanding its staff 직원을 늘리는 과정에서
> in the process of upgrading internet service 인터넷 서비스를 업그레이드하는 과정에서


**17** ★
## in the heart of

~의 중심부에, ~의 한가운데에

The Singapore Business School is located **in the heart of** Singapore's financial district.

싱가포르 경영대학원은 싱가포르 금융가 중심에 위치해 있다.

전치사

DAY 26

423

# in the event of

(동) in case of
만약 ~의 경우에는

### ~에 대비하여, 만약 ~의 경우에는

**In the event of** rain, the reception will be held in the banquet hall.
비가 올 경우 환영회는 연회장에서 열릴 예정입니다.

> • 기출표현 •
>
> in the event of rain  비가 올 경우에는
> in the event of a breakdown  고장이 날 경우에는
> in case of an emergency  비상시에는

# in exchange for

### ~ 대신에, ~와 교환으로

We will offer you a store credit **in exchange for** your returned item.
반품한 상품에 대해서는 매장 적립금으로 교환해 드릴 겁니다.

> • 기출표현 •
>
> in exchange for an item returned  반품한 상품 대신에
> in exchange for a raise  급여 인상 대신에

# excluding
[iksklú:diŋ]

(동) barring, except (for), without, with the exception of
~을 제외하고

### ~을 제외하고

The production costs are $2.15 per set, **excluding** the cost of packaging.
생산비는 포장비를 제외하고 세트당 2달러 15센트이다.

> • 기출표현 •
>
> except Sunday  일요일을 제외하고
> excluding delivery costs  배송비를 제외하고
> without delay  지체 없이

# prior to

### ~ 전에, ~에 앞서

We encourage you to review our policy **prior to** the visit.
방문 전에 저희 정책을 살펴보시기를 권하는 바입니다.

> • 기출표현 •
>
> prior to the conference date  회의 날짜 전에
> prior to the requested date  요청일 이전에
> prior to implementation  시행 전에
> prior to boarding their flight  비행기에 탑승하기 전에
> prior to check-in time  체크인 시간 전에
> prior to the deadline  마감일 전에

## including

[inklú:diŋ]

include v. 포함하다
inclusion n. 포함
inclusive a. 포괄적인; 포함한
(반) excluding ~을 제외하고

**~을 포함하여**

Akon Co. has donated $25,000 to local facilities, **including** parks.
에이콘사는 공원을 포함해 지역 시설에 2만 5천 달러를 기부했다.

• 기출표현 •

expertise including computer skills
컴퓨터 기술을 포함한 전문 지식

## besides

[bisáidz]

(동) in addition to ~에 더하여

**~ 외에, ~에 더하여**

**Besides** offering lightweight clothing, Hurvitz Wear also sells stylish luggage.
허비츠 웨어는 경량 의류 외에 멋진 여행 가방도 판매합니다.

(ad) **게다가**

**Besides**, the candidate speaks five languages.
게다가 그 후보자는 5개 국어를 구사한다.

출제 TIP

❶ '~ 옆에'를 의미하는 beside와 구분한다.

beside the hotel 호텔 옆에

❷ besides는 전치사와 부사로 모두 쓰이는데 전치사일 때는 in addition to, 부사일 때는 in addition으로 바꿔 쓸 수 있다.

## as part of

## 24

**~의 일환으로**

The firm will sponsor a tournament **as part of** its promotional activities.
회사가 판촉 활동의 일환으로 토너먼트를 후원할 것이다.

• 기출표현 •

as part of a relocation plan 이전 계획의 일환으로

## ahead of

**~보다 빨리, ~의 앞에**

He delivered his final report three days **ahead of** schedule.
그는 최종 보고서를 예정보다 3일 앞당겨 전달했다.

• 기출표현 •

ahead of the deadline 기한보다 빨리
ahead of next week's conference 다음 주 회의 전에
ahead of the general public 일반 대중 앞에서

## 26 ★★★ during
[djúəriŋ]

**~ 동안**

To place a subscription, call us **during** business hours.
구독 신청을 하시려면 영업 시간 중에 저희에게 전화 주세요.

> **출제TIP** during vs. for
> during 뒤에는 특정한 기간, for 뒤에는 숫자를 포함한 기간이 온다.
> **during** the staff meeting 직원 회의 동안
> **for** 10 years 10년 동안

## 27 ★★★ due to

**~ 때문에, ~ 덕분에, ~ 탓에**

**Due to** increased costs, we cannot renew our service contract. 인상된 비용 때문에 저희는 서비스 계약을 갱신할 수 없습니다.

> • 기출표현 •
> due to time constraints 시간 제약 때문에
> due to heavy snow 폭설 때문에
> *cf.* be due to부정사 ~할 예정이다

## 28 ★ as a result of

**~의 결과로**

Our current projects will be delayed **as a result of** this move. 이번 이전 결과로 우리의 현재 프로젝트들이 지연될 것입니다.

> • 기출표현 •
> as a result of dry weather 건조한 날씨의 결과로

## 29 ★★ on behalf of

**~을 대표하여, ~을 대신하여**

**On behalf of** Zenger, I apologize for the inconvenience.
젱거를 대표해, 불편함을 끼쳐드린 점 사과드립니다.

> • 기출표현 •
> on behalf of the advertising team 광고 팀을 대표하여

## 30 ★ regardless of

® irrespective of
~에 관계없이

**~와 상관없이**

We would like to reserve the ballroom **regardless of** the expense. 저희는 비용에 상관없이 연회장을 예약하고 싶습니다.

> • 기출표현 •
> regardless of the cost 비용과 상관없이

## 31 ★ in response to

~에 대한 응답으로, ~에 대응하여

I am writing **in response to** your job announcement.
채용 공고에 응하여 편지 드립니다.

• 기출표현 •

in response to the increasing demand
증가하는 수요에 대응하여

## 32 ★★★ according to

(통) in accordance with
~에 따라

~에 따라

**According to** our records, you asked us to gift wrap your purchase.
저희 기록에 따르면, 고객님은 구매하신 물품을 선물 포장해 달라고 요청하셨습니다.

• 기출표현 •

according to the revised schedule   변경된 일정에 따르면
in accordance with the company's policy   회사 정책에 따라서

## 33 ★ in keeping with

~에 따라, ~에 맞추어, ~에 일치하여

**In keeping with** the policy, a brochure will be distributed to all employees.
규정에 따라, 전 직원에게 소책자가 배포될 것입니다.

• 기출표현 •

in keeping with the floor plan   평면도에 따라

## 34 ★ in contrast to

~와 대조적으로, ~와 대조를 이루어

**In contrast to** its competitor, the chair of Well Designs is lightweight.
경쟁업체와는 대조적으로 웰 디자인즈의 의자는 가볍다.

• 기출표현 •

in contrast to the competitor   경쟁사와 대조적으로
in contrast to the earlier version   초기 버전과 대조적으로

## 35 ★★★ regarding
[rigɑ́ːrdiŋ]

(통) concerning ~에 관하여

~에 관하여

Contact me directly for further details **regarding** fees.
요금에 관한 자세한 내용은 저에게 직접 연락하십시오.

• 기출표현 •

regarding the payroll policy   급여 정책에 관하여
concerning the recent contracts   최근 계약에 관하여

## 36 ★★★ until
[əntíl]

### ~까지
The Modern Painters exhibit will be extended **until** June 17. 근대 화가 전시회는 6월 17일까지 연장될 것입니다.

> **출제 TIP**
>
> ❶ until은 특정 시점까지 계속, by는 특정 시점에 완료되는 행위를 나타낸다.
> complete the project by the end of this year
> 올해 말까지 프로젝트를 완료하다
>
> ❷ by는 전치사로만 쓰이고 until은 전치사, 접속사로 쓰인다.
> The meeting will be postponed until everyone returns from vacation. 회의는 모두가 휴가에서 돌아올 때까지 연기된다.

## 37 ★★★ because of

### ~ 때문에
Consumers prefer minivans **because of** their utility.
소비자들은 유용성 때문에 미니밴을 선호한다.

> **출제 TIP** because of 뒤에는 명사(구), 접속사인 because 뒤에는 절이 온다.
> The laptop was replaced with a new one, **because** it had lots of defects. 그 노트북 컴퓨터는 결함이 많아서 새것으로 교체되었다.

## 38 ★★ beyond [bijánd]

### ~을 넘어서
The success of the event went far **beyond** our expectations.
그 행사의 성공은 우리 예상을 훨씬 뛰어넘었다.

> • 기출표현 •
> beyond expectations 기대 이상으로

## 39 ★★★ despite
[dispáit]

(동) in spite of, notwithstanding
~에도 불구하고

### ~에도 불구하고
**Despite** the cost, we were in favor of renovating the auditorium.
비용에도 불구하고, 우리는 강당 개조에 찬성했다.

> • 기출표현 •
> despite repeated delays 거듭된 지연에도 불구하고

## 40 ★★★ A as well as B

(동) not only A but also B
A뿐만 아니라 B도

**B뿐만 아니라 A도**

You will receive discounts on tickets **as well as** invitations to events.

귀하는 행사 초대뿐 아니라 입장권 할인도 받을 수 있습니다.

## 41 ★★★ rather than

**~보다는 차라리, ~ 대신에**

Recycling will take place twice a month, **rather than** once a week. 재활용은 일주일에 한 번이 아니라 한 달에 두 번 시행될 것이다.

> • 기출표현 •
> flavor rather than price 가격보다는 맛

## 42 ★ in terms of

**~의 관점에서**

The two computers are comparable **in terms of** quality.

그 컴퓨터 두 대는 품질 면에서 비슷하다.

> • 기출표현 •
> in terms of price 가격 면에서

## 43 ★ relating to

(동) related to ~에 관련된

**~와 관련한**

Reviews **relating to** product quality have grown more positive. 품질과 관련된 평가들은 점점 더 긍정적으로 변하고 있다.

> • 기출표현 •
> instructions relating to requests 요청 사항들과 관련한 지시 사항
> laws relating to international trade 국제 무역 관련 법들

## 44 ★★★ following

[fάlouiŋ]

**~ 후에   ⓐ 따라오는, 다음의**

He wrote a thank-you note **following** a job interview.

그는 채용 면접 후에 짧은 감사의 글을 썼다.

> • 기출표현 •
> following lunch break 점심 휴식 후에

## 45 ★★ instead of

(동) in place of ~ 대신에
cf. instead ad. 그 대신에

**~ 대신에**

Post information on a bulletin board **instead of** making copies. 복사하는 대신에 정보를 게시판에 붙이세요.

> • 기출표현 •
> instead of asking the manager 매니저에게 물어보는 대신에

전치사 | DAY 26

429

## 46 ★ by means of

**~을 통해**

We plan to market the product **by means of** online advertising. 우리는 온라인 광고를 통해 제품을 마케팅할 계획이다.

> ● 기출표현 ●
>
> by means of solar energy technologies
> 태양 에너지 기술을 통해

## 47 ★ by way of

**~을 경유하여, ~을 통해**

Explain the sales technique **by way of** a real-world example. 실생활의 예를 통해 판매 기술을 설명하시오.

## 48 ★ with regard to

ⓢ with respect to
~에 관하여
with reference to
~에 관하여
in reference to ~에 관하여
in regard to ~에 관하여
pertaining to ~에 관하여

**~에 관하여**

**With regard to** your question, I can't offer you any advice. 네 질문에 관해 나는 어떤 조언도 해 줄 수가 없다.

> ● 기출표현 ●
>
> with regard to your inquiry 귀하의 질문에 관하여
> in reference to your previous e-mail 귀하의 이전 이메일에 관하여
> pertaining to our new product 우리 신제품에 관계된

## 49 ★ apart from

**~ 이외에; ~은 제외하고**

**Apart from** written translation, I also interpret live news programs. 문서 번역 이외에, 저는 생방송 뉴스 프로그램도 통역합니다.

> ● 기출표현 ●
>
> apart from a few errors 몇 가지 실수를 제외하고

## 50 ★ in light of

**~에 비추어, ~을 고려하여**

**In light of** our recent expansion, it is necessary to hire another assistant.
최근에 우리가 확장한 점을 감안하여 비서를 한 명 더 채용할 필요가 있다.

> ● 기출표현 ●
>
> in light of our financial status 우리 재정 상태를 고려하여

## 51 ★ in celebration of

**~을 축하하여**

All products will be 25 percent off **in celebration of** our fifth anniversary. 창립 5주년을 축하하여 모든 제품이 25퍼센트 할인됩니다.

**52** ★

## depending on [upon]

**~에 따라**

Mentoring may last weeks, **depending on** the complexity of the job. 멘토링은 업무 복잡성에 따라 몇 주 동안 진행될 수 있습니다.

● 기출표현 ●

depending on[upon] the delivery method 배송 방식에 따라

**53** ★

## in compliance with

**~을 준수하여, ~에 따라**

This information is posted **in compliance with** national bank laws. 이 정보는 국립 은행법에 따라 게시되었습니다.

● 기출표현 ●

in compliance with the local laws 지방법에 따라
in compliance with the specifications 세부 내역을 준수하여

**54** ★

## in honor of

**~에 경의를 표하여, ~을 축하하여**

A special lunch will be held **in honor of** the advertising team. 광고 팀을 치하하여 특별 오찬이 개최될 것이다.

● 기출표현 ●

in honor of his contributions 그의 공헌에 경의를 표하여
a dinner event in honor of the new director
신임 이사를 축하하는 만찬 행사

**55** ★

## in favor of

**~을 찬성하여, ~을 위하여**

Seventy percent of residents were **in favor of** constructing a new stadium.
70퍼센트의 주민들이 새 경기장 건설에 찬성했다.

● 기출표현 ●

in favor of the new proposal 새로운 제안에 찬성하여
vote in favor of the proposed change
제안된 변경안에 찬성표를 던지다

**56** ★

## as opposed to

**~와 달리, ~와 대조적으로**

Ash Ka led the meeting, **as opposed to** Evelyn Paek the previous year.
지난해 에블린 백씨가 회의를 주도했던 것과 달리 올해는 애쉬 카 씨가 회의를 주도했다.

● 기출표현 ●

as opposed to the plan 그 계획과는 반대로

# CHECK-UP QUIZ

## A 단어의 의미를 찾아 연결하세요.

01 due to •          • ⓐ ~의 관점에서

02 in honor of •          • ⓑ ~에 경의를 표하여, ~을 축하하여

03 along with •          • ⓒ ~ 후에; 따라오는, 다음의

04 in terms of •          • ⓓ ~ 때문에, ~ 덕분에, ~ 탓에

05 following •          • ⓔ ~와 더불어


## B 보기에서 적절한 어휘를 골라 우리말 뜻에 맞게 빈칸을 채우세요.

> ⓐ during   ⓑ on behalf of   ⓒ apart from   ⓓ since   ⓔ according to

06 후한 보너스 **외에도**          _____ generous bonuses

07 전체 팀을 **대표하여**          _____ the entire team

08 합병일 **이래로**          _____ the date of the merger

09 전체 행사 기간 **동안**          _____ the whole event


## C 문장 속 우리말 힌트를 보며 빈칸에 들어갈 적절한 어휘를 고르세요.

> ⓐ as of   ⓑ in the event of   ⓒ including   ⓓ depending on   ⓔ contrary to

10 The event will be canceled ___만약 ~의 경우에는___ bad weather.

11 The price of the tour, ___~을 포함하여___ airfare, is $980.

12 New parking rules will go into effect ___~부터___ June 15.

---

# ETS 기출 TEST

보기 중 빈칸에 들어갈 가장 알맞은 어휘를 고르세요.

**1** The corporation's earnings in media interests boosted its profits, _____ losses in other markets.

(A) regarding      (B) despite      (C) but      (D) although

**2** The LPN auto company has issued a special report to address concerns _____ the fuel efficiency of its vehicles.

(A) excluding      (B) during      (C) following      (D) regarding

**3** The lawyers report that the merger was successfully concluded _____ last-minute negotiations.

(A) as well as      (B) overall      (C) thanks to      (D) even if

**4** The construction on Highway 12 is expected to continue _____ next month.

(A) until      (B) across      (C) down      (D) onto

**5** All Buchler Energy customers are encouraged to sign up for electronic statements _____ paper ones.

(A) except      (B) through      (C) instead of      (D) according to

**6** Parking on Dahakno Street will be prohibited for the next few days _____ emergency repairs to water lines.

(A) so that      (B) as a result      (C) in order to      (D) because of

**7** All data provided in the report should be checked carefully _____ publication.

(A) in fact      (B) former      (C) prior to      (D) wherever

전치사

DAY 26

○ 동사 + 전치사

| | | |
|---|---|---|
| **to** | transfer to<br>~으로 옮기다 | **transfer to** the Swindon office<br>스윈던 사무실로 옮기다 |
| | point to[at]<br>가리키다; 암시하다 | **point to** the same conclusion<br>같은 결론을 가리키다 |
| | adjust to<br>~에 적응하다 | **adjust to** a new environment<br>새로운 환경에 적응하다 |
| **for** | apologize for<br>~에 대해 사과하다 | **apologize for** a late delivery<br>늦은 배송에 대해 사과하다 |
| | prepare for<br>~을 준비하다 | **prepare for** the client meeting<br>고객과의 미팅을 준비하다 |
| | compensate[make up] for<br>~을 보상하다 | be properly **compensated for** the work<br>그 일에 대해 적절하게 보상받다 |
| | search for<br>~을 찾다, 구하다 | actively **search for** a new director<br>적극적으로 새로운 감독을 찾다 |
| | compete for[with]<br>~을 위해[~와] 경쟁하다 | **compete for** prizes in a variety of sports<br>다양한 스포츠 분야에서 수상 경쟁을 벌이다 |
| | praise A for B<br>B에 대해 A를 칭찬하다 | **praise** employees **for** their positive attitude<br>직원들의 긍정적인 태도에 대해 칭찬하다 |
| **on** | concentrate on<br>~에 집중하다 | **concentrate on** consumer behavior<br>소비자 행동에 주목하다 |
| | insist on<br>주장하다, 고집하다 | **insist on** keeping the original design<br>기존 디자인 고수를 주장하다 |
| | comment on<br>~에 대해 언급하다[평하다] | **comment on** how much they liked the cake<br>그들이 케이크를 얼마나 좋아했는지 언급하다 |
| | agree on[upon, to] + 사물<br>~에 동의하다 | unanimously **agree to** a short extension<br>약간의 연장에 대해 만장일치로 동의하다 |
| **in** | persist in<br>고집하다, 계속하다 | **persist in** his opinion on the subject<br>그 주제에 대한 그의 의견을 고집하다 |
| | specialize in<br>~을 전문으로 하다 | **specialize in** retrieving lost data<br>소실된 데이터 복구를 전문으로 하다 |

| from | suffer from<br>~으로 (고통을) 겪다 | **suffer from** a long economic slowdown<br>장기적인 경기 침체로 고통을 겪다 |
|---|---|---|
| | derive A from B<br>B에서 A를 끌어내다, 얻다 | **derive** satisfaction **from** helping other people<br>다른 사람을 돕는 데서 만족감을 얻다 |
| | recover from<br>~에서 회복하다 | **recover from** a previous malfunction<br>이전 오작동에서 복구되다 |
| with | correspond with[to]<br>서신 왕래하다; 부합하다 | **correspond with** the manager regarding this **matter** 이 문제에 대해 매니저와 서신 왕래하다 |
| | supply A with B<br>A에게 B를 공급하다 | **supply** Ms. Silva **with** a corrected version<br>실바 씨에게 정정된 버전을 제공하다 |
| 기타 | make use of<br>~을 사용하다 | **make use of** up-to-date computer technology<br>최신 컴퓨터 기술을 사용하다 |
| | stand in for<br>~을 대신하다 | **stand in for** Mr. Kim while he is away<br>김 씨가 자리를 비운 동안 그를 대신하다 |
| | measure up to<br>~에 부합하다, 미치다 | **measure up to** standards<br>기준에 부합하다 |

## ○ be동사 + 형용사 + 전치사

| for | be known[noted, renowned, famed] for ~으로 유명하다 | **be known for** offering exotic cuisines<br>이국적인 음식을 제공하는 것으로 알려져 있다 |
|---|---|---|
| | be ideal for<br>~에 이상적이다 | **be ideal for** corporate events<br>기업 행사에 적합하다 |
| | be useful for<br>~에 유용하다 | **be useful for** long distance transit<br>장거리 운송에 유용하다 |
| | be scheduled for + 일정<br>~으로 예정되다 | **be scheduled for** April 23-24<br>4월 23~24일로 일정이 잡히다 |
| | be available for<br>~에 이용 가능하다 | **be available for** an extra shift<br>추가 교대 근무가 가능하다 |
| by | be affected by<br>~의 영향을 받다 | **be affected by** the power failure<br>정전에 영향받다 |
| | be surrounded by<br>~으로 둘러싸이다 | **be surrounded by** beautiful scenery<br>아름다운 풍경에 둘러싸여 있다 |

전치사

DAY 26

| with | | |
|---|---|---|
| **with** | be pleased with<br>~에 대해 기뻐하다 | **be pleased with** the prompt delivery<br>신속한 배송에 만족하다 |
| | be covered with[by]<br>~로 보상받다; 덮이다 | **be covered by** the insurance policy<br>보험 증서로 보상받다 |
| | be concerned with<br>~에 관련이 있다 | **be** directly **concerned with** the economy<br>경제와 직접적으로 관련이 있다 |
| | be satisfied with<br>~에 만족하다 | **be satisfied with** their work environment<br>그들의 작업 환경에 만족하다 |
| | be content with<br>~에 만족하다 | **be content with** the survey results<br>설문조사 결과에 만족하다 |
| | be commensurate with<br>~에 상응하다 | **be commensurate with** the candidate's experience<br>지원자의 경력에 상응하다 |
| **to** | be limited to<br>~으로 제한[국한]되다 | **be limited to** work-related topics<br>업무 관련 주제에 국한되다 |
| | be resistant to<br>~에 잘 견디다 | **be resistant to** water and sunlight<br>물과 햇빛에 강하다 |
| | be vulnerable to<br>~에 취약하다 | **be vulnerable to** climate change<br>기후 변화에 취약하다 |
| **at** | be aimed at<br>~을 목표로 하다 | **be aimed at** young adults<br>젊은이들을 대상으로 하다 |
| | be skilled at[in]<br>~에 능숙하다 | **be skilled at** using social media<br>소셜 미디어를 활용하는 데 능숙하다 |
| **기타** | be based on<br>~을 근거로 하다 | **be based on** input from the public<br>대중들의 의견을 바탕으로 하다 |
| | be inclusive of<br>~을 포함하다 | **be inclusive of** 6 days of annual leave<br>연간 6일의 휴가를 포함하다 |

## ○ 명사 + 전치사

| in | | |
|---|---|---|
| **in** | increase[rise] in<br>~에서의 증가 | an **increase in** the number of tourists<br>관광객 수의 증가 |
| | decrease[drop] in<br>~에서의 감소 | a **decrease in** the country's exports<br>국가 수출의 감소 |
| | change in<br>~의 변화 | a **change in** workplace conditions<br>작업장 환경의 변화 |

| | | |
|---|---|---|
| | experience in<br>~에서의 경험 | prior **experience in** a similar job<br>비슷한 직종에서의 이전 경험 |
| | interest in<br>~에 대한 관심 | generate **interest in** a new book<br>신규 도서에 대한 관심을 유발하다 |
| **on** | discussion on<br>~에 대한 논의 | **discussion on** business culture<br>비즈니스 문화에 대한 토의 |
| | influence on<br>~에 대한 영향 | an **influence on** our daily lives<br>우리의 일상생활에 끼치는 영향 |
| | reliance on<br>~에 의존 | a **reliance on** a state-of-the-art system<br>최신 시스템에 대한 의존성 |
| | emphasis on<br>~에 대한 강조 | place **emphasis on** nutritional value<br>영양적 가치에 주안점을 두다 |
| **for** | reason[cause] for<br>~에 대한 이유 | identify **reasons for** the decline<br>감소한 이유를 확인하다 |
| | deadline for<br>마감일 | a **deadline for** submitting a sales report<br>판매 보고서 제출 마감일 |
| | standard for<br>기준 | set the **standard for** construction<br>공사 기준을 세우다 |
| | request for<br>요청 | a written **request for** a full refund<br>전액 환불 서면 요청서 |
| | payment for<br>지불(금) | **payment for** the recent order<br>최근 주문에 대한 지불금 |
| | key to<br>~의 열쇠[비결] | the **key to** effective money management<br>효과적인 돈 관리 비결 |
| **to** | opposition to<br>~에 대한 반대 | **opposition to** the proposed merger<br>제안된 합병에 대한 반대 |
| | reaction to<br>~에 대한 반응 | have no **reaction to** the news<br>그 소식에 아무런 반응이 없다 |
| | damage to<br>~에 대한 손상, 피해 | potential **damage to** the property<br>건물에 대한 잠재적 손상 |
| **기타** | source of[for]<br>~의 원천 | a **source of** vitamins and minerals<br>비타민과 미네랄의 원천 |
| | knowledge of<br>~에 대한 지식 | wide **knowledge of** global markets<br>세계 시장에 대한 폭넓은 지식 |
| | problem with<br>~에 대한 문제 | solve **problems with** Mr. Bowers' order<br>바우어 씨의 주문에 관한 문제를 해결하다 |

전치사 — DAY 26

# ETS
# TOEIC

# —

# RC
## Part 6&7

# 편지 / 이메일

## 1  주문 / 문의

**01** ★★★
### dimensions
ⓝ 치수, 크기, 규모

Could you let me know the exact **dimensions** of the desk?
그 책상의 정확한 치수를 알려 주실 수 있을까요?

**02** ★★★
### customized
ⓐ 주문 제작의, 맞춤의
(=personalized)

I heard that your company provides **customized** service plans.
귀사에서 맞춤형 서비스 플랜을 제공한다고 들었습니다.

**03** ★★★
### online order
온라인 주문

On July 24, I placed an **online order** for three bouquets of pink lilies.
7월 24일에 분홍 백합 세 다발을 온라인으로 주문했습니다.

**04** ★★★★
### in stock
재고가 있는

Most of your order is currently **in stock**.
주문품 대부분은 현재 재고가 있습니다.

**05** ★★
### back order
밀린 주문, 이월 주문

Please be advised that the candles are on **back order**.
양초는 재고 부족으로 주문이 밀려있음을 알려드립니다.

**06** ★★
### due
ⓐ 지불해야 하는, ~하기로 예정된

The amount **due** is listed as $243.
납기 금액이 243달러로 기재되어 있습니다.

**07** ★★
### price range
가격폭, 가격대

Just respond to this e-mail with your **price range**.
귀하께서 생각하시는 가격대를 이 이메일로 회신해 주십시오.

## 08 prepaid
@ 선불의, 선납된

We have enclosed a **prepaid**, addressed envelope for your convenience.

귀하의 편의를 위해 주소가 적힌 선납 봉투를 동봉해 드립니다.

## 09 credit card statement
신용 카드 명세서

You reported that an item on your last **credit card statement** was unfamiliar to you.

가장 최근에 발급된 신용 카드 명세서의 한 항목이 뭔지 모르겠다고 말씀하셨죠.

## 10 separate
@ 별도의, 분리된

You should receive a **separate** e-mail with the shipment's tracking information.

배송품 추적 정보가 담긴 별도의 이메일을 받으실 겁니다.

## 11 wholesale
@ 도매의, 대량의

We have charged the same **wholesale** prices for our baked goods.

저희는 제과 제품의 도매 가격을 동일하게 부과했습니다.

## 12 payment arrangements
결제 방식, 지불 약정

Should you need to make alternate **payment arrangements**, please contact our office manager.

만일 대체 결제 방식으로 지불하셔야 한다면 저희 사무장에게 연락 주십시오.

## 13 continued
@ 계속되는 (=repeated)

Thank you for your **continued** business with Carson Office Supplies.

카슨 사무용품과 계속 거래해 주셔서 감사합니다.

## 14 query
ⓝ 문의 (=question, inquiry)

Thank you for contacting our customer service department with your **query**.

저희 고객 서비스 부서에 문의 주셔서 감사합니다.

## 15 accommodate
ⓥ 부응하다, 수용하다

We wanted to **accommodate** your requests as outlined on your order form.

저희는 주문서에 기재된 귀하의 요청을 들어드리고 싶었습니다.

## 16 confirmation
ⓝ 확인(서), 확정

I have yet to receive an e-mail **confirmation** of my purchase.

제 구매건에 대한 이메일 확인서를 아직 받지 못했습니다.

01 ★
## unusable
ⓐ 사용 불가능한

Many of the chairs were broken and **unusable**.
의자 중 다수가 부서지고 사용할 수 없게 되었습니다.

---

02 ★
## discomfort
ⓝ 불편

We apologize for the **discomfort** you experienced during your flight.
비행 중 겪으신 불편에 대해 사과 드립니다.

---

03 ★★★
## disappointed
ⓐ 실망한, 낙담한

I was **disappointed** to see that $300 was deducted from my refund.
환불 금액에서 300달러가 차감된 것을 보고 실망했습니다.

---

04 ★★★
## unfortunately
ⓐⓓ 불행히도, 유감스럽게도

**Unfortunately**, the flowers didn't arrive until noon.
안타깝게도 꽃이 정오가 지나서야 도착했습니다.

---

05 ★
## crack
ⓝ 금 ⓥ 금이 가다

I noticed that there were several small **cracks** in the glass.
유리에 작은 금이 여러 개 있는 것을 발견했습니다.

---

06 ★★
## defect
ⓝ 결함

Any **defects** at all are considered unacceptable.
어떠한 결함도 용납할 수 없는 것으로 간주됩니다.

---

07 ★
## faulty
ⓐ 흠이 있는 (= defective)

Custom products can be returned only if they are **faulty**.
맞춤 제작 상품은 결함이 있는 경우에만 반품이 가능합니다.

---

08 ★★
## persist
ⓥ 지속되다, 계속되다

If this issue **persists**, we may need to schedule a maintenance visit.
이 문제가 계속되면 유지보수 방문 일정을 잡아야 할 지도 모르겠습니다.

---

09 ★
## fall short of
~에 못 미치다

Your service **fell short of** my expectations.
귀사의 서비스가 기대에 미치지 못했습니다.

## 10 ★★ original packaging
원래 포장 (상태)

Please send your item back to us in its **original packaging**.
물건을 원래의 포장 상태로 반송해 주십시오.

---

## 11 ★★ component
(n) 구성품, 구성 요소

The item must be returned with all its **components**.
해당 물품은 모든 구성품과 함께 반품되어야 합니다.

---

## 12 ★ money-back guarantee
환불 보증(서)

All of our products come with a 30-day **money-back guarantee**.
당사의 모든 제품에는 30일 기한의 환불 보증서가 제공됩니다.

---

## 13 ★★★ balance
(n) 잔액, 잔금

I would rather have the **balance** of my subscription account refunded to me.
제 구독 계정에 남은 잔액을 환불 받는 편이 나을 것 같습니다.

---

## 14 ★★★ credit
(v) 입금하다

Both amounts have been **credited** to your account.
두 금액 모두 귀하의 계좌로 입금되었습니다.

---

## 15 ★★ repayment
(n) 반환(금), 상환

You can ask for a full **repayment** of the purchase price.
구매 대금에 대한 전액 환불을 요청하실 수 있습니다.

---

## 16 ★★★ reimburse
(v) 돌려주다, 반환하다

Would you be so kind as to **reimburse** me for the appropriate amount?
해당 금액을 제게 돌려주실 수 있을까요?

---

## 17 ★★ proof of purchase
구매 증명(서)

Please note that all exchanges must be accompanied by **proof of purchase**.
모든 교환에는 구매 증명서가 첨부되어야 한다는 점 유의하시기 바랍니다.

---

## 18 ★★★ full refund
전액 환불

I would like to cancel my order and request a **full refund**.
제 주문을 취소하고 전액 환불 요청을 드리고자 합니다.

편지/이메일 | DAY 27

**01** **application materials**
지원 서류

Attached please find the relevant **application materials**.
관련 지원 서류를 첨부해 드렸으니 확인 바랍니다.

**02** **advanced degree**
고급 학위 (석사, 박사)

The job description said that applicants should have an **advanced degree**.
직무 기술서에 지원자는 고급 학위를 소지하고 있어야 한다고 되어 있었습니다.

**03** **well suited**
적합한, 잘 어울리는

I would be **well suited** for this role because I am both enthusiastic and friendly.
저는 열정적이고 친절하기 때문에, 이 직무에 잘 맞을 겁니다.

**04** **capacity**
ⓝ 지위, 직책, 역할 (=role)

I have been working in this **capacity** in our Cape Town office for the last five years.
저는 지난 5년간 케이프타운 사무소에서 이 직책으로 일해 왔습니다.

**05** **hiring decision**
채용 결정

I look forward to hearing from you when you make your final **hiring decision**.
최종 채용 결정을 하실 때 연락 주시기를 고대하겠습니다.

**06** **good fit**
적임자(=perfect candidate), 꼭 맞는 것

I have a friend who I think may be a **good fit** for this position.
이 자리에 적임자라고 생각되는 친구가 한 명 있습니다.

**07** **strong background**
막강한 이력, 탄탄한 배경

She has a **strong background** in fiscal management.
그녀는 재정 관리 분야에서 막강한 이력을 갖추고 있습니다.

**08** **work ethic**
직업 윤리

I particularly value his strong **work ethic** and excellent communication skills.
저는 특히 그의 강한 직업 윤리 의식과 뛰어난 의사소통 능력을 높이 평가합니다.

**09** **tremendous**
ⓐ 엄청난, 대단한

Your specific experience at DelhiWorks, Inc., will be of **tremendous** value here.
델리웍스사에서 쌓으신 구체적인 경험이 이곳에서 굉장한 가치를 지니게 될 것입니다.

## 10 ★★ invaluable
ⓐ 귀중한, 매우 유용한 (=valuable)

Ms. Birrell would be an **invaluable** contributor to your organization.
비렐 씨는 귀 단체에 귀중한 기여를 하는 사람이 될 겁니다.

---

## 11 ★★ referral
ⓝ 소개, 추천(서), 보내기

Thank you for writing such a glowing **referral** on my behalf.
저를 그토록 극찬하는 추천서를 써 주셔서 감사합니다.

---

## 12 ★★★ report to
~으로 출근[출두]하다

On your first day of work, October 3, please **report to** building 14 at 8:45 A.M.
출근 첫날인 10월 3일 오전 8시 45분에 14동으로 와 주십시오.

---

## 13 ★ employment agreement
고용 계약(서), 취업 동의서

Details of your **employment agreement** have been mailed to you.
고용 계약의 세부 사항이 귀하에게 발송되었습니다.

---

## 14 ★ contract position
계약직

This is a **contract position**, and aside from the initial training session, work will be done remotely.
이는 계약직으로, 초기 교육을 제외한 모든 업무는 원격으로 이루어 질 것입니다.

---

## 15 ★★ probationary period
수습 기간, 시험 채용 기간

You are subject to a 90-day **probationary period**.
귀하는 90일의 수습 기간을 거쳐야 합니다.

---

## 16 ★★★ supervise
ⓥ 관리하다, 감독하다

I expect you to have conversations with each of the employees you **supervise**.
여러분이 관리하는 직원들 하나하나와 대화를 나누어 보았으면 합니다.

---

## 17 ★ excel
ⓥ 능가하다, 뛰어나다

Your feedback should include information about the areas in which they **excel**.
피드백에는 그들이 출중하게 잘하는 영역에 대한 내용이 포함되어야 합니다.

---

## 18 ★★★ dedication
ⓝ 헌신, 전념

I would like to thank you all for your **dedication**.
여러분들의 헌신에 감사 드리고 싶습니다.

# 4 사업 / 계약

**01** ★★★
## funding
ⓝ 자금, 재정 지원

Thank you for helping me to secure **funding** for my new business.
제 신규 사업에 필요한 자금을 확보할 수 있도록 도와주셔서 감사합니다.

**02** ★★
## business plan
사업 계획(서)

I have reviewed your feedback and changed my **business plan** accordingly.
주신 의견을 검토했고, 그에 맞춰 제 사업 계획안을 수정했습니다.

**03** ★★
## loan application
대출[대여] 신청(서)

I believe this completes the necessary paperwork for my **loan application**.
이것으로 제 대출 신청에 필요한 서류는 마무리한 것으로 알겠습니다.

**04** ★★
## proceed with
~을 진행하다, 계속해서 하다

Please confirm that you wish to **proceed with** this project.
이 프로젝트를 진행하길 원하시는지 확인 부탁 드립니다.

**05** ★★
## calculation
ⓝ 계산, 산출

I have a question about your **calculation** of the total cost.
총 비용을 계산하신 것에 대해 질문이 생겼습니다.

**06** ★★
## draw up
만들다, 작성하다

I have **drawn up** the revisions we discussed to the June 5 contract.
우리가 논의했던 6월 5일 계약서 관련 수정 사항을 작성하였습니다.

**07** ★★★
## acceptable
ⓐ 받아들일 수 있는, 용인 가능한

If the document looks **acceptable** to you, sign and return a copy to me.
서류 내용이 수락하실 만하다면, 서명 후 사본 한 부를 제게 보내 주십시오.

**08** ★★★
## take into account
~을 계산에 넣다, 고려[참작]하다

Does your quote **take into account** any permits that would be needed for the job?
견적에 작업 시 필요할 허가증까지 계산해 주신 건가요?

**09** ★★★
## adjustment
ⓝ 수정, 조정

Let's set a time to meet again to discuss any **adjustments**.
한 번 더 회의할 시간을 정해서 조정할 사항을 논의합시다.

## breach
ⓝ 위반

Cancellation of service prior to the end of the period constitutes a **breach** of contract.

해당 기간 종료 전에 서비스를 취소하는 것은 계약 위반에 해당됩니다.

## pricing
ⓝ 가격 (책정)

The four other companies were unable to meet our **pricing** requirements.

다른 네 군데 회사는 우리의 가격 요건을 맞추지 못했습니다.

## scope
ⓝ 범위

The enclosed plan outlines the size and **scope** of the project.

동봉된 기획서에는 프로젝트의 규모와 범위가 정리되어 있습니다.

## subcontract
ⓥ 하도급을 주다

Stayman Water Services has been **subcontracted** to install the water meters.

스테이만 수도 사업소가 하도급을 받아 수도 계량기를 설치하게 되었습니다.

## renew one's contract
계약을 갱신하다

Thank you for **renewing your contract** with Liu Web Works.

리우 웹 웍스와의 계약을 갱신해 주셔서 감사합니다.

## within budget
예산 범위 내에서

We have a proud record of completing projects on time and **within budget**.

저희는 프로젝트를 제시간에 예산 범위 내에서 완료했다는 자랑스러운 기록을 가지고 있습니다.

## follow up on
후속 조치를 하다, 추가로 연락하다

I am **following up on** the service proposal I forwarded on 22 April.

4월 22일에 전달 드린 서비스 제안서에 대해 추가로 연락 드립니다.

## outsource
ⓥ 외부에 위탁하다

My company has recently decided to **outsource** production to East Asia.

저희 회사에서 최근 동아시아에 생산을 위탁하기로 했습니다.

## provision
ⓝ 조항

Any other **provisions** of the previous contract will remain unchanged.

이전 계약의 다른 조항들은 그대로 유지될 것입니다.

편지/이메일 | DAY 27

**01** ★★
**celebratory**
ⓐ 기념하는, 축하하는

I received your invitation to the **celebratory** event.
당신이 보낸 축하 행사 초대장을 받았어요.

---

**02** ★★★
**outing**
ⓝ 야유회, 견학

Around this time of year, we typically begin arranging our annual company **outing**.
매년 이맘때, 보통 우리는 연례 회사 야유회 준비를 시작합니다.

---

**03** ★
**rain or shine**
비가 오나 맑으나,
날씨에 관계 없이

We hold the fair **rain or shine**, and all vendors must supply their own tenting. 날씨에 관계 없이 박람회를 개최할 것이며, 모든 판매자는 자신의 천막을 직접 구비해야 합니다.

---

**04** ★★★
**turnout**
ⓝ 참가자의 수, 참석률

We expect an excellent **turnout** for our spring lecture series.
저희는 봄 강좌 시리즈 참석률이 높을 것으로 예상합니다.

---

**05** ★
**count**
ⓝ 총계, 수치

Ms. Kumar will give you the final **count** of attendees in early January.
쿠마르 씨가 1월 초에 최종 집계된 참석자 수를 알려드릴 겁니다.

---

**06** ★★★★
**presenter**
ⓝ 발표자, 진행자

Could you please revise the agenda and distribute it to all **presenters**?
안건을 수정해서 모든 발표자들에게 나누어 주실 수 있을까요?

---

**07** ★★
★
**panelist**
ⓝ 토론자, 패널의 일원

I hope your efforts to recruit the other six **panelists** will be successful.
나머지 6명의 토론자를 모집하려는 시도가 성공적이길 바랍니다.

---

**08** ★★★
**availability**
ⓝ 시간이 되는지 여부,
가능한 일정

Please send me an e-mail with your **availability** for the next few weeks.
다음 몇 주간 가능한 일정을 이메일로 보내주시기 바랍니다.

---

**09** ★
**respective**
ⓐ 각자의, 각각의

Both speakers have a considerable reputation in their **respective** industries.
두 연사 모두 각자의 분야에서 상당한 명성을 누리고 있습니다.

## adjourn
10 *
ⓥ (회의 등을) 휴회하다

The meeting was **adjourned** at 11:30 A.M. by Lorenzo Abeyta.
그 회의는 로렌조 아베이타에 의해 오전 11시 30분에 휴회되었습니다.

## biographical
11 *
ⓐ 전기의, 인물에 관한

Could you send me a short **biographical** profile as soon as possible?
간략한 약력 소개를 가능한 한 빨리 제게 보내주실 수 있을까요?

## duration
12 **
ⓝ (지속되는) 기간

Beverages are complimentary throughout the **duration** of the conference.
회의 기간 내내 음료는 무료로 제공됩니다.

## time slot
13 **
시간대

I noticed that the **time slot** assigned to Mr. Kekana conflicts with mine.
케카나 씨께 할당된 시간대가 제 것과 겹친다는 걸 알게 되었습니다.

## fill up
14 *
자리가 차다

You can sign up in advance for the VIP Banquet, which always **fills up** quickly.
항상 빠르게 자리가 차는 VIP 연회에 미리 등록하실 수도 있습니다.

## beforehand
15 *
ad 사전에, 미리

Admission to this year's conference is free, but you should register **beforehand**.
올해 회의 입장료는 무료입니다만, 미리 등록하셔야 합니다.

## forthcoming
16 **
ⓐ 준비되는, 다가오는

Information about the professional development workshop will be **forthcoming**.
전문성 개발 워크숍에 대한 정보가 곧 나올 것입니다.

## ambience
17 *
ⓝ 분위기 (= atmosphere)

As far as the recommended restaurants, they all have a pleasant **ambience**.
추천된 음식점들 모두 분위기가 좋습니다.

## audiovisual
18 **
ⓐ 시청각의

We will require **audiovisual** equipment, including a projector and two microphones.
프로젝터와 마이크 2개를 포함한 시청각 장비가 필요할 겁니다.

# CHECK-UP QUIZ

**A** 단어의 의미를 찾아 연결하세요.

01 customized •            • ⓐ 사전에, ~전에 미리

02 reimburse •             • ⓑ 주문 제작의, 맞춤의

03 invaluable •            • ⓒ 귀중한, 매우 유용한

04 beforehand •            • ⓓ 외부에 위탁하다

05 outsource •             • ⓔ 돌려주다, 반환하다


**B** 보기에서 적절한 어휘를 골라 우리말 뜻에 맞게 빈칸을 채우세요.

> ⓐ turnout  ⓑ supervise  ⓒ query  ⓓ renew  ⓔ defect

06 연간 계약을 **갱신하다**          _____ my yearly contract

07 심각한 **결함**이 있다            have a serious _____

08 더 큰 팀을 **관리하다**           _____ a larger team

09 많은 **참가자**를 끌어 모으다      attract a large _____


**C** 문장 속 우리말 힌트를 보며 빈칸에 들어갈 적절한 어휘를 고르세요.

> ⓐ prepaid  ⓑ tremendous  ⓒ balance  ⓓ outing  ⓔ celebratory

10 Ms. Park will be a ____엄청난____ asset to your organization.

11 The ____잔금____ is due when the work is completed.

12 Please return the item using the ____선납된____ shipping label.

# ETS 기출 TEST

**Questions 1 and 2** refer to the following letter.

Dear Mr. Tang,

Your company's contract for monthly delivery of bottled water is set to ------- at the end of June. Recently we discussed reducing the number of refills at your Springfield office.

Furthermore, you had mentioned that the Myers office will close in July.

I will await your ------- of the above changes. Once it has been received, I will send you a copy of the revised contract for your approval.

As always, thank you for being a loyal customer.

Sincerely,

Marie Santiago
Customer Service

1  (A) reflect
   (B) appear
   (C) persist
   (D) expire

2  (A) demonstration
   (B) confirmation
   (C) support
   (D) maintenance

**Question 3** refers to the following excerpt from an e-mail.

Of the candidates for the open position, Ms. Tran was the most knowledgeable about our technical infrastructure. Mr. Ino, on the other hand, has a record of assuming challenging roles and successfully directing large groups of people. Those qualities could make him just as valuable to our firm.

3  The word "assuming" in line 3 is closest in meaning to

   (A) supposing    (B) practicing    (C) undertaking    (D) gathering

Answers    01 (D)   02 (B)   03 (C)                         ▶ 번역 p.540

## 토익 만점 완성

**토익 기본 어휘**

| | | |
|---|---|---|
| ☐ trial run | 시운전, 시험 가동 |
| ☐ product manual | 사용설명서 |
| ☐ fee waiver | 수수료 면제 |
| ☐ unused condition | 미사용 상태 |
| ☐ refund policy | 환불 정책 |
| ☐ repair damage | 손상을 복구하다, 손해를 메우다 |
| ☐ warranty service | 보증 서비스 |
| ☐ within ten days of purchase | 구매 후 10일 이내 |

| | | |
|---|---|---|
| ☐ within five business days | 영업일 기준 5일 이내에 |
| ☐ to this end | 이 목적을 위해 |
| ☐ inquire about | ~에 대해 문의하다 |
| ☐ cover letter | 자기소개서 |
| ☐ length[duration] of service | 근무 기간 |
| ☐ the greatest strength | 가장 큰 강점 |
| ☐ official title | 공식 직함 |
| ☐ a warm reception | 따뜻한 환영[접대] |

| | | |
|---|---|---|
| ☐ speak highly of | ~에 대해 높이 평가하다 |
| ☐ early retirement | 조기 은퇴 |
| ☐ farewell gathering | 환송 모임 |
| ☐ official invitation | 공식 초대장 |
| ☐ shipping details | 배송 정보 |
| ☐ earlier than requested | 요청한 날짜보다 일찍 |
| ☐ cost analysis | 비용 분석 |
| ☐ in writing | 서면으로 |
| ☐ suit the needs | 요구를 만족시키다 |

**토익 만점 어휘**

| | |
|---|---|
| ☐ expense report | 지출 결의서, 경비 보고서 |
| ☐ exclusive access | 독점적 이용 권한 |
| ☐ easy-to-follow instructions | 따라 하기 쉬운 설명 |
| ☐ associated materials | 관련 자료 |
| ☐ transaction record | 거래 기록 |
| ☐ authorized service | 공인 서비스 센터 |
| ☐ replacement unit | 교체품 |

| | |
|---|---|
| ☐ professional demeanor | 전문가다운 품행 |
| ☐ sincerely apologize | 진심으로 사과하다 |
| ☐ be dissatisfied with | ~에 불만을 느끼다 |
| ☐ as a token of appreciation | 감사의 표시로 |
| ☐ play a pivotal[crucial] role in | ~에서 중요한 역할을 하다 |
| ☐ curriculum vitae (CV) | 이력서 |
| ☐ technical qualification | 기술적 자격 |

| | |
|---|---|
| ☐ employee retention | 직원 보유, 인재 유지 |
| ☐ relinquish the position | 직위를 포기하다, 사임하다 |
| ☐ incidental expenses | 부대 비용 |
| ☐ brand awareness | 브랜드 인지도 |
| ☐ scores of inquiries | 수십 건의 문의 |
| ☐ grow exponentially | 기하급수적으로 증가하다 |
| ☐ be of service to | ~에게 도움이 되다 |
| ☐ face tough[fierce] competitions | 치열한 경쟁에 직면하다 |
| ☐ preventive measures | 예방책 |
| ☐ alternative session | 대체 세션[교육] |
| ☐ everyday operations | 일상 업무, 일상 영업 활동 |

편지/이메일

DAY 27

# ⊙ LEVEL- UP

## keep

❶ continue  계속하다
**Keep** visiting the online store for more discounts.  더 많은 할인을 받으려면 온라인 매장을 계속 방문하세요.

❷ stay in state  유지하다
**Keep** calm during your job interview.  구직 면접 시 침착함을 유지하세요.

❸ maintain without change  (약속 등을) 지키다
**keep** a promise to attend an event  행사에 참석하겠다는 약속을 지키다

## credit

❶ trust  신용, 신용 거래
an expert consultant of high **credit**  신용도가 높은 전문 컨설턴트

❷ praise  칭찬
give **credit** to all the contributors  모든 기여자들에게 공을 돌리다

❸ attribute  ~을 …의 덕분으로 여기다
**credit** the marketing campaign's success to Ms. Noh  마케팅 캠페인의 성공을 노 씨의 덕분으로 여기다

## respect

❶ admiration  존경, 존중
show one's **respect** for  ~에 대해 존경을 표하다

❷ aspect, point  점, 사항
in this **respect**  이런 점에서
In most **respects**, the survey results were surprising.  대부분의 사항에서 설문조사 결과는 놀라웠다.

## cover

❶ hide, protect, conceal  덮다, 가리다, 숨기다
a hiking path **covered** with fallen leaves  낙엽으로 덮인 도보여행 길

❷ deal with, include  다루다, 포함하다
The speech **covered** a variety of topics.  그 강연은 다양한 주제를 다루었다.

❸ provide for  비용을 대다
**cover** the cost of the banquet  연회 비용을 대다

## command

❶ order  명령(하다), 지휘(하다)
give a **command** to every player on the team  팀의 모든 선수에게 명령하다

❷ ability  (언어) 구사력, 능력
a brilliant **command** of Chinese  능숙한 중국어 구사력
a strong **command** of photo editing software  사진 편집 소프트웨어를 능숙하게 다루는 능력

## assume

❶ take over, take on, undertake  떠맡다, 책임지다
**assume** a lot of additional responsibilities  많은 추가 책무를 떠맡다

❷ suppose  추정하다
**assumed** it would be a complicated process  복잡한 과정이 되리라 예상했다

## fairly

❶ quite  상당히, 꽤
   a **fairly** heavy box to move
   옮기기에 꽤 무거운 상자

❷ impartially, justly  정당하게, 공평하게
   a company that treats its employees
   **fairly**  직원들을 공평하게 처우하는 회사

## certain

❶ sure  확실한, 틀림없는
   not **certain** when it will take place
   언제 일어날지 확실하지 않다

❷ specific  특정한
   packages that are more than a **certain**
   weight  일정 무게를 초과하는 소포

## hold

❶ have, keep  보유하다, 유지하다
   **hold** a certificate in graphic design
   그래픽 디자인 자격증을 보유하다

❷ organize  열다, 개최하다
   **hold** a meeting to discuss future projects
   향후 프로젝트를 논의하기 위해 회의를 열다

❸ consider  여기다, 간주하다
   cannot be **held** responsible for lost items
   분실물에 대해 책임을 질 수 없다

## rest

❶ remainder  나머지
   on vacation for the **rest** of the month
   그 달의 남은 기간 동안 휴가 중인

❷ break  휴식
   take **rests** during the bicycle trip
   자전거 여행 중 휴식을 취하다

## follow

❶ go after  따라가다, 뒤따르다
   The dinner will be **followed** by a dessert.
   식사 후 디저트가 뒤따른다.

❷ monitor  지켜보다
   **follow** the students' progress with great
   interest  많은 관심을 갖고 학생의 발전을 지켜보다

## balance

❶ ability to remain upright  균형
   a dancer with a strong sense of **balance**
   균형 감각이 탁월한 무용가

❷ remainder  잔액
   the current **balance** in my account
   내 계좌의 현재 잔액

## condition

❶ state  상태
   be in excellent **condition**
   상태가 아주 좋다

❷ requirement  조건
   important **conditions** for the negotiation
   to succeed
   협상 성공을 위한 중요한 조건

## commitment

❶ duty, responsibility  약속(한 일), 책무
   take on many **commitments** as a
   manager  부장으로서 많은 책무를 맡다

❷ devotion, dedication  헌신
   have a **commitment** to volunteer
   service  자원봉사 활동에 헌신하다

편지/이메일 | DAY 27

# 공지 / 기사

## ① 사내 공지

**01** ★★
### routine maintenance
정기 점검[정비]

Please note that **routine maintenance** of the server will be performed tomorrow.
내일 서버 정기 점검이 실시될 것임을 유념하시기 바랍니다.

**02** ★★★
### pause
ⓥ 정지[중지]시키다 ⓝ 멈춤

Access to the Web site will be restricted, and e-mail delivery will be **paused.**
웹사이트 접속이 제한되고 이메일 전송이 중단될 겁니다.

**03** ★★★
### attempt
ⓥ 시도하다 ⓝ 시도

Some of you may experience difficulty when **attempting** to log in your accounts.
여러분 중 일부는 계정 로그인을 시도할 때 문제를 겪을 수 있습니다.

**04** ★★
### realize
ⓥ 실천[실현]하다

One area where we can **realize** savings is in printing and copying documents.
문서를 인쇄하고 복사하는 데 있어 비용 절감을 실천할 수 있습니다.

**05** ★★
### power outage
정전, 송전 정지

During the **power outage**, the emergency lighting system will be upgraded.
정전 동안 비상 조명 시스템이 업그레이드될 것입니다.

**06** ★
### disconnect
ⓥ 연결[접속]을 끊다, 분리하다

Please **disconnect** all desktop computers and other devices.
모든 데스크톱 컴퓨터와 다른 장치들의 연결을 해제하십시오.

**07** ★
### distracting
ⓐ 방해가 되는

This type of noise can be **distracting** to employees.
이런 소음은 직원들에게 방해가 될 수 있습니다.

## 08 patience
★★★
ⓝ 인내, 양해

We apologize for the inconvenience and appreciate your **patience**.
불편을 끼친 것에 대해 사과 드리며, 양해해 주시면 감사하겠습니다.

## 09 intention
★
ⓝ 의사, 의도

Employees are welcome to bring a guest, so long as they indicate their **intention** to do so.
의사를 표해주기만 한다면 직원들은 마음껏 손님을 데려와도 됩니다.

## 10 coordinator
★★★
ⓝ 책임자, 담당자

Any questions may be directed to our events **coordinator**, Noxolo Nwosu.
문의사항은 우리 행사 담당자인 녹솔로 누수에게 보내주면 됩니다.

## 11 warrant
★
ⓥ 정당[타당]화하다

The head of the Maintenance Division will determine whether such action is **warranted**.
유지보수과의 부서장이 그러한 조치가 타당한지 결정할 것입니다.

## 12 urge
★★
ⓥ 권고하다, 촉구하다

Ms. Lee will give a talk about her projects at this meeting, so all staff are **urged** to attend.
이 회의에서 이 씨가 자신의 프로젝트에 대해 강연할 예정이니, 전 직원은 참석해 주기 바랍니다.

## 13 impending
★
ⓐ 임박한, 곧 닥칠

Because of the **impending** snowstorm, we will be closed tomorrow.
곧 닥칠 눈보라로 인해 내일 휴무할 예정입니다.

## 14 assignment
★★★
ⓝ 과업, 과제, 배정

Employees are expected to work on **assignments** at home.
직원들은 집에서 업무를 해야 합니다.

## 15 in effect
★
시행[발효] 중인

Managers should note that all end-of-month deadlines remain **in effect**.
관리자들은 모든 월말 마감일이 그대로 적용된다는 점에 유의해야 합니다.

## 16 telecommute
★
ⓥ 재택 근무하다

Another option is to request permission from your supervisor to **telecommute**.
또 다른 방법은 상사에게 재택 근무를 하게 해달라고 허락을 구하는 것입니다.

공지/기사

DAY 28

**01 stipulate**
⭐⭐⭐
ⓥ 규정하다, 명기하다

This document **stipulates** that you will submit a quarterly report.
이 서류는 여러분이 분기 보고서를 제출하도록 규정하고 있습니다.

**02 adopt**
⭐⭐⭐
ⓥ 도입하다, 채택하다

We have **adopted** a fingerprint entry system to improve company security.
우리는 회사 보안을 강화하기 위해 지문 입력 시스템을 도입했습니다.

**03 revised policy**
⭐
개정된 정책

The **revised policy** will be implemented on June 15.
개정된 정책은 6월 15일에 시행될 예정입니다.

**04 streamline**
⭐⭐
ⓥ 간소화[능률화]하다

This software will help us **streamline** our recruitment process.
이 소프트웨어는 채용 절차를 간소화하는 데 도움이 될 것입니다.

**05 switch**
⭐⭐
ⓝ 전환 ⓥ 전환하다

The **switch** to our new e-mail software will begin at 11:00 P.M. on Sunday, May 2.
새 이메일 소프트웨어로 전환하는 작업이 5월 2일 일요일 오후 11시부터 시작됩니다.

**06 enhancement**
⭐⭐⭐
ⓝ 향상[개선], 증대

We would like to announce upcoming **enhancements** to our shuttle bus system.
앞으로 있을 우리 회사의 셔틀버스 시스템 개선 사항을 발표하고자 합니다.

**07 familiarize**
⭐
ⓥ 익숙하게 하다

A training session will be scheduled to **familiarize** employees with its key functions.
직원들이 그것의 주요 기능을 숙지할 수 있도록 교육 일정이 잡힐 예정입니다.

**08 dress code**
⭐⭐
복장 규정

We have decided to update our **dress code** here at Merivale Dental.
우리 메리베일 치과는 복장 규정을 개정하기로 결정했습니다.

**09 provided (that)**
⭐⭐⭐
만약 ~이라면, ~이라는 조건 하에

All expenses will be paid by the company, **provided** they have been preapproved.
모든 비용은 사전 승인된 것에 한해 회사가 지불할 것입니다.

## seamless
10 **
@ 매끄러운, 순조로운 (=smooth)

Your service provided a **seamless** transition for our clients.
여러분의 서비스 덕분에 고객을 위한 이행 작업이 매끄럽게 진행되었습니다.

## logistical
11 *
@ 실행과 관련된,
제반 업무와 관련된

Heads of each department will meet to discuss the **logistical** details of the merger.
부서장들이 합병 이행과 관련된 세부 사항을 논의하기 위해 모일 것입니다.

## prove
12 **
ⓥ ~임이 드러나다[판명되다]

We are well aware that changes can **prove** to be challenging for individuals.
저희는 변화가 개개인에게 힘든 일이 될 수 있다는 점을 잘 알고 있습니다.

## refurbishment
13 *
ⓝ 개조, 재단장

Planned improvements include the **refurbishment** of our existing pool.
계획된 개선사항에는 기존 수영장의 개보수 작업이 포함됩니다.

## pilot test
14 *
시범 테스트

The **pilot test** will be carried out during the first quarter of the fiscal year.
시범 테스트는 이번 회계 연도의 첫 번째 분기에 진행될 예정입니다.

## beginning (on)
15 ***
~부터, ~일자로 (=starting, as of)

**Beginning on** March 15, we will be using a new payroll service.
3월 15일부터 우리는 새로운 급여 서비스를 이용할 것입니다.

## pay stub
16 *
급여 명세서 (=pay slip)

**Pay stubs** for payments will no longer be e-mailed.
급여 명세서는 더 이상 이메일로 발송되지 않을 겁니다.

## content
17 ***
ⓝ 내용물

Employees are asked to remove any personal **contents** from the kitchenette.
직원들은 탕비실에 있는 개인 물품을 모두 꺼내야 합니다.

## unanimous
18 *
@ 만장일치의, 의견이 같은

After an extensive search, Ms. Silva was the board's **unanimous** choice for CEO.
광범위한 탐색 끝에 실바 씨는 이사회 만장일치로 CEO로 선출되었습니다.

**01** **council**
ⓝ 의회, 협의회

Aramore's town **council** has approved a resolution to renovate Plotnick Park.
아라모어 시의회가 플롯닉 공원을 새 단장하자는 결의안을 승인했다.

**02** **municipal**
ⓐ 시의, 지방 자치의

The city has opened a call center to answer residents' questions about **municipal** regulations.
시에서 자치 법규에 대한 주민들의 궁금증을 해소하기 위해 콜센터를 열었다.

**03** **voice**
ⓥ (말로) 표하다

Citizens will be able to **voice** their opinions or concerns at the public assembly.
시민들은 공청회에서 자신들의 의견이나 우려를 표할 수 있을 것이다.

**04** **advocate**
ⓝ 옹호자, 지지자 ⓥ 지지하다

Ms. Tolley is a strong **advocate** for small-scale farmers.
톨리 씨는 소규모 농부들의 강력한 지지자이다.

**05** **structure**
ⓝ 건물, 구조물

The **structure** requires massive repairs.
그 건물은 대규모 수리가 필요하다.

**06** **complex**
ⓝ 복합 단지[건물]

When this project is complete, the new **complex** will serve as a place for recreation.
이 프로젝트가 완료되면, 새로운 복합 단지는 레크리에이션 장소의 역할을 할 것이다.

**07** **restoration**
ⓝ 복구, 복원

Each year, two areas of the city are chosen to receive funding for **restoration** projects.
매년, 도시의 두 지역이 선정되어 복원 사업을 위한 자금을 지원 받는다.

**08** **infrastructure**
ⓝ 기본 시설, 사회[경제] 기반 시설

The grant will allow the owner to update the **infrastructure** at the old building.
이 보조금은 소유주가 낡은 건물의 기본 시설을 개선할 수 있도록 할 것이다.

**09** **unoccupied**
ⓐ 비어 있는, 점유되지 않은
(= vacant)

For almost three decades the building had been left **unoccupied**.
거의 30년 간 그 건물은 빈 채로 있었다.

## congested
**10** ★★
ⓐ 혼잡한

The county will fund road expansions in two areas that are heavily **congested** with traffic.
그 군에서는 교통체증이 심한 두 곳에 도로 확장 자금을 지원할 예정이다.

## divert
**11** ★★
ⓥ 우회시키다, 전환시키다

Traffic between Middletown and Glenville will be **diverted** to Summit Road.
미들타운과 글렌빌 사이의 교통은 서밋 로드로 우회될 것이다.

## feasibility
**12** ★★
ⓝ 실행 가능성

They have been studying the **feasibility** of installing noise barriers along the tracks.
그들은 선로를 따라 소음 장벽을 설치하는 것이 실행 가능할 지 연구해 오고 있다.

## up and running
**13** ★★
제대로 운영[작동]되는

Bern Recreation Center is **up and running** again after renovations to the facility.
베른 레크리에이션 센터가 시설 보수 공사를 마치고 다시 운영되고 있다.

## operational
**14** ★★
ⓐ 가동되는, 준비가 갖춰진

The 40,000-squaremetre center should be fully **operational** in June.
40,000 평방미터에 이르는 이 센터는 6월에 전면 운영될 것이다.

## reopening
**15** ★★
ⓝ 재개장

It will be closed for about three months, with a **reopening** planned for 18 May.
그곳은 약 3개월 동안 폐쇄될 것이며, 재개장은 5월 18일로 예정되어 있다.

## transformation
**16** ★★
ⓝ 변신, 탈바꿈

The ship manufacturing center is undergoing a **transformation**.
선박 제조 센터가 변화를 겪고 있다.

## in time for
**17** ★★
~하는 시기에 맞춰

Just **in time for** the Edinburgh Opera Festival, the city has opened a new park.
에든버러 오페라 페스티벌이 열리는 시기에 맞춰, 시에서 새로운 공원을 개장했다.

## festivity
**18** ★★
ⓝ 축제 행사, 축제 기분

**Festivities** throughout the day will include live music, food, and games for the children.
하루 종일 열리는 축제 행사에는 라이브 음악, 음식, 그리고 어린이들을 위함 게임이 포함된다.

공지/기사 | DAY 28

461

**01**
## founder
ⓝ 창립자, 설립자

Greg Owens is the **founder** of multi-national Hermes Taxi Service.
그렉 오웬스는 에르메스 다국적 택시 회사 설립자입니다.

---

**02**
## operator
ⓝ 운영자[조작자], 회사

She has been the owner-**operator** of the inn for 40 years.
그녀는 40년 동안 이 호텔의 주인이자 운영자였다.

---

**03**
## distributor
ⓝ 유통업자[회사], 판매 대리점

Alma has been selling the product through its **distributors** for several years.
알마는 수년간 자사의 판매 대리점을 통해 그 제품을 판매해 왔다.

---

**04**
## provider
ⓝ 공급업자[업체]

The company has changed electricity **providers**.
그 회사는 전기 공급업체를 바꿨다.

---

**05**
## capital
ⓝ 자본금, 자금

Interested parties can access the government's Small Business Center for help in finding **capital**.
관심 있는 당사자는 정부의 소상공인센터에 가서 자금 마련에 도움을 받을 수 있다.

---

**06**
## commerce
ⓝ 상업, 무역

E-**commerce** tools make shopping easy for my customers.
전자상거래 툴을 이용하면 고객들은 쉽게 쇼핑을 할 수 있다.

---

**07**
## export
ⓝ 수출 ⓥ 수출하다
↔ import 수입(하다)

The company is looking to **export** its bikes to Indonesia as early as next year.
이 회사는 빠르면 내년에 인도네시아로 자전거를 수출할 예정이다.

---

**08**
## portion
ⓝ 부분, 몫 ⓥ 분배하다

Grable's Costumes quickly captured a sizeable **portion** of the costume market in East Asia.
그레이블즈 코스튬은 동아시아 의류 시장의 상당 부분을 빠르게 장악했다.

---

**09**
## customer base
고객층, 고객 기반

Over the decades, the company has broadened its **customer base**.
수십 년 동안, 이 회사는 고객층을 넓혀 왔다.

## strategic
10 **
ⓐ 전략적인

Apura Airways has agreed to enter into a **strategic** partnership with GTM in August.
아푸라 항공은 GTM과 8월에 전략적 제휴를 체결하기로 합의했다.

## joint
11 **
ⓐ 공동의, 합동의

A **joint** venture between SOA Group and ROOV LLC was chosen to receive the contract.
SOA 그룹과 ROOV 사가 설립한 합작 회사가 해당 계약을 수주하게 되었다.

## profit margin
12 **
이윤, 차익금

Mirren Wear hopes to guarantee steady **profit margins**.
미렌 웨어는 꾸준한 이윤을 확보하기를 희망한다.

## reap
13 *
ⓥ 거두다, 얻다

Sky Seek has consistently **reaped** healthy profits in a highly specialized market.
스카이 식은 고도로 전문화된 시장에서 꾸준히 상당한 수익을 거두고 있다.

## strengthen
14 **
ⓥ 강화하다

The town's small business boom continues, creating new jobs and **strengthening** local markets.
읍내 소기업의 호황이 계속되면서 새로운 일자리가 창출되고 지역 시장이 강화되고 있다.

## formula
15 **
ⓝ 방식, 공식

This **formula** is allowing companies to set their sights beyond the continent.
이러한 방식은 기업들이 대륙 너머까지 눈을 돌릴 수 있게 해준다.

## reportedly
16 *
ⓐ 전하는 바에 따르면, 소문에 의하면

Houkcomm is **reportedly** opening a Roseville office as part of a new venture for the company.
전하는 바에 따르면, 호컴이 신규 사업의 일환으로 로즈빌 사무실을 개소할 예정이다.

## spokesperson
17 ***
ⓝ 대변인

Company **spokesperson** Rachel Kurstin attributes the impressive sales to a number of factors.
회사 대변인 레이첼 커스틴은 이 인상적인 판매량이 여러 가지 요인 덕분이라고 본다.

## step down
18 *
물러나다, 퇴임하다

Simisola Oduya, CEO of Prentica, will **step down** from her position after eight years.
프렌티카 최고경영자(CEO)인 시미솔라 오두야가 8년 만에 자리에서 물러날 예정이다.

유지/기사

DAY 28

# 5 전시회/개봉작/출간물

**01**
★★★
**critic**
ⓝ 비평가, 평론가

The film has received a poor review from a **critic**.
그 영화는 평론가로부터 좋지 않은 평가를 받았다.

**02**
★★★
**characteristic**
ⓝ 특징, 특색

The **characteristics** of modern cities are a recurrent theme in Mr. Lee's photographs.
근대 도시의 특색은 이 씨의 사진에서 반복되는 주제이다.

**03**
★★
**portray**
ⓥ 나타내다, 묘사하다

The exhibition **portrays** the beauty of the world's oceans.
이 전시회는 전 세계 대양의 아름다움을 묘사하는 그림들을 선보인다.

**04**
★★★
**acclaimed**
ⓐ 호평 받는, 찬사를 받는

Six of the works were created by the critically **acclaimed** oil painter Harold Bernstein. 그 작품들 중 6점은 비평가들의 호평을 받은 유화 작가인 해롤드 번스타인에 의해 제작되었다.

**05**
★
**date**
ⓥ 시작되다, 기원을 가지다

The museum houses over 94,000 pieces, with works **dating** from ancient times to the present.
이 박물관은 고대부터 시작해 현대에 이르는 작품들을 9만 4천 점 이상 소장하고 있다.

**06**
★
**rotate**
ⓥ 교대로 하다, 순환시키다

Due to the size of its collection, the museum regularly **rotates** the works on display.
소장품 규모 때문에 미술관은 정기적으로 작품들을 돌아가며 전시한다.

**07**
★★★
**award-winning**
ⓐ 상을 받은

The **award-winning** film will be shown in cinemas in more than five countries.
이 수상작은 5개국 이상의 영화관에서 상영될 것이다.

**08**
★
**scene**
ⓝ 분야, -계

The artist made his entrance on the art **scene** as a traditional painter of landscapes.
이 예술가는 전통적인 풍경화 화가로 예술계에 진출했다.

**09**
★★★
**praise**
ⓝ 찬사, 칭찬 ⓥ 칭찬하다
(= compliment)

The reason *Rose of Johannesburg* has received such **praise** is the film's cast.
〈요하네스버그의 로즈〉가 이처럼 찬사를 받은 이유는 영화의 출연진 때문이다.

**10** ***

## emerging
ⓐ 떠오르는, 최근 생겨난

The Pearce Fund supports Scotland's **emerging** artists.
피어스 펀드는 스코틀랜드의 신흥 예술가들을 지원한다.

---

**11** *

## adapt
ⓥ 각색하다, 개작하다

The best-selling book will be **adapted** for film under director Hal Jakovich.
이 베스트셀러 책은 할 야코비치 감독의 영화로 각색될 예정이다.

---

**12** *

## playwright
ⓝ 극작가

The **playwright** will be conducting informal discussions about her work on the current play.
이 극작가는 현재 그녀가 하고 있는 연극 작업에 대해 비공식적인 토론을 진행할 것이다.

---

**13** ***

## run
ⓝ 상영, 장기 공연
ⓥ 계속 공연[개최]되다

The Crimson Theater will be extending its **run** of *Winter in Montauk*, a play by Edna Riley.
크림슨 극장은 에드나 라일리의 연극인 〈몬턱에서의 겨울〉의 공연을 연장할 것이다.

---

**14** ***

## publication
ⓝ 출판(물)

This new **publication** will feature inspiring stories about celebrities.
이 새로운 출판물은 영감을 주는 유명 인사 관련 이야기들을 다룰 것이다.

---

**15** *

## entitle
ⓥ 제목을 붙이다

The company has recently published a book **entitled** *A Sweet Journey*.
그 회사는 최근 〈달콤한 여행〉이라는 제목의 책을 출간했다.

---

**16** *

## literature
ⓝ 문학 (작품)

They illustrate everything from magazines to children's **literature**.
그들은 잡지에서 아동 문학에 이르기까지 모든 책에 삽화 작업을 한다.

---

**17** *

## excerpt
ⓝ 발췌[인용] 부분

He will read an **excerpt** from his upcoming book.
그는 곧 출간될 자신의 책에서 발췌한 부분을 읽을 것이다.

---

**18** **

## unveil
ⓥ 공개하다, 발표하다

This extensive redesign will be **unveiled** in the January issue.
이 대대적인 디자인 개편은 1월 호에 공개될 것이다.

# CHECK-UP QUIZ

**A** 단어의 의미를 찾아 연결하세요.

01 warrant ·                    · ⓐ 익숙하게 하다

02 familiarize ·                · ⓑ 정당[타당]화하다

03 unoccupied ·               · ⓒ 비어 있는

04 capital ·                     · ⓓ 특징, 특색

05 characteristic ·            · ⓔ 자본금, 자금


**B** 보기에서 적절한 어휘를 골라 우리말 뜻에 맞게 빈칸을 채우세요.

> ⓐ municipal  ⓑ strengthen  ⓒ attempt  ⓓ seamless  ⓔ critic

06 접속을 **시도하다**　　　　　　　_____ to access

07 **순조로운** 이행을 보장하다　　　ensure a(n) _____ transition

08 입지를 **강화하다**　　　　　　　_____ one's presence

09 유명한 영화 **비평가**　　　　　　well-known film _____


**C** 문장 속 우리말 힌트를 보며 빈칸에 들어갈 적절한 어휘를 고르세요.

> ⓐ voice  ⓑ commerce  ⓒ acclaimed  ⓓ distracting  ⓔ adopt

10 Mr. Hao will talk about his widely ____[찬사를 받은]____ design projects.

11 Residents may contact the town council to ____[표하다]____ their concerns.

12 Datoric Furniture has decided to ____[채택하다]____ new production methods.

**Questions 1 and 2** refer to the following notice.

---

To All Assembly Line Workers:

By now you are aware of some ------- changes regarding the installation of panels on car doors.
1

At present, this process is completed manually. ------- March 1, it will become more efficient with the introduction of robots. They will fasten the panels to the exterior side of each vehicle's doors.
2

Also, the interior door panels will no longer consist of a single piece, but of multiple parts.

Training sessions regarding the new assembly line process will be scheduled shortly.

---

1 (A) winning
   (B) impending
   (C) showing
   (D) distracting

2 (A) Until
   (B) Even
   (C) Beginning
   (D) Including

공지/기사

DAY 28

**Question 3** refers to the following excerpt from an article.

---

Wainscot, a London-based clothing manufacturer, has seen its profits grow by an average of ten percent annually for the last three years. The company is regarded as one of the most stable clothing retailers in Europe, though it has never enjoyed the same level of distinction as Bellezzo, one of Italy's leading fashion houses.

---

3 The word "distinction" in line 4 is closest in meaning to

   (A) reputation       (B) difference       (C) separation       (D) satisfaction

# 토익 만점 완성

**토익 기본 어휘**

| | |
|---|---|
| ☐ upcoming event | 다가오는 행사 |
| ☐ tear down | 철거하다 (=demolish) |
| ☐ company policy | 사내 규정 |
| ☐ attendance record | 출석 기록 |
| ☐ operating fund | 운영 자금 |
| ☐ brief summary | 간단한 요약 |
| ☐ sort out | 분류하다 |
| ☐ on duty | 근무 중인 |
| ☐ fall behind | 뒤처지다, 늦어지다 |
| ☐ take effect | 시행되다 |
| ☐ withdraw the proposal | 제안을 철회하다 |
| ☐ start-up company | 창업 기업, 신생 기업 |
| ☐ be credited with | ~으로 인정 받다, 명성을 얻다 |
| ☐ be bound to | ~하기 마련이다, ~할 의무가 있다 |
| ☐ motivate | 동기를 부여하다 |
| ☐ meet the customer demand | 소비자 수요를 충족시키다 |
| ☐ extend the service | 서비스를 확대하다 |
| ☐ in phases | 단계적으로 |
| ☐ a wealth of information | 풍부한 정보 |
| ☐ winning entry | 수상작 |
| ☐ rain date | 행사 당일 우천 시 변경일 |
| ☐ mark a change | 변화의 한 획을 긋다 |
| ☐ level off | 변동이 없다, 안정되다 |
| ☐ quarterly report | 분기 보고서 |
| ☐ job cutback | 인력 감축 |

**토익 만점 어휘**

☐ on-site inspection — 현장 점검
☐ overtime allowance — 초과 근무 수당
☐ temporary security badge — 임시 보안 신분증
☐ deliberate planning — 신중한 계획
☐ financial grants — 재정 보조금
☐ generate more revenue — 더 많은 수익을 창출하다
☐ smooth transition — 순조로운 전환

☐ business strategy — 사업 전략
☐ lucrative business — 수익성 있는 사업
☐ attribute one's success to — 성공을 ~ 덕으로 돌리다
☐ good judgment — 뛰어난 판단력
☐ file for bankruptcy — 파산 신청을 하다
☐ coincide with — ~와 일치하다
☐ fully functional — 제 기능을 다하는
☐ periodical — 정기 간행물; 주기적인

☐ online archive — 온라인 자료실
☐ permanent exhibit — 상설 전시
☐ original submission — 독창적인 출품작
☐ conform to the guideline — 지침에 일치시키다, 지침을 따르다
☐ cast a ballot[vote] — 투표를 하다
☐ financial setback — 재정 악화
☐ adverse effect — 역효과, 부작용
☐ accrue — 증가하다, 축적하다
☐ pioneer — 개척자; 개척하다
☐ company's ailing fortunes — 기우는 회사 상황

## direction

❶ course 방향
The navigation device shows your car's **direction** of travel.
네비게이션 장치는 자동차의 주행 방향을 보여준다.

❷ guidance 지휘, 감독
interns under the **direction** of a doctor
의사의 지휘를 받는 인턴들

❸ instructions 지시, 사용법
Read the **directions** carefully before using this microwave. 이 전자레인지를 사용하기 전에 사용법을 꼼꼼하게 읽으세요.

## draw

❶ illustrate, sketch 그리다
a hand-**drawn** poster for a movie release 영화 개봉을 위해 손으로 그린 포스터

❷ attract, pull 당기다, 끌다
The event may **draw** over 30,000 people.
그 행사는 3만 명이 넘는 인원을 끌어모을 것이다.

❸ (제비를) 뽑다; 추첨, 제비뽑기
**draw** the winning ticket 당첨권을 뽑다

## step

❶ stage 단계
the first **step** in the renovation process
개조 과정의 첫 번째 단계

❷ footstep 걸음
Watch your **step** on the slippery path.
바닥이 미끄러우니 걸을 때 조심하세요.

❸ measures, actions 조치
take **steps** to save money
돈을 절약하기 위한 조치를 취하다

❹ stair 계단
a set of steep **steps** 가파른 계단

## run

❶ function 작동하다, 기능하다
The factory's old machines still **run** smoothly.
공장의 낡은 기계들은 지금도 원활하게 작동한다.

❷ continue 계속되다, 지속되다
The art festival **runs** until May 7.
예술축제는 5월 7일까지 계속된다.

❸ manage 운영하다, 경영하다
Mr. Beck now **runs** a shoe store.
벡 씨는 현재 신발가게를 운영한다.

## raise

❶ increase, move upwards, lift 올리다
**raise** the yearly membership fee
연회비를 올리다

❷ collect (자금, 사람 등을) 모으다
**raise** money to build a new playground
새 놀이터를 짓기 위해 기금을 모으다

❸ cause 불러일으키다, 야기하다
**raise** doubts 의심을 불러일으키다

## distinction

❶ difference 차이
**distinction** between the prototype and the actual product 시제품과 실제 제품의 차이

❷ separation 분리
a sharp **distinction** between work and home life 직장과 가정생활의 철저한 분리

❸ reputation 탁월함, 명성
the **distinction** of being the region's oldest restaurant
지역에서 가장 오래된 식당의 명성

## just

❶ only 단지, 불과
Tickets sold out in **just** one hour.
불과 1시간 만에 표가 매진되었다.

❷ a short time ago 막, 방금
Ms. Lee **just** finished editing the report.
이 씨는 보고서 편집을 막 끝냈다.

❸ exactly, completely 딱, 꼭
The pasta has **just** the right amount of
salt. 파스타의 소금간이 딱 맞다.

## suggest

❶ recommend 제안하다, 추천하다
We **suggest** that you book your tour
online. 여행을 온라인으로 예약하실 것을
제안합니다.

❷ imply 암시하다
The report **suggested** there were
quality issues.
보고서는 품질 문제가 있었음을 암시했다.

## stock

❶ supply 비축(물), 저장
a product that is out of **stock**
재고가 떨어진 제품

❷ share 주식
a popular **stock** among investors
투자자들 사이에 인기 있는 주식

## serve

❶ offer 제공하다
Lunch will be **served** at 1:00 p.m.
점심은 오후 1시에 제공됩니다.

❷ work 근무하다
Mr. Chu will **serve** as project manager.
추 씨는 프로젝트 매니저로 근무하게 될 것이다.

## secure

❶ certain, safe 안전한
a **secure** investment with little risk
위험이 거의 없는 안전한 투자

❷ obtain 확보하다
**secure** a good booth location at a
trade show 무역 박람회에서 좋은 부스 자리를
확보하다

❸ protect 보호하다
**secure** the downtown area from river
flooding 강물 범람에서 도심 지역을 보호하다

## acknowledge

❶ admit, recognize 인정하다
**acknowledge** one's weak points and
try to improve 약점을 인정하고 개선하려고
노력하다

❷ express thanks 감사를 표하다
**acknowledge** the team's hard work
팀의 노고에 감사를 표하다

## bear

❶ endure 참다, 견디다
These days, I cannot **bear** the hot
weather. 요즘은 더운 날씨를 견딜 수 없다.

❷ carry 나르다, 가져가다
The porters arrived, **bearing** our
luggage. 짐을 가지고 짐꾼들이 도착했다.

## sensitive

❶ confidential 기밀을 다루는
The personnel files contain **sensitive**
information. 인사 서류에는 기밀 정보가 포함된다.

❷ responsive 민감한
The microphone is **sensitive** to very
soft sounds. 그 마이크는 아주 부드러운 소리에
민감하다.

유지/기사 | DAY 28

---

### 1     상품 광고

---

**01** ★
## branding
ⓝ 브랜드 관리

A Web site with your own **branding** elements can be rolled out within weeks.
자신만의 브랜드 요소가 있는 맞춤 웹사이트는 몇 주 안에 출시될 수 있다.

---

**02** ★
## solid
ⓐ 단단한, 견고한

It is well known as a sturdy machine built for years of **solid** service.
그것은 수년간 견고한 작동을 위해 만들어진 튼튼한 기계로 잘 알려져 있다.

---

**03** ★
## compact
ⓐ 소형의

Like its competitors, it is lightweight and **compact**.
그것의 경쟁 상대들과 마찬가지로 그것도 가볍고 작다.

---

**04** ★★
## apparel
ⓝ 의류

Senzweil, Inc., is a leader in the textile and **apparel** industries.
센즈바일 사는 섬유 및 의류 산업의 선두 주자이다.

---

**05** ★
## portable
ⓐ 휴대용의

The Tagger 67 is economical and easily **portable**.
태거 67은 경제적이고 휴대가 용이하다.

---

**06** ★
## avid
ⓐ 열광적인, 열성인

SFFA provides **avid** food fans a chance to experience the best restaurant in the city.
SFFA는 열성적인 식도락가들에게 이 도시에서 가장 좋은 식당을 경험할 수 있는 기회를 제공한다.

---

**07** ★★
## promotional
ⓐ 홍보의, 판촉의

The coupon cannot be combined with any other **promotional** offer.
쿠폰은 다른 프로모션 행사와 중복 적용되지 않습니다.

## 08 ★ synthetic
ⓐ 합성의

Made of **synthetic** materials, these waterproof boots can handle tough hikes.
합성 소재로 만들어진 이 방수 부츠는 험난한 하이킹을 견딜 수 있다.

## 09 ★★★ trend
ⓝ 추세, 경향, 동향

Many manufacturers use our free service to gain insight into consumer **trends**.
많은 제조업체들이 소비자 동향을 파악하기 위해 우리의 무료 서비스를 이용한다.

## 10 ★ unclutter
ⓥ 정돈하다, 어지른 것을 치우다

Employees must keep their offices clean and **uncluttered**.
직원들은 사무실을 청결하고 깔끔하게 유지해야 한다.

## 11 ★ state-of-the-art
ⓐ 최첨단의, 최신식의

Come and see our **state-of-the-art** equipment.
오셔서 우리의 최신식 장비를 보세요.

## 12 ★ stain
ⓝ 얼룩

We test every fabric to be sure it is **stain** resistant and can endure many washings.
우리는 모든 원단이 얼룩에 강하고 많은 세탁을 견딜 수 있는지 테스트한다.

## 13 ★★ single
ⓐ 단 하나의

The vacuum cleaner can run continuously for 50 minutes on a **single** full charge.
그 진공청소기는 한 번의 완전 충전으로 50분 동안 계속 작동할 수 있다.

## 14 ★ debut
ⓥ 선보이다

You can sample the new Malayna, which will be **debuting** in retail locations next year.
내년에 소매점에 첫선을 보이는 새로운 말레이나를 시식할 수 있다.

## 15 ★ flat rate
균일가

Orders under $50 will be shipped at a **flat rate** of $5.
50달러 미만의 주문은 5달러의 균일 요금으로 배송됩니다.

## 16 ★ be outfitted with
~이 갖춰져 있다

Baardsen washers **are outfitted with** water-saving technologies.
바드센 세탁기에는 절수 기술이 탑재되어 있다.

**01** ★★

## culinary
ⓐ 요리의

Visitors can enjoy a wonderful **culinary** experience.
방문객들은 멋진 요리 경험을 즐길 수 있습니다.

---

**02** ★

## taste
ⓝ 맛 ⓥ 맛보다

Get a **taste** of the best pizza in Chicago!
시카고에서 가장 맛있는 피자를 맛보세요!

---

**03** ★★

## container
ⓝ 용기, 그릇

Euroful is celebrating 125 years of providing quality glass **containers** to Italy!
유로풀은 이탈리아에 질 좋은 유리 용기를 제공한 지 125주년을 기념합니다!

---

**04** ★

## modest
ⓐ (규모가) 크지 않은; 겸손한

The dining space is **modest**, so reservations are a must.
식사 공간이 크지 않은 편이라 예약은 필수다.

---

**05** ★

## high-profile
ⓐ 세간의 이목을 끄는, 유명한

The Delphine Street Grill is a **high-profile** restaurant serving New Orleans since 1924.
델핀 스트리트 그릴은 1924년부터 뉴올리언스에서 음식을 서비스하는 유명한 식당이다.

---

**06** 

## restriction
ⓝ 제한, 규제, 제약

We can adapt all menu items to different dietary **restrictions**.
우리는 모든 메뉴를 다양한 식단 제한에 맞출 수 있습니다.

---

**07** ★

## casual fare
일상적인 식사

Should you prefer more **casual fare**, try our seasonal dishes.
좀 더 캐주얼한 식사를 원하면 우리의 제철 요리를 드셔 보세요.

---

**08** ★★★

## practical
ⓐ 실용적인

This **practical** magazine offers do-it-yourself landscaping ideas.
이 실용적인 잡지는 손수 하는 조경 아이디어를 제공한다.

---

**09** ★

## freight
ⓝ 화물

Our **freight** movers can increase your efficiency.
우리 화물 운송기기는 효율성을 높일 수 있다.

## 10 ★ fund-raiser
ⓝ 기금 모금 행사

The more tickets you buy, the more you save--perfect for charity **fund-raisers**!
티켓을 많이 살수록, 더 절약됩니다. 자선 기금 모금에 안성맞춤입니다!

## 11 ★ achieve one's goal
목표를 달성하다

Contact us to **achieve your** business **goals**.
귀하의 사업적 목표를 달성하시려면 당사에 문의하십시오.

## 12 ★ seasoned
ⓐ 경험 많은, 숙련된

We're fortunate to have a number of **seasoned** business mentors.
우리에겐 다행히도 숙련된 비즈니스 멘토가 많이 있습니다.

## 13 ★ hands-on
ⓐ 직접 해보는

The digital designers will provide attendees with **hands-on** practice opportunities.
그 디지털 디자이너들은 참석자들에게 직접 연습할 기회를 제공할 예정이다.

## 14 ★ flexibility
ⓝ 융통성, 유연함

Our electronic banking services provide greater **flexibility** for our customers.
우리의 전자금융 서비스는 고객들에게 더 큰 유연성을 제공합니다.

## 15 ★ pricey
ⓐ 값비싼

The meals may be a bit **pricey**, but th ey are worth every cent.
그 식사들은 좀 비쌀지 모르지만, 그만한 가치가 있다.

## 16 ★ cost-effective
ⓐ 비용 효율이 높은

They will help you choose the most **cost-effective** payment plan.
그들은 당신이 가장 비용 효율적인 지불 방식을 선택할 수 있도록 도와줄 것이다.

## 17 ★★ popularity
ⓝ 인기

Corporate lecture series are gaining **popularity** in the field of technology.
기업 강의 시리즈가 기술 분야에서 인기를 끌고 있다.

## 18 ★ novice
ⓝ 초보자

**Novices** attend beginning ballet classes on Wednesdays and Fridays from 5:00 P.M. to 6:00 P.M.
초보자들은 수요일과 금요일 오후 5시부터 6시까지 발레 수업에 참석한다.

광고

DAY 29

**01** ★

**in-house**
ⓐ 사내의 [ad] 사내에서

The engineer will lead our **in-house** team.
엔지니어는 사내 팀을 이끌 것이다.

**02** ★★★

**residential**
ⓐ 주거의, 거주용의

Westwood Properties, Inc. has two **residential** apartment communities.
웨스트우드 프로퍼티즈 사는 두 개의 주거용 아파트 단지를 가지고 있다.

**03** ★★

**take on**
~을 맡다(=assume/accept)

The company began to **take on** large commercial construction projects.
그 회사는 대규모 상업 건축물 공사 프로젝트를 맡기 시작했다.

**04** ★★

**qualifications**
ⓝ 자격 요건

**Qualifications** include a degree in biology, environmental science, or a related subject.
자격은 생물학, 환경과학 또는 관련 과목의 학위를 포함한다.

**05** ★

**possess**
ⓥ 갖추다

The successful candidate should **possess** a range of skills in 3D printing.
합격자는 3D 프린팅 기술을 보유하고 있어야 한다.

**06** ★

**commensurate**
ⓐ 상응하는

Pay is **commensurate** with experience.
보수는 경력에 비례한다.

**07** ★★★

**benefits**
ⓝ 복리 후생

We offer a wonderful work environment and great **benefits** to our employees.
우리는 직원들에게 훌륭한 근무 환경과 큰 혜택을 제공합니다.

**08** ★

**interpersonal skill**
대인관계 능력

Candidates must have good **interpersonal skills**.
지원자들은 좋은 대인관계 기술을 가지고 있어야 한다.

**09** ★

**desirable**
ⓐ 바람직한, 우대하는

At least one year of experience as a corporate trainer is highly **desirable**.
최소한 1년 이상의 기업 트레이너 경력이 있으면 매우 우대된다.

**10** ★
**compensation package**
(급여와 복리후생을 포함한) 총 보수

Little Seed Publishing has a generous **compensation package**.
리틀 씨드 출판사는 보수가 후하다.

**11** ★
**urban**
ⓐ 도심의(↔ rural 농촌의)

The new project involves transforming **urban** gardens.
그 새로운 프로젝트는 도시 정원을 바꾸는 것을 포함한다.

**12** ★★★
**lease**
ⓝ 임대 ⓥ 임대하다

The unit will be inspected prior to the rental start date and again upon termination of the **lease**.
집은 임대 시작일 이전에 점검되며 임대 종료 시 다시 점검된다.

**13** ★
**utilities**
ⓝ 수도·전기·가스 등의 비용(= utility expenses)

I have a budget of around $1,400 monthly to all housing costs, including **utilities**.
나는 공과금을 포함한 모든 주거비를 충당하기 위해 매달 1,400달러 정도의 예산이 있다.

**14** ★
**insulation**
ⓝ 단열, 방음 처리

We can recommend appropriate **insulation** and equipment.
우리는 적절한 단열재와 장비를 추천할 수 있습니다.

**15** ★
**adjoining**
ⓐ 인접한, 서로 접한

Two **adjoining** units in a one-story freestanding building.
1층짜리 독립 건물 안에 서로 접해 있는 두 가구.

**16** ★
**boast**
ⓥ 뽐내다, 자랑하다

The apartment **boasts** a patio with a lovely view of the harbor.
그 아파트는 항구의 아름다운 경치가 보이는 테라스를 자랑한다.

**17** ★
**luxurious**
ⓐ 고급의, 호화로운

Our **luxurious** condominiums feature panoramic views of the Singapore skyline.
저희 고급 콘도미니엄에서는 싱가포르 스카이라인의 전경을 볼 수 있습니다.

**18** ★
**responsibilities [duties / tasks] include**
업무에는 ~이 포함된다

**Responsibilities include** opening and processing repair requests from clients.
업무에는 고객의 수리 요청을 공개하여 처리하는 것이 포함된다.

**01** ★
## exterior
ⓐ 외부의 ⓝ 외관

We pride ourselves on cost-effective cleaning of **exterior** windows.
우리는 비용 효율적인 외부 유리창 청소에 자부심을 가지고 있습니다.

**02** ★
## magnificent
ⓐ 화려한, 장대한; 훌륭한

The Calla Courtyard has a **magnificent** view of the bay. 칼라 코트야드는 멋진 만의 전망을 가지고 있다.

**03** ★
## family-owned
ⓐ 가족이 운영하는

The city's downtown business district includes a number of **family-owned** stores.
도시의 중심 업무 지구에는 가족이 운영하는 가게들이 많이 있다.

**04** ★
## on-premises
ⓐ 구내의, 부지 내의

The **on-premises** dining facility will be open tomorrow.
구내 식당 시설은 내일 문을 열 예정입니다.

**05** ★
## be subject to
~의 대상이다

Early departures **are subject to** full cancellation fees.
조기 퇴실은 취소 수수료 전액이 부과됩니다.

**06** ★
## perk
ⓝ 특전

The reservable small meeting rooms were one nice **perk**. 예약 가능한 소회의실은 하나의 멋진 특전이었습니다.

**07** ★
## earn
ⓥ 얻다, 받다, 벌다

From 1 July to 31 December, **earn** points when staying at any of the following Salto Alliance hotels.
7월 1일부터 12월 31일까지 다음 살토 얼라이언스 호텔 중 하나에서 숙박 시 포인트를 적립하십시오.

**08** ★
## up-to-date
ⓐ 최신의

All units include **up-to-date** kitchens and laundry facilities.
모든 가구에는 최신 주방과 세탁 시설이 포함되어 있다.

**09** ★
## occupancy schedule
숙박 일정

Guest rooms are cleaned to accommodate our guests' **occupancy schedules**.
투숙객의 숙박 일정에 맞춰 객실을 청소한다.

**10 ★ lodging arrangement**
숙박 준비, 숙박 예약

**Lodging-arrangement** requests should be submitted via the online travel request form.
숙박 예약 요청은 온라인 출장 요청 양식을 통해 제출해야 합니다.

---

**11 ★ leisure**
ⓝ 여가

People travel often either for work or for **leisure**.
사람들은 종종 업무 또는 여가를 목적으로 여행을 한다.

---

**12 ★ scenic**
ⓐ 경치가 좋은, 풍경의

Take your time exploring one of the **scenic** Aran Islands, Inisheer.
경치가 아름다운 아란 섬 중 하나인 이니쉬어를 천천히 둘러보세요.

---

**13 ★ heritage**
ⓝ 문화 유산

The museum houses images documenting the village's historical **heritage**.
그 박물관은 그 마을의 역사적 유산을 기록한 이미지들을 소장하고 있다.

---

**14 ★ excursion**
ⓝ 짧은 여행, 소풍

Join the Romm Travel Agency on an evening **excursion** to Highbridge.
롬 여행사와 함께 하이브리지로 저녁 여행을 떠나세요.

---

**15 ★ spectacular**
ⓐ 장관인, 극적인

This challenging hike offers **spectacular** views.
이 힘든 등산은 장관을 제공한다.

---

**16 ★ on board**
승선한, 탑승한

Hot meals are prepared fresh daily, **on board**, by trained chefs.
따뜻한 식사는 숙련된 요리사들이 매일 신선한 기내식으로 준비한다.

---

**17 ★ panoramic**
ⓐ 파노라마의, 차례로 펼쳐지는

The gazebo sits high on a hill and offers a **panoramic** view of the park.
전망대는 언덕 위에 높이 자리잡고 있어 공원의 탁 트인 전망을 제공한다.

---

**18 ★ round-trip**
ⓐ 왕복의, 왕복 여행의

**Round-trip** bus transportation to and from our launch site is included in the package price.
저희 출발지를 오가는 왕복 버스운송비가 패키지 가격에 포함되어 있습니다.

광고

DAY 29

# CHECK-UP QUIZ

**A**  단어의 의미를 찾아 연결하세요.

01  avid   •

02  flexibility   •

03  novice   •

04  heritage   •

05  up-to-date   •

• ⓐ 초보자

• ⓑ 열광적인, 열성인

• ⓒ 최신의

• ⓓ 문화 유산

• ⓔ 융통성, 유연함

**B**  보기에서 적절한 어휘를 골라 우리말 뜻에 맞게 빈칸을 채우세요.

ⓐ benefits   ⓑ solid   ⓒ stain   ⓓ restrictions   ⓔ popularity

06  **단단한** 고무로 만들어진      made of _____ rubber

07  많은 식단 **제한**      many dietary _____

08  직원 **복리 후생** 프로그램      an employee _____ program

09  증가하는 온라인 소매상의 **인기**      the growing _____ of online retailers

**C**  문장 속 우리말 힌트를 보며 빈칸에 들어갈 적절한 어휘를 고르세요.

ⓐ outfitted   ⓑ modest   ⓒ culinary   ⓓ excursions   ⓔ subject

10  Mr. Hoang demonstrated exceptional _____요리의_____ skill.

11  Our business meeting spaces are _____갖춘_____ with the latest technology.

12  All _____짧은 여행_____ are day-long tours and leave from the bus terminal.

---

Answers    01 ⓑ   02 ⓔ   03 ⓐ   04 ⓓ   05 ⓒ   06 ⓑ   07 ⓓ   08 ⓐ   09 ⓔ   10 ⓒ   11 ⓐ   12 ⓓ

**Questions 1 and 2** refer to the following advertisement.

---

CENTRAL LOCATION — Two ------- 800-square-foot offices are available for
  　　　　　　　　　　　1
immediate occupancy at Aston Corporate Towers, close to off-street parking and
public transport.

The offices may be ------- together or separately. Rental price for each is £18.95
  　　　　　　　　2
per square foot, excluding utilities. Several desks and chairs available at no extra
cost.

Call 020 7946 0233 for more details or to make an appointment for viewing.

---

1 (A) portable
　(B) adjoining
　(C) rewarding
　(D) synthetic

2 (A) achieved
　(B) embroidered
　(C) included
　(D) leased

**Question 3** refers to the following excerpt from an advertisement.

---

Whether you are a seasoned athlete or an enthusiastic beginner, new fitness
equipment can be a pricey investment. But now, with Binler Fitness's hassle-free
equipment rental program, you can experience what it's like to train in your own
personal gym without the long-term commitment and heavy up-front expense.
Rent numerous types of exercise machines, such as treadmills, ellipticals, and
free weights from top brand names, and use them in the comfort of your home.

---

3 The word "seasoned" in line 1 is closest in meaning to

(A) flavored 　　(B) experienced 　　(C) periodic 　　(D) softened

**토익 기본 어휘**

| | |
|---|---|
| ☐ local ingredient | 지역에서 생산되는 재료 |
| ☐ individually packaged | 개별 포장된 |
| ☐ one serving | 1인분 |
| ☐ signature dish | 대표 요리 |
| ☐ year-round | 일년 내내 계속되는; 연중 |
| ☐ membership benefit | 멤버십 혜택 |
| ☐ special deal[offer] | 특가 상품 |
| ☐ standard rate | 표준 요금 |

| | |
|---|---|
| ☐ markdown | 가격 인하 |
| ☐ clearance sale | 재고 정리 세일 |
| ☐ giveaway | 경품, 증정품 |
| ☐ competitively priced | 경쟁력 있는 가격의 |
| ☐ put[run/place] an ad | 광고를 내다 |
| ☐ a show of gratitude | 감사의 표시 |
| ☐ promotional code | 쿠폰 번호, 할인코드 |
| ☐ job posting | 채용 공고 |

| | |
|---|---|
| ☐ on-the-job experience | 실무 경력 |
| ☐ salary expectation | 원하는 급여 조건 |
| ☐ pride oneself on | ~에 대해 스스로 자랑스럽게 여기다 |
| ☐ furnished unit | 가구가 비치된 집 |
| ☐ landlord | 집주인, 건물주 |
| ☐ prime location | 좋은 입지[위치] |
| ☐ within walking distance | 걸어갈 만한 거리에 |
| ☐ commercial district | 상업 지구 |
| ☐ peak season | 성수기(↔ off season 비수기) |

| | | |
|---|---|---|
| ☐ compatibility | | 호환(성) |
| ☐ capitalize | | 이용하다, 기회로 삼다 |
| ☐ staple food | | 주식 |
| ☐ spice | | 양념, 향신료 |
| ☐ charity ball | | 자선 무도회 |
| ☐ scale back | | 축소하다 |
| ☐ high-end | | 고급의, 가장 정교한 |
| ☐ alert | | 경고하다, 알려주다; 기민한 |

| | | |
|---|---|---|
| ☐ retail price | | 소매 가격 |
| ☐ up front | | 사전에, 미리 |
| ☐ active status | | 활성 상태(회원 가입 상태) |
| ☐ associate-level membership | | 준회원 |
| ☐ placement agency | | 직업 소개소 |
| ☐ credential | | 자격 (증명서) |
| ☐ flextime | | 근무 시간 자유 선택제 |
| ☐ classified ad | | 항목별 광고; 구인 광고 |

| | | |
|---|---|---|
| ☐ brokerage | | 중개(업); 중개 수수료 |
| ☐ down payment | | 계약금, 첫 납입금 |
| ☐ inhabitant | | 주민, 거주자 |
| ☐ property values | | 부동산 가치 |
| ☐ rural communities | | 농촌 |
| ☐ ground-breaking ceremony | | 기공식 |
| ☐ inaugural issue | | 창간호 |
| ☐ voyage | | 항해, 여행 |
| ☐ currency exchange rates | | 환율 |

## ⊕ LEVEL- UP

1     attire, outfits    →    clothing
복장, 의상                    옷

2     water    →    resources
물                        자원

3     our company's new name    →    changed its name
우리 회사의 새로운 사명        이름을 바꾸었다

4     an effort to save energy    →    an energy conservation program
에너지를 아끼기 위한 노력       에너지 절약 프로그램

2     the popular bakery    →    a well-known business
인기가 많은 제과점          유명한 사업체

6     new refrigerators and electric ovens    →    new appliances
신형 냉장고와 전기 오븐       신형 가전제품들

7     this address    →    contact information
이 주소                  연락 정보

8     thank you for your donation    →    express gratitude for a contribution
기부에 대해 감사하다         기부에 대해 감사를 표하다

9     reading materials    →    magazines
읽을 거리                잡지

10     that position has already been filled    →    the job he applied for is no longer
자리가 충원되었다          vacant 그가 지원한 일자리가 비어 있지 않다

11     be present in the Seoul store    →    visit Seoul
서울 매장에 나타나다        서울을 방문하다

12     one box of kitchen items was lost    →    the missing box
주방용품 한 상자가 분실되었다     분실된 상자

13     offer rides    →    provide transportation
차편을 제공하다          교통편을 제공하다

14     make reservations at least one    →    early bookings
month ahead of time       조기 예매
일정보다 한 달 이상 미리 예약하다

15     restoration work    →    renovate
복구 공사               보수하다

| | | |
|---|---|---|
| 16 | the updated agreement<br>업데이트된 계약서 | → a revised contract<br>수정된 계약서 |
| 17 | easily accessible from the train<br>station 기차역에서 쉽게 올 수 있는 | → a convenient location<br>편리한 위치 |
| 18 | began to expand<br>확장하기 시작했다 | → became larger<br>커졌다 |
| 19 | a press release<br>보도 자료 | → an official announcement<br>공식 발표 |
| 20 | as of November 1<br>11월 1일부터 | → after November 1<br>11월 1일 이후 |
| 21 | using past research<br>과거 연구 활용하기 | → utilizing data from previous studies<br>이전 연구의 자료 활용하기 |
| 22 | a follow-up study<br>후속 연구 | → additional research<br>추가 연구 |
| 23 | vacancies<br>빈 공간 | → available units<br>이용 가능한 공간 |
| 24 | apartment floor plans<br>아파트 평면도 | → apartment layout<br>아파트 설계 |
| 25 | distribution agreement<br>유통 협약 | → business deal<br>사업 거래 |
| 26 | come in a bit sooner<br>조금 일찍 오다 | → arrive earlier than usual<br>평소보다 일찍 도착하다 |
| 27 | senior vice president<br>수석 부사장 | → an executive<br>임원 |
| 28 | bicentennial<br>200주년 기념일 | → two centuries<br>2세기 |
| 26 | Payment was required before the<br>product was shipped.<br>제품이 배송되기 전에 지불이 요구되었다. | → requires payment in advance<br>미리 지불을 요구하다 |
| 30 | have ordered from us in the past<br>과거 우리에게 주문한 적이 있다 | → have a history of previous orders<br>과거 주문한 적이 있다 |

광고

DAY 29

**31** an artist to create book-cover art → an illustrator
책 표지 그림을 그린 아티스트      삽화가

**32** ask for recommendations → seek advice
의견을 요구하다      조언을 구하다

**33** no longer able to access the old → become inactive
account 과거 계좌를 더 이상 이용할 수 없는      거래 정지 상태가 되다

**34** complimentary session → free consultation
무료 기간      무료 상담

**35** headquarters → main office
본사      본사

**36** part time → temporary
시간제의      임시직인

**37** The bid is expected to be officially → A formal agreement is scheduled
accepted.      to be signed.
입찰이 공식적으로 받아들여질 것이다.      공식 계약이 조인될 예정이다.

**38** bilingual in English-French → fluency in two languages
영어와 프랑스어 모두 구사      2가지 언어에 능통

**39** arrange a time for you to visit us → schedule a meeting
귀하가 우리를 방문할 시간을 정하다      회의 일정을 잡다

**40** the owner of Winfield Orchards → a fruit grower
윈필드 과수원의 소유주      과수 재배자

**41** a broad selection of traditional items → a wide variety of products
아주 다양한 전통적인 제품      아주 다양한 제품

**42** person responsible for overseeing → a supervisor
her work 그녀의 업무 감독을 맡은 사람      상사

**43** background as a financial advisor → previously worked in finance
재정 고문으로서의 경력      이전에 재무 분야에서 일했다

**44** launched our new magazine → published a magazine
새로운 잡지를 출시했다      잡지를 발간했다

**45** complimentary breakfast → free meal
무료 아침 식사      무료 식사

| | | |
|---|---|---|
| 46 | fill out the enclosed form<br>동봉된 양식을 작성하다 | → complete a form<br>양식을 작성하다 |
| 47 | has already reached its maximum<br>capacity 최대 수용인원에 이미 다다르다 | → is already full<br>이미 만석이다 |
| 48 | shuttle service<br>셔틀 서비스 | → transportation<br>교통편 |
| 49 | the financial backing<br>재정적 지원 자금 | → funding<br>자금; 재정 지원 |
| 50 | the immediate benefits of the cream<br>즉시 나타나는 크림의 이점 | → It works very quickly.<br>효과가 매우 빠르게 나타난다. |
| 51 | laundry appliances<br>세탁 가전 | → washing machines<br>세탁기 |
| 52 | downsized<br>축소했다 | → reduced<br>축소했다 |
| 53 | stay open three extra hours<br>추가로 3시간 더 개방하다 | → extended hours of operation<br>운영 시간 연장 |
| 54 | regular maintenance<br>정기적인 보수 | → having equipment serviced regularly<br>정기적으로 장비를 수리 받는 |
| 55 | in order to build a food court<br>음식점 코너를 만들기 위해 | → to create an eating area<br>식사 공간을 마련하기 위해 |
| 56 | exercise machines<br>운동 장비 | → athletic equipment<br>운동 장비 |
| 57 | determine the value<br>가격을 정하다 | → estimated these amounts<br>가격을 산정했다 |
| 58 | few candidates show enthusiasm<br>열의를 보이는 지원자가 거의 없다 | → candidates are reluctant to do<br>지원자들은 하기 꺼려한다 |
| 59 | growing population<br>증가하는 인구 | → The number of inhabitants is increasing.<br>거주자의 수가 증가하고 있다. |
| 60 | retired a few weeks ago<br>몇 주 전에 은퇴했다 | → no longer works<br>더 이상 일하지 않다 |

# 기타 양식

## 1 설문/상거래

**testimonial**
01 ★
ⓝ 추천의 글, 증명서

For more about success stories, check out our client **testimonials**.
성공 사례에 대해 더 알고 싶으시면, 고객 추천 글을 확인하십시오.

**comment**
02 ★★★
ⓝ 언급, 논평
ⓥ 언급하다, 의견을 말하다

Please add any **comments** or suggestions you may have in the space below.
아래 공간에 갖고 계신 의견이나 제안을 추가해 주세요.

**poll**
03 ★
ⓝ 여론 조사

The Pondress Corporation has been conducting public opinion **polls** for more than three decades.
폰드레스 사는 30년 넘게 여론조사를 실시해 왔다.

**electronic form**
04 ★
온라인 양식

To send your information, please complete the **electronic form** found here.
정보를 보내려면 여기에 있는 전자 양식을 작성해 주십시오.

**rank**
05 ★★★
ⓝ 계급, 순위 ⓥ 등급을 매기다

Our education department is **ranked** among the best in the region.
우리 교육부는 그 지역에서 손꼽힌다.

**compelling**
06 ★
ⓐ 설득력 있는; 강제적인

Mr. Lee presented information in a **compelling** manner.
이 씨는 설득력 있는 방식으로 정보를 제시했다.

**drawing**
07 ★
ⓝ 추첨, 제비 뽑기

Complete our online customer survey to be entered into a **drawing** for a coffee card!
온라인 고객 설문조사를 완료하여 커피 카드 추첨에 응모하세요.

## out of place
잘못 놓인, 부적절한

If an item is **out of place**, please notify a staff member.
물품이 잘못 놓여진 경우 직원에게 알리십시오.

## misleading
ⓐ 오해하게 하는

Keep in mind that dimensions can be somewhat **misleading**.
치수가 다소 오해를 일으킬 수 있다는 것을 명심하세요.

## associate
ⓥ 연관 짓다, 제휴하다  ⓝ 동료

All the attributes that people **associate** with the Maroon brand are here.
사람들이 마룬 브랜드와 연관 짓는 모든 특성들이 여기에 있다.

## deduct
ⓥ 빼다, 공제하다

For returns from Canada, a $6 shipping charge will be **deducted** from your refund.
캐나다에서 반품할 경우 6달러의 배송비가 환불에서 공제된다.

## reduction
ⓝ 할인, 축소

Apply 10% frequent customer price **reduction**.
단골 고객에게 10퍼센트의 가격 인하를 적용한다.

## itemized
ⓐ 항목별로 구분한

Funds will not be issued to employees without **itemized** receipts.
항목별 영수증 없이는 직원들에게 자금이 지급되지 않을 것이다.

## tracking system
추적 시스템

Our **tracking system** indicates that the package arrived on May 10.
우리의 추적 시스템은 소포가 5월 10일에 도착한 것으로 나타납니다.

## appear
ⓥ 나타나다

The discount has been applied and will **appear** on your next bill.
할인이 적용되었으며 다음 청구서에 표시될 것입니다.

## scale
ⓝ (측정용) 등급, 척도

Please rate the following on a **scale** of 1 to 4, 1 being "poor" and 4 being "excellent."
다음을 1부터 4까지의 척도로 평가해 주십시오. 1은 "형편 없음"이고 4는 "훌륭함"입니다.

기타 양식

DAY 30

01 **aid**
ⓝ 도움, 지원 ⓥ 돕다

Visual **aids** such as diagrams or photographs are useful in outlining a process.
도표나 사진과 같은 시각 보조 자료는 과정의 개요를 설명하는 데 유용하다.

02 **hazard**
ⓝ 위험

Protect yourself from potential **hazards** and damages.
잠재적인 위험 및 손상으로부터 자신을 보호하십시오.

03 **upon request**
요청 시에

Sample items can be sent to you **upon request**.
견본품은 요청 시 발송해드릴 수 있습니다.

04 **attend to**
처리하다

Please **attend to** any personal business during these break times.
개인적인 용무는 쉬는 시간에 처리해 주세요.

05 **ventilation**
ⓝ 환기

The office must be large enough to allow access for **ventilation**.
사무실은 환기가 가능할 정도로 충분히 커야 한다.

06 **shrink**
ⓥ 줄어들다

When used properly, it will not **shrink** or damage cotton fabrics.
적절하게 사용한다면, 그것은 줄어들거나 면직물에 손상을 입히지도 않을 것이다.

07 **mishandle**
ⓥ 잘못 다루다

Please accept our apologies for the inconvenience caused by the **mishandling** of your luggage.
귀하의 수하물을 잘못 취급하여 불편을 끼쳐 드린 것에 대한 저희의 사과를 받아주십시오.

08 **accessibility**
ⓝ 접근 가능성

Task management, file sharing, and mobile **accessibility** will be at your fingertips.
작업 관리, 파일 공유 및 모바일 접근을 쉽게 하실 수 있습니다.

09 **operation**
ⓝ 작용, 조작

Do not perform maintenance on a machine while it is in **operation**.
기계가 작동 중일 때는 유지보수를 하지 마십시오.

## 10 ★ energy-efficient
ⓐ 에너지 효율이 좋은

Super **energy-efficient** heating system will save you hundreds in bills every winter.
에너지 효율이 매우 높은 난방 시스템은 매년 겨울 수백 달러의 요금을 절약해 줄 것입니다.

## 11 ★ wildlife
ⓝ 야생동물

Visitors are warned not to disturb the **wildlife**.
방문객들은 야생동물을 방해하지 말라는 경고를 받는다.

## 12 ★ nature reserve
자연 보호구역

You can take a boat ride around the **nature reserve**.
배를 타고 자연 보호구역 주변을 둘러볼 수 있습니다.

## 13 ★ waste
ⓝ 쓰레기(=litter, garbage)

Visitors will need to collect their own **waste** before they leave.
방문객들은 떠나기 전에 자신들의 쓰레기를 수거해야 할 것이다.

## 14 ★ landfill
ⓝ 쓰레기 매립(지)

Discarded items are transferred to trucks for **landfill** disposal.
버려진 물건들은 매립 처리를 위해 트럭으로 옮겨진다.

## 15 ★ wilderness
ⓝ 황야, 황무지

Applicants who are certified in **wilderness** first aid will be given special consideration.
야생 응급처치 자격이 있는 지원자들은 특별히 고려된다.

## 16 ★ flammable
ⓐ 타기 쉬운

All vehicles that transport **flammable** liquids must be clearly identified.
인화성 액체를 운반하는 모든 차량은 명확하게 식별되어야 한다.

## 17 ★ environmentally [eco] friendly
환경 친화적인

Visit our Web site for the most **environmentally friendly** products.
가장 환경 친화적인 제품을 보려면 저희 웹사이트를 방문하세요.

## 18 ★ advocacy
ⓝ 옹호, 지지

They are only available for use by environmental **advocacy** groups.
그것들은 환경 옹호 단체에서만 사용할 수 있습니다.

**01** ★
## sightseeing
ⓝ 관광

We have offered a variety of **sightseeing** trips around Western Australia.

우리는 서호주에서의 다양한 관광 여행을 제공해왔습니다.

**02** ★
## travel agent
여행사 직원

Meet our highly qualified **travel agents** and find out how you can book a trip.

뛰어난 자격을 갖춘 우리 여행사 직원들을 만나 여행을 어떻게 예약할 수 있는지 알아보세요.

**03** ★
## airfare
ⓝ 항공료

Our plan covers the cost of your **airfare** as well as lodging costs.

저희 플랜은 숙박비뿐만 아니라 항공료도 부담합니다.

**04** ★
## carry-on
ⓐ 휴대용의, 비행기 내에 들고 갈 수 있는

This **carry-on** suitcase weighs 50% less than most bags of its size.

이 휴대용 가방은 그 크기의 대부분의 가방보다 무게가 50퍼센트 덜 나간다.

**05** ★★★
## passenger
ⓝ 승객

Meals are included in the ticket price for all **passengers**.

모든 승객의 티켓 가격에는 식사가 포함되어 있다.

**06** ★
## boarding pass
탑승권

Print out your **boarding pass** at any of our check-in kiosks as you enter the terminal.

터미널에 입장할 때 체크인 키오스크에서 탑승권을 인쇄하십시오.

**07** ★
## advance reservation
사전 예약

**Advance reservations** are strongly recommended.

사전 예약을 강력히 권장합니다.

**08** ★
## baggage claim
(공항의) 수하물 찾는 곳

Pilko Car Rental's counter is located next to the **baggage claim** area.

필코 렌터카 카운터는 수하물 찾는 곳 옆에 있습니다.

## 09 ★ stunning

ⓐ 놀랄 만큼 멋진, 훌륭한

The rooftop restaurant offers **stunning** views of the surrounding area. 옥상 레스토랑은 주변 지역의 멋진 전망을 제공합니다.

## 10 ★ dining establishment

식당

There are many **dining establishments** within walking distance of the conference venue. 회의장에서 걸어갈 수 있는 거리에 식당들이 많이 있다.

## 11 ★ unwind

ⓥ 긴장을 풀다(=relax)

If you need time to **unwind**, spend the afternoon in our beautiful, quiet library. 긴장을 풀 시간이 필요하다면, 우리의 아름답고 조용한 도서관에서 오후를 보내세요.

## 12 ★ seasonality

ⓝ 계절 변동, 계절 특성

Meal options may vary slightly due to **seasonality**. 식사 메뉴는 계절에 따라 약간 다를 수 있습니다.

## 13 ★ self-guided

ⓐ 셀프 가이드의(지도와 안내서를 통해 관광지를 둘러보는)

Enjoy some of the **self-guided** walks available throughout the park. 공원 곳곳에서 셀프 가이드 산책을 즐기십시오.

## 14 ★ hustle and bustle

혼잡, 번잡함

Tourists can get away from the **hustle and bustle** of the city. 관광객들은 도시의 번잡함에서 벗어날 수 있다.

## 15 ★ iconic

ⓐ 상징적인, 대표적인

Claregal Tours has been showing visitors Ireland's most **iconic** sights for fifteen years. 클레어걸 투어는 15년 동안 관광객들에게 아일랜드의 가장 상징적인 명소를 보여주었습니다.

## 16 ★ via

prep ~을 통하여, 경유하여

If you notice a broken traffic signal, please contact us **via** our Web-based form. 교통신호가 고장난 것을 알게 되시면 저희 웹 양식을 통해 연락주시기 바랍니다.

## 17 ★ inaccessible

ⓐ 접근할 수 없는

The area is **inaccessible** by private car, and no parking is available. 이 지역은 자가용으로는 접근이 불가능하고 주차도 할 수 없다.

## 18 ★ impede

ⓥ 방해하다, 지체시키다

Nothing should **impede** pedestrians' ability to use sidewalks. 어떤 것도 보행자의 인도 이용 능력을 방해해서는 안 된다.

기타 양식 | DAY 30

01 ★
## preview
ⓝ 시사회

Thank you for attending the **preview** of the film *Cornflower Hills*. 영화 〈콘플라워 힐스〉 시사회에 참석해 주셔서 감사합니다.

---

02 ★
## autograph
ⓝ 서명 ⓥ 서명하다

Actors will sign **autographs** 10 minutes after the performance. 배우들은 공연이 끝나고 10분 후에 사인을 해 줄 것이다.

---

03 ★
## composer
ⓝ 작곡가

Joya Jones, played by Kensie Greene, is an aspiring classical **composer** living in New York.
켄지 그린이 연기하는 조야 존스는 뉴욕에 사는 야심찬 작곡가이다.

---

04 ★
## string
ⓝ 줄; 현악기

The Hennessy **String** Quartet will play selections from their recent recording.
헤네시 현악 사중주단은 최근 녹음한 음악 중 일부를 연주할 예정이다.

---

05 ★
## costume
ⓝ (무대) 의상, 복장

It is the **costumes** and sets that really make this show memorable. 이 쇼를 정말 기억에 남도록 만드는 것은 의상과 무대 세트이다.

---

06 ★
## be entitled to
~을 받을 자격이 되다

All guests **are entitled to** a free breakfast including locally grown coffee.
모든 투숙객은 현지 재배 커피가 포함된 아침식사를 무료로 이용할 수 있다.

---

07 ★
## intermission
ⓝ 중간 휴식 시간

Refreshments are available for purchase during the **intermission**. 중간 휴식 시간 동안 다과를 구입할 수 있다.

---

08 ★
## troupe
ⓝ 공연단

Join us from 1 P.M.–2 P.M. and from 7 P.M.–8 P.M. to be entertained by traditional dance **troupes**.
오후 1시부터 2시까지, 오후 7시부터 8시까지 전통 무용단의 공연을 즐기십시오.

---

09 ★★
## virtual
ⓐ 가상의; 사실상의

You can create your photo books in your **virtual** studio.
가상 스튜디오에서 사진집을 만들 수 있습니다.

## 10 ★ atrium
ⓝ 중앙 홀

Musical performances will be held on our **Atrium** Stage near the main entrance.
음악 공연은 정문 근처의 중앙 홀 무대에서 열릴 것입니다.

## 11 ★ an array of
다양한

This event will feature **an array of** food and craft vendors.
이 행사에는 다양한 음식과 공예품 판매상들이 참가할 것이다.

## 12 ★ choir
ⓝ 합창단

The Fourth Street School Children's **Choir** will perform at 10:00 A.M.
'4번가 학교 어린이 합창단'은 오전 10시에 공연합니다.

## 13 ★★★ exhibition
ⓝ 전시(회)

This **exhibition** is a collection of extraordinary photographs featuring families from around the world.
이번 전시는 세계 각국의 가족들이 참여한 이색적인 사진들을 한자리에 모아 놓은 것이 특징이다.

## 14 ★★★ venue
ⓝ (공연, 행사 등이 벌어지는) 장소

Volunteers should report to the **venue** at noon.
자원봉사자들은 정오에 행사장에 보고해야 합니다.

## 15 ★ cordially
ⓐⓓ 정중히

You are **cordially** invited to a dinner in honor of Dr. Susan Groman.
수잔 그로먼 박사를 기리는 만찬에 당신을 정중히 초대합니다.

## 16 ★★ celebrity
ⓝ 유명인사, 명사

The basketball star has signed up as the company's **celebrity** endorser.
그 농구 스타는 회사의 유명인사 후원자로 서명했다.

## 17 ★ non-profit
ⓐ 비영리의, 영리가 목적이 아닌

As a **non-profit** organization, we depend a lot on volunteers and donations.
비영리 단체로서, 우리는 자원봉사자와 기부금에 많이 의존하고 있습니다.

## 18 ★★ showcase
ⓥ 전시하다, 소개하다

He is well known for skillfully using his space to **showcase** new talent.
그는 새로운 인재들을 소개하기 위해 그의 공간을 능숙하게 사용하는 것으로 잘 알려져 있다.

# CHECK-UP QUIZ

**A** 단어의 의미를 찾아 연결하세요.

01 misleading ·            · ⓐ 옹호, 지지

02 hazard ·               · ⓑ 빼다, 공제하다

03 advocacy ·             · ⓒ 오해하게 하는

04 deduct ·               · ⓓ 긴장을 풀다

05 unwind ·               · ⓔ 위험


**B** 보기에서 적절한 어휘를 골라 우리말 뜻에 맞게 빈칸을 채우세요.

> ⓐ reduction  ⓑ drawing  ⓒ operation  ⓓ entitled  ⓔ compelling

06 일부 **설득력 있는** 데이터            some _____ data

07 세금 **할인**                      a(n) _____ in the tax bills

08 **운영** 시간                      hours of _____

09 무료 주차권을 **받을 자격이 되다**       be _____ to free parking


**C** 문장 속 우리말 힌트를 보며 빈칸에 들어갈 적절한 어휘를 고르세요.

> ⓐ iconic  ⓑ stunning  ⓒ scale  ⓓ virtual  ⓔ venue

10 The Moon Bistro is a unique _____장소_____ for birthday parties.

11 Although it was a little expensive, the setting was absolutely
   _____놀랄 만큼 멋진_____ .

12 _____가상의_____ conferencing has little effect on employee engagement.

---

Answers   01 ⓒ   02 ⓔ   03 ⓐ   04 ⓑ   05 ⓓ   06 ⓔ   07 ⓐ   08 ⓒ   09 ⓓ   10 ⓔ   11 ⓑ   12 ⓓ

**Questions 1 and 2** refer to the following flyer.

---

Attention Artists and Craftspeople!

Are you interested in a unique opportunity to ---1--- your talent in our area? If so, you are encouraged to apply for a chance to display your artwork at the Whitby County Art Fair on May 17. Applications are available online at www.whitbyfair. org, and will be reviewed by several professors from the art department of our local college. Together with your completed application document, please upload photographs of your work. The images will ---2--- the judges in their review process.

The application deadline is February 15, and the judges' decisions will be made by March 30.

---

1 (A) impede
  (B) discard
  (C) deduct
  (D) showcase

2 (A) aid
  (B) appear
  (C) comment
  (D) shrink

**Question 3** refers to the following excerpt from a Web page.

---

There are some very good reasons to choose a franchise if you're just starting out in the restaurant business. My favorite one is that you will be very well supported. Headquarters will offer you plenty of ongoing training as well as guidance about operations, marketing, etc. – maybe more than you actually need! Also, by taking advantage of the corporation's collective purchasing power, you will save a lot of money on food, beverage, and other purchases. Plus, by associating with a well-known brand, you won't have to build name recognition.

---

3 The word "associating" in line 6 is closest in meaning to
  (A) being a junior employee
  (B) borrowing money
  (C) joining
  (D) socializing

---

▶ 번역 p.543

## ➕ 토익 만점 완성

**토익 기본 어휘**

| | |
|---|---|
| ☐ unit price | 단가 |
| ☐ item description | 품목 명세(서) |
| ☐ drop-off date | 맡긴 날짜 |
| ☐ fix the problem | 문제를 해결하다 |
| ☐ call for assistance | 전화로 도움을 요청하다 |
| ☐ existing facilities | 기존 시설 |
| ☐ prompt attention to | ~에 대한 즉각적인 관심 |
| ☐ workplace condition | 작업장 조건, 작업장 환경 |

| | |
|---|---|
| ☐ on track | 제대로 진행되고 있는 |
| ☐ estimated date | 추정 날짜 |
| ☐ solar energy | 태양열 에너지 |
| ☐ water-saving | 절수형의 |
| ☐ urban development | 도시 개발 |
| ☐ climate change | 기후 변화 |
| ☐ domestic flight | (항공) 국내선 |
| ☐ stopover | 경유, 단기간 체류 |

| | |
|---|---|
| ☐ overhead compartment | 머리 위 짐칸 |
| ☐ frequent flyer | 자주 여행하는 고객 |
| ☐ tourist attraction | 관광 명소 |
| ☐ must-see | 꼭 보아야 할 것 |
| ☐ ruins | 폐허, 유적 |
| ☐ in recognition of | ~을 인정하여 |
| ☐ seating plan | 좌석 배치도 |
| ☐ conclusion | 결말, 종결 |
| ☐ parking attendant | 주차 요원 |

토익 만점
어휘

| | |
|---|---|
| ☐ monetary donation | 금전적 기부 |
| ☐ pros and cons | 장단점, 찬반양론 |
| ☐ breakage | 파손, 손상 |
| ☐ collapse | 무너지다; 무너짐, 붕괴 |
| ☐ wear and tear | 마모, 손상 |
| ☐ specifics | 시방서 (공사 순서를 적은 문서) |
| ☐ adaptability | 적합성, 적응성 |
| ☐ emission | (열, 가스 등의) 배출(물) |

| | |
|---|---|
| ☐ extinction | 멸종, 소멸; 끄기 |
| ☐ scarcity | 부족, 결핍 |
| ☐ purify | 정화하다, 불순물을 제거하다 |
| ☐ devastate | 황폐하게 하다, 파괴하다 |
| ☐ energy conservation | 에너지 절약 |
| ☐ natural habitats | 자연 서식지 |
| ☐ depletion | 고갈, 소모 |
| ☐ criteria | 기준, 척도, 표준 |

| | |
|---|---|
| ☐ endangered species | 멸종 위기에 처한 종(種) |
| ☐ contamination | 오염 |
| ☐ pollutant | 오염 물질 |
| ☐ fossil fuel | 화석 연료 |
| ☐ sojourn | 체류, 머무름 |
| ☐ censorship | 검열 (제도) |
| ☐ tactics | 전략 |
| ☐ premiere | 개봉, 초연 |
| ☐ sequel to | ~의 속편 |

기타 양식

DAY 30

## ⊕ LEVEL- UP

| | |
|---|---|
| ☐ Possibly. | 아마 그럴걸. |
| ☐ That's true. | 정말이야. |
| ☐ Will do. | 알았어. / 그럴게. |
| ☐ It's your call. | 너한테 달렸어. |
| ☐ It's on me. | 내가 한턱 낼게. |
| ☐ Give it a try. | 한번 해 봐. |
| ☐ Fair enough. | 그래. / 좋아. |
| ☐ That happens. | 그런 일도 있지. |
| ☐ Never mind. | 신경 쓰지 마. |

| | |
|---|---|
| ☐ I'm on it. | 내가 맡을게. |
| ☐ I'll get started. | 시작할게. |
| ☐ So is mine. | 내 것도 마찬가지야. |
| ☐ I need a ride. | 나 좀 태워줘. |
| ☐ Understood. | 이해했어. |
| ☐ No idea. | 모르겠어. |
| ☐ No need. | 그럴 필요 없어. |
| ☐ You deserve it. | 넌 그럴 자격이 있어. |
| ☐ Hang on. | 잠시만. |

| | |
|---|---|
| ☐ Call off the meeting. | 회의 취소해. |
| ☐ I'll fill in for her. | 내가 그녀 대신 할게. |
| ☐ Don't let me down. | 날 실망시키지 마. |
| ☐ I'll let you know. | 내가 알려 줄게. |
| ☐ I'm in. | 나도 합류할게. |
| ☐ I got it. | 이해했어. / 받았어. |
| ☐ I bet. | 장담해. |

# ● 문자메시지 / 온라인 채팅 구어체 표현

☐ I'm on my way.      가는 중이야.

☐ (I've) got to go.      나 가야 돼.

☐ Can I make up the time tomorrow?      내일 보충해도 될까?

☐ Walk me through the steps.      단계별로 차례차례 알려 줘.

☐ Glad you got in okay.      문제 없이 도착했다니 잘됐다.

☐ Keep me updated[posted].      소식 있으면 알려 줘.

☐ I don't think I can make it.      못 갈 것 같아.

☐ Can you do me a favor?      나 좀 도와줄래?

☐ I got your back.      나만 믿어.

---

☐ That's a thought.      괜찮은 생각이네.

☐ Would 3 o'clock work for you?      3시 괜찮아?

☐ It will take two days.      이틀 걸릴 거야.

☐ She turned down the job.      그녀가 그 일을 거절했어.

☐ Let me figure it out.      내가 알아볼게.

☐ I'll take care of that.      내가 처리할게.

☐ I'll catch up with you.      내가 곧 따라갈게.

☐ I came across Ms. Jinn.      진 씨를 우연히 만났어.

☐ I'm not following you.      네 말을 이해 못하겠어.

---

☐ Let me check on that.      확인해 볼게.

☐ How did that happen?      어쩌다 그랬어?

☐ My flight is about to take off.      내 비행편이 곧 이륙해.

☐ Turn in the report by tomorrow.      내일까지 보고서 제출해.

☐ Where are you heading?      어디 가는 중이야?

☐ I'm heading there now.      그리로 가는 중이야.

☐ Come up with an idea.      아이디어 좀 내 봐.

## ⊕ LEVEL- UP

- ☐ I can drop by the flower shop.     내가 꽃가게 들를게.
- ☐ Precisely.     바로 그거야. / 정확해.
- ☐ Could be.     그럴지도 모르지.
- ☐ It's close by.     가까워.
- ☐ I should get to our table soon.     테이블에 곧 도착할 거야.
- ☐ Don't forget to sign up.     신청하는 것 잊지 마.
- ☐ It's no threat to us.     우리한테 별로 위협이 안 돼요.
- ☐ I couldn't book a room.     방을 예약하지 못했어요.
- ☐ You have 30 days to return it.     30일 이내에 반품하셔야 해요.

---

- ☐ Thanks for the reminder.     알려줘서 고마워.
- ☐ They're expected here by 10 a.m.     그것들은 오전 10시까지 여기 도착할 거야.
- ☐ That works out perfectly.     그거면 완벽해요.
- ☐ The warranty has expired.     품질 보증 기간이 만료되었어요.
- ☐ I'm running a bit late to the department meeting.     부서 회의에 조금 늦을 것 같아.
- ☐ You didn't hear?     못 들었어?
- ☐ I didn't know that!     몰랐어!

---

- ☐ You did your best.     최선을 다했잖아요.
- ☐ I hate to cancel.     취소하기는 싫어요.
- ☐ I should arrive 2 hours sooner than expected.     예상보다 2시간 일찍 도착할 거야.
- ☐ One second. / One moment.     잠시만요.
- ☐ Are you available at 4 p.m. Tuesday?     화요일 오후 4시 괜찮아요?
- ☐ I just got off the phone with them.     막 그들과 통화를 끝냈어요.
- ☐ I can authorize that.     허락할게요. / 그렇게 하세요.
- ☐ I didn't expect that!     그건 생각지도 못한 걸!

- [ ] It's official! 공식 발표예요!
- [ ] Right on schedule! 일정대로네요!
- [ ] Something's come up. 일이 좀 생겼어요.
- [ ] Let's go over the data. 데이터를 살펴보자.
- [ ] It's confidential for now. 현재는 기밀이야.
- [ ] They have very little in common. 공통점이 거의 없어요.
- [ ] That's correct. 맞아요.
- [ ] Bad timing. 타이밍이 안 좋아.
- [ ] Any last questions? 마지막으로 질문 있으신가요?

---

- [ ] I'm scheduled for a dinner with the client. 고객과 저녁 약속이 있어요.
- [ ] I'll catch you later. 나중에 연락할게.
- [ ] Have you communicated this to the client? 고객한테는 알리셨나요?
- [ ] Not yet. 아직 아닙니다.
- [ ] I logged on late. 늦게 접속했네요.
- [ ] What do you want me to do with it? 이거 어떻게 할까요?
- [ ] We've made good progress. 원활하게 진행되었습니다.
- [ ] Shall we start? 시작할까요?

---

- [ ] I'd like your input. 당신의 의견을 듣고 싶습니다.
- [ ] I'll pass it on. 내가 전해줄게.
- [ ] It costs less. 돈이 적게 들어.
- [ ] You have nothing to worry about. 걱정할 것 하나도 없어.
- [ ] Feel free to use this space. 이 공간을 마음껏 쓰세요.
- [ ] I can come over to your desk. 제가 당신 자리로 갈게요.
- [ ] You could be right. 당신 말이 맞을지도 모르겠네요.
- [ ] When will you land? 비행기 도착 시간이 언제죠?
- [ ] Shall we move on? 다음으로 넘어갈까요?

기타 양식 | DAY 30

503

# ETS
# 기출 실전문제

**1**   The final charges for printing services were lower than expected because of a
------- in the cost of paper.

(A) disadvantage            (B) reduction

(C) minimum                 (D) shortage


**2**   At Cottonwood Park, you will find a ------- range of outdoor activities,
including swimming, hiking, and rock climbing.

(A) broad                   (B) deep

(C) thick                   (D) heavy


**3**   The tourists were ------- able to enjoy the view once the fog lifted.

(A) much                    (B) early

(C) finally                 (D) far


**4**   Insadong Images proudly ------- Machiko Nakamura as its new senior
graphics designer.

(A) introduces              (B) comprises

(C) details                 (D) accomplishes


**5**   Medatrex Ltd. has been a leading producer of medical equipment ------- its
establishment 60 years ago.

(A) over                    (B) until

(C) since                   (D) around


**6**   Ulrich Electronics will provide free ------- of any entertainment system
purchased by June 30.

(A) assistance              (B) contract

(C) market                  (D) installation


**7**   An applicant for this bank loan must have a ------- source of annual income.

(A) verifiable              (B) various

(C) virtual                 (D) vacant

**8**  Ms. Zeng, who ------- leads Ling Technology's research and development team, will take over as chief executive early next year.
(A) exactly
(B) soon
(C) currently
(D) instantly

**9**  Dhyana Home Improvement routinely offers discounts to local nonprofit organizations that are ------- new buildings.
(A) addressing
(B) constructing
(C) investing
(D) centering

**10**  Altayan Air's careful attention to detail is consistent ------- its entire range of air-purifying systems.
(A) between
(B) across
(C) beside
(D) onto

**11**  The ------- for Mr. Zemba's small business was formed during his trip to Namibia.
(A) view
(B) reality
(C) idea
(D) meaning

**12**  We are ------- to announce that a new issue of the *Columbus Gardening Society* newsletter is now available.
(A) organized
(B) enjoyed
(C) pleased
(D) gifted

**13**  ------- situated near the business district, Radowski Hotel has been our venue for all large-scale corporate events.
(A) Very
(B) Overly
(C) Ideally
(D) Rarely

**14**  Glasstown's mayor, Edward Raston, will ------- at the opening ceremony for the new Compton Bridge on May 18.
(A) encounter
(B) officiate
(C) generate
(D) experience

**15**  The Web site advises customers to review their orders carefully as it is difficult to make changes ------- an order is submitted.
(A) following
(B) once
(C) right away
(D) by means of

1   As stated in the company guidelines, sales agents receive ------- for time spent traveling to meet with clients.

(A) automation                 (B) interruption

(C) compensation            (D) distribution

2   Recently published manuals often include glossaries of ------- terms for readers who are new to the subject.

(A) eventual                   (B) continuous

(C) relevant                    (D) defective

3   Delemarke's profits are expected to rise ------- over the next ten years as the company begins to offer new services abroad.

(A) closely                     (B) lately

(C) cheaply                    (D) steadily

4   When ------- your Galaxy glass dishware in boxes, first wrap it in soft tissue paper to protect against scratches.

(A) planning                  (B) storing

(C) designing               (D) making

5   The electronic time-tracking system indicates regular time ------- extra hours that the employees work.

(A) as well as              (B) in addition

(C) so that                  (D) while

6   Employment figures confirm that the nation's economy is growing at its fastest ------- in five years.

(A) payment               (B) strategy

(C) pace                    (D) data

7   Currently operating out of a small office in Tokyo, the Organization for International Banking is set to move to its ------- headquarters next year.

(A) responsible          (B) unlimited

(C) repetitive            (D) permanent

**8** According to the most recent report, sales of snacks have increased by ------- 5 percent.

(A) firmly                     (B) nearly

(C) strongly               (D) completely

**9** Tulayo Associates has ------- reliable financial advice to first-time investors for over twenty years.

(A) sought                 (B) informed

(C) provided              (D) asked

**10** ------- revise the year's sales goal, Mr. Ellis asked each team member to recruit another client by the end of January.

(A) Regarding           (B) Rather than

(C) In summary        (D) Even though

**11** Due to her strong ------- in tax law, Ms. Sakai was a natural choice to lead Celina Legal Associates.

(A) summit                  (B) opposition

(C) evidence             (D) background

**12** The Kolor Corporation cut the retail prices of its computers in a bid to make the line ------- to a wider customer base.

(A) accessible           (B) accredited

(C) accustomed       (D) accomplished

**13** The mayor of Pipersville has not ------- reviewed the proposal to expand Grey Park.

(A) yet                       (B) soon

(C) very                     (D) after

**14** In a carefully worded statement, Tae-Hyun Bak ------- his reasons for withdrawing his name from consideration in the search for a new Coult-Ross CEO.

(A) outlined             (B) detected

(C) familiarized        (D) achieved

**15** Darjing Food Company has attributed its recent popularity with consumers to changes in its recipes ------- its new packaging.

(A) as for                (B) even so

(C) rather than        (D) after all

1 According to a recent consumer survey, furniture purchases are influenced by such ------- as store layout, helpfulness of staff, and special sales.
(A) variables
(B) collections
(C) versions
(D) commitments

2 The only ------- meeting rooms are on the fourth floor of the Talbot Building.
(A) previous
(B) positioned
(C) available
(D) abridged

3 For one week -------, Leah's Boutique is offering a 20 percent discount on all summer clothing items.
(A) ever
(B) off
(C) single
(D) only

4 Complaints about the telephone service must be ------- to the department manager.
(A) answered
(B) questioned
(C) directed
(D) informed

5 The Adlerton Amusement Guide is your best source ------- finding out about events in the area.
(A) around
(B) for
(C) as
(D) through

6 To comply with Vestergaard Electronics' -------, customers must show a valid sales receipt when returning an item.
(A) ticket
(B) policy
(C) feature
(D) merchandise

7 Staff members ------- for promotion will be notified by management within ten days.
(A) ample
(B) eligible
(C) superior
(D) estimated

**8** Entertainment industry reporters speculated that Janggok Media would release its next film by year's end, but the company decided to do -------.
(A) after all
(B) on the whole
(C) otherwise
(D) accordingly

**9** Passengers are ------- to fill out a customs declaration form before leaving the plane.
(A) appealed
(B) instructed
(C) remarked
(D) described

**10** No one is allowed onto the factory floor ------- an identification badge.
(A) without
(B) unless
(C) only
(D) although

**11** Luzern Aromatics, Inc., has been a leading supplier of raw ------- to the fragrance industry for almost 50 years.
(A) issues
(B) materials
(C) interests
(D) conditions

**12** Osaka Box Company specializes in ------- packaging for long-distance transport of perishable foods.
(A) absolute
(B) savory
(C) protective
(D) expired

**13** To keep the office running as ------- as possible, maintenance work should be performed after regular business hours.
(A) mostly
(B) soon
(C) smoothly
(D) far

**14** The company's expansion will ------- in the creation of 200 new jobs.
(A) hand
(B) restore
(C) set
(D) result

**15** Please refer to the employee handbook for further instructions relating -------
requests for vacation and personal leave.
(A) toward
(B) about
(C) with
(D) to

TEST 03

**1** The commuter train will provide convenient ------- to the central shopping district.

(A) access

(B) effect

(C) advance

(D) position

**2** Angus Wienholt's seminar provides a ------- approach to starting a business using resources that are widely available.

(A) sizable

(B) constant

(C) variety

(D) practical

**3** During the past five years, Marty's Eatery has received a poor review from a food critic just -------.

(A) so

(B) once

(C) about

(D) yet

**4** Twenty new electrical engineers will ------- the company next month.

(A) recruit

(B) join

(C) connect

(D) perform

**5** Despite several setbacks, the restoration of the Pratt Theater will be completed ------- of schedule.

(A) soon

(B) front

(C) early

(D) ahead

**6** Before traveling to Kuala Lumpur for the Medical Technology Conference, Ms. Osuyah must receive management's -------.

(A) occupation

(B) potential

(C) appearance

(D) authorization

**7** Event planners noted that attendance at last night's awards ceremony was discouragingly -------.

(A) empty

(B) low

(C) lesser

(D) few

**8** Sales clerks are asked to arrive ten minutes ------- each day during the holiday season.

(A) brightly                      (B) obviously

(C) early                       (D) effectively

**9** The publisher's goal is to ------- the daily circulation figure of 80,000 by next year.

(A) surpass                   (B) excel

(C) pressure                (D) instill

**10** Rigon Communications, a leading telephone service provider, is ------- the most notable businesses featured in this month's edition of *Best Enterprises*.

(A) especially              (B) primarily

(C) among                   (D) considered

**11** The inventor was a brilliant ------- in the field of textile manufacturing, developing many innovative machines.

(A) pioneer                 (B) contribution

(C) supporter             (D) subordinate

**12** By the end of the course of study, Gant College students are expected to have mastered the skills ------- to their chosen fields.

(A) specific                (B) narrow

(C) detailed              (D) exacting

**13** If you need to update any personal information in our records, please contact our client-services department -------.

(A) closely                (B) finally

(C) promptly             (D) exactly

**14** Tourism has ------- significantly to the economic success of the seaside towns in the region.

(A) found                  (B) located

(C) promoted            (D) contributed

**15** ------- you find the assembly instructions to be unclear, please call our customer support center.

(A) Until                    (B) So that

(C) Whether            (D) If

1　The new president plans to make customer satisfaction the company's main
------- next year.
(A) collection　　　　　　(B) attendance
(C) combination　　　　　(D) priority

2　Performance of Rozcorp's low-cost digital recorder has been unsatisfactory
due to a problem with ------- wiring.
(A) guilty　　　　　　　(B) injured
(C) faulty　　　　　　　(D) unreal

3　Following the group interview, candidates will meet ------- with Mr. Eun, the
personnel manager.
(A) overly　　　　　　　(B) permanently
(C) individually　　　　　(D) approximately

4　The Internet has made it easier for vehicle buyers to ------- for banks that offer
the best loans.
(A) search　　　　　　　(B) purchase
(C) find　　　　　　　　(D) figure

5　For his contributions to the information technology team ------- the past year,
Mr. Soto has received an award.
(A) below　　　　　　　(B) throughout
(C) opposite　　　　　　(D) without

6　Naju International's ------- of Asan Solutions caused Naju's stock prices to
soar yesterday.
(A) drawback　　　　　(B) acquisition
(C) provision　　　　　(D) indicator

7　Weekend passes to Lawton Amusement Park are ------- for six months from
the date of purchase.
(A) valid　　　　　　　(B) accurate
(C) original　　　　　　(D) actual

8   Homeowners can reduce their heating bill by having a programmable
    thermostat ------- installed.
    (A) professionally                    (B) recently
    (C) sometimes                         (D) anywhere

9   The new coffee shop on Maple Street is ------- a 20 percent discount this
    week.
    (A) selling                           (B) deciding
    (C) growing                           (D) offering

10  Because of elevator repairs, neither the showroom ------- the sales office of
    Valantin Gowns will be open this Saturday.
    (A) so                                (B) as
    (C) but                               (D) nor

11  Many corporations have been unable to compete with the rapid ------- of
    Chigolum Industries' growth.
    (A) potential                         (B) investment
    (C) pace                              (D) challenge

12  Whitfield Consulting has received the prestigious "Best Workplace in
    Albuquerque" award for the second ------- year.
    (A) repetitive                        (B) thorough
    (C) consecutive                       (D) entire

13  The energy commission has suggested that constructing roofs in a lighter,
    more reflective color will ------- reduce the amount of heat in urban areas.
    (A) significantly                     (B) extremely
    (C) utterly                           (D) countlessly

14  To ------- Isodina Design's new fashion line, the actor Declan Watt will appear
    in the company's advertisements.
    (A) invest                            (B) recruit
    (C) install                           (D) promote

15  The project proposal cannot be accepted ------- both managers have read
    and approved it.
    (A) instead                           (B) beyond
    (C) until                             (D) again

1    The Merrywood Shop will hold a sale in January to clear out an ------- of holiday supplies.

(A) excess                     (B) overview

(C) extra                      (D) opportunity

2    Researchers at Soko Cosmetics conduct ------- safety tests on all products that are made available to consumers.

(A) extensive               (B) invested

(C) dependent             (D) impressed

3    We have abandoned plans to install a revolving security door because our engineers determined that it is ------- flawed.

(A) temporarily           (B) casually

(C) fundamentally       (D) rapidly

4    The finance office will ------- at lunchtime today for the annual holiday party.

(A) retire                    (B) calculate

(C) record                  (D) close

5    Interviews with the candidates will be broadcast on television ------- the election.

(A) prior to                (B) advance

(C) soon                   (D) across from

6    An insightful ------- in the *Boston Daily Post* suggests that offering opportunities for professional development is a valuable method of motivating employees.

(A) editorial               (B) novel

(C) catalog               (D) directory

7    Passengers should be ------- that the airline is not responsible for lost or stolen items.

(A) aware                  (B) aligned

(C) awake                (D) abroad

**8** The mountain trail was level and well-paved, and ------- an easy walk for novice hikers.

(A) away                           (B) very
(C) usefully                    (D) therefore

**9** Construction costs for the tunnel are expected to ------- $300 million.
(A) excel                           (B) advance
(C) exceed                   (D) conquer

**10** Agbaria Company technicians must use dishwasher part 137 as a substitute ------- part number 239.
(A) on                              (B) for
(C) at                                (D) by

**11** Only ------- who have obtained permission from the theater are allowed to take photographs during the play.
(A) those                         (B) each
(C) most                         (D) another

**12** If the new hard drive is -------, you may return it for a replacement or refund.
(A) missing                    (B) electronic
(C) defective                (D) negative

**13** The new potato chip flavors are selling ------- well among consumers under age 30.
(A) particularly            (B) instead
(C) furthermore          (D) how

**14** The museum has had to ------- the opening of the Tropo photography exhibit until further notice.
(A) respond                  (B) detach
(C) postpone              (D) transmit

**15** Customers who rent and return formal attire ------- twenty-four hours receive a discount from Stella Celebrations.
(A) about                     (B) only
(C) within                   (D) but

1   Our sheet-metal workers are experienced with ------- from residential air-ventilation systems to industrial kitchens.

(A) coming                (B) differences

(C) everything          (D) others

2   According to a local consultant, ------- renovations are essential to the ongoing success of the region's hotels.

(A) polite                  (B) distant

(C) fragile                 (D) frequent

3   The environmental protection plans submitted to the council were developed by various organizations working ------- of each other.

(A) closely                 (B) collaboratively

(C) primarily             (D) independently

4   Since the number of staff in our office will soon -------, we may need to install additional printing stations.

(A) double                (B) bigger

(C) more                  (D) increased

5   ------- of our excellent performance this year, we are happy to announce an end-of-year bonus for all employees.

(A) In case                (B) Instead

(C) Because              (D) Regardless

6   Nilam Devi Malik, the senior copy editor at Bella Nova Advertising, has announced the creation of a new internship position with the ------- of permanent employment.

(A) qualification        (B) determination

(C) expertise            (D) possibility

7   Our team of specialists works with clients to develop ------- marketing strategies.

(A) restrictive           (B) innovative

(C) demonstrative     (D) dismissive

8    The Human Resources Department will ------- request that employees update their personal contact information for the company's records.
(A) occasionally            (B) previously
(C) recently                (D) lately

9    It is fortunate that Ms. Merritt's visit to Seattle ------- with the annual Small Business Expo.
(A) accesses                (B) confirms
(C) accepts                 (D) coincides

10    ------- predictions by financial forecasters, Olmer Fuel Corporation's overall sales rose by 10 percent.
(A) Although                (B) However
(C) Otherwise               (D) Despite

11    Bilto miniature model planes contain hundreds of small parts and must be assembled with -------.
(A) contact                 (B) level
(C) care                    (D) amount

12    To facilitate the moving process, please label any ------- household items that require special packaging.
(A) gentle                  (B) fragile
(C) moderate                (D) adequate

13    Lawton Airways has announced that it will ------- increase its nonstop service from Cransen to Hopley City.
(A) exactly                 (B) finely
(C) importantly             (D) substantially

14    It would be more cost-effective for Ms. Foster to ------- currency at a bank instead of at the airport.
(A) attend                  (B) direct
(C) exchange                (D) translate

15    Mr. Tsai's tour sales last month were far ------- what had been anticipated.
(A) along                   (B) besides
(C) considering             (D) beyond

**1** Strong strategic-thinking ------- and sharp marketing instincts are important qualities for a successful product manager.

(A) skills　　　　　　　　　(B) findings

(C) realities　　　　　　　　(D) approximations

**2** Because Dr. Yamato has already announced his departure, it is ------- that the board soon name a successor.

(A) sincere　　　　　　　　 (B) equivalent

(C) imperative　　　　　　　(D) theoretical

**3** The marketing team at Bescura Cars has created a series of ------- humorous commercials, designed to appeal to younger consumers.

(A) economically　　　　　 (B) exactly

(C) deliberately　　　　　　(D) patiently

**4** Through its creative investment strategies, Walsh Venture Capital works to ------- financial gains for its clients.

(A) secure　　　　　　　　 (B) minimize

(C) distinguish　　　　　　 (D) attribute

**5** ------- Ms. Norville was delayed by computer problems, she completed the project on time.

(A) Besides　　　　　　　　(B) Except

(C) Although　　　　　　　 (D) Meanwhile

**6** Duray Airlines offers delicious food and beverage ------- .

(A) fees　　　　　　　　　　(B) answers

(C) options　　　　　　　　 (D) tasks

**7** The ------- way to reach the end of the peninsula is by ferryboat.

(A) farthest　　　　　　　　(B) roundest

(C) most direct　　　　　　 (D) most absolute

**8** Pour the cake batter into the pan and shake gently if the batter is ------- distributed.

(A) unevenly
(B) undeniably
(C) unwillingly
(D) unknowingly

**9** The restaurant critic for *the Montreal Times* ------- the food at Corban's Kitchen as affordable and authentic.

(A) ordered
(B) admitted
(C) described
(D) purchased

**10** All passwords must be changed again by Friday ------- you have done so previously.

(A) in that
(B) even if
(C) rather than
(D) not only

**11** In the department he supervises, Mr. Quinn ensures that every employee receives fair -------.

(A) progress
(B) accomplishment
(C) treatment
(D) business

**12** The ------- version of the budget proposal must be submitted by Friday.

(A) total
(B) many
(C) final
(D) empty

**13** Mr. Woo is ------- looking for ways to make the operation of Eterna Cosmetics more efficient.

(A) considerably
(B) countlessly
(C) compactly
(D) continually

**14** The financial figures released by Tsai and Wu International ------- only to expenses from the month of July.

(A) organize
(B) ponder
(C) correspond
(D) subscribe

**15** Ms. Kamara recommended Mr. Wang for the position based on his ability to work effectively ------- pressure.

(A) still
(B) enough
(C) under
(D) since

1   The new CEO of Katori Housewares Ltd. has expressed a strong ------- in opening a store in Singapore.

   (A) interest                 (B) progress

   (C) worth                   (D) output

2   Ms. Oh's proposal highlights a ------- strategy for decreasing the company's transportation costs in the coming year.

   (A) surrounding          (B) securing

   (C) relative                (D) comprehensive

3   For the duration of Ms. Dernal's leave, her corporate and private accounts will be overseen by Jian Wu and David Dembo, -------.

   (A) respectively         (B) almost

   (C) likewise               (D) even

4   As president, Ms. Min made great efforts to ------- a productive environment at Chae Investment Corporation.

   (A) process              (B) estimate

   (C) establish             (D) participate

5   ------- receiving thoughtful gifts at his retirement party, Mr. Lin mailed thank-you notes to his coworkers.

   (A) However           (B) After

   (C) When                (D) Once

6   The ------- of the sales and marketing departments into two separate teams will allow for better management of our resources.

   (A) accuracy           (B) authority

   (C) division              (D) oversight

7   Your ------- registration card provides proof of ownership in case this product is lost or damaged.

   (A) frequent           (B) indicative

   (C) validated          (D) dispersed

**8** The sales report is due tomorrow, so please finish it -------.

(A) easily                          (B) quickly
(C) certainly                       (D) truly

**9** Renovations on the top floor of the Melaka Building are set to ------- after the elevators are installed in early August.

(A) expire                          (B) construct
(C) commence                        (D) arrange

**10** ------- there was no damage from the storm, both Vigori Auto factories in Stockton remained open.

(A) Since                           (B) Instead of
(C) Rather than                     (D) Unless

**11** As soon as the automatic bottling machine is installed, the packaging ------- of the production process should be more efficient.

(A) phase                           (B) decision
(C) industry                        (D) occasion

**12** The cafeteria in Morris Hall offers ------- breakfast and lunch for Arai and Ramos associates.

(A) complimentary                   (B) accountable
(C) replaced                        (D) secured

**13** Research shows that an online marketing strategy is vital for survival in the ------- competitive athletic shoe market.

(A) skillfully                      (B) increasingly
(C) accidentally                    (D) meaningfully

**14** Business travel is ------- for Shawton Associates by Young-Pyo Kim at Wright Air Transit.

(A) equipped                        (B) attributed
(C) coordinated                     (D) concurred

**15** The study results show that workers who take regular breaks are more productive ------- those who do not.

(A) while                           (B) because
(C) than                            (D) how

**1**   Once you have placed your -------, its status will be available on our Web site.
(A) order
(B) value
(C) refund
(D) sale

**2**   To learn more about safe ways to control garden pests using ------- household chemicals, visit our Web site.
(A) preventable
(B) ordinary
(C) fellow
(D) mutual

**3**   Choose an ------- sized air conditioner for your company's needs, as larger models use more energy.
(A) affirmatively
(B) appropriately
(C) unexpectedly
(D) extensively

**4**   Mr. Hobbes ------- a sincere interest in a long-term career at Lassen Bank.
(A) expressed
(B) pointed
(C) arranged
(D) studied

**5**   Hundreds of e-mail exchanges ------- the two business executives formed the basis of a book about leadership.
(A) between
(B) until
(C) further
(D) either

**6**   This coupon is valid on your next ------- of €20 or more from Dunmore Markets.
(A) purchase
(B) decision
(C) budget
(D) task

**7**   The customer service department has seen a ------- decrease in the number of complaints over the past year.
(A) dramatic
(B) polite
(C) frequent
(D) different

8   Mr. Lockwood framed the first dollar he earned, and it has stayed on his office
    wall ever -------.
    (A) often                          (B) rarely
    (C) again                          (D) since

9   Members of the sales team are expected to write a follow-up e-mail to clients
    the day after ------- with them.
    (A) promoting                      (B) meeting
    (C) revising                       (D) regarding

10  Southenic Electronics' technicians are on hand 24 hours a day ------- you can
    be at ease knowing help is always available.
    (A) because of                     (B) so
    (C) everything                     (D) until

11  To receive a refund from Tilsky Hardware, you must indicate the ------- for
    returning the item.
    (A) profit                         (B) reason
    (C) quality                        (D) chance

12  Conference attendees interested in enrolling in ------- workshops must submit
    an online registration form.
    (A) optional                       (B) typical
    (C) comfortable                    (D) obvious

13  Evante Technology is ------- one of the largest producers of mobile devices in
    the world.
    (A) highly                         (B) loosely
    (C) gently                         (D) currently

14  If Sato Airlines loses a passenger's luggage, it will ------- the passenger up to
    $250.00.
    (A) reach                          (B) observe
    (C) reimburse                      (D) prevent

15  All Masae Corporation's summer internship programs last ------- four and six
    weeks.
    (A) during                         (B) among
    (C) inside                         (D) between

# ETS 기출 실전문제  11

1. Chinese carmaker Zhang Autos has reported an ------- in sales, with higher profits in both Africa and South America this quarter.
   (A) increase
   (B) altitude
   (C) obligation
   (D) expense

2. Blue Marine Supply finally obtained the ------- permits to expand its warehouse facility.
   (A) certain
   (B) distinct
   (C) necessary
   (D) capable

3. Zellacor Software, Inc., ------- hires part-time programmers and information technology specialists.
   (A) closely
   (B) highly
   (C) nearly
   (D) frequently

4. Hassan Media's Web site needs to be updated to ------- this week's changes in leadership.
   (A) advise
   (B) reflect
   (C) reduce
   (D) use

5. ------- sluggish sales, ARB was still rated as one of the country's top five supply companies.
   (A) Due to
   (B) In spite of
   (C) Along with
   (D) In contrast to

6. Because adverse weather is expected, the store manager has decided to postpone the grand opening -------.
   (A) design
   (B) department
   (C) celebration
   (D) community

7. To meet the audit deadline, accountants at Lyang Associates must submit all financial reports by tomorrow morning at the -------.
   (A) latest
   (B) lowest
   (C) oldest
   (D) finest

**8** Tafani Motors' fuel-efficient utility vehicles ------- achieve between 9 and 13 kilometers per liter.

(A) exactly

(B) typically

(C) sharply

(D) heavily

**9** Starchitect II is ------- to be another best-selling video game from Stellar Play Studio.

(A) popular

(B) expected

(C) successful

(D) enjoyed

**10** An article ------- the newspaper explained that the town council will sign new contracts this week.

(A) at

(B) of

(C) in

(D) on

**11** According to the agreement, an ------- to the deadline must be approved by both parties in advance.

(A) extension

(B) elevation

(C) application

(D) instruction

**12** Festival attendees should reserve a hotel room ------- in advance of their arrival next month.

(A) well

(B) so

(C) such

(D) over

**13** As the grant application for additional funding cannot exceed five pages, all research must be presented thoroughly yet -------.

(A) concisely

(B) excessively

(C) evidently

(D) actually

**14** Kelang Manufacturing's decision to ------- in new machinery resulted in a 20 percent increase in production.

(A) buy

(B) place

(C) invest

(D) charge

**15** Effective social media marketing can effectively promote any business, ------- size.

(A) regardless of

(B) as much as

(C) whether

(D) even if

**1** Politech International, Inc., stays at the ------- of the agriculture industry by investing in advanced farming technology.

(A) modernization    (B) forefront

(C) innovation     (D) outset

**2** User response to Sandling's online publishing service has been largely -------, with only a handful of unsatisfactory ratings.

(A) enthusiastic    (B) talented

(C) perpetual     (D) comfortable

**3** The winter publication schedule has ------- been distributed to the editors.

(A) already     (B) when

(C) tomorrow     (D) ever

**4** Because of roadwork, Ms. Neeley's drive to the office may ------- longer than usual.

(A) move     (B) take

(C) act      (D) do

**5** Salinas Floral Company is working ------- Hakui Studios to create a new logo.

(A) along     (B) between

(C) with      (D) out

**6** It is important for companies to offer professional development opportunities in order to retain qualified -------.

(A) prices     (B) hours

(C) business     (D) staff

**7** Only candidates with extensive leadership experience will be considered for the ------- position to the president.

(A) responsible    (B) advisory

(C) elementary    (D) apparent

**8** If a customer finds the product advertised ------- for less, we will gladly match the lower price.

(A) together
(B) elsewhere
(C) beside
(D) mutually

**9** By signing this form, I agree to ------- to the revised protocol for client confidentiality.

(A) convene
(B) remain
(C) adhere
(D) divulge

**10** Each drawer in a Klein-Dock file cabinet can hold ------- one thousand sheets of letter-sized paper.

(A) up to
(B) away from
(C) in place of
(D) in addition to

**11** In addition to a salary, Inquell Insurance associates are paid a ------- based on a percentage of sales.

(A) commission
(B) promotion
(C) donation
(D) permission

**12** While no one has called for an ------- end to hiring temporary workers, the human resources department has begun to recruit additional permanent staff.

(A) apart
(B) alike
(C) indeed
(D) outright

**13** If you believe you have received this e-mail alert -------, please contact your customer service representative immediately.

(A) at odds
(B) on demand
(C) upon request
(D) in error

**14** Customers are asked to include a product reference number when ------- a complaint.

(A) submitting
(B) claiming
(C) requesting
(D) holding

**15** Mr. Shah's keynote speech will be followed ------- a banquet in the dining hall.

(A) on
(B) amid
(C) by
(D) onto

# ANSWERS
—

## ETS 기출 TEST
## ETS 기출 실전문제

# ETS 기출 TEST ANSWERS

**DAY 11**

1  차량을 후진하기 전에 시야를 방해하는 것은 없는지 확인하십시오.
   (A) 인정하다   (B) 방해하다   (C) 알아차리다   (D) 강화하다

2  랜드그로브 부동산의 수익은 대개 겨울철에 감소해 봄에 회복된다.
   (A) 감소하다   (B) 미루다   (C) 영향을 주다   (D) 방해하다

3  연구에 따르면 학생들은 정보가 상호작용 형태로 제공될 때 가장 효과적으로 학습한다.
   (A) 마음껏 누리다   (B) 해석하다   (C) 유발하다   (D) 나타내다

4  시 공무원들은 하몬 가 업주들에게 도로 보수가 48시간 내에 끝날 것이라고 확언했다.
   (A) 단언하다   (B) 정리하다   (C) 공개하다   (D) 헌신하다

5  스와비안 모터스는 경쟁사와 합병을 한 후에도 현 사명을 그대로 유지할 것이다.
   (A) 받다   (B) 묻다, 조사하다   (C) 주다, 수여하다   (D) 유지하다

6  동봉한 양식에 서명하고 반송해 이 문서를 수령했음을 확인해 주세요.
   (A) 일치하다   (B) 협력하다   (C) 확인하다   (D) 동의하다

7  예상치 못한 여러 장애물들이 보스턴 텔레콤사와의 합병을 가로막고 있다.
   (A) 보류하다   (B) 방지하다, 막다   (C) 방해하다   (D) 감소하다

**DAY 12**

1  홀덴 엔터프라이지즈는 꾸준히 회사의 기대를 뛰어넘는 직원들에게 보상한다.
   (A) ~을 능가하다   (B) 설명하다   (C) 명령하다   (D) 믿다

2  작업량이 줄었으므로 컴퓨터 기술자들은 이제 고객님의 지역에 더 자주 서비스를 제공할 수 있을
   겁니다.
   (A) 수리하다   (B) 재설계하다   (C) 반복하다   (D) 줄이다

3  이사회는 국제 활동을 위한 3개년 전략 사업 계획을 승인하기 위해 다음 주에 모일 것이다.
   (A) 털어놓다   (B) 얻다; 인수하다   (C) 동행하다   (D) 모이다

4  〈내츄럴 기프트 매거진〉은 건강한 생활 양식을 장려하는 제품 또는 서비스 제공 업체에 광고 공간을
   제공합니다.
   (A) 예상하다   (B) 권장하다   (C) 받을 만하다   (D) 나누어 주다

5  나호아 미디어에서는 하급 편집자들의 실적이 분기별로 평가된다.
   (A) 평가하다   (B) 이해하다   (C) 분할하다   (D) 만들다, 짓다

6  우리는 모든 방문객들에게 건물에 들어오기 전에 사진이 부착된 신분증을 제시하도록 요구합니다.
   (A) 알리다   (B) 배정하다   (C) 허용하다   (D) 제시하다

**7** 내일 교육은 입사한 지 1년 미만인 직원들을 대상으로 기획된 것이다.
(A) 근거하다   (B) 의도하다   (C) 동의하다   (D) 초대하다

p.211

**1** 지난해 프롬리사는 전기 기술을 공부하는 직업학교 학생들을 위한 인턴십 프로그램을 수립했다.
(A) 표현하다   (B) 전문으로 하다   (C) 신호를 보내다   (D) 세우다

**2** 보도에 따르면 기상 조건이 아이스하우스 수산의 7월 영업에 지장을 줄 것이라고 한다.
(A) ~을 방해하다   (B) 부합하다   (C) 뒤쳐지다   (D) ~에 의존하다

**3** 남 씨는 영업 부문 수석 부사장으로 승진했고 3월 1일 새 역할을 맡는다.
(A) 유지하다   (B) 관련이 있다   (C) (책임을) 떠맡다   (D) 참가하다

**4** 워크숍 참가자는 발표자를 위해 따로 잡아 둔 앞줄 좌석을 제외하고 강당에 있는 어떤 좌석이든 선택할 수 있다.
(A) 의자에 앉히다   (B) 예약하다   (C) 대신하다   (D) 공연하다

**5** 상점의 정식 명칭은 '상상력이 뛰어난 이들을 위한 북 이스케이프'이지만, 보통은 '이스케이프'라고 부른다.
(A) ~라고 부르다   (B) 설치하다   (C) 균형을 맞추다   (D) 확장하다

**6** 회계부가 문을 닫는 동안, 모든 청구서 관련 문의는 고객서비스부에서 처리할 것이다.
(A) 만료되다   (B) 처리하다   (C) ~에 답하다   (D) 참석하다

**7** 가르시아 씨를 직접 면담한 후, 그 회사 사장은 그녀를 최고재무책임자로 채용하기로 한 위원회의 결정을 확정했다.
(A) 마무리하다   (B) 설계하다   (C) 진행하다   (D) 만들어 내다

p.227

**1** 긴 면접 끝에 루이스 씨가 운영 책임자로 임명되었다.
(A) 결정하다   (B) 투자하다   (C) 임명하다   (D) 위치시키다

**2** 도착하시면 그가 귀하의 도착을 나카무라 씨에게 알릴 수 있도록 나카무라 씨의 비서에게 말씀해 주세요.
(A) 말하다   (B) 알리다   (C) 보도하다   (D) 참석하다

**3** 로얄 팜 트리 호텔은 손님들에게 공항까지 왕복하는 무료 셔틀 서비스를 제공합니다.
(A) 연장하다; 주다   (B) 제공하다   (C) 기여하다   (D) 제공하다

**4** 댄빌 머신 직원들은 8시간 근무마다 30분간 한 차례 휴식이 허용된다.
(A) 허용하다   (B) 잊다   (C) 감상하다   (D) 간주하다

**5** 거래를 마무리 짓지 못했음에도, 힐바 페트롤과 U&R의 관계는 여전히 원만하게 유지되고 있다.
(A) 뻗다; 연락하다   (B) (결과로) 되다   (C) 유지하다   (D) 드러내다

**6** 8월 1일부터 칼라 프리스트 씨가 지방 정부와의 모든 교섭을 처리하는 데 변호사로서 회사를 대표할 것이다.

(A) 참석하다  (B) 공연하다  (C) 표현하다  (D) 대표하다

**7** 허드슨 산 훈련 센터의 기술 장비를 업그레이드하면 학생들의 학습 경험을 개선하는 데 기여할 수 있을 것이다.

(A) 제공하다  (B) 제출하다  (C) 기부하다  (D) 기여하다

---

p.249

**1** 운동 기구의 기계 오작동이 있으면 지체 없이 헬스장 관리자에게 보고해야 한다.

(A) 기능, 특징  (B) 장비, 기기  (C) 결과  (D) 일과

**2** 본 텔레비전 세트가 마음에 들지 않으면 2주 내에 반품해 전액 환불받으실 수 있습니다.

(A) 영수증, 수령  (B) 구입, 구매(품)  (C) 보증(서)  (D) 환불(금)

**3** 50년 이상의 경험을 바탕으로, 트러스트 뮤추얼 뱅크는 고객들에게 투자 관리에 필요한 전문 지식과 조언을 제공합니다.

(A) 문의, 질문  (B) 전환, 변환  (C) 전문 지식[기술]  (D) 사법권

**4** 완벽한 상태로 도착하지 않은 모든 장비는 무료로 QMZ 전자로 반품할 수 있다.

(A) 개발  (B) 상태, 조건  (C) 문제  (D) 상황; 위치

**5** 가공 처리 공장은 며칠 동안 추가적인 자재 배송품을 받을 수 없을 것이다.

(A) 배송(품)  (B) 요청, 요구 사항  (C) 환영회; 접수처  (D) 기회

**6** 고객들은 계약서를 읽고 서명하는 기회를 가진 뒤 레이어 씨의 사무실로 반송하도록 요청받는다.

(A) 행동  (B) 기회  (C) 개요, 개관  (D) 이용 권한, 접근

**7** 우크라이나의 피아니스트 애나 페도로바는 로스코프 교향곡 제3번을 연주하고 기립 박수를 받았다.

(A) 행동; 법률  (B) 전시(회), 전시품  (C) 실적; 연주  (D) 쇼, 전시회

---

p.265

**1** 새로 나온 그래픽 디자인 소프트웨어 프로그램은 디자이너들의 생산성뿐만 아니라 작업 품질도 높였다.

(A) 경제  (B) 수확(량)  (C) 대책, 조치  (D) 생산성

**2** 요청된 정보를 위에 기재된 주소로 가급적 빨리 보내 주세요.

(A) 가능성  (B) 가망성, 개연성  (C) 필요조건, 요건  (D) 편의

**3** 조립 라인이 필요한 만큼 효과적으로 움직이지 않을 때마다, 그 원인을 규명하는 것은 생산 관리자의 책임이다.

(A) 상태, 조건  (B) 책임, 임무  (C) 정확(도)  (D) 기능, 작동

**4** 당사 인사부에 제출된 모든 이력서는 접수 날짜로부터 1년 동안 기록에 남아 있을 것이다.

(A) 영수증; 수령  (B) 입장, 입학  (C) 소유(권)  (D) 회원(권)

5 제인 톨렌의 원본 원고는 지난해 잰슨 북스가 톨렌 가족의 허가를 받은 후에 출간되었다.
(A) 허가, 허락, 승인  (B) 제안, 의견  (C) 비교, 비유  (D) 등록, 접수

6 실레시언 선 투어 카탈로그에 기재된 가격은 추후 통지가 있을 때까지 유효합니다.
(A) 표시, 기록  (B) 공고, 통보, 알림  (C) 능력, 역량  (D) 주의, 집중

7 연구비 신청서는 다음 주 금요일까지 제출해야 하며, 예산안과 한 페이지 분량의 요약을 포함해야
합니다.
(A) 의미, 목적  (B) 믿음, 신념  (C) 짧은 여행, 소풍  (D) 요약, 초록

p.281

1 시장의 일정이 겹치는 바람에 도시 계획 설계자들과의 미팅을 취소했다.
(A) 결합  (B) 보존, 보호  (C) ~후에; 다음의  (D) 충돌, 갈등

2 예약 일정을 변경하고자 하는 환자는 적어도 24시간 전에 미리 통지해야 합니다.
(A) 예약; 임명  (B) 직책; 입장; 위치  (C) 업무, 과제  (D) 구독(료)

3 스테레오 장비의 성능에 불만이 있는 고객은 2개월 내에 환불 또는 교환을 요청해야 합니다.
(A) 불만, 항의  (B) 영수증; 수령  (C) 교체; 후임자  (D) 승진; 홍보

4 그랜드 호텔 테니슨 직원들은 친절한 서비스와 편안한 환경을 제공함으로써 고객에게 따뜻한
분위기를 조성한다.
(A) 기준, 표준  (B) 온도  (C) 분위기, 환경  (D) 성격; 주인공

5 한 연구는 클락스버그의 건축 허가에 관한 정부 규제가 더 나은 도시 계획으로 이어졌다는 것을
보여 주었다.
(A) 규정, 법규, 규제  (B) 지각; 인식, 이해  (C) 모방, 모조품  (D) 배포, 유통

6 클릭 카메라사는 고속 프린터 판매에 힘입어 지난 6개월 동안 수익이 16퍼센트 증가했다고
발표했다.
(A) 공장, 회사  (B) 직원  (C) 수익, 이익  (D) 쿠폰

7 소음 관련 불만 때문에 호텔 매니저는 조경 담당 직원에게 오전 9시 30분 이전에는 장비 사용을
피하라고 지시했다.
(A) 불만, 항의  (B) 자료, 재료  (C) 상대; 반대자  (D) 증상

p.297

1 모든 실험실 직원은 새로운 규정을 준수하기 위해 반드시 임상 안전 워크숍에 참석해야 한다.
(A) 활성화  (B) 실현, 성취  (C) 따름, 준수  (D) 암시, 조짐

2 고객은 사용 설명서에서 무선 문제 수리에 대한 자세한 지침을 찾을 수 있습니다.
(A) 설명(서); 교육  (B) 컴퓨터  (C) 게시물, 포스터  (D) 설비; 고정

3 도서 평론가 마사 태인비가 헤이날도 다 실바의 〈기수〉를 높이 평가한 이후로, 그 책에 대한 수요가
급증했다.
(A) 구조  (B) 노력  (C) 수요, 요구  (D) 전망; 시력

4 면접 직후 감사 편지를 보내는 것은 적극 추천되는 관행이다.
  (A) 추천인; 참고   (B) 줄거리; 음모   (C) 자원, 재원   (D) 실행; 관행

5 리더스 초이스 상을 위한 지역 기업 후보 추천은 5월 20일까지 〈뉴스 트리뷴〉에 제출해야 한다.
  (A) 구독(료)   (B) 추천, 지명   (C) 지지자, 후원자   (D) 장소, 행사장

6 심사숙고 끝에, 스위트워터 파크에서 회사 야유회를 열기로 결정되었다.
  (A) 결과, 성과   (B) 정확, 정밀함   (C) 지식   (D) 숙고, 심의

7 〈애드 익스체인지〉에 보낸 광고는 출판 승인을 받기 위해 교정을 거치고 적절히 구성되어야 한다.
  (A) 설명(서); 교육   (B) 승인, 인가   (C) 기술(서), 해설   (D) 부흥; 부활

---

p.313

1 계획된 복구 작업이 진행되는 동안 마을의 역사적 건축물들의 원래 외관은 보존될 것이다.
  (A) 교과 과정   (B) 증상   (C) 외관, 외모; 출현   (D) 행위, 행동

2 프런티어 스테이크하우스의 연회실은 사적 또는 업무상 행사 시 최대 40명까지 손님을 편안하게 수용할 수 있습니다.
  (A) 기능; 행사   (B) 실행, 연습   (C) 가치; 가격   (D) 열망, 갈망

3 위험 소지가 있는 화학물질을 다루는 동안 모든 실험실 직원들은 안전 예방책을 준수해야 한다.
  (A) 예방 조치   (B) 규칙   (C) 능력, 역량   (D) 지침

4 밀그로브 타운십은 인구가 해마다 계속 4퍼센트씩 증가하고 있다.
  (A) 통계   (B) 증가, 상승   (C) 비용, 경비   (D) 인구 조사

5 웰본 과학 박물관의 새로운 천문관은 250석의 좌석이 있다.
  (A) 적성, 소질   (B) 용량; 수용력   (C) 따름, 준수   (D) 시연, 설명

6 로저 로울스 빌딩의 구내식당은 매일 모듬 아침식사, 점심, 그리고 다양한 샌드위치, 수프, 샐러드를 제공한다.
  (A) 다양(성); 종류   (B) 유형   (C) 판, 버전   (D) 종류

7 월세에는 전화요금과 케이블 비용을 제외한 모든 공공요금이 포함된다.
  (A) 초과(량), 과잉   (B) 예외   (C) 변명, 핑계   (D) 교환

---

p.333

1 인도교 교체와 관련된 공사는 계속 지역 교통 흐름을 방해할 것이다.
  (A) 익숙한   (B) 관련된; 연합된   (C) 일관성 있는   (D) 뚜렷한; 다른

2 세이노 타워즈의 설계는 아직 초기 기획 단계이므로 청사진은 아직 준비되지 않았다.
  (A) 초기의, 처음의   (B) 온전한, 전부의   (C) 다양한   (D) 형성된

3 예기치 못한 우발 사태에 대비해 예산에 추가로 20퍼센트를 더 편성하는 것이 현명할 것이다.
  (A) 예상치 못한   (B) 부적합한   (C) 미지의. 새로운   (D) 약한, 허약한

4 헬퍼린 엔지니어링사는 로봇 수술 도구를 개발하는 데 사용한 기술에 대한 독점적 권리를 가진다.
(A) 담당하는 (B) 실행 가능한 (C) 제작된 (D) 독점적인

5 샌더스 플러밍의 작업자들은 믿을 수 있고 정중한 서비스로 평판을 얻었다.
(A) 가능한 (B) 많은 (C) 이전의 (D) 믿을 만한

6 몰린스키 씨는 기술 지원 분야에 경험이 거의 없지만 컴퓨터 시스템에 관한 지식은 방대하다.
(A) 광범위한 (B) 영리한, 똑똑한 (C) 숙고한 끝에 (D) 열망하는

7 전례 없는 원자재 가격 상승 후 러틀리지사는 전체 제품군에 걸친 가격 인상을 발표했다.
(A) 뛰어난 (B) 충분한, 넘치는 (C) 견문이 넓은 (D) 전례 없는

1 우리는 스태프플렉스 급여 관리 시스템이 우리의 요구사항에 잘 맞는 유일한 시스템이라는 사실을 알았다.
(A) 협력하는 (B) 신중한 (C) 광범위한 (D) 적절한

2 당사 할인 쿠폰은 발행일로부터 1년간 유효하며 현금으로 교환되지 않습니다.
(A) 공정한, 상당한 (B) 유효한; 정당한 (C) 중립적인 (D) 수평의; 동등한

3 낮은 대출 금리와 지역 전체에서 높은 주택 수요로 주택 부문 전체가 인상적인 상승세를 보이고 있다.
(A) 인상적인 (B) 영향을 받은 (C) 도전적인, 힘든 (D) 압도된

4 우유와 다른 부패하기 쉬운 제품들이 상하는 것을 막기 위해 델리오의 식품 배송 트럭들은 냉장 장치가 되어 있다.
(A) 풍부한, 충분한 (B) 부패하기 쉬운 (C) 건설적인 (D) 부정적인

5 시황 예측가들은 소비 증가 추세가 연말까지 지속될 것이라고 생각한다.
(A) 잠재의 (B) ~처럼 보이는 (C) 안전 (D) ~할 것 같은

6 뉴베리에 사무용 빌딩 몇 동을 신축하려는 계획으로 숙련된 노동자들에 대한 상당한 수요가 생겼다.
(A) 장황한, 긴 (B) 많은 (C) 상당한 크기의 (D) 내구성이 좋은

7 10월 1일부터 퀸스타운 도서관에서 대출한 모든 책은 대출일로부터 3주 이내에 반납해야 한다.
(A) 빚지고 있는 (B) 기한이 된 (C) 지불해야 하는 (D) 다 자란, 성숙한

1 영업사원은 적절한 냉난방 장치를 추천하기 전에 공간의 크기를 감안한다.
(A) 사병의 (B) 시의 적절한 (C) 고의의 (D) 적당한, 적절한

2 신제품 X150 프린터는 다른 모델들과 비슷하지만 가격은 절반밖에 안 된다.
(A) 유사한, 비슷한 (B) 호감이 가는 (C) 반영된; 반사된 (D) 배려하는

3  우리는 급변하는 기술을 계속 인지해야 하며, 그렇지 않으면 결국 기업 수익이 감소하는 사태에 직면할 것이다.
   (A) 시기적절한   (B) 구식의   (C) 현재의   (D) 알고 있는

4  졸노크 사무소가 규정한 많은 채용 조건 중 하나는 장차 직원이 되려는 사람은 기본적인 컴퓨터 능력을 보유해야 한다는 것이다.
   (A) 신중한   (B) 분명한   (C) 간헐적인   (D) 장래의

5  마나우스 교육 과정을 수강하는 구직자들은 자신들의 취업 전망이 이전보다 더 밝을 것이라고 확신한다.
   (A) 해당되는   (B) 유망한   (C) 얻은   (D) 순종하는

6  이디스 코지크사는 임시직 직원들에게도 유급 휴가 자격을 보장한다는 점에서 예외적이다.
   (A) 자격이 있는   (B) 값진, 귀중한   (C) 바람직한   (D) 호환되는

7  고객님이 주문하셨던 재킷은 요청하신 색상을 현재 구할 수 없지만 나머지 주문품은 즉각 보내 드리겠습니다.
   (A) 관련된   (B) 세련된   (C) 객관적인   (D) 구할 수 없는

---

DAY
23

1  시장은 어려운 사건을 시기적절하게 해결한 수사관들을 칭찬했다.
   (A) 시기적절한   (B) 계절에 알맞은   (C) 운이 좋은   (D) 주변적인

2  내년 예산에 여유 자금이 있다는 것이 증명되지 않는 한 상당폭의 임금 인상은 기대할 수 없다.
   (A) 밝은   (B) 추상적인   (C) 방향 감각을 잃은   (D) 상당한

3  비교적 경험이 적었지만, 수습사원들은 새로운 기술을 빨리 습득할 수 있는 듯했다.
   (A) 할 수 있는   (B) 바람직한   (C) 적응할 수 있는   (D) 받아들일 수 있는

4  노무라 전자와 노동 단체 대표들은 기존의 의료 혜택과 고용 보장을 개선할 계약을 협상했다.
   (A) 기존의, 현존의   (B) 안전한   (C) 발생하다   (D) 유지하다

5  어젯밤 라벨 부착기가 고장 나서 오늘 아침 배송을 보내는 것이 불가능했다.
   (A) 잠재의   (B) 간결한   (C) 실행 가능한   (D) 믿을 수 있는

6  시의 급수는 정부 보건 서비스 기관들이 설정한 엄격한 수질 기준을 반드시 충족해야 한다.
   (A) 가까운; 닫다   (B) 지배적인   (C) 연장된   (D) 엄격한

7  LTD 엔터프라이즈는 이달 말에 은퇴하는 현 이사의 후임으로 기량이 뛰어난 사람을 모집하고 있다.
   (A) 뛰어난   (B) 삽화가 있는   (C) 목격된; 준수된   (D) 영향을 받은

**1** 인력 파견업체들 중에서 크레프턴 서비시즈가 신뢰 받는 기업으로 **구체적으로** 거론되었다.
(A) 철저히, 완전히   (B) 순전히, 완전히   (C) 구체적으로   (D) 빽빽하게

**2** 회의실에 놓을 새 가구들이 화요일 **일찍** 배달될 예정이다.
(A) 거의 ~ 않다   (B) 편안하게   (C) 일찍, 초기에   (D) 간절히

**3** 밸리 제지에서 계속 주문품 배송이 늦자 포덤 문구는 최근 공급업체를 교체하기로 결정했다.
(A) 견실하게   (B) 분별 있게   (C) 정확히; 딱, 꼭   (D) 꾸준히, 항상

**4** 기술적인 문제 때문에 넬슨 전자 경매는 **현재** 이메일을 통한 어떠한 사진 제출물도 받지 않고 있습니다.
(A) 빨리   (B) 현재   (C) 바로, 정확히   (D) 적당하게

**5** 다음 주에 열리는 보험 우수 포럼에 아직 참가 신청을 하지 않은 대리인들은 **즉시** 신청해야 한다.
(A) 면밀히   (B) 이전에   (C) 거의, 하마터면   (D) 즉시

**6** 우리는 자격이 충분한 지원자들로부터 아주 많은 지원서를 받았고, 따라서 모든 지원자에게 면접을 제의하는 것은 불가능했다.
(A) 격심하게, 몹시   (B) 심하게   (C) 매우, 대단히   (D) 온화하게

**7** 도시 계획 설계자들은 건물이 밀집된 지역이 시내에 심각한 교통 문제를 야기할 수 있다는 점을 고려하는 것이 중요하다.
(A) 빽빽하게   (B) 평온하게   (C) 단단히; 안전하게   (D) 균형 잡힌

**1** 퓨젯 트레이딩 직원의 **약** 30퍼센트가 한 개 이상의 언어를 구사할 수 있다.
(A) 거의, 하마터면   (B) 정당하게   (C) 주로, 대체로   (D) 유창하게

**2** 귀하의 신용 카드 신청서가 신속하게 처리될 수 있도록, 양식의 모든 난이 **빠짐없이** 기재되었는지 확인해 주세요.
(A) 적당하게   (B) 거의 ~ 않다   (C) 완전히   (D) 매우, 대단히

**3** 일정이 빠듯하기 때문에, 환영회는 시상식이 끝난 후 즉시 시작될 예정입니다.
(A) 지체 없이, 즉시   (B) 단호하게   (C) 특히   (D) 진심으로

**4** 홉킨스 씨는 회사가 오로지 인건비 절감에만 의존하지 않는 사업 전략을 시행할 계획이라고 발표했다.
(A) 최근에   (B) 오로지   (C) 거의, 하마터면   (D) 확실히

**5** 〈위클리 라운드업〉 지에 상인들이 게재한 광고들이 **반드시** 신문 경영진의 지지를 시사하지는 않는다.
(A) 거의 ~ 않다   (B) 매우, 대단히   (C) 점차   (D) 반드시

**6** 오늘 밤 강연은 블루보넷 여행사 신임 부사장을 위한 환영회 **직후에** 이어질 것이다.
(A) 자주   (B) 곧바로, 직접   (C) 이미, 벌써   (D) 최근에

7　후아 후싱의 생화학 분야에서의 업적은 특히 그가 당시 불과 26세였다는 점을 감안할 때 놀랄 만한 것이었다.

　　(A) 매우, 심히　(B) 이례적으로　(C) 특히　(D) 긍정적으로

---

p.433

1　그 회사는 다른 시장에서 손실을 보았음에도 불구하고 미디어 사업에서 얻은 수입 덕분에 수익이 증가했다.

　　(A) ~에 관하여　(B) ~에도 불구하고　(C) 그러나　(D) 비록 ~이지만

2　LPN 자동차 회사는 자사 차량의 연비에 관한 우려를 해결하기 위해 특별 보고서를 발표했다.

　　(A) ~을 제외하고　(B) ~ 동안　(C) ~ 후에, 다음의　(D) ~에 관하여

3　변호사들은 막바지 협상 덕분에 합병이 성공적으로 마무리되었다고 발표한다.

　　(A) ~뿐만 아니라 ···도　(B) 전반적인　(C) ~ 덕분에　(D) 할지라도

4　12번 고속도로 공사는 다음 달까지 계속될 예정이다.

　　(A) ~까지　(B) ~을 가로질러서　(C) 아래로　(D) ~쪽으로

5　모든 버클러 에너지 고객들은 종이 명세서 대신 전자 명세서를 신청하실 것을 권장합니다.

　　(A) ~을 제외하고　(B) ~을 통하여　(C) ~ 대신에　(D) ~에 따라

6　수도관 긴급 수리 때문에 앞으로 며칠 동안 대학로에 주차가 금지될 것이다.

　　(A) ~하도록　(B) 그 결과　(C) ~하기 위해서　(D) ~ 때문에

7　공개하기 전에 보고서에 제공된 모든 자료를 신중하게 확인해야 합니다.

　　(A) 사실은　(B) 앞의, 먼저의　(C) ~ 전에　(D) 어디든지

---

p.451

1-2

탕 씨에게,

귀사의 월간 생수 납품 계약은 6월 말에 만료될 예정입니다. 최근에 우리는 귀사의 스프링필드 사무실에서 리필 횟수를 줄이는 것에 대해 논의했습니다.

게다가, 귀하는 마이어스 사무실이 7월에 문을 닫는다고 언급했었습니다.

위의 변경사항에 대한 확인을 기다리겠습니다. 그것이 접수되면, 승인을 위해 수정된 계약서 사본을 보내드리겠습니다.

언제나처럼 충실한 고객이 되어주셔서 감사합니다.

마리 산티아고
고객 서비스

---

어휘　contract 계약(서)　expire 만료되다　furthermore 게다가, 더욱이　await ~을 기다리다　revised 수정된, 개정된　approval 승인　loyal 충성스러운, 충실한

1  (A) 반영하다  (B) 나타나다  (C) 지속하다  (D) 만료되다

2  (A) 시연, 증명  (B) 확인  (C) 지지, 지원  (D) 유지보수

3

> 공채 지원자 중에서 트랜 씨가 우리 회사의 기술 인프라에 대해 가장 잘 알고 있었다. 반면 이노
> 씨는 도전적인 역할을 맡아 많은 사람들을 성공적으로 관리한 기록이 있다. 그러한 자질들은 우리
> 회사에서 그를 그만큼 가치 있게 만들 수 있다.

어휘 candidate 후보자, 지원자  knowledgeable 정통한, 박식한  technical 기술적인  infrastructure
인프라, 기반  assume 떠맡다; 가정하다  valuable 가치 있는, 소중한

(A) 가정하다  (B) 연습하다, 행하다  (C) 떠맡다  (D) 모으다

---

p.467

1-2

> 모든 조립 라인 작업자에게:
>
> 이제 자동차 문에 패널을 설치하는 것과 관련하여 몇 가지 변화가 임박했음을 알 것입니다.
>
> 현재 이 과정은 완전히 수동으로 진행되고 있습니다. 3월 1일부터는 로봇의 도입으로 더욱
> 효율적이 될 것입니다. 로봇들은 각 차량의 도어 외부에 패널을 고정할 것입니다.
>
> 또한 내부 도어 패널은 더 이상 단일 부품으로 구성되지 않고 여러 부품으로 구성됩니다.
>
> 새로운 조립 라인 공정에 관한 교육 일정이 곧 잡힐 것입니다.

어휘 assembly 조립  installation 설치  manually 손으로, 수동으로  efficient 효율적인  fasten 조이다,
고정하다  exterior 외부의  shortly 곧

1  (A) 이긴, 우승의  (B) 임박한  (C) 보여주는  (D) 정신을 산만하게 하는

2  (A) ~까지  (B) ~조차  (C) ~부터  (D) ~을 포함해서

3

> 런던에 본사를 둔 의류 제조업체인 웨인스코트는 지난 3년간 수익이 매년 평균 10%씩 증가하고
> 있다. 이 회사는 이탈리아의 선도적인 패션 회사 중 하나인 벨레조와 같은 수준의 명성을 누린
> 적은 없지만 유럽에서 가장 안정적인 의류 소매업체 중 하나로 여겨진다.

어휘 manufacturer 제조업체  profit 이익, 수익  average 평균  annually 매년  regard 간주하다, 여기다
stable 안정적인  retailer 소매업체  distinction 명성, 우수성  leading 선도적인, 이끄는

(A) 명성, 평판  (B) 차이  (C) 분리  (D) 만족

**1-2**

> 중심가 위치 — 노외 주차장과 대중 교통에 가까운 애스턴 기업 타워에 800평방피트의 인접한 사무실 두 곳이 즉시 입주 가능합니다.
>
> 사무실은 함께 임대하거나 별도로 임대할 수 있습니다. 임대료는 공과금을 제외하고 평방피트당 18.95파운드입니다. 추가 비용 없이 여러 개의 책상과 의자를 이용할 수 있습니다.
>
> 더 자세한 정보를 원하시거나 보러 오시기 위해 예약을 하시려면 020 7946 0233으로 전화주세요.

**어휘** immediate 즉시의  occupancy 점유, 입주  transport 수송, 교통 수단  separately 별도로
excluding ~을 제외하고  utilities 공과금  viewing 보기, 관람

1  (A) 휴대하기 쉬운  (B) 서로 접한  (C) 보람 있는  (D) 합성한
2  (A) 달성된  (B) 수가 놓인  (C) 포함된  (D) 임대된

**3**

> 당신이 노련한 운동선수이건, 열정적인 초보이건 간에, 새로운 피트니스 장비는 값비싼 투자가 될 수 있습니다. 그러나 이제 빌러 피트니스의 번거롭지 않은 장비 대여 프로그램을 통해 장기간의 의무와 막대한 초기 비용 없이 개인 체육관에서 훈련하는 것이 어떤 것인지 경험할 수 있습니다. 러닝 머신, 일립티컬 머신, 그리고 최고의 브랜드에서 나온 프리웨이트와 같은 수많은 종류의 운동기구를 대여하여 집에서 편안하게 사용하세요.

**어휘** seasoned 숙련된, 노련한  athlete 운동선수  enthusiastic 열정적인, 열렬한  pricey 값비싼
investment 투자  hassle-free 번거로움 없는  commitment 의무, 약속, 헌신  up-front expense
선금, 선급 비용

(A) 맛이 나는  (B) 능숙한  (C) 주기적인  (D) 부드러운

**1-2**

> 예술가들과 공예가들에게 알립니다!
>
> 우리 지역에서 당신의 재능을 보여줄 수 있는 특별한 기회에 관심이 있나요? 그렇다면, 5월 17일 휘트비 카운티 아트페어에서 당신의 작품을 전시할 수 있는 기회를 신청할 것을 권합니다. 신청은 www.whitbyfair.org에서 온라인으로 가능하며 우리 지역 대학의 미술학과 교수 몇 명이 검토할 것입니다. 완성된 신청서와 함께 작품 사진을 올려주세요. 그 이미지들은 심사위원들의 심사 과정에 도움이 될 것입니다.
>
> 신청 마감일은 2월 15일이며, 심사위원들의 결정은 3월 30일까지 내려질 예정입니다.

**어휘** unique 독특한, 특별한  opportunity 기회  talent 재능  encourage 격려하다, 권하다  application 신청(서), 지원(서)  judge 심사위원  decision 결정

1  (A) 방해하다  (B) 버리다  (C) 빼다, 공제하다  **(D) 전시하다**

2  **(A) 돕다**  (B) 나타나다  (C) 의견을 말하다  (D) 줄어들다

**3**

> 요식업을 막 시작한 사람이라면 프랜차이즈를 선택해야 하는 아주 좋은 이유가 있습니다. 제가 가장 좋아하는 이유는 당신이 지원을 잘 받을 것이라는 것입니다. 본사에서는 운영, 마케팅 등에 대한 안내뿐만 아니라 지속적인 교육을 충분히 제공할 것입니다. 이는 실제 필요한 것보다 더 많을 수도 있습니다! 또한, 회사의 공동 구매력을 이용함으로써, 음식, 음료 및 다른 구매에 많은 돈을 절약할 것입니다. 게다가, 유명한 브랜드와 제휴함으로써, 인지도를 쌓을 필요도 없을 것입니다.

**어휘** headquarters 본사, 본부  plenty of 충분한  ongoing 진행 중인  operation 운영  take advantage of ~을 이용하다  collective 집단적인, 공동의  associate with ~와 제휴하다  recognition 인지도, 인식

(A) 부하직원이 됨  (B) 돈을 빌림  **(C) 함께함**  (D) 교제함

p.506

**1** 인쇄 서비스에 대한 최종 요금은 종이 가격의 감소로 인해 예상보다 낮았다.
(A) 약점, 불리한 점  **(B) 감소, 절감**  (C) 최소한도, 최소량  (D) 부족

**2** 코튼우드 공원에서는 수영, 하이킹, 암벽 등반 등을 비롯해 폭넓은 야외 활동들을 발견할 것이다.
**(A) 넓은**  (B) 깊은  (C) 두꺼운  (D) 무거운

**3** 관광객들은 안개가 걷히자 마침내 경치를 감상할 수 있었다.
(A) 많이, 훨씬  (B) 일찍, 초기에  **(C) 마침내, 결국**  (D) 멀리, 훨씬

**4** 인사동 이미지는 새로운 선임 그래픽 디자이너로 마치코 나카무라를 소개하게 되어 기쁩니다.
**(A) 소개하다**  (B) ~로 구성되다  (C) 상세히 알리다  (D) 성취하다

**5** 메다트렉스 주식회사는 60년 전 창립 이래로 선두적인 의료장비 생산업체이다.
(A) ~이상, ~에 관하여  (B) ~까지  **(C) ~이후, ~때부터**  (D) ~주위에, 대략

**6** 울리히 일렉트로닉스는 6월 30일까지 구매한 엔터테인먼트 시스템에 대해 무료 설치를 제공한다.
(A) 도움, 지원  (B) 계약(서)  (C) 시장  **(D) 설치**

**7** 은행 대출 신청자는 연간소득을 입증할 수 있는 자료가 있어야 한다.
**(A) 입증할 수 있는**  (B) 다양한  (C) 사실상의, 가상의  (D) 비어 있는

**8** 현재 링 테크놀로지의 연구개발팀을 이끌고 있는 젱 씨는 내년 초 최고책임자를 맡을 것이다.
(A) 정확히  (B) 곧, 조만간  **(C) 현재**  (D) 즉시

**9** 드야나 주택 개조는 새 건물을 짓고 있는 지역 비영리단체에 언제나 할인을 제공한다.
(A) 다루다  **(B) 건설하다**  (C) 투자하다  (D) 중심에 두다

**10** 알타얀 항공의 세심한 관심은 공기 정화 시스템 전반에 걸쳐 한결같다.
(A) 둘 사이에  **(B) ~을 건너서, ~에 걸쳐서**  (C) ~옆에  (D) ~쪽으로

**11** 소기업을 위한 젬바 씨의 아이디어는 나미비아 여행 중에 그려졌다.
(A) 견해  (B) 현실  **(C) 생각**  (D) 의미, 목적

**12** 〈콜럼버스 가드닝 소사이어티〉 소식지 최신호를 구입할 수 있다고 알려드리게 되어 기쁩니다.
(A) 조직하다  (B) 즐기다  **(C) 기쁜**  (D) 재능이 있는

**13** 상업지구 인근의 이상적인 위치에 있는 라도브스키 호텔은 우리 회사의 모든 대규모 행사를 위한 장소이다.
(A) 매우  (B) 너무  **(C) 이상적으로**  (D) 좀처럼 ~하지 않는

**14** 글라스타운의 에드워드 라스톤 시장은 5월 18일에 있을 새 콤프턴 브리지 개통식을 진행할 예정이다.
(A) 마주치다  **(B) 공무를 집행하다**  (C) 발생시키다  (D) 경험하다

**15** 해당 웹사이트는 주문이 제출되면 변경하기가 어렵기 때문에 고객들이 주문 건을 주의 깊게 검토하도록 권고한다.
(A) ~후에, ~에 따라  **(B) 일단~하면**  (C) 곧바로, 즉시  (D) ~에 의하여

**1** 회사 지침에 명시된 바와 같이 영업사원은 고객 면담을 위해 이동하는 데 쓰인 시간에 대해 보상을 받는다.
(A) 자동화  (B) 중단  (C) 보상, 배상  (D) 분배, 배포

**2** 최근 출판된 설명서에는 해당 주제를 처음 접하는 독자들을 위해 관련 용어 사전이 종종 포함된다.
(A) 궁극적인, 최종적인  (B) 지속적인  (C) 관련 있는  (D) 결함이 있는

**3** 델레마크는 해외에서 새 서비스를 제공하기 시작하여 향후 10년간 수익이 꾸준히 증가할 것으로 예상된다.
(A) 긴밀히  (B) 최근에  (C) 저렴하게  (D) 꾸준히

**4** 갤럭시 유리 식기를 상자에 보관할 때는 긁히지 않도록 먼저 부드러운 화장지로 감싸 주십시오.
(A) 계획하다  (B) 보관하다  (C) 설계하다  (D) 만들다

**5** 전자 시간 추적 시스템은 직원이 근무하는 추가 업무 시간뿐 아니라 정규 근무 시간도 나타낸다.
(A) ~뿐 아니라  (B) 게다가  (C) ~하도록  (D) ~하는 동안, ~인데 반하여

**6** 고용 수치는 한국의 경제가 5년 만에 가장 빠른 속도로 성장하고 있음을 확인시켜 준다.
(A) 지불  (B) 전략  (C) 속도  (D) 데이터

**7** 현재 도쿄의 작은 사무실에서 운영 중인 국제은행기구는 내년에 상설 본부를 이전할 예정이다.
(A) 책임 있는  (B) 무제한의  (C) 반복적인  (D) 영구적인, 영속적인

**8** 최근 보고서에 따르면 간식 판매가 거의 5퍼센트 상승했다.
(A) 단호히, 확고히  (B) 거의  (C) 튼튼히  (D) 완전히

**9** 툴라요 어소시에이츠는 최초 투자자들에게 믿을 만한 금융 자문을 20년 이상 제공했다.
(A) 찾다, 구하다  (B) 알리다  (C) 제공하다  (D) 묻다, 요청하다

**10** 엘리스 씨는 올해 판매량 목표를 수정하기보다 각 팀원들에게 1월 말까지 다른 고객을 영입하라고 요청했다.
(A) ~에 관하여  (B) ~보다는  (C) 요약하면, 요컨대  (D) 하지만, 비록~이지만

**11** 사카이 씨는 세법 분야에 탄탄한 경력이 있기 때문에 셀리나 법률사무소를 이끌 자리에 당연히 선택될 인물이었다.
(A) 정상  (B) 반대  (C) 증거  (D) 배경

**12** 콜러 사는 더 폭넓은 고객층이 컴퓨터 제품을 이용할 수 있도록 하기 위해 소매 가격을 인하했다.
(A) 이용할 수 있는  (B) 공인된  (C) 익숙한  (D) 기량이 뛰어난

**13** 파이퍼스빌 시장은 그레이 공원 확장안을 아직 검토하지 않았다.
(A) 아직  (B) 곧  (C) 매우  (D) ~이후에

**14** 백태현 씨는 신중하게 작성한 성명을 통해 콜트로스의 신임 CEO 물색 고려 대상에서 자신의 이름을 뺀 이유를 설명했다.
(A) 개요를 설명하다  (B) 발견하다, 감지하다  (C) 익숙하게 하다  (D) 달성하다

**15** 다징 푸드 사는 최근 고객에게 얻는 인기가 새로운 포장보다는 조리법의 변화 덕분이라고 생각한다.
(A) ~에 관해서는  (B) 그럼에도 불구하고  (C) ~보다는  (D) 결국

**1** 최근 소비자 조사에 따르면 가구 구매는 매장 배치, 직원의 친절, 특별 할인과 같은 변수에 영향을 받는다.

(A) 변수 (B) 수집품 (C) 버전, 형태 (D) 약속, 전념

**2** 유일하게 이용 가능한 회의실은 탤봇 건물 4층에 있다.

(A) 이전의 (B) 배치된 **(C) 이용 가능한** (D) 요약된

**3** 리아스 부티크는 일주일 동안만 모든 여름 의류 품목을 20% 할인해준다.

(A) 언제나 (B) 떨어져서 (C) 단 하나의 **(D) ~만, 오직**

**4** 전화 서비스에 대한 불만사항은 부서 관리자에게 연결해야 한다.

(A) 대답하다 (B) 질문하다 **(C) ~에게로 보내다** (D) 알리다

**5** 애들러튼 오락 안내는 지역 내 행사에 대해 알기 위한 최고의 자료이다.

(A) ~주위에, 대략 **(B) ~을 위해, ~동안** (C) ~로서, ~처럼 (D) ~을 통하여

**6** 베스테르가르 일렉트로닉스의 정책을 준수하기 위해 고객들은 반품 시 유효한 판매 영수증을 제시해야 한다.

(A) 표, 티켓 **(B) 정책** (C) 특징 (D) 상품

**7** 승진 대상이 된 직원들은 열흘 이내에 경영진에게서 통보를 받을 것이다.

(A) 충분한 **(B) 자격이 되는** (C) 우수한 (D) 추정되는

**8** 연예계 기자들은 장곡 미디어가 연말까지 다음 영화를 개봉할 것이라고 추측했지만 업체는 그렇게 하지 않기로 결정했다.

(A) 결국 (B) 전반적으로 **(C) 달리** (D) 그에 맞춰

**9** 승객들은 비행기에서 내리기 전 세관신고서를 작성하라는 안내를 받는다.

(A) 관심을 끌다 **(B) 지시하다, 알려주다** (C) 언급하다 (D) 묘사하다

**10** 누구도 신분증 없이 작업 현장에 들어갈 수 없다.

**(A) ~없이** (B) ~하지 않는다면 (C) 겨우, 불과 (D) 비록~이지만

**11** 루체른 아로마틱스 사는 거의 50년간 향수업계에 원료를 공급해 온 주요 업체이다.

(A) 쟁점 **(B) 자재, 재료** (C) 관심 (D) 조건

**12** 오사카 박스 사는 상하기 쉬운 식품의 장거리 운송을 위한 보호 포장재 전문업체이다.

(A) 절대적인 (B) 풍미 있는 **(C) 보호하는** (D) 만료된

**13** 사무실이 되도록 순조롭게 운영될 수 있도록 유지보수 작업은 정기 근무시간 이후 실시해야 한다.

(A) 주로 (B) 곧 **(C) 순조롭게, 부드럽게** (D) 멀리; 먼

**14** 회사 확장은 200개의 새로운 일자리 창출로 이어질 것이다.

(A) 건네주다 (B) 복원하다 (C) 놓다 **(D) (~으로) 끝나다, 귀착하다**

**15** 휴가 및 개인 휴가 신청에 관한 더 자세한 설명은 직원 안내서를 참조하세요.

(A) ~쪽으로 (B) ~에 대해 (C) ~와 함께, ~로 **(D) ~에, ~로**

**4**

**1** 통근 열차는 중심 쇼핑지구로의 편리한 접근성을 제공한다.
   (A) 접근   (B) 영향   (C) 전진   (D) 위치, 자리

**2** 앵거스 비엔홀트의 세미나는 널리 이용할 수 있는 자원을 활용한 창업에 대해 실질적인 접근 방식을 알려준다.
   (A) 상당한 크기의   (B) 끊임없는   (C) 다양성   **(D) 실질적인**

**3** 지난 5년간 마티 식당은 단 한번 음식 평론가에게 혹평을 받았다.
   (A) 그래서; 그렇게   **(B) 한 번**   (C) ~에 대하여, 약~   (D) 아직, 그러나

**4** 신입 전기 기사 20명은 다음 달에 입사할 예정이다.
   (A) 채용하다   **(B) 입사하다, 합류하다**   (C) 연결하다   (D) 공연하다, 수행하다

**5** 프랫 극장의 복원은 여러 번 차질이 빚어졌지만 예정보다 빨리 완료될 것이다.
   (A) 곧   (B) 앞   (C) 일찍   **(D) 앞서, 미리**

**6** 오스야 씨는 의료 기술 회의 참석차 쿠알라룸푸르로 가기 전 경영진의 허가를 받아야 한다.
   (A) 직업   (B) 잠재력   (C) 외모   **(D) 허가, 인가**

**7** 행사 기획자들은 어젯밤 시상식 참석자 수가 실망스러울 정도로 적었다는 것을 언급했다.
   (A) 비어 있는   **(B) 낮은**   (C) 더 적은   (D) 거의 없는, 소수의

**8** 판매원은 휴가철 동안 매일 10분 일찍 도착해야 한다.
   (A) 밝게   (B) 확실히, 분명히   **(C) 일찍, 초기에**   (D) 효과적으로

**9** 출판사의 목표는 내년까지 일일 판매부수 8만부를 넘어서는 것이다.
   **(A) 능가하다**   (B) 뛰어나다   (C) 압력을 가하다   (D) 스며들게 하다

**10** 선두적인 전화 서비스 제공업체인 리건 커뮤니케이션즈는 이번 달 〈베스트 엔터프라이즈〉에 실린 가장 주목할 만한 업체 중 하나다.
   (A) 특히   (B) 주로   **(C) ~ 중에, ~ 사이에**   (D) 간주하다

**11** 그 발명가는 수많은 혁신적 기계를 개발하며 직물 제조 업계에서 뛰어난 선구자였다.
   **(A) 선구자, 개척자**   (B) 기여, 이바지   (C) 지지자, 후원자   (D) 부하, 하급자

**12** 갠트 대학 학생들은 학업 과정이 끝날 때까지 선택한 분야의 특정 기술을 완전히 익힐 것으로 기대된다.
   **(A) 특정한**   (B) 좁은   (C) 상세한   (D) 엄격한, 혹독한

**13** 저희 기록에서 개인 정보 업데이트를 해야 할 경우, 즉시 고객 서비스 부서로 연락해주세요.
   (A) 긴밀히   (B) 마침내   **(C) 즉시, 지체 없이**   (D) 정확히

**14** 관광은 지역 내 해안가 마을의 경제적 성공에 크게 기여했다.
   (A) 발견하다   (B) 위치를 알아내다   (C) 홍보하다   **(D) 기여하다**

**15** 조립 설명서가 잘 이해되지 않으시면 저희 고객 지원센터로 전화하세요.
   (A) ~까지   (B) ~하도록   (C) ~인지 아닌지   **(D) 만약~라면**

**1** 신임 회장은 내년에 고객 만족을 회사의 주요 우선사항으로 삼을 계획이다.
(A) 수집품, 소장품   (B) 출석, 참석자 수   (C) 결합   (D) 우선 사항

**2** 로즈코프의 저가 디지털 녹음기 실적은 배선 결함 문제 때문에 만족스럽지 못했다.
(A) 유죄의, 죄책감이 드는   (B) 부상 당한   (C) 결함이 있는   (D) 실재하지 않는

**3** 지원자들은 단체 면접에 이어 인사담당자인 은 씨를 개별적으로 만날 것이다.
(A) 지나치게, 너무   (B) 영구적으로   (C) 개별적으로   (D) 대략

**4** 인터넷 덕분에 차량 구매자들이 최적의 대출을 제공하는 은행을 찾는 것이 더 쉬워졌다.
(A) 찾다, 수색하다   (B) 구입하다   (C) 발견하다   (D) 생각하다, 계산하다

**5** 소토 씨는 작년 내내 정보통신 기술팀에 공헌한 이유로 상을 받았다.
(A) ~의 아래에   (B) ~ 내내   (C) 맞은편의   (D) ~ 없이

**6** 나주 인터내셔널의 아산 솔루션 인수로 어제 나주 주가가 치솟았다.
(A) 결점, 문제점   (B) 인수, 매입   (C) 공급; 조항   (D) 지표

**7** 로턴 놀이공원 주말 입장권은 구매일자로부터 6개월간 유효하다.
(A) 유효한   (B) 정확한   (C) 원래의, 독창적인   (D) 실제의

**8** 주택 소유주들은 프로그램 작동이 가능한 온도 조절 장치를 전문가에게 설치 받아서 난방비를 줄일 수 있다.
(A) 전문적으로   (B) 최근에   (C) 때때로   (D) 어딘가에, 어디든지

**9** 메이플 가에 있는 새 커피숍은 이번 주에 20퍼센트 할인을 제공한다.
(A) 판매하다   (B) 결정하다   (C) 성장하다   (D) 제공하다

**10** 엘리베이터 보수 때문에 이번 토요일에는 밸런틴 가운의 전시실과 영업부 모두 문을 열지 않는다.
(A) 그래서; 그렇게   (B) ~처럼, ~에 따라   (C) 하지만   (D) ~도 또한 아닌

**11** 많은 기업들이 빠르게 성장하는 시고럼 인더스트리즈와 겨룰 수 없었다.
(A) 잠재력, 가능성   (B) 투자   (C) 속도   (D) 도전

**12** 위트필드 컨설팅은 권위 있는 "앨버커키 최고의 일터" 상을 2년 연속 수상했다.
(A) 반복적인   (B) 철저한   (C) 연속되는   (D) 전체의

**13** 에너지 위원회는 더 밝고 빛을 잘 반사하는 색상으로 지붕을 건설하는 것이 도심 지역의 열기를 상당히 줄일 것이라고 제안했다.
(A) 상당히   (B) 극도로   (C) 완전히   (D) 셀 수 없이 많이

**14** 이소디나 디자인의 새 패션 제품을 홍보하기 위해 배우 데클란 와트가 업체 광고에 출연할 것이다.
(A) 투자하다   (B) 모집하다, 채용하다   (C) 설치하다   (D) 홍보하다, 증진하다

**15** 프로젝트 제안서는 두 명의 관리자가 모두 읽고 승인할 때까지 인정될 수 없다.
(A) 그 대신에   (B) ~을 넘어서   (C) ~까지   (D) 다시

**6**

**1** 메리우드 상점은 1월에 휴가용품 초과 물량을 정리하기 위해 할인 판매를 할 예정이다.
(A) 초과량, 초과액   (B) 개요   (C) 추가의, 여분의   (D) 기회

**2** 소코 코스메틱스의 연구원들은 소비자가 사용할 수 있는 모든 제품에 대해 폭넓은 안전 테스트를
시행한다.
(A) 폭넓은   (B) 투자된   (C) 의존하는   (D) 감명 받은

**3** 기술자들이 회전 보안문에 근본적으로 결함이 있다고 판단했기 때문에 우리는 설치 계획을
포기했다.
(A) 임시로   (B) 가볍게, 무심코   (C) 근본적으로   (D) 빠르게

**4** 경리과는 연례 휴가 파티로 오늘 점심시간에 닫을 것이다.
(A) 은퇴하다, 퇴직하다   (B) 계산하다   (C) 기록하다   (D) 닫다

**5** 후보자들과의 인터뷰가 선거 전에 TV로 방영될 것이다.
(A) ~에 앞서   (B) 발전, 진보   (C) 곧, 조만간   (D) ~의 바로 맞은편에

**6** 〈보스턴 데일리 포스트〉의 통찰력 있는 사설은 직무 능력 개발 기회를 제공하는 것이 직원들에게
동기를 부여하는 귀중한 방법이라고 제안한다.
(A) 사설   (B) 소설   (C) 카탈로그   (D) 안내 책자

**7** 승객들은 항공사가 분실 또는 도난된 물품에 대해 책임지지 않는다는 것을 알아야 한다.
(A) 알고 있는   (B) 정렬된   (C) 깨어 있는   (D) 해외에

**8** 등산로는 평평하고 포장이 잘 되어 있어서 초보 등산가들이 쉽게 걸을 수 있는 길이었다.
(A) 떨어져   (B) 매우   (C) 유용하게   (D) 그러므로

**9** 터널 공사 비용은 3억 달러를 넘어설 것으로 예상된다.
(A) 뛰어나다, 탁월하다   (B) 향상시키다   (C) 초과하다   (D) 정복하다

**10** 아그바리아사의 기술자들은 239번 부품의 대체품으로 137번 식기세척기 부품을 사용해야 한다.
(A) ~위에   (B) ~을 위해, ~동안   (C) ~에   (D) ~옆에, ~까지

**11** 극장의 허가를 받은 사람들만 연극 공연 중 사진을 찍도록 허용된다.
(A) 그것들; 사람들   (B) 각각의   (C) 가장, 대부분의   (D) 다른

**12** 새 하드 드라이브에 결함이 있다면 반품하고 교체 또는 환불을 받을 수 있습니다.
(A) 실종된, 없어진   (B) 전자의   (C) 결함이 있는   (D) 부정적인

**13** 새로운 맛의 포테이토칩은 30세 미만 소비자들에게 특히 잘 팔린다.
(A) 특별히, 특히   (B) 그 대신에   (C) 뿐만 아니라, 더욱이   (D) 어떻게, 얼마나

**14** 박물관은 추후 통지가 있을 때까지 트로포 사진 전시회 개막을 연기해야 했다.
(A) 대답하다   (B) 떼다, 분리하다   (C) 연기하다   (D) 전송하다

**15** 24시간 이내에 정장을 대여 및 반납하는 고객은 스텔라 셀레브레이션에서 할인을 받는다.
(A) ~에 대하여, 약~   (B) 겨우, 불과   (C) ~이내에, ~안에   (D) 하지만

**1** 우리 판금 작업자들은 주택 환기 시스템부터 상업용 주방까지 모든 부문에 능숙하다.

    (A) 다가오는; 도래   (B) 차이, 차액   **(C) 모든 것**   (D) 다른 사람들

**2** 현지 컨설턴트에 따르면 지역 소재 호텔이 계속 성공하는 데 빈번한 보수가 필수적이다.

    (A) 예의 바른   (B) 먼   (C) 부서지기 쉬운, 취약한   **(D) 빈번한, 잦은**

**3** 위원회에 제출된 환경보호 계획은 서로 독립적으로 활동하는 다양한 단체들에 의해 수립되었다.

    (A) 긴밀히   (B) 협력적으로   (C) 주로   **(D) 독립적으로**

**4** 사무실 직원 수가 곧 두 배로 늘어날 예정이므로 출력 장소를 추가로 설치해야 한다.

    **(A) 두 배로 되다**   (B) 더 큰   (C) 더 많은   (D) 증가하다

**5** 올해 뛰어난 실적 덕분에 전 직원 연말 보너스를 발표하게 되어 기쁩니다.

    (A) ~의 경우   (B) ~대신에   **(C) ~때문에**   (D) ~에 상관없이

**6** 벨라 노바 광고의 선임 교열자인 닐람 데비 말릭은 정규직 고용 가능성이 있는 인턴직이 새로 생겼음을 알렸다.

    (A) 자격   (B) 결정, 투지   (C) 전문 지식   **(D) 가능성**

**7** 우리 전문가팀은 혁신적인 마케팅 전략 개발을 위해 고객과 협업한다.

    (A) 제한적인   **(B) 혁신적인**   (C) 숨기지 않는   (D) 무시하는

**8** 인사부서에서는 가끔 회사 기록용으로 직원들이 자신의 연락처를 업데이트할 것을 요청할 것이다.

    **(A) 가끔**   (B) 이전에   (C) 최근에   (D) 최근에

**9** 메리트 씨의 시애틀 방문이 연례 소기업 박람회와 겹친 것은 행운이다.

    (A) 접근하다, 이용하다   (B) 확인하다   (C) 수락하다   **(D) 동시에 일어나다**

**10** 금융 예측가들의 예측에도 불구하고 올머 연료회사의 전체 판매량은 10퍼센트 상승했다.

    (A) 비록~이지만   (B) 그러나   (C) 그렇지 않으면   **(D) ~에도 불구하고**

**11** 빌토 미니어처 모형비행기에는 수백 개의 작은 부품이 들어 있어서 주의 깊게 조립해야 한다.

    (A) 접촉, 연락   (B) 수준, 정도   **(C) 걱정, 돌봄**   (D) 양, 금액

**12** 이사 과정을 용이하게 하려면 특별 포장이 필요한 파손이 쉬운 가정용품에 라벨을 붙이세요.

    (A) 부드러운   **(B) 파손되기 쉬운**   (C) 적당한   (D) 적절한

**13** 로턴 항공은 크랜슨에서 호플리 시티로 가는 직항편을 크게 늘릴 것이라고 발표했다.

    (A) 정확히   (B) 멋있게; 섬세하게   (C) 중요하게   **(D) 상당히, 많이**

**14** 포스터 씨는 공항 대신 은행에서 환전하는 것이 더 비용 효율적일 것이다.

    (A) 참석하다   (B) 지휘하다, 안내하다   **(C) 환전하다**   (D) 번역하다

**15** 차이 씨의 지난 달 방문 판매는 예상을 훨씬 넘어섰다.

    (A) ~을 따라   (B) 게다가   (C) ~를 고려하면   **(D) ~를 넘어서는, ~를 능가하는**

**8**

**1** 강한 전략적 사고 역량과 예리한 마케팅 감각은 성공적인 제품 관리자가 되는 데 중요한 자질이다.
(A) 기술, 전문성　(B) 결과　(C) 현실　(D) 근사치, 비슷한 것

**2** 야마타 박사가 이미 떠난다고 발표했기 때문에 이사회는 곧 후임자를 임명해야 한다.
(A) 진실된　(B) 동일한, 상응하는　(C) 필수적인　(D) 이론적인

**3** 베스쿠라 자동차의 마케팅팀은 젊은 소비자들에게 어필하기 위해 일부러 익살스러운 광고를 만들었다.
(A) 경제적으로, 효율적으로　(B) 정확히　(C) 일부러　(D) 끈기 있게

**4** 월시 벤처 캐피탈은 창의적 투자 전략을 통해 고객을 위한 금융 소득을 확보하고자 한다.
(A) 확보하다　(B) 최소화하다　(C) 구별하다　(D) 탓[공]으로 돌리다

**5** 노빌 씨는 컴퓨터 문제로 늦기는 했지만 프로젝트를 정시에 완료했다.
(A) 게다가　(B) 제외하고는　(C) 비록~이지만　(D) 한편, 그 동안에

**6** 듀레이 항공은 맛있는 식음료 옵션을 제공한다.
(A) 요금　(B) 대답　(C) 선택　(D) 일, 업무

**7** 반도 끝에 도달할 직행으로 가는 방법은 나룻배를 타는 것이다.
(A) 가장 먼　(B) 가장 둥근　(C) 직행의　(D) 완전한, 완벽한

**8** 케이크 반죽을 냄비에 붓고, 반죽이 고르지 않게 분포되어 있다면 부드럽게 저으세요.
(A) 고르지 않게　(B) 틀림없이　(C) 마지못해　(D) 모르게

**9** 〈몬트리올 타임즈〉의 음식점 평론가는 코반스 키친의 음식을 가격이 적당하고 정통성 있다고 묘사했다.
(A) 주문하다　(B) 인정하다　(C) 묘사하다　(D) 구입하다

**10** 모든 비밀번호는 전에 변경했더라도 금요일까지 다시 변경해야 합니다.
(A) ~이므로　(B) ~일지라도　(C) ~보다는　(D) 뿐만 아니라

**11** 퀸 씨는 자신이 관리하는 부서에서 전 직원이 공정한 대우를 받을 수 있도록 한다.
(A) 진전, 진척　(B) 업적, 공적　(C) 대우, 취급　(D) 기업, 사업

**12** 예산 제안서 최종 버전은 금요일까지 제출되어야 한다.
(A) 총　(B) 많은　(C) 최종의　(D) 비어 있는

**13** 우 씨는 이터나 코스메틱스 운영의 효율성을 더 높일 방법을 끊임없이 찾고 있다.
(A) 상당히　(B) 셀 수 없이 많이　(C) 빈틈없이, 빽빽하게　(D) 끊임없이

**14** 차이 앤드 우 인터내셔널이 발표한 재무 수치는 7월 경비만 일치한다.
(A) 조직하다　(B) 숙고하다　(C) 일치하다　(D) 구독하다

**15** 카마라 씨는 스트레스를 받는 상황에서 효과적으로 일하는 능력을 근거로 왕 씨를 해당 직책에 추천했다.
(A) 여전히; 그럼에도 불구하고　(B) 충분히　(C) ~아래에　(D) ~이후, ~때부터

**1** 카토리 가정용품 주식회사의 신임 최고경영자는 싱가포르 매장 개점에 큰 관심을 보였다.

(A) 관심; 이자   (B) 진전, 진척   (C) 가치   (D) 생산량, 출력

**2** 오 씨의 제안서에서는 내년에 회사 운송비를 줄이는 포괄적 전략을 강조하고 있다.

(A) 인근의, 주위의   (B) 안전한   (C) 비교적인; 상대적인   (D) 포괄적인, 종합적인

**3** 더널 씨의 휴가 기간 동안 그녀의 회사 및 개인 계정은 지안 우와 데이비드 뎀보에 의해 각각 관리될 것이다.

(A) 제각기   (B) 대략, 거의   (C) 똑같이, 비슷하게   (D) ~조차

**4** 민 씨는 채 투자회사에서 회장으로서 생산성 있는 환경을 확립하기 위해 크게 노력했다.

(A) 처리하다   (B) 추정하다   (C) 확립하다   (D) 참가하다

**5** 린 씨는 은퇴 기념 파티에서 사려 깊은 선물을 받은 후 동료들에게 감사 편지를 보냈다.

(A) 그러나   (B) ~후에   (C) ~할 때   (D) 한 번; 일단 ~하면

**6** 영업 마케팅 부서를 두 개의 별도 팀으로 분리함으로써 인적 자원 관리가 더 잘 될 것이다.

(A) 정확(성)   (B) 지휘권, 당국   (C) 분할   (D) 간과; 관리

**7** 본 제품이 분실 또는 훼손된 경우 귀하의 인증된 등록 카드가 소유권의 증거가 됩니다.

(A) 빈번한   (B) 나타내는   (C) 인증하다   (D) 흩어지다, 해산하다

**8** 영업보고서 기한이 내일이니 빨리 완료해 주세요.

(A) 쉽게   (B) 빨리   (C) 분명히   (D) 사실대로, 정말

**9** 멜라카 건물 꼭대기층 보수는 8월 초 엘리베이터가 설치된 후에 시작될 예정이다.

(A) 만료되다   (B) 만들다, 건설하다   (C) 시작되다, 시작하다   (D) 마련하다, 처리하다

**10** 폭풍우로 인한 피해가 없었기 때문에 스톡턴의 비고리 자동차 공장 둘 다 계속 문을 연다.

(A) ~이후, ~때부터; ~때문에   (B) ~대신에   (C) ~보다는   (D) ~하지 않는다면

**11** 병 채우기 자동화 기계가 설치되자마자 생산 과정의 포장 단계가 더 효율적일 것이다.

(A) 단계   (B) 결정   (C) 산업   (D) 경우, 때

**12** 모리스 홀의 구내식당에서는 아라이 앤드 라모스 직원들을 위해 무료 아침식사와 점심식사를 제공한다.

(A) 무료의   (B) 책임이 있는   (C) 교체하다   (D) 확보하다

**13** 연구 결과에 따르면 경쟁이 점점 심화되는 운동화 시장에서 살아남기 위해 온라인 마케팅 전략이 필수적이다.

(A) 능숙하게   (B) 점점 더   (C) 우연히   (D) 의미 있게

**14** 쇼튼 어소시에이츠의 출장은 라이트 항공사의 영표 김이 조율한다.

(A) 장비를 갖추다   (B) 탓[공]으로 돌리다   (C) 조율하다   (D) 동의하다

**15** 연구 결과에 따르면 규칙적으로 휴식을 취하는 근로자가 그렇지 않은 근로자들보다 더 생산성이 높다.

(A) ~동안에; ~에 반하여   (B) ~때문에   (C) ~보다   (D) 어떻게, 얼마나

**10**

1 주문을 하셨다면 저희 웹사이트에서 진행 상황을 보실 수 있습니다.
 **(A) 주문** (B) 가치 (C) 환불 (D) 판매

2 일반 가정용 화학 약품을 이용해 정원 해충을 방제하는 안전한 방법에 대해 더 알아보시려면 저희 웹사이트를 방문하세요.
 (A) 예방 가능한 **(B) 보통의, 평범한** (C) 동료(의) (D) 상호간의

3 크기가 큰 모델이 에너지를 더 많이 소모하니, 귀사의 필요에 알맞은 크기의 냉방장치를 선택하세요.
 (A) 긍정적으로 **(B) 적당하게, 알맞게** (C) 뜻밖에, 예상외로 (D) 널리, 광범위하게

4 홉스 씨는 라센 은행에서의 장기 경력에 진지한 관심을 보였다.
 **(A) 표현하다, 나타내다** (B) 가리키다, 지적하다 (C) 마련하다, 처리하다 (D) 연구하다

5 회사 임원 두 명이 주고받은 수백 통의 이메일은 리더십에 관한 책의 기초가 됐다.
 **(A) 둘 사이에** (B) ~까지 (C) 더 나아가 (D) 또한

6 본 쿠폰은 던모어 마켓에서 다음 번 20유로 이상 구매 시 유효합니다.
 **(A) 구매** (B) 결정 (C) 예산 (D) 일, 업무

7 고객 서비스 부서는 작년 불만 횟수가 크게 감소했다.
 **(A) 극적인, 인상적인** (B) 예의 바른 (C) 빈번한 (D) 다른

8 록우드 씨는 처음 번 돈을 액자에 넣었고, 이후로 계속 사무실 벽에 걸려 있다.
 (A) 종종, 자주 (B) 드물게, 좀처럼 ~하지 않는 (C) 다시 **(D) ~이후, ~때부터**

9 영업팀 직원들은 고객과 만난 다음 날 후속 이메일을 써야 한다.
 (A) 홍보하다 **(B) 만나다, 충족시키다** (C) 변경하다, 수정하다 (D) ~로 여기다

10 사우드닉 일렉트로닉스의 기술자들은 24시간 지원이 가능하므로 여러분은 항상 도움을 받을 수 있다는 것을 알고 안심할 수 있습니다.
 (A) ~때문에 **(B) 그래서** (C) 모든 것, 모두 (D) ~까지

11 틸스카이 하드웨어에서 환불을 받으려면 반품 이유를 명시해야 합니다.
 (A) 수익 **(B) 이유** (C) 품질 (D) 기회

12 선택 워크숍 등록에 관심이 있는 회의 참석자들은 온라인 신청서를 제출해야 한다.
 **(A) 선택적인** (B) 전형적인, 대표적인 (C) 안락한, 편안한 (D) 분명한, 확실한

13 에반테 테크놀로지는 현재 세계 최대의 모바일 기기 생산업체 중 하나이다.
 (A) 대단히, 매우 (B) 느슨하게 (C) 부드럽게, 천천히 **(D) 현재**

14 사토 항공이 승객의 수하물을 분실할 경우, 승객에게 최대 250달러를 배상할 것이다.
 (A) 도달하다 (B) 관찰하다, 준수하다 **(C) 배상하다** (D) 막다, 방지하다

15 마사에 코퍼레이션의 모든 하계 인턴십 프로그램은 4~6주 동안 계속된다.
 **(A) ~동안** (B) ~중에 (C) ~안에 (D) 둘 사이에

**1** 중국 자동차 제조업체인 창 오토는 이번 분기에 아프리카와 남아메리카에서 모두 더 큰 수익을 올리며 판매량 증가를 발표했다.

(A) 증가  (B) 고도  (C) 의무  (D) 비용, 경비

**2** 블루마린 서플라이는 마침내 창고 시설 확장을 위해 필요한 허가증을 받았다.

(A) 특정한  (B) 뚜렷한; 다른  (C) 필요한  (D) 할 수 있는, 능력이 되는

**3** 젤라코 소프트웨어 주식회사는 시간제 프로그래머와 정보 기술 전문가들을 자주 채용한다.

(A) 면밀하게, 밀접하게  (B) 대단히, 매우  (C) 거의  (D) 자주, 흔히

**4** 핫산 미디어의 웹사이트는 이번 주 경영진 변동사항을 반영해 업데이트해야 한다.

(A) 조언하다  (B) 반영하다  (C) 줄이다  (D) 사용하다

**5** ARB는 부진한 판매에도 불구하고 여전히 전국 5대 공급업체 중 하나로 여겨진다.

(A) ~때문에  (B) ~에도 불구하고  (C) ~와 함께  (D) ~와 대조적으로

**6** 악천후가 예상되기 때문에 매장 관리자는 개업 기념 행사를 연기하기로 결정했다.

(A) 디자인  (B) 부서  (C) 기념 행사  (D) 공동체

**7** 리양 어소시에이츠의 회계사들은 회계 마감일을 맞추기 위해 늦어도 내일 오전까지 재무 보고서를 모두 제출해야 한다.

(A) 최근의  (B) 최저의  (C) 가장 오래된  (D) 최고의

**8** 타파니 모터스의 저연비 다목적 차량은 보통 리터당 9~13km 사이가 나온다.

(A) 정확히  (B) 보통, 일반적으로  (C) 날카롭게, 급격히  (D) 몹시, 심하게

**9** 스타키텍트 II는 스텔라 플레이 스튜디오의 또 다른 베스트셀러 비디오 게임이 될 것으로 예상된다.

(A) 인기 있는  (B) 예상하다  (C) 성공적인  (D) 즐기다

**10** 신문 기사에서는 시의회가 이번 주에 새 계약서에 서명할 것이라고 설명했다.

(A) ~에  (B) ~의  (C) ~에, ~안에  (D) ~위에, ~에

**11** 협정에 따르면 기한 연장은 양 당사자에 의해 미리 승인되어야 한다.

(A) (기간의) 연장, 확대  (B) 승격, 증가  (C) 적용, 지원  (D) 설명, 지시

**12** 축제 참가자들은 다음 달 도착보다 훨씬 먼저 호텔 객실을 예약해야 한다.

(A) 잘, 훨씬  (B) 그래서, 그렇게  (C) 그러한  (D) ~위로, ~이상

**13** 추가 자금을 위한 보조금 신청서는 5장을 초과할 수 없으므로 모든 연구 결과는 철저하지만 간결하게 제시되어야 한다.

(A) 간결하게  (B) 지나치게, 매우  (C) 분명히, 눈에 띄게  (D) 사실은, 실제로

**14** 켈랑 매뉴팩처링이 새 기계에 투자하기로 결정한 결과 생산량이 20퍼센트 증가했다.

(A) 사다  (B) 놓다  (C) 투자하다  (D) 청구하다

**15** 효과적인 소셜미디어 마케팅은 규모에 상관없이 모든 업체를 효율적으로 홍보할 수 있다.

(A) ~에 상관없이  (B) 가능한  (C) ~인지 아닌지  (D) ~일지라도

**1** 폴리테크 인터내셔널 주식회사는 선진 농경 기술에 투자하여 계속 농업 부문의 선두를 달린다.

(A) 현대화, 근대화　(B) 선두　(C) 혁신　(D) 착수, 시초

**2** 샌들링의 온라인 출판 서비스에 대한 사용자의 반응은 소수의 불만족 평가가 있었지만 대체로 열렬했다.

(A) 열렬한　(B) 재능이 있는　(C) 끊임없이 계속되는, 종신의　(D) 편안한

**3** 동계 출판 일정이 편집자들에게 이미 배부됐다.

(A) 이미, 벌써　(B) ~할 때　(C) 내일　(D) 지금까지

**4** 도로 공사 때문에 닐리 씨가 운전해서 출근하는 데 평소보다 시간이 오래 걸릴 지도 모른다.

(A) 움직이다, 이사하다　(B) (시간이) 걸리다　(C) 행동하다　(D) 하다

**5** 살리나스 플로럴 컴퍼니는 하쿠이 스튜디오와 함께 새 로고 만드는 작업을 하고 있다.

(A) ~을 따라　(B) 둘 사이에　(C) ~와 함께　(D) 밖에

**6** 회사들은 자질을 갖춘 직원들을 보유하기 위해 직무 능력 개발 기회를 제공하는 것이 중요하다.

(A) 가격　(B) 시간　(C) 기업, 사업　(D) 직원

**7** 광범위한 지도자직 경력이 있는 지원자만 회장의 고문직에 고려될 것이다.

(A) 책임 있는　(B) 자문의, 고문의　(C) 초보의　(D) 분명한

**8** 고객이 다른 곳에서 더 낮은 가격으로 광고하는 제품을 발견하면 기꺼이 낮은 가격으로 맞춰 드립니다.

(A) 함께　(B) 다른 곳에서　(C) ~옆에　(D) 서로, 상호간에

**9** 이 서식에 서명함으로써 고객 기밀에 관한 개정된 통신 규약을 준수하는 데 동의합니다.

(A) 모이다　(B) 유지하다　(C) 준수하다, 고수하다　(D) 누설하다

**10** 클라인 독 문서 보관함의 서랍마다 편지지 크기 종이를 1,000장까지 넣을 수 있다.

(A) ~까지　(B) 떨어진　(C) ~대신에　(D) ~에 더하여

**11** 인퀠 보험 직원들은 급여뿐 아니라 판매량 비율에 근거해 수수료를 지급받는다.

(A) 수수료　(B) 승진　(C) 기부　(D) 허가

**12** 아무도 비정규직 근로자 채용을 완전히 중단하라고 요구하지 않았지만 인사부서에서는 추가로 정규직 직원을 모집하기 시작했다.

(A) 떨어진　(B) 똑같이, 비슷한　(C) 사실　(D) 완전한

**13** 본 이메일 경고를 잘못 받았다고 생각하시면 저희 고객 서비스 상담원에게 즉시 연락하십시오.

(A) 다투어　(B) 요구에 따라　(C) 요청 시　(D) 잘못하여

**14** 고객은 불만사항을 제출할 때 제품 조회 번호를 포함해야 한다.

(A) 제출하다　(B) 요구하다, 주장하다　(C) 요청하다　(D) 개최하다, 잡다

**15** 샤 씨의 기조 연설에 이어 식당에서 연회가 있을 예정이다.

(A) ~위에　(B) 가운데에　(C) ~옆에; 연속해서　(D) ~쪽으로

# INDEX

# A

INDEX

**582**

# W

# Y

기출문제 그대로,
빠르고 확실하게!
"토익 절대 공식"
_ETS 토익 단기공략 시리즈_

# 목표 점수가 무엇이든
# ETS®토익 단기공략으로
# 한 번에 끝내자!

출제 경향을 반영한
실전 모의고사 1 회분
각 권 부록 제공

www.ybmbooks.com

YBM